国际教育新理念

New
Concepts
of
International
Education

（修订版）

顾明远　孟繁华　等　著

教育科学出版社
·北京·

前　言

　　教育理念是人类在教育实践过程中为了诠释各种教育现象，归纳或总结的教育思想、观念、概念与法则等。在人类演进的漫漫历史长河中，在不同的年代、不同的地域，通过教育实践形成了纷繁复杂的教育理念。伴随着人类认知的进步，有的教育理念逐渐淡出，也有不少教育理念被奉为经典而延续下来。

　　教育理念从来都不是孤立存在的，它往往与人类文明特征密切相关。第一次和第二次工业革命之后，教育运行呈现出工业化时代"流水线生产"的特点，强调规模、秩序、标准和效率。随着信息化时代的到来，社会联结方式也发生了转变，更多地呈现出多样化、差异化、个性化特点。以往的教育模式已经无法满足学习者的需求，也无法满足社会对学校教育的要求。教育理念也与现代社会对人的认识相统一，大致经历了三个阶段：一是以人为成本阶段，本质上是把自己与他人都看作经济动物，以博取最多的财富，随之诞生了实用主义教育观；二是以人为资源阶段，重在对人的开发和培养培训，以期获得更大的效益，导致教育产业化；三是以人为本阶段，强调对人的尊重、关心和发展，在教育上体现为当代学生主体观。

20 世纪世界反法西斯战争胜利以后，各国教育蓬勃发展，教育新理念层出不穷。我国改革开放以后大量引进教育新理念、新概念。为了理清这些教育新理念的来龙去脉，让广大教师正确地理解和运用这些新理念，我们编写了《国际教育新理念》一书。始料未及的是，该书得到了广大中小学教师的广泛好评，获得了北京市哲学社会科学优秀成果奖。转眼十多年过去了，国内外教育形势也发生了很大变化，一些新的教育理念应运而生。原书中的内容有的需要更新，也需要增加一些新的内容。为此，我们重新组织了写作团队，他们都是北京师范大学和首都师范大学的教授、副教授和博士。新的写作团队在原书的基础上进行了再策划、再创造，将仍有价值、非常经典的部分保留并修订，同时增加了许多新的内容，力图将当前最能回应国际教育发展的新思潮、新理念呈现在大家面前。

本书分上、中、下篇。上篇主要介绍第二次世界大战以来影响教育改革和发展的重要思潮以及世界教育发展的总趋势。中篇是一般的教育理念，或者可称为基本教育理念。教育思潮与教育理念略有不同。教育思潮当然也有教育理念的支撑，但它影响的范围较广，并且带有动态性，是不可抗拒的发展趋势。教育理念是静态的理论体系，供教育工作者理解、采纳、应用，不像教育思潮那样具有不可阻挡之势。下篇是有关教与学的教育理念，更具体、更微观一些。当然，这种划分也是相对的，其中有交叉。

今天，我国教育正处在由规模增长到质量提高的转变时期。今年 2 月，中共中央、国务院印发的《中国教育现代化 2035》提出，到 2035 年，总体实现教育现代化，迈入教育强国行列，推动我国成为学习大国、人力资源强国和人才强国，为到本世纪中叶建成富强民主文明和谐美丽的社会主义现代化强国奠定坚实基础。而只有树立符合教育发展规律的正确教育理念，改进人才培养方式，才能培养符合时代需求的现代人。当前我国教育改革方兴未艾，本书可以为广大教师提供教育改革的新理念和新思路。

本书第一版、第二版的作者是（以姓氏笔画为序）：王晓华、亢宇坤、向于峰、李福华、杨志平、孟繁华。在新版的修订及创作中，第一、第五、第二十三章由滕珺教授完成；第四章由刘美凤教授完成；第二、第三、第十一章由乔鹤博士完成；第七、第十五、第十七章由王天晓副教授完成；第八、第九、第十、第二十二、第二十四章由丁永为副教授完成；第二十六和第二十七章由林伟博士完成；第十三章、第十八至第二十一章、第二十五章由佘勇博士和张蕾博士完成；第十二、第十四、第十六章由张爽教授完成；第六章由孟繁华教授和王楠副教授完成；结语《从科学主义到人文主义》由我撰写完成。全书由我和孟繁华教授进行了统稿。

2019 年 11 月 16 日

目　录

上　篇

第一章　全民教育

一、全民教育的缘起和发展

"全民教育"（Education for All，EFA）是联合国教科文组织（UNESCO）在 20 世纪 90 年代发起的一项全球教育运动。该运动致力于向所有儿童、青年及成年人提供高质量的基础教育，经过 20 多年的发展，已经成为一股影响世界教育发展的重要思潮。全民教育是国际社会针对教育对象提出的新概念，即教育必须向所有人开放，人人都有接受教育的权利且必须接受一定程度的教育。全民教育的基本内涵是教育要满足每一个人（包括儿童、青年和成人）的基本学习需要。

联合国教科文组织自成立之初就一直关注弱势群体的教育。据 UNESCO 调查，1990 年全世界共有 1 亿多儿童未能接受初等学校教育，其中包括至少 6000 万女童；9.6 亿多成人是文盲，其中三分之二是妇女；文盲（尤其是功能性文盲①）问题已成为包括工业化国家和发展中国家在内的所有国家面临的一个严重问题，世界上三分之一以上的成人未能学习新技能和新技术，以应

---

① 所谓"功能性文盲"，是联合国于 1965 年在德黑兰的一次国际会议上提出的，指的是受过一定传统教育，会基本的读、写、算，却不能识别现代信息符号及图表，无法利用现代化生活设施的人。

对社会的变化；1 亿多儿童和不计其数的成人未能完成基础教育，即便是那些完成基础教育的人也未必掌握基本的知识和技能。① 与此同时，经济停滞、环境恶化、债务负担、人口增长、战争暴乱等一系列问题使得人们的基本学习需要无法得到满足，这反过来又限制了社会解决这些问题的能力。

1990 年 3 月 5—9 日，联合国教科文组织、联合国儿童基金会（UNICEF）、联合国开发计划署（UNDP）和世界银行在泰国宗迪恩联合发起和赞助召开了"世界全民教育大会"，大会因而又称"宗迪恩大会"。来自世界 150 多个国家和地区以及联合国系统各机构、政府间国际组织、非政府组织等的共 1500 多名代表、观察员及专家出席了会议。会议讨论并通过了《世界全民教育宣言》（World Declaration on Education for All）和《满足基本学习需要的行动纲领》（Framework for Action to Meet Basic Learning Needs）。这两份纲领性文件提出了积极消除性别、民族和地区差别，普及儿童基础教育以及成人扫盲教育的目标、措施及具体计划，指出国际社会有义务消除一些国家实现全民教育目标的障碍，并采取措施来解除最贫穷国家的债务负担。

大会响亮地提出了"满足所有人基本的学习需要"的口号，以帮助人们获得生存和发展的能力，并有尊严地生活和工作。② 这其中既包括基本的学习技能，如读、写、口头表达、演算、问题解决，也包括基本的学习内容，如知识、技能、价值观念、态度，以"实现一个更安全、更健康、更繁荣而且生态更加良好的世界，同时促进社会、经济和文化的进步，倡导宽宏精神和目标上的合作"。"宗迪恩大会"原计划到 20 世纪末实现这一宏大的目标。

二、全民教育的主要内容及在全球取得的成就

从 1990 年召开"宗迪恩大会"以来，世界各国全民教育的进展十分缓慢，部分因为全民教育的实现遇到资金、政治决心等多方面的挑战，部分因

---

① UNESCO. World Declaration on Education for All and Framework for Action to Meet Basic Learning Needs[R]. Paris：UNESCO，1990：1, 3, 4–7.

② UNESCO. Education for All：Meeting Our Collective Commitments[R]. Paris：UNESCO，2000：17–20.

为全民教育提出的"满足所有人基本的学习需要"的口号本身过于宏大，不够具体，不具备可操作性。为此，2000 年 UNESCO 在塞内加尔首都达喀尔召开了"世界教育论坛"并通过了《达喀尔行动纲领》（Dakar Framework for Action）。《达喀尔行动纲领》进一步提出在 2015 年前，世界各国的全民教育应实现以下六个更为具体的发展目标：（1）扩大并改善幼儿，尤其是最脆弱和条件最差的幼儿的保育和教育；（2）确保在 2015 年以前所有的儿童，尤其是女童、各方面条件较差的儿童和少数民族儿童，都能接受和完成免费、高质量的初等教育；（3）确保所有的青年人和成年人能平等地获得必要的学习机会，以学习各种生活技能；（4）2015 年以前使成人脱盲人数，尤其是妇女脱盲人数增加 50%，确保所有的成年人都有接受基础教育和继续教育的平等机会；（5）在 2005 年以前消除初等教育和中等教育中男女生人数不平衡的现象，2015 年实现性别平等，重点确保女童能充分、平等地接受和完成高质量的基础教育；（6）全面提高教育质量，确保人人都能学好，在读、写、算和基本生活技能方面都能达到一定的标准。[1]

为实现全民教育的发展目标，UNESCO 多次召开了有关全民教育的会议，如"全民教育高层会议""九个人口大国全民教育部长级会议"等等，并从 2002 年开始陆续发布不同目标主题的《全民教育全球监测报告》（Education for All Global Monitoring Report），及时汇总全民教育在全球的发展状况，同时分享世界各国在推进全民教育运动过程中的政策与实践经验。根据 2015 年 4 月联合国教科文组织发布的《2000—2015 年全民教育：成就与挑战》（Education for All 2000-2015: Achievements and Challenges）[2]，全世界只有三分之一的国家实现了全民教育发展目标的所有量化指标，且只有一半的国家实现了全民教育计划的主要目标，即普及初

---

① UNESCO. Education for All：Meeting Our Collective Commitments[R]. Paris：UNESCO，2000：17-20.

② 以下数据均来自：The 2015 Global Monitoring Report（GMR）—Education For All 2000-2015：Achievements and Challenges [R/OL].（2015-04-01）[2017-05-02]. http://en.unesco.org/gem-report/report/2015/education-all-2000-2015-achievements-and-challenges.

等义务教育。该报告指出，如果想要确保在 2030 年实现新的教育发展目标，除了具有雄心壮志的政府予以推动和国际社会密切合作外，还需要每年额外给予 220 亿美元的资金支持。就 2000 年《达喀尔行动纲领》提出的六个发展目标而言，全民教育在全球范围内的进展如下：

目标 1：扩大对幼儿，尤其是弱势群体儿童的早期保育和教育。其中 47% 的国家已经实现这一目标，8% 的国家已接近这一目标，但是仍有 20% 的国家与这一目标的实现相去甚远。但值得注意的是，2012 年接受早期教育的儿童数量比 1999 年要多出将近三分之二。

目标 2：普及初等教育，尤其要确保女童、少数民族儿童以及边缘化儿童能接受和完成免费的初等义务教育。52% 的国家已经完成这一任务，10% 的国家已经接近这一目标，而有 38% 的国家还远远没有达到这一目标的要求，差不多有 1 亿儿童在 2015 年无法完成初等教育。由于缺乏对边缘化人群的关注，最贫困人群与最富裕人群完全接受初等教育的概率相差五倍之多，而这些失学儿童中大约三分之一处在战争冲突不断的地区。

目标 3：确保年轻人和成年人拥有平等的学习机会，学习到日常生活所必需的技能。46% 的国家普及了初中教育，全球范围内，初中教育入学人数增加了 27%。然而，在低收入国家仍有三分之一的青少年在 2015 年不能完成初中教育。

目标 4：至 2015 年，将成人文盲率降低 50%。只有 25% 的国家实现了这一目标，32% 的国家离这一目标的实现还有很大距离。尽管全球成人文盲的比例从 2000 年的 18% 下降至 2015 年的 14%，但是这一成果几乎完全归因于那些接受了教育的年轻人达到了成人年龄。而女性仍然占据全球成人文盲人数的三分之二，非洲撒哈拉沙漠以南地区的一半女性还不具备基本的识字能力。

目标 5：实现性别平等。至 2015 年，69% 的国家在初等教育阶段实现了男女平等，在中等教育阶段，只有 48% 的国家能够达到这一目标。儿童早婚和早孕现象仍是女童受教育的一大阻碍。

目标 6：改善教育质量，确保所有人学有所得。1990—2012 年，在 146

个国家中，有 121 个国家初等教育阶段的生师比下降，但是如果想要确保世界上所有儿童步入学校，仍然需要增加 400 多万名教师。三分之一的国家仍然缺乏接受过培训的教师，非洲撒哈拉沙漠以南地区的部分国家接受过培训的教师还不足 50%。值得高兴的是，2000 年以来，教育质量开始受到关注，实施国家学业评估的国家数量成倍增加。

三、2015 年后全民教育的新发展目标

2000 年以来，全民教育运动所取得的成绩是显著的。然而，我们也不得不面对一个事实：全民教育离 2015 年的预期目标还有很长一段距离要走。2015 年后全民教育该何去何从？ 2015 年后教育议程（post-2015 education agenda）因此成为国际社会关注的重点。

（一）《马斯喀特共识》（Muscat Agreement）①

2014 年 5 月 12—14 日，全球全民教育会议在阿曼首都马斯喀特召开。会议发布了《马斯喀特共识》，与会代表共同呼吁，将"到 2030 年实现公平、包容、优质的教育与终身学习"确立为 2015 年后发展议程的首要目标。这一目标经过广泛的磋商，被阐释为七个具体的全球教育目标。这为 2015 年后全球教育的发展议程奠定了基本方向。

目标 1：到 2030 年，至少 X% 的儿童通过参与优质的幼儿保育与教育做好接受初等教育的准备，并且在学前教育阶段接受至少一年的免费义务教育，另外还需在性别平等及最边缘化人群方面给予特殊的关注。

目标 2：到 2030 年，所有儿童应该接受至少九年免费优质的义务基础教育，并获得相应的学习成果，同样应该在性别平等及最边缘化人群方面给予特殊的关注。

目标 3：到 2030 年，所有的青年与至少 X% 的成年人应该在识字和计算上达到熟练精通的水平，使其有足够的能力参与到社会生活中。与此同时

---

① 参见 Beyond 2015 : The Education We Want [R/OL]. （2014-06-25）[2017-01-15]. http://www.unesco.org/ new/fileadmin /MULTIMEDIA/HQ/ED /ED_new/Beyond2015_ UNESCO-UNICEF -Flyer.pdf.

还应该对女童、妇女以及最边缘化人群给予特殊关注。

目标 4：到 2030 年，至少有 X% 的青年和 Y% 的成人通过技术职业教育、高中教育以及高等教育与培训，获得能够体面工作和生活所应具备的知识和能力，并给予性别平等和最边缘化人群以特殊的关注。

目标 5：到 2030 年，所有学习者都应该通过全球公民教育和可持续发展教育获得建立可持续的、和平的社会所应具备的知识、技能、态度和价值观。

目标 6：到 2030 年，所有的政府部门应保证全体学习者的教师是合格的、经过专业培训的、有积极性的以及得到资助的。

目标 7：到 2030 年，所有国家都要将其国内生产总值的 4%—6% 或者公共支出的 15%—20% 投入到教育领域，优先考虑急需帮助的人群，并加强教育上的财政合作，把处境不利的国家放在优先位置。

（二）《仁川宣言》（The Incheon Declaration）和《教育 2030 行动纲领》（The Education 2030 Framework for Action）

在《马斯喀特共识》的基础上，2015 年 5 月 19—21 日，"世界教育论坛"在韩国仁川召开，论坛的主题是"通过教育改变人生"，全球 100 多个国家的 1500 名高级官员，包括政府首脑、高层官员，诺贝尔奖获得者，国际和非政府组织的领袖，学术界成员以及私人部门代表、研究人员和其他利益相关者参加了此次论坛，为未来 15 年全球教育的发展制订蓝图。

论坛通过了《2030 年教育宣言》，也称《仁川宣言》①，明确提出了"确保公平、包容、优质的教育，促进全民享有终身学习机会"的口号，这也被纳入 2015 年 9 月 25—27 日"联合国可持续发展峰会"上制订的 17 项可持续发展目标中。其中，"公平"体现在准入、参与、保留、完成和学习结果方面消除所有形式的排斥、边缘化、不公正的差异性、脆弱性和不平等问题；"包容"体现了教育的可获得性和包容性；确保"优质"的教育是教育权利

---

①　UNESCO. Incheon Declaration Education 2030 : Towards Inclusive and Equitable Quality Education and Lifelong Learning for All [R/OL]. (2015-05-21) [2017-01-15].http://en.unesco.org/world-education-forum-2015/ incheon- declaration.

中必不可少的一部分，强调要确保教育能在所有水平和不同环境里导向相应的、平等的和有效的学习成果。UNESCO 前总干事博科娃（Irina Bokova）表示，《仁川宣言》鼓励各国政府为其国民提供终身学习机会，并确认教育是全球和平与可持续发展的关键，体现了国际社会确保所有儿童和青少年获得谋求有尊严的生活所需的知识和技能，以发挥其作为全球公民的潜能并为社会做出贡献的决心。[①]《仁川宣言》必须完成"全民教育目标"和"千年发展目标"的未竟事业。

为了落实《仁川宣言》的精神，2015 年 11 月 4 日，UNESCO 第 38 届大会通过了《教育 2030 行动纲领》。《教育 2030 行动纲领》强调教育是一项基本人权，是一种公共产品，教育应以人类个性的全面发展以及促进相互理解、宽容、友谊与和平为目标。国家必须确保普及公平、包容的优质教育和学习，同时民间团体、教师和教育者、私营部门、社区、家庭、青年和儿童在实现优质教育权利方面都发挥着重要的作用。此外，未来教育应以终身学习理念为引导。为了对正规的学校教育进行补充和辅助，应该通过提供资源充足、机制健全的非正规学习途径，鼓励非正式学习，包括使用信息通信技术，提供广泛和灵活的终身学习机会。具体包括以下 10 个目标[②]：

目标 1：到 2030 年，确保所有女童和男童接受完全免费、公平和优质的中小学教育，获得相应的、有效的学习成果。这一目标的确立，不仅可以促进中小学教育的入学率和质量提升，而且体现了教育的公平——确保男女平等接受教育，解决学习机会和结果的不平等问题，使每个孩子都能接受中小学教育，掌握基本的识字和计算技能等。

目标 2：到 2030 年，确保所有女童和男童获得优质的幼儿发展、保育

---

① 联合国. 2015 国际教育论坛通过为今后教育确立目标的《仁川宣言》[EB/OL].（2015–05–21）[2017–01–15]. http://www.un.org/chinese/News/story.asp?NewsID=24067.

② UNESCO. Incheon Declaration Education 2030：Towards Inclusive and Equitable Quality Education and Lifelong Learning for All [R/OL].（2015–05–21）[2017–01–15].http://en.unesco.org/world–education–forum–2015/ incheon– declaration.

和学前教育，为接受初等教育做好准备。《教育 2030 行动纲领》不仅关注中小学义务教育，同样关注人的早期发展。进入小学之前的几年是大脑发育的最重要阶段。这几年的幼儿护理和教育重点是提供足够的营养、家庭的激励、良好的社区和学校环境，远离暴力，以及关注幼儿认知、语言、社会性、情感和身体的发展，以便为进入小学学习打下基础。为保障幼儿为初等教育做好准备，《教育 2030 行动纲领》旨在提供优质和包容的幼儿保育和教育，提供至少一年的义务和免费学前教育，学校要提供适合幼儿发展的学习机会，同时要对实施过程进行监测。

目标 3：到 2030 年，确保所有女性和男性平等获得负担得起的优质的职业技术教育和培训以及不同形式的高等教育。 高等教育机会的供给往往不够充足，这种情况在发展中国家尤其突出，这会导致知识差距，严重影响社会经济的发展。一些国家已经采取措施扩展职业教育，使其达到高等教育水平。然而，接受高等教育的机会仍有很大差异，特别是在大学录取方面，性别、社会、地区和种族背景、年龄和残疾方面的差异明显。低收入国家的女性和高收入国家的男性处于劣势。另一个趋势是留学人员和学习者的流动性增加，更多学习者移居到国外获取更高层次的教育。《教育 2030 行动纲领》旨在消除技术和职业教育与培训及不同形式的高等教育的壁垒，实现教育公平，消除性别差异，为弱势群体提供平等的学习机会。

目标 4：到 2030 年，大幅度增加拥有相关技能的青年和成年人数量，这些技能包括就业、获得体面工作和创业所需要的技术和职业技能。 在劳动力市场快速变化、失业人口尤其是青年失业人口增加、一些国家劳动力老龄化、移民潮和技术进步的背景下，所有国家都需要开发人的知识、技能和能力，使他们能够体面地工作、创业和生活。必须增加学习机会并使其多样化，使用范围广泛的教育和培训模式，以便所有青年和成年人，尤其是女孩和妇女，能够获得使他们得到体面工作和生活的相关知识、技能和能力。同时，需要安排适当的优先顺序和策略，使技术和职业教育与培训更好地满足工作领域中正式和非正式部门的需求，提高技术和职业教育与培训的地位，构建连接不同教育方式的学习途径，促进学校和工作之间的过渡。

目标 5：**到 2030 年，消除教育中的性别差异，确保残疾人、原住民和弱势儿童等弱势群体平等获得各级教育和职业培训。**特别需要关注的是可能遭受性别暴力、童婚、早孕、繁重的家务劳动和生活在贫困偏远地区的女童和年轻女性。另外，由于许多孩子的教育机会被贫困、冲突、流行病和自然灾害所破坏，因此关键是要在贫困、危机、冲突中，以及冲突后和灾后的情况下维持教育并解决国内流离失所者和难民的教育需求。《教育 2030 行动纲领》的关键特征"公平、包容、优质的教育"，要求确保所有人的受教育权，保证所有人能够接受平等、优质的教育，消除性别差异，确保女性的受教育权；消除在教育中存在的歧视现象，保证所有的弱势群体平等获得各级各类教育和职业培训。

目标 6：**到 2030 年，确保所有青年和大部分成年人，包括男性和女性，获得读写和计算能力。**确保所有青年和大部分成年人掌握熟练的读写和计算能力，是使人人获得终身学习机会的基础。读写能力是教育权利的一部分，是一种公共产品，是自主学习不可或缺的基础。具有读写和计算能力的好处是巨大的，特别是对于弱势群体中的女性来说。此目标的确立不仅使人人可以获得终身学习的机会，还可以解决性别差异带来的教育问题，促进教育公平。

目标 7：**到 2030 年，确保所有学习者获得促进可持续发展所需的知识和技能，包括通过教育实现可持续发展和可持续的生活方式、人权、性别平等、促进和平与非暴力文化、全球公民意识、对文化多样性和文化对可持续发展的贡献的理解。**在这个还有很多社会、政治、经济和环境挑战尚未得到解决的全球化世界中，建立一个有助于建立和平及可持续发展的社会体系的教育系统非常重要。然而各国的教育系统中却鲜有能够全面融合的变革方式，各国应将可持续发展教育纳入相关政策。

目标 8：**到 2030 年，建立和改善能恰当满足儿童、残疾人和不同性别人群需要的教育设施及条件，并为全民提供安全、非暴力、包容和有效的学习环境。**这个目标强调要提供充足的基础设施，建立安全、包容的环境，以促使人人都能够实现终身学习，无分人们的背景或残疾状况。同时，确保女童和妇女在学习环境中感到安全是使她们继续接受教育的关键。

目标 9：到 2030 年，在全球范围显著增加提供给发展中国家，特别是最不发达国家、小岛屿发展中国家和非洲国家的公民在发达国家和其他发展中国家接受高等教育的奖学金数量，涵盖职业培训、信息通信技术，及技术类、工程类和科学类项目。奖学金项目对于那些无法负担教育深造费用的青年人和成年人继续接受教育发挥至关重要的作用。特别是对于最不发达国家而言，它们为高等教育和研究系统的国际化做出了重要的贡献。它们还有助于学习者接触全球知识和培养能力，传播与调整知识和技术，以适应当地的实际情况。

目标 10：到 2030 年，大幅度提高合格教师的供应数量，包括通过国际合作在发展中国家特别是最不发达国家和小岛屿发展中国家开展教师培训。教师是实现所有教育 2030 议程的关键，师资数量和质量是实现教育公平的重要条件。加强发达国家与发展中国家特别是最不发达国家和小岛屿发展中国家的合作，开展教师培训，增加这些国家师资的数量、提高师资的质量，对于在全球范围内实现优质的幼儿发展、保育和学前教育，优质的中等教育，以及优质的技术、职业教育和高等教育等至关重要，有利于保证各个阶段的教育质量，促进教育公平的实现，保证人人获得终身学习的机会。

第二章 终身教育与终身学习

近年来，在教育理论与实践的很多场合，"学习"话语逐渐取代了"教育"话语。这种转变不仅发生于学校领域，还多次出现在国家和国际组织的政策文献中。终身教育与终身学习，作为当今世界重要的国际教育思潮，对世界各国的教育，无论是正规教育还是非正规教育，都已经产生了非常深远的影响。有学者认为，如果把终身教育看作 20 世纪的教育理念的话，那么终身学习就是 21 世纪的教育理念，而且是 21 世纪最值得研究和关注的课题之一。从字面含义出发，终身学习要求作为个体的学习者必须进行持续不断的学习，而且需要社会提供相应的条件和空间，其最终目标是建立"学习型社会"。因此，终身教育、终身学习、学习型社会这三个概念之间存在着密切的联系。

一、终身学习的缘起与发展

第二次世界大战结束以来，随着科技革命和产业革命的推进，教育开始承担起面向未来培养新人的使命，同时现实中教育供给与需求的矛盾日益突出。教育如何既能帮助个人掌握自己的命运又能满足未来社会的需求，成为迫切需要思考和解决的新问题。在这一背景之下，世界各国的教育革新更多着眼于探寻传统教育之外可供选择的途径，终身教育的理论与实践应运而生。

终身教育与终身学习是发展的连续体，终身学习是终身教育在演变和发展的过程中，在特定的机遇背景下产生的。

（一）终身教育思潮的形成

终身教育理念的确立基于大规模的成人教育。在成人教育发展的基础上，1919 年英国成人教育委员会发布的《成人教育报告建议书》（Recommendation on Adult Education）指出："综合观察，我们可以得出一个结论，即成人教育不能被看作一件奢侈品，专为几个聪明失学的少数人物而设，但又不应被看作一种寻常事情，只为继续青春期的短期教育而设。反之，成人教育是永远的民族需要，又是公民教育不可分割的部分，所以具有普通性和终身性。"这是最早关于终身教育的概念描述。

在此基础上，1929 年英国成人教育家耶克斯利（B. Yeaxlee）出版了世界上第一本终身教育专著《终身教育》（Lifelong Education）。该书的核心思想是：学校教育仅仅是教育过程的开始，应该将各种教育（包括初等教育、中等教育、职业教育、大学教育）统一起来，将教育看成是真正贯串于人的一生的活动。这里，耶克斯利已初步明确了终身教育的本质含义，同时提出了终身教育理论架构的初步设想。在此意义上，我们说，耶克斯利是终身教育理念的重要奠基者。随后，终身教育思潮在英国、法国、瑞典等国得到进一步传播。

终身教育的真正概念化和体系化开始于 20 世纪 60 年代，其标志是 1965 年法国成人教育家保罗·郎格朗（Paul Lengrand）在联合国教科文组织召开的"第三届促进成人教育国际委员会"上系统论述了终身教育的概念和意义。

对此，查尔斯·赫梅尔（Charles Hermel）在《今日的教育为了明日的世界》（Education Today for the World of Tomorrow）中指出："终身教育是正在使整个世界教育制度革命化的过程中的一种新的观念。"关于这种新观念在人类教育发展进程中的地位，赫梅尔认为："（终身教育）可以与哥白尼学说带来的革命相媲美的终身教育概念的发展，是教育史上最惊人的事件之一。"

1965 年 12 月，在联合国教科文组织召开的国际成人教育促进会上，保罗·郎格朗以"终身教育"为题做了主题报告，他明确指出："教育并非终止于儿童期和青年期，它应伴随人的一生而持续地进行。教育应当借助这种方式，满足个人及社会的永恒要求。""今后的教育应当是，随时能够在每一个人需要的时刻，以最好的方式提供必要的知识和技能。"该报告不仅直接提出了终身教育的概念，还对终身教育的内涵和外延进行了详细的说明。这次大会还提出了联合国教科文组织应批准把终身教育作为各国进行教育发展的重要原则的建议。从此以后，终身教育开始在世界各国的教育领域流行并发展成为一种世界性的教育思潮。

（二）终身教育思想的发展与完善

20 世纪 60 年代后期到 70 年代初期是终身教育迅速发展的时期。1967 年联合国文化合作委员会提出把终身教育作为其在教育方面全部工作的指导性观念，并就终身教育出版了一系列重要理论著作，对推动终身教育的理论化建设发挥了重要作用。1968 年，联合国教科文组织把终身教育作为 1970 年国际教育年的重要目标提出，这标志着终身教育的研究已从纯粹理论层面向实践和政策层面转化。1970 年国际教育年规定的 49 项任务中，每一项都直接与终身教育有关，这也证明了终身教育理论与实践的结合。对 1970 年国际教育年的成果评价表明：终身教育已经成为 1970 年联合国教科文组织成员国共同关注的对象，并在世界范围内获得了广泛的认同。

根据联合国教科文组织截至 1972 年所收集的有关资料，从 1970 年到 1972 年，涉及终身教育的著作和论文达到近 300 部（篇）。其中具有代表性的有郎格朗 1970 年出版的《终身教育导论》（*An Introduction to Lifelong Learning*），1972 年埃德加·富尔（Edgar-Jean Faure）领衔的专家小组向联合国教科文组织提交的报告《学会生存——教育世界的今天和明天》（*Learning to Be: the World of Education Today and Tomorrow*）等终身教育专著。在《学会生存》中，富尔对终身教育的历史发展和意义做了相应的说明，他指出："终身教育的思想在近 10 年来已经聚集了很大的力量，虽然还不能说它是我们时代的创见。教育过程是连续性的，这种思想并不是什么新东西。无论人类是自觉地，还是不自觉地这样做，他们总是终身不断地学习和训练他们自己。"这实质上说明了终身教育思想存在的客观合理性和传承性，表明终身教育是一种人类社会客观存在的教育形式。这为终身教育介入教育领域提供了法理依据。在终身教育的意义方面，富尔指出："教育只有在它的行动实质和空间时间方面经历了急骤的变化，简言之，只有采纳了终身教育的思想，才能变成有效的、公正的、人道的事业。""现在这种思想已经传遍全世界，终身教育也已经成为一个具有历史意义的问题，一个有关文明本身的问题了。"这实际上揭示出，终身教育对于教育自身和人类文明都具有极其重要的历史和现实意义。

这些著作和论文的发表，在极大程度上推动了终身教育理论体系的建设，为终身教育的实践提供了强有力的理论支撑。这一时期世界各国和各地区的终身教育实践也得以蓬勃发展，使终身教育成为一种处于上升势头的世界性教育思潮。

1996 年，这种上升趋势到达到顶峰，其标志是联合国教科文组织《教育——财富蕴藏其中》(*Learning: the Treasure within*) 报告的发表。该报告明确指出："教育在个人生活中的地位越来越重要，因为它在促进现代社会发展方面的作用越来越大。……通常把一生划分为几个不同时期的做法不再符合现代社会的实际情况，更不符合未来的要求。今天，谁都不能再希望在自己的青年时代就形成足够其一生享用的原始知识宝库。……今后，整个一生都是学习的时间，而每一类知识都能影响和丰富其他知识。"终身教育"超越了启蒙教育和继续教育之间的传统区别。它与另外一个往往先进的概念——学习型社会的概念联系在一起。在学习型社会中，事事都可成为学习和发挥才能的机会"。这实际上提出了学习型社会和社会教育化的主张，也是学习型社会最核心的思想。在此意义上，《教育——财富蕴藏其中》标志着终身教育理论体系的最终形成，也标志着终身教育思潮开始向主流的教育指导思想发展和变化，使终身教育成为各种国际教育新思潮、理念等产生的重要前提和背景。

二、终身学习的主要内容

学习型社会理论的兴起以及国际组织的推动在终身教育理念转向终身学习理念的过程中发挥了重要作用。

（一）终身教育向终身学习转化的必要性

1. 概念演变的必要性

从 20 世纪 60 年代起，联合国教科文组织一系列关于终身教育的讨论，改变了以往教育局限于学校内部的方式，主张对传统的学校模式进行改革，以开阔的视野关注学校外的教育动态，并从根本上对教育形态进行重新认识。在实践层面，一些国家却将终身教育限定在与职业相关的领域，并在"终身学习"的名义下将学习归于学习者自己的责任，从而使终身教育失去了制度保障。日本还出现了把终身学习视为商业行为的现象。这里可以看出，从终身教育向终身学习的方向发展不仅是必要的，还需要相关的制度保障。

2. 成人教育的多样性

20 世纪 60 年代以来，关于成人教育的术语，如成人学习、成人教育学、回归教育、自我导向学习、自我教育、非正规教育、自我反思学习等既包括了对学校教育模式的反思，也包含了学校外的教育及学习模式。"教育"和"学习"这一对术语，从字面意义来看，前者更关注教，后者则关注学。"终身教育"作为一种制度要素存在于世界各国，而学习则可以是一种自律行为，即使在缺乏外在制度保障的情况下也可能发生。从这点来看，成人学习可以在更广泛的范围内发生，并以更丰富的形式展开，因此，终身学习可以比终身教育涵盖更丰富的内容。

3. 对学习主体的讨论

传统教育往往局限于学校范围，终身教育的提出使得非正规教育、非正式教育成为具体的教育模式，而所谓的非正规教育及非正式教育并不局限于未被制度化的教育领域或教育行为，它体现的是从行动中学习、在生活中学习及日常生活本身就是一种学习。[1] 这种学习是自发产生的，这种学习与强

---

[1] 吴遵民，末本诚，小林文人. 现代终身学习论 [M]. 上海：上海教育出版社，2008：80.

加于人的学习不是一回事。因此，对于学习者而言，所谓学习，应该具有主动性，主动学习对他们自身有意义的知识，而不是被动接受。在急剧变化的时代，学习这种行为也变得十分活跃，无论在量的层面还是在质的层面，学习主体已逐渐扩大到社会全体成员。

（二）学习型社会的兴起促进了终身教育向终身学习的转化

在终身教育思潮兴起的同时，1968 年美国芝加哥大学校长罗伯特·哈钦斯（Robert Maynard Hutchins）出版了《学习型社会》（*Learning Society*）一书，指出："仅向成年男女提供定时制的成人教育是不够的，除此之外，还应以学习成长及人格的形成为目的，并以此目的制定制度，更以此制度来促使目的的实现，由此建立一个朝向价值的转换及成功的社会。"换言之，未来要实现的是创建一个具有新的教育体系的社会，而这一体系就是终身教育体系，这个社会就是学习型社会。构成这一社会的核心是学习，人人都必须通过持续的学习来实现人生的真正价值，而学习型社会的目标则在于向所有人提供其在人生发展的任何阶段希望获得的任何教育机会。

从学习型社会的内涵来看，它更多着眼于对人、人性以及人生价值的培养，在此过程中，学习已成为所有理念的核心。由于学习型社会理论突显了持续学习的重要性，这就与已为人所熟知的终身教育思想产生了重叠。终身教育主张通过整合人一生各个不同阶段接受的不同形式的教育来实现以学习为核心、以重视人性为目的的学习型社会，同时涉及"教育"与"学习"这两个联系密切又不相统一的概念。虽然在某些场合"教育"与"学习"可以相互替代，但二者毕竟有着不同的内容。于是，终身教育与学习型社会之间产生了由"教育"与"学习"的差异而导致的难以统一的问题，由此推动了与"终身教育""学习型社会"既关系密切，又能很好地衔接二者的重要概念"终身学习"的诞生。而且随着时代的进步，"终身教育"逐渐被"终身学习"所取代。

（三）终身学习的理论观点

终身学习与终身教育一样，内涵极其复杂，涉及的领域十分广泛，学者、企业界及政府部门对该理念有着不同的诠释，我们试图去总结其根本要义。

1. 终身学习是一种生活方式

根据终身学习理念，学习超越了学校和教育的范畴，它不仅仅涉及教育领域的问题，同样涉及人的生存领域的问题。中国学者吴咏诗认为，"终身学习应该是一种社会行为，与其说它是一个教育概念，不如说它是一种生活方式"①。终身学习正在成为人的一种至关重要的生存责任，也正在成为人在未来社会中的一种生存方式——没有终身学习就无法体现人的一生的社会存在，无法体现人的一生的生存质量。世界终身学习会议提出"终身学习是21世纪的生存概念"，正是终身学习理念变化与发展的结果，这里的"学习"更具有自主性和主导性的特征。

2. 终身学习依赖于学习者的自主性，意味着主体的转移

以往，学习者常被看成是得到外在"塑造"的"客体"，教师则被视为一种必不可少的外在力量对其施加影响。但是，当人的责任心、能动性、创造性等在人的成长与社会急剧变革中备受关注，在教育过程中越来越显示其价值的时候，"学"开始占据更加重要的地位——学习者比教育者重要，即使没有学校教育，人类也存在着主动学习。学习是学习者一生中出于各种原因而自主、自愿进行的活动，只有积极主动的学习活动才是有效和长久的。因此，在终身学习理念下，学习者越来越不成为对象，而是越来越成为主体了。

3. 终身学习是个别化和个性化的学习，强调学校以外非正规学习的重要性

由于每个人都具有独特的个性、兴趣与爱好，又在社会中扮演着不同的角色，因此，不同的人在不同阶段、不同场合会产生不同的学习需求，终身学习的特殊之处在于它能满足这种多样性、分散性和个性化的学习需求。与传统学校相比，终身学习的内容大大拓展。这就使得终身学习可能发生在人类活动的任何空间，终身学习的学习场所不局限于家庭、学校、文化中心或

---

① 吴咏诗. 终身学习：教育面向21世纪的重大发展[J]. 教育研究，1995（12）:10-13.

企业等。大凡可被个人或集团"加以利用的一切教育设施及资源都应包括在内"①。由此可见，终身学习明显拓展了学习的场所和范围，同时，由于更强调在非正式的状态下开展学习活动，因此它更符合终身性的概念特征。

4. 终身学习是一种有目的、有意识的学习活动

学习者的学习需求是内生的。在现代社会，新技术的迅速发展，知识更新速度的加快，都使得人们即使在离开了正规教育机构或过了所谓的正规学习期后，仍然需要不断学习。这种学习是有目的、有意识的，其目的在于使学习者身居急剧变化的世界，在面对新的挑战、任务、情况和环境时，都能满怀信心，愉快而自如地去运用知识、驾驭知识、创造知识。终身学习把离开了正规学校之后偶然发生的学习活动上升为一种有意识的行为，也从根本上改变了人们对学习的固有看法。

5. 终身学习是人的一项基本权利

学校的产生与发展，一方面为人们提供了专门的学习机会与场所，另一方面使得学习过程与结果存在着各种不公平现象。1994 年首届世界终身学习会议的召开以及"终身学习是 21 世纪生存概念"理念的提出，迫使人们更加深刻地认识到学习的重要性，学习已成为人的一项基本权利。社会中的每一个成员都应公平地享有学习机会。终身学习即蕴含着人人普遍享有学习机会的共同期望。所有公民在其一生中，无论年龄、性别、职业、收入、种族、地域等存在何种差异，只要感到有学习需要，（政府或社会）就应尽可能地为其提供适合的学习机会和场所。从这点来看，终身学习与全民学习是密不可分的，尤其是弱势群体的学习权，无论政府还是社会都应保障公民的这一基本权利。

从概念的发展演变来看，终身学习是在综合了终身教育和学习型社会概念的基础上出现的一个概念，它涵盖了终身教育和学习型社会的基本思想。但这并不意味着终身学习是终身教育和学习型社会的简单相加，其实，终身学习概念的提出在思考角度和视角方面具有其独特之处，该概念是从学习者

---

① 高志敏.关于终身教育、终身学习与学习化社会理念的思考[J].教育研究，2003（1）:79-85.

主体的角度提出的。可以说，终身学习强调学习者的主体性地位，强调把教育和学习看成是以主体为核心的一种生活方式，这使终身学习的最终实施具有了可能性。

三、终身学习的国际影响

终身学习概念在国际社会广泛流行的深层次原因在于知识、技术、经济、文化甚至一个人的自我认同感方面的快速变化和不确定性。这种快速而又激烈的变化直接影响了传统制度和个体生活。[1] 为了回应这种变化的需要，国家、国际组织、机构和个人从不同层面都在不断反思。

1976 年，联合国教科文组织在第 19 次全体会议上通过《关于发展成人教育的建议》（Recommendation on the Development of Adult Education），正式而明确地提出了"终身学习"的概念。由于终身教育的概念已经深入人心，因此这份建议同时使用了"终身教育"和"终身学习"两个术语。这时，联合国教科文组织向全世界清楚地表明了国际社会对终身学习——这一强调以学习者为中心，并从学习者的立场出发而建立的教育新理念的关注与重视。[2]

联合国教科文组织的多份政策文件都始终如一地体现了持续一生的终身学习观。在 1996 年联合国教科文组织提出教育的四大支柱后，2003 年，联合国教科文组织终身学习研究所提出了"学会改变"的主张，并将其视为终身学习的第五支柱，鲜明地体现了将学习和接受教育作为基本人权的思想以及对学习者主体性的根本尊重。[3]

联合国教科文组织下设的终身学习研究所作为全球终身学习中心，致力于改进成员的终身学习政策和战略，同时开展一些文化普及和基本技能培训项目以及成人学习和教育项目。

---

[1] 赵康.从终身教育到终身学习的三重分析：以欧洲终身学习领域为背景[J].继续教育研究，2010（11）：3.
[2] 吴遵民.现代国际终身教育论[M].上海：上海教育出版社，1999：39.
[3] 朱敏.国外终身学习政策推展模式研究[D].上海：华东师范大学，2010：26.

欧盟积极鼓励成员国合作、交流，定期回顾、评估与改进其终身学习政策，致力于促进各级教育的整体化发展，并于 2002 年在《欧盟终身学习质量指标报告》（European Report on Quality Indicators of Lifelong Learning）中从技能与态度、途径与参与、学习资源、策略与制度四个范畴提出了最具有代表性的 15 项终身学习指标：识字、算术、学习型社会新技能、学习如何学习、积极的公民身份文化与社会能力；终身学习途径、参与；终身学习投资、教育人员与学习、学习咨询与信息技术；终身学习策略、整合供给、辅导与咨询、学习成就认证、品质保障。

从国家层面来看，各国更多地将终身学习的理念用于政治议程中，在实践上则需要将终身学习理念与各个国家不同的文化背景相结合，建立终身学习体系。终身学习体系与以往的教育体系相比，具有高度的开放性和发展性，它要求整合家庭教育、社会教育、学校教育、企业教育等多种教育资源，将个人的非学历教育与学历教育、个性化学习与组织性学习、多样化学习与规定性学习有机结合，从而建成有利于不同人才成长的立交桥，使学习者多样化的学习需求得以满足。

美国于 1976 年通过了《终身学习法》（Lifelong Learning Act），确立了对终身学习的法律保障。1983 年，美国教育部发布报告《国家处在危险中：教育改革势在必行》（A Nation at Risk: the Imperative for Educational Reform），对学习型社会和终身学习进行了详细的论述。报告指出："学习机会发展到家庭、工作场所、图书馆、美术馆、博物馆和科学中心，甚至于发展到在工作和生活中个人得以发展和成熟的一切场所中。按照我们的观点，青年期的正规教育是人们终身学习必不可少的基础。如果没有终身学习，人的技能很快就会过时。"这里对学习机会的社会性的描述，实质上就是对学习型社会的一种具体说明。学习型社会的重要目标在于为终身学习提供相应的环境。这也是较早的对终身学习与学习型社会关系的关注。

除了美国，日本也是对终身学习和学习型社会关注比较多的国家之一。日本对终身学习的关注具有两方面的特点，即由终身教育转向终身学习，由学者的观点变成政府的政策。由终身教育向终身学习的转变与美国关注学习型社会具有同样的意义，而由学者的观点转变成为政府的政策则更是为终身学习和学习型社会的具体实施提供了良好的行政保障，有利于学习型社会实践。

1981 年，日本中央教育审议会发布了《关于终身教育的报告》，该报告表达了日本要向终身教育和终身学习努力的决心。"终身教育的基本理念是要重新制定教育制度，以确保每个公民为拥有充实的人生，持续一生地进行学习。"报告提出要整合学校、家庭、劳动场所、社区等各种教育机构或场所，支持人们的自身成长和生活质量的提高，并在日本首次使用了"终身学习"这一术语。

到了 20 世纪 90 年代，日本的终身学习思想得到了进一步发展。日本于 1990 年颁布了《关于终身学习振兴措施与推进体制等的整备法律》，简称《终身学习振兴法》，对终身学习发展的措施、体制保证以及终身学习的理念等方面做了详细的规定，使终身学习的发展具有了完备的法律规范，从而促进了其实践发展。1992 年，日本文部省在《我国的文教政策》年度报告中对终身学习思想进行了更为深入和全面的探讨。报告指出："今后的学习可以说是以个人的自发意愿为基础的，个人根据需要选择与自己相适应的手段和方法，贯串其整个一生去进行。这种学习是作为在除了获得专门知识技术和提高实际的能力外，还包括体育活动、文化活动、闲暇活动、社会服务活动等指向自我充实、在活动中发现乐趣的主体性活动在内的整体来构筑的。"报告对终身学习所做的理论探讨，从一个侧面反映出日本在终身学习或学习型社会方面的研究已经达到一个较高的水平。

在中国传统文化中，儒家思想不仅主张终身学习，而且主张学以致用。例如，"格物致知""修身齐家治国平天下"将学习的意义从个人延伸到人类的未来格局，这样的设计使得学习融合了内在的快乐与外在的兴趣，与终身学习的理念有着异曲同工之妙。自终身教育和终身学习理念产生以来，中国一直在努力从法律、制度、理论和实践层面构建自己的终身教育和终身学习体系。1995 年颁布的《中华人民共和国教育法》第 11 条明确提出"建立和完善终身教育体系"。然而，终身学习制度的确立和践行需要学校、企业、家庭乃至社区的积极参与，各尽其责，共同推进。《国家中长期教育改革和发展规划纲要（2010—2020年）》中的战略目标明确提出，要"构建体系完备的终身教育。学历教育和非学历教育协调发展，职业教育和普通教育相互沟通，职前教育和职后教育有效衔接。继续教育参与率大幅提升，从业人员继续教育年参与率达50%。现代国民教育体系更加完善，终身教育体系基本形成，促进全体人民学有所教、学有所成、学有所用"。

从终身教育和终身学习理念的产生、发展以及演变的过程可以看出，终身学习与以联合国教科文组织为代表的国际组织付出的一系列努力是分不开的。得益于国际组织的积极推广与倡导，以及各个国家的法律和制度实践，它才能在全世界得以推广。

第三章　学习型社会

　　学习型社会①是在终身教育思潮的影响下出现的一种教育潮流，二者既有联系，也有区别。终身教育是学习型社会的基础，因此，学习型社会的产生是受终身教育影响的结果；同时，终身教育与学习型社会的形成有着大致相同的社会背景。如果说终身教育更多的是从时间角度强调教育的话，那么，学习型社会则是从空间角度出发探讨教育。在对象指向方面，终身教育解决的是教育终身化和教育社会化的问题，而学习型社会则力图解决社会教育化的问题。在教育主体方面，终身教育更多从个体的角度出发进行教育思想的建构，而学习型社会则更多从社会即人类整体的角度进行教育研究和体系建构。

一、学习型社会的缘起与发展

　　学习型社会这一概念最早是由美国著名教育学者、永恒主义教育思潮的代表人物罗伯特·哈钦斯提出来的。哈钦斯在 1968 年曾以《学习型社会》

---

　　① 学习型社会（learning society），在国内有学者译为"学习化社会"或"学习社会"，几种译法之间并无本质区别，本章采用"学习型社会"的译法。

为题出版了专著，在书中，哈钦斯虽然没有对学习型社会进行明确的概念界定，但他以古代雅典的教育为例，对学习型社会进行了相应的可能性论证和描述。他指出古代雅典试图创造一个能保证其社会成员都获得圆满发展的社会，在创造这种理想社会的过程中，教育发挥了重要作用。教育在当时并不是一种片面的活动，与此相反，教育是整个社会的目的，整个雅典都在教育它的民众。这使得古代雅典成为一个全民学习之邦。由此出发，哈钦斯认为从历史的经验来看，要建立一个学习型社会是可能的。

1969 年，美国卡内基高等教育委员会发表了一份报告《迈向学习型社会》（Toward a Learning Society），报告主张学习者应具有主动性与主体性，并提倡通过社区学院、空中大学，实施社区教育、回归教育等方式来建设学习型社会。由此学习型社会的理念正式形成。在 1972 年《学会生存——教育世界的今天和明天》的基础上，70 年代世界各国开始关注对学习型社会的研究和探讨。1974 年，美国卡内基高等教育委员会提出了学习型社会的具体构想，并阐述了保证终身学习机会的意义所在，这成为世界各国关注学习型社会的开始。20 世纪 70—90 年代，美国、日本以及欧洲各国都对学习型社会表示出极大的关注，欧盟将 1996 年定为"欧洲终身学习年"并发表了政策白皮书《教与学：迈向学习型社会》（Teaching and Learning: Towards the Learning Society），提出了迈向学习型社会的具体途径。1998 年，英国工党政府发表的《打开通向学习型社会之门》（Open Doors to a Learning Society）①，明确提出"经济、技术和文化整体的变化使我们有机会建构一个真正的学习社会——所有个体作为文明的、繁荣的、充满爱心的社区的积极公民均能实现自身潜能的社会"。

随着世界政治、经济和文化等领域的快速发展，学习型社会和终身学习逐步成为世界性的主流教育思潮，这也是未来世界教育发展的趋势所在。学习型社会与其他教育思潮的区别在于，这是一种宏观的、背景性的教育思潮，并且目前还处于上升时期，但学习型社会、终身学习思潮等已获得国际

① Ranson S. Inside the Learning Society[M]. London: Cassell, 1998 : 133–142.

性组织、机构以及世界各国政府的认同，并逐渐在世界各国形成了相应的制度和法律体系。

二、学习型社会的主要内容

（一）学习型社会的概念

最先对学习型社会进行概念界定的是联合国教科文组织 1972 年的报告《学会生存——教育世界的今天和明天》。该报告主要从终身教育和学校教育的有限性角度出发，对学习型社会进行了相应的描述，指出："教育正在日益向着包括整个社会和个人终身的方向发展。"① "社会不能通过一个单独的机构对它的所有的一切组成部分（无论在任何领域内）发挥其广泛而又有效的作用，不管这个机构多么广大。如果我们承认，教育现在是，而且将来也越来越是每一个人的需要，那么我们不仅必须发展、丰富、增加中、小学和大学，而且我们还必须超越学校教育的范围，把教育的功能扩充到整个社会的各个方面。……所有的部门——政府机关、工业交通、运输——都必须参与教育工作。地方共同体和国家共同体都显然是具有教育作用的机构。"② "所有的集体、协会、工联、地方团体和中间组织都必须共同承担教育责任。……从今以后，一些专门人员以外的人们从事教育活动是可能的了；垂直的区划正在消失；学校的领域和所谓平行学校的分界关系，国家与私人事业之间，官方的或正式订有契约的教学专业人员和那些临时担任教学任务的人们之间的区别等等也都已经不再有任何意义了。"③ 这里实质上明确提出了把整体的社会都赋予一定的教育功能，使全体社会教育化。

从这种具体描述出发，报告指出："社会与教育的关系，在其性质方面，正在发生变化。一个社会既然赋予教育这样重要的地位和这样崇高的价值，那末（么）这个社会就应该有一个它应有的名称——我们称之为'学习化的

---

① 联合国教科文组织国际教育发展委员会.学会生存：教育世界的今天和明天[M].北京：教育科学出版社，1996: 200.

② 同① 201.

③ 同① 202.

社会'。这样一个社会的出现，只能把它理解为一个教育与社会、政治与经济组织（包括家庭单位和公民生活）密切交织的过程。"① 由此提出了学习型社会的概念。这里的学习型社会是一种社会模式和社会理想，是把学习作为社会主要特征的社会形态。

在联合国教科文组织对学习型社会做出界定的同时，一些学者和相关的研究机构与组织也对学习型社会进行了自己的界定。英国学者兰森（Stewart Ranson）在《处在学习型社会》（*Inside the Learning Society*）一书中提出，学习型社会的价值内涵主要体现为：对新观念的开放态度；适当地倾听与表达观点；对所面临困境的解决方式提出反省或质疑；在改变的环境中合作；批判地审视和检验各种改变；从个人层面来说，个体应该追求自我探索，在学习中追求自我发展，并尽公民的责任；从社会层面来说，人类应该在一个有道德秩序的社会中相互学习，公民在公共领域既有权利也负有责任；从政体层面来说，学习型社会的政体要体现正义、尊重多元价值、实现参与式民主等。② 兰森从个体、社会、政体三个层面论述学习型社会的价值内涵，对学习型社会理论和实践的发展具有重要的启发意义。

美国学者彼得森（D. A. Peterson）认为：学习型社会意味着教育机会应尽可能向大众开放；教育机构应延伸到社区，为社区提供课程，并融入社区事务与问题；广泛运用各种教学资源，而非仅限于教育机构。③

学者波什尔（R. Boshier）在谈论学习型社会时就曾经指出，学习型社会的基本观念是把学习当作"正常的和日常生活的事情"，而教育则被视为"所有公民的潜在人权"，因此，学习型社会就是以学习者为中心的社会。④ 这实际是从学习型社会的参与者和主体角度出发进行的概念界定，同时也提出了把教育看成社会的一种生活方式，建立在教育生活方式基础上的社会就

---

① 联合国教科文组织国际教育发展委员会.学会生存：教育世界的今天和明天[M].北京：教育科学出版社，1996: 202–203.

② Ranson S. Inside the Learning Society [M]. London: Cassell, 1998.

③ 朱孔来，李俊杰.国内外对学习型社会研究现状评述及未来展望[J].湖南师范大学社会科学学报，2011（6）：93–97.

④ 同③.

是学习型社会。

英国经济和社会研究委员会（Economics and Social Research Council，ESRC）也曾对学习型社会提出了自己的观点。他们认为："学习型社会应拥有这样的公民：他们能够接受高质量的普通教育、适切的职业培训，一生可以参与学习和培训以使自己更具价值。学习型社会的公民可以公平地获得繁荣国家经济的知识、技能和理解力。……学习型社会的公民应该能够借助于继续教育和培训，参与批判性对话和行动，提高整个社区的生活质量，从而确保社会整合和经济成功。"[1]

中国台湾学者胡梦鲸于 1997 年提出，所谓学习型社会是指一个人人均能终身学习的理想社会。[2]

这些概念同样强调了教育与社会联系的建立是学习型社会重要的特征所在，同时，也突出了终身教育和继续教育对于学习型社会的基础性意义。而这种建立在终身教育基础之上的，有利于实现教育与社会之间有机联系并能对社会发展起到极大促进作用的社会，就是学习型社会。

综合各种观点，学习型社会的主要内涵包括[3]：

（1）在学习型社会中，学习是每个人终其一生的活动，学习将成为一种人的自身发展的需求，在个人生活和社会生活中占有重要的位置。

（2）学习型社会是人人拥有学习权的社会，学习将成为社会一切成员整个生命期的活动，每个人均可按照个体的学习兴趣、能力和需求，突破时空的限制，选择适合个人的学习活动。

（3）学习型社会是学习机会对社会全体成员开放的民主平等的社会，学习可以在任何地方，以任何形态来进行。

（4）在学习型社会中，学习和教育将成为一个结构和功能完整的社会体

---

[1] Hughes C , Tight M. The myth of the learning society [J]. British Journal of Educational Studies, 1995（9）: 296.

[2] 朱孔来，李俊杰.国内外对学习型社会研究现状评述及未来展望[J].湖南师范大学社会科学学报，2011（6）: 93-97.

[3] 厉以贤 . 学习社会的理念与建设 [M]. 成都：四川教育出版社，2004：43.

系，学习型社会整合社会的各种教育资源，促使社会中的每一个人都能进行有效率的学习。

（5）在学习型社会中，学习和教育不再是一种义务，而是一种责任，成为一种社会的责任。学习和教育与社会形成互动，密切交织。

（6）学习的目的在于人的全面发展，人的潜能的充分发挥和人的自我实现，提高人的素质和生活质量，推进社会发展。

（7）学习型社会是自我导向的社会，通过每个人自我导向学习能力的养成，在学习中提高个人的工作能力、生活品质和自我尊严，促进自我实现。

（8）学习型社会的学习融合了包括家庭的、学校的、社区的，正规的、非正规的，社会的、文化的、专业的、生活的各个方面的学习。打破学历社会的观念，是教育的根本改革。

（9）学习型社会中的各个组织，都将成为学习型组织，社会的任何组织和机构，在行使自己的专业职能的同时，也行使学习和教育职能。

（10）学习型社会引导文化认同，促进文化创新和社会变迁。

（二）学习型社会的理论基础

从学习型社会的主要内涵可以发现，学习型社会的逻辑起点在于人们对"学习"概念的新理解。以对"学习"的新理解作为起点，终身学习、学习型个人、学习型组织、学习型社会、终身学习体系等概念组成了一个概念系统，在这个概念系统中，"学习"是最基本、最核心的概念。因此，对"学习"进行定义是学习型社会理论研究的出发点。

1. 学习型社会中的"学习"

学习是人自我发展、超越的过程，是发展人的一切能力的条件，是人的生命的源泉。这里的"学习"区别于传统的"一次性""任务式"学习，学习变成了终身性的，并且成为一种基本的生活态度。在学习型社会里，人的学习在目的、内容、方式上都发生了巨大的变化。首先，在学习目的上，随着人的主体性逐渐增强，人的学习的主动性、积极性日益提高，学习者的独立意识和自主意识都在发展，人的学习逐渐由满足外在的需要转变为满足自身的发展需求；其次，在学习内容上，人的学习内容已经扩展到人的全部活动领域，力图使人的实践知识与理论知识的学习辩证统一起来，使自然科学知识、社会科学知识与人文知识的学习辩证统一起来，集中体现为影响人类生存的"四大支柱"，即学会认知、学会做事、学会共同生活、学会做人；再次，在学习方式上，由阶段性、维持性、个体性学习转变为终身性、创新性、合作性学习。在科技发展日新月异、知识飞速增长、职业频繁更替的背景下，人的学习必将越来越与工作和生活相融合，越来越面向未来。①

在学习型社会里，人们在交往实践和社会生活实践中都以促进学习、提升自我为最基本目标，从而形成了一种新的社会氛围和社会关系。在这里，学习者通过发现自己的不足而提升自己，进而建立起一种平等合作的相互支持的社会关系；在这里，提倡学习成为一种社会氛围，并且为了提高学习效力而形成了学习型团队和学习型组织以及学习型社区；在这里，学习变成了一种社会交往目标，从而进一步构成了一种新的社会发展目标。这样，学习就逐渐成为一个遍及全社会的大网络，成为构建新型社会关系的基础。

2. 学习型社会与人的发展

第二次世界大战以后，人类对于发展问题的认识经历了一个不断演进和深化的过程：第二次世界大战后初期追求"经济增长发展"；20世纪六七十年代追求社会综合发展；20世纪80年代至今，人们对于发展问题的研究对象已经逐渐扩展到包括发达国家、发展中国家、欠发达国家在内的整个人类社会的发展，发展问题已经成为关系全人类前途和命运的共同问题，尤其是"人的发展"或"人类的发展"理论受到越来越多的重视。

人的发展理论强调人的发展才是发展的最终目的和归宿，这里的"发展"即人的基本需求逐步得到满足、人的能力全面发展和完整人性自我实现的过程。通过人的发展可以促进社会经济发展，以及社会可持续发展，因此，人的发展是社会发展的先决条件和持续动力。实现人的发展，与学习型社会的提出密切相关，即人的发展将在学习型社会中通过不断的学习来实

---

① 顾明远，石中英.学无止境：构建学习型社会研究[M].北京：北京师范大学出版社，2010：25-26.

现，用公式表示：发展＝人的发展＝学习化。这里可以看出，学习型社会的本质在于"以学习求发展"，以个体的学习来追求个体的发展，以组织的学习来追求组织的发展，以国家的学习来促进国家的发展，而且这种学习是全民的，终身的。①

3. 学习型社会中的终身学习体系

（1）学习型社会建设的基点是形成个体学习能力，终身学习体系建设是学习能力形成的保障系统

学习型社会的最终实现体现为个体学习能力的提升。学习能力首先指学会学习的能力，它包括形成有效的学习需求、学习意愿和学习技能、技巧等各个方面；其次，它指的是学习资源的获得和学习机会的保障。因此，学习型社会既要促使人们产生终身学习的意愿，又要保障人们获得终身学习的机会。而终身学习体系建设就是为人们提供学习机会的保障。因此，终身学习体系建设就是关于有效学习机会的保障制度建设，其目的是实现学习资源的有效供给和分配。这里就自然包含了正规教育体系和非正规教育体系。

（2）学习型社会是社会建设的总体目标之一，终身学习体系建设是学习型社会的实践载体

从概念的层次看，学习型社会是一个总体概念或上位概念，而终身学习体系则是一个具体概念或下位概念，二者是一般与个别的关系。但从现实关系来看，学习型社会与终身学习体系之间又是目标与手段的关系，因此，从某种意义上说，学习型社会建设的程度取决于终身学习体系的建设程度。学习型社会是一个总体社会发展规划，而终身学习体系属于具体的制度设计，因此，终身学习体系建设离不开学习型社会的发展目标，同时终身学习体系建设在相当程度上反映着学习型社会建设的进展。②

---

① 顾明远，石中英.学无止境：构建学习型社会研究[M].北京：北京师范大学出版社，2010：30-50.

② 郝克明.跨进学习社会：建设终身学习体系和学习型社会的研究[M].北京：高等教育出版社，2006：72-75.

（三）学习型社会的基本特征

由于学习型社会尚处于建设和发展阶段，我们目前还无法清楚地窥其全貌，但在学习型社会的建设和发展过程中已经呈现出一些清晰的特征。

1. 学习型社会的文化特征

在学习型社会中，学习成为人的一种生活方式。生活方式是指人们在物质消费、精神文化、家庭和日常生活领域的活动方式。它包括消费方式、闲暇生活方式、日常交往方式、家庭生活方式等四个方面，涵盖了个人与自我、与他人交往以及家庭生活的方方面面，而学习也将融入生活的这些方面，这点从学习型社会中的学习时间、空间、内容、方式等的变化中可以体现出来。

学习之所以能成为人的生活方式，最根本原因在于社会发展和人的发展对知识要求的提高。社会在不断发展变化，新的文化不断涌现，这些需要人们适应。对人的文化适应的研究表明，人从出生直至生命的终结都有意或无意地通过观察和实践接受着他所处的各种社会团体的信念、行为标准与价值取向的影响。[①] 这种影响在新的文化背景下则表现为学习，每个人在其一生中必须不断学习，具备持续学习的能力，方能适应社会变化的需要。

在学习型社会中，知识充分体现出其自身的价值，这也是学习型社会的文化属性的具体体现。在学习型社会中，知识通过学习转化为资源，知识资源具有生生不息、永不枯竭、无形、无限扩张、可共享等特征，同时知识又是一种财富，通过知识劳动创造价值。[②] 而无论是知识的获得还是知识的增值都离不开人的学习，因此知识在学习型社会中占有重要的地位。

2. 学习型社会的制度特征

在学习型社会中，教育民主化得以实现。学习型社会中，学习者从教育对象变成学习主体，教育成为自由探索、改造环境和创造事物的新方式，教育因此就更加民主化了。教育民主化包括两方面的含义：一是教育机会

---

① 连玉明.学习型社会 [M].北京：中国时代经济出版社，2004：111.
② 童潇.走向学习型社会：社会发展的第四级台阶 [M].上海：上海三联书店，2004：66-67.

的民主化，主要指人们能够享有接受教育的权利；二是教育内部的民主化，是指在教育的活动过程中，人们能够接受民主平等的教育，成为真正意义上的学习主体。要实现教育民主化，一方面要实现教育普及化，另一方面要达到教育质量和效率的均衡。① 这两方面都需要政府和社会各界通力合作，通过教育政策和制度设计实现教育资源的合理利用，共同创设一个能够使人的个性得以自主发展、个人能力得到全面提升的学习环境。

通过政策和制度构建学习型社会是世界各国的共同选择。由于不同国家、不同地区生产力发展水平不同，用于教育的经济投入存在着差异，因此不同国家、不同地区的教育发展规模和速度呈现出不同的水平。一些发达国家，如日本，早在 20 世纪 70 年代就已将构建学习型社会列入国家教育改革计划，并陆续出台政策和法律，积极动员民间力量参与学习型社会的构建。除此之外，美国、英国、法国、德国也相继出台政策法令致力于构建学习型社会，并形成了不同的运作模式。由此，学习型社会经历了从概念的提出、内涵的丰富到政策化、法制化的探索，并为中国构建学习型社会提供了理论和实践经验。

3. 学习型社会的组织特征

学习型社会的载体包括终身教育体系、学习型个人和学习型组织（具体包括学习型家庭、学习型政府、学习型企业、学习型社区等），其中学习型组织在个体向学习型个体转变，促进学习型社会稳定、持续、健康地运行方面具有积极作用和重要意义。著名的管理学大师彼得·圣吉（Peter Senge）提出的"五项修炼"是一般组织向学习型组织进化的理论基础，也是构建学习型社会的基本原则。在"五项修炼"中，第一项是自我超越，强调自我基于目前真实的状况提出愿景，从而激励自己不断学习和进步，通过创造性张力，实现愿景并提出新的愿景；第二项是改善心智模式，要求个体反思自己的心智模式，正视自己，并能有效地表达自己的想法，接受检验，以开放的心灵容纳别人的想法；第三项是建立共同愿景，要求组织成员建立共同的愿

---

① 　连玉明. 学习型社会 [M]. 北京：中国时代经济出版社，2004：112.

望、理想、愿景或目标，进行"创造性学习"；第四项是团队学习，最有效的方法就是"讨论"与"深度会谈"，超越个人见解的局限，提高组织思考和行动的能力；第五项是系统思考，即整合前四项修炼的过程，通过系统思考不断提醒人们，融合整体能得到大于各部分总和的效力。[①]

三、学习型社会的国际影响

学习型社会作为一种重要的国际性教育理念和教育思潮，一方面正在或必定会对教育领域理论的丰富和完善产生重要的影响，另一方面对于社会的道德与价值重建具有重要的启发性。在美国、欧洲和日本，学习型社会已经从一种思想观念演变为现实的政策话语，并且有着明确的实践模式和路径，力图改变人类的生存、生活、教育以及学习方式。迄今为止，学习型社会已经演变为一场全球性的教育与社会改革运动。

中国于 2010 年颁布的《国家中长期教育改革和发展规划纲要（2010—2020 年）》在战略目标中明确提出"到 2020 年，基本实现教育现代化，基本建成学习型社会"，就其形式而言，是要创造一个全民学习和终身学习的社会；就其实质而言，就是要构建一个"以学习求发展"的社会。其具体内涵包括：以个体的学习来追求个体的发展，以组织的学习来追求组织的发展，以国家的学习来促进国家的发展；以终身学习来追求终身的发展，以灵活的学习来追求多样的发展，以自主的学习来追求内在的发展；把满足全体人民基本学习需求，促进全民学习、终身学习看成是实现社会发展目标的基本条件和内在动力。

与此同时，学习型城市、学习型地区、学习型社区以及学习型组织的建设在全球各个地区不同领域积极地展开，其中既有国际组织的积极倡导，也有各个国家以及城市的不懈努力，它们共同丰富了学习型社会的实践内容。

早在 1999 年，欧盟实施的"迈向学习型社会"研究计划就提出了学习

---

① 圣吉. 第五项修炼：学习型组织的艺术与实务 [M]. 郭进隆，译. 2 版. 上海：上海三联书店，1998：167-305.

型城市的评估工具。该评估工具包括两部分：第一部分是城市基本情况统计，包括城市面积、人口数量、各类教育机构的数量、受教育人口比例等指标，以权衡建设学习型城市的基础；第二部分从建设学习型城市的承诺、信息传播、伙伴关系和资源、领导力发展、社会融合、环境与公民、技术与网络、财富创造与就业力、市民动员参与及发展、学习活动和家庭等十大领域确立了学习型城市建设进程评估的指标体系。① 联合国教科文组织把学习型城市的衡量因素概括为八个方面，分别为：政治意愿和决心；伙伴关系和联系网络；对学习需求的评估；创造学习机会；学习型组织的构建；创造财富和提升就业力；大学的作用；举办学习庆典和颁奖活动。这些要素和标准对于我国建设学习型社会和学习型城市具有重要的启发意义。

2013 年 10 月，由联合国教科文组织、中国教育部、北京市人民政府合作举办的"首届国际学习型城市大会"在北京举行，大会通过了《建设学习型城市北京宣言——全民终身学习：城市的包容、繁荣与可持续发展》（简称《北京宣言》）和《学习型城市的主要特征》两份重要文件。在《北京宣言》中，依据建设学习型城市的愿景，各方承诺采取以下措施：增强个人能力和社会凝聚力；加强经济发展和文化繁荣；促进可持续发展；促进教育系统内的包容性学习；重振家庭和社区学习活力；促进工作场所学习；推广应用现代学习技术；提高学习质量；培育终身学习文化；加强政治意志和承诺；改善监管和所有利益相关者参与状况；提高资源调配和利用；等等。这些举措从不同侧面反映出在教育、组织机构乃至社会变革等不同领域，全民教育、终身学习等教育理念不仅充实了学习型社会的内涵，更为其提供了坚实的基础和理论支持。

学习型社会带来的冲击是广泛而又深远的，它既给传统的教育理论带来了巨大的冲击，同时也对世界各国的教育改革与实践提出了挑战，当然同时也是一种动力。全民教育、终身学习和学习型社会形成的冲击和挑战可以说

---

① 徐小洲，孟莹，张敏.学习型城市建设：国际组织的理念与行动反思[J].教育研究，2014（11）：134.

是全方位的，既有对每一个社会成员的挑战和冲击，也有对机构、团体、政府和国家的挑战和冲击。从这点来看，建设学习型社会不仅仅是教育部门的责任，还需要政府、社会机构乃至个体付出一系列的努力。第一，要把整个教育体系纳入终身教育体系中。以往人们把教育分为正规教育和非正规教育、普通教育和成人教育、学历教育和非学历教育，而且往往重视前者而轻视后者。学习型社会将打破这种壁垒，而且更注重非正规、非学历教育。学校教育也应按照终身教育的理念加以改造，注重培养学生终身学习的意识与能力，帮助学生学会学习。第二，要把学校、家庭、社会结合起来，建立社区教育的新体系。教育在时间上延伸的同时，还应在空间上拓展。学校要打破围墙，向社会开放，吸引家长和社区成员到学校参观、学习；社区也要向学校开放，共享教育资源，为改善学校条件、提高教育质量服务。第三，社会各种单位和组织都要成为学习共同体。换言之，各种社会组织都要把组织成员培训和继续学习纳入组织的发展和管理之中，通过学习促进创新，通过创新促进发展。第四，提倡全民阅读，推动全民学习，形成人人皆学、处处可学、时时能学的学习型社会。① 面对如此的挑战和冲击，顺应全民教育、终身学习和学习型社会的潮流将成为一种明智的选择，只有这样，才能实现个人和社会的可持续发展。

---

① 顾明远，石中英.国家中长期教育改革和发展规划纲要（2010—2020年）解读 [M].北京：北京师范大学出版社，2010：51.

第四章　泛在学习

　　1956 年，美国历史上第一次出现了白领工人的数目超过蓝领工人的数目，这标志着人类开始步入信息社会①。信息社会的一个重要特征就是知识更新速度加快。据统计，人类知识更新速度在 19 世纪中期是 50 年，20 世纪 90 年代以后仅为 3—5 年，人类近 30 年所积累的科学知识几乎占了人类有史以来新积累科学知识总量的 90%。这就说明，处于信息社会中的学校根本无法教给学生用于当前以及未来生活工作的所有知识与技能。

　　因此，"学习"是信息社会人类生活与工作的绝对主题，"学习与创新技能"，连同"生活与职业技能""信息、媒介与技术技能"一起构成了 21 世纪技能框架。学习终身化、全民化，建设学习型社会，是未来中国乃至全世界教育发展的趋势，也是国际社会发展的重要任务。

　　然而，学习终身化、全民化和学习型社会的实现，需要制度的保障和体制的支持，需要有学习的环境与氛围，也离不开技术的支持。技术的长足发展，使学习得以跨越时空，由浅入深，方便易行，随时随地发生，最终将会

---

① 刘美凤，等.信息技术在中小学教育中应用的有效性研究 [M].北京：教育科学出版社，2010：序言 1.

形成泛在学习的环境和方式。

一、技术发展：促进学习方式的变化

一般而言，只要存在学习者和学习内容，就可以发生学习。

从古至今，学习内容的载体不断发生着变化，因而，学习发生的环境以及人们的学习方式也随之改变。

早期的学习是通过口耳相传的形式进行的，孩子通过观察、模仿和不断的练习，跟家长、亲友学习生活或生存本领。学习内容的主要载体是人类的语言（包括体态语言），学习主要通过语言传播，即口耳相传完成。这一阶段学习的特点是简便、容易，具有瞬时性；但由于语言传递的空间有限，学习者只能跟身边的人学习，学习大部分发生在家庭中，学习方式也相对单一。

公元前 3000 多年出现了文字，除了口耳相传之外，阅读也逐渐成为一种重要的学习方式。这个时期，学习内容得以保留，学习也随即实现较小范围的跨越时空，学习者可以一定程度地脱离开人的口耳相传，通过阅读材料进行学习。这慢慢促成了教师职业的产生，私学出现，教育突破了家庭的范围，开始进入社会。

西汉初年纸张的发明，唐朝印刷术的发明，教师职业的出现，使得制度化的学校教育从社会中分离出来，学习内容进而得到了更好的保存与复制，实现了跨越更远时空的传播。学生身份产生，学习得以专门化、正式化和制度化。从此，学习者既可以在家庭里学习，也可以在社会上学习，更可以在学校里学习，学习的空间不断扩展。

17 世纪幻灯机的发明，19 世纪无线电通信技术的发明，广播录音、电影、电视等的出现，不仅使学习内容的呈现与保存有了新的载体，而且使学习突破了更大的时空局限，使得远程学习成为可能。学习者可以跟远在千里之外的教师学习，教学内容通过广播、电影和电视等传递给学习者，学习的形式更加多样化，产生了新的学习形态——远程学习。当然，由于电子媒体可以表现声音、图像、运动等，它还可以帮助学习者接触到平时不能接触到的事物，理解语言和文字难于描述的知识，提升学习的效果。可见，电子媒体技术的出现，拓展了学习的空间，催生了多样化的学习方式，提升了学习的质量。

1946年第一台计算机ENIAC的诞生，20世纪60年代网络的发明及投入使用，标志着数字媒体时代的到来。数字媒体相对于广播、电影、电视等模拟技术，集成性更强，可以将文字、图片、声音、视频、动画、虚拟仿真等集成在一起；可控性更强，可以根据人的需要进行灵活搜索，反复播放，适合不同步调学习者的需要；信号质量更好；更容易存储。有了网络，信息可以跨越更广阔的时空，被传播到世界各地；信息的传播速度更快；教学内容可以及时更新；通过建立虚拟社区，可以随时随地共享资料和思想，使得与处于世界各地的老师和学伴共同学习成为可能；可以根据学习者的个性需求提供不同的学习内容和路径，学习的个性化得以实现；既可以向学习者呈现现实世界，也可以帮助学习者接触到虚拟的世界，学习空间进一步扩展；等等。可见，数字媒体技术更适应信息量大、变化快、需要跟不同人进行交流学习、不断创新等信息社会学习的特点。利用数字媒体技术进行的学习，也称数字化学习，能够为学习者提供更多的选择，使学习个性化成为可能。

20世纪80年代诞生的移动通信，即移动用户之间，或移动用户与固定用户之间的通信技术，历经五代更新，结合当今的网络技术，使得学习者可以彻底摆脱终端设备的束缚。学习者无论走到哪里，在任何时候，只要有移动设备和移动通信存在，有合适的学习资源，就可以发生学习。基于无线通信技术支持的、通过具有便携性的移动通信设备（如手机、笔记本电脑等）进行的学习，被称为移动学习。可见，移动学习除了具备数字化学习的所有特点之外，还可以帮助学习者摆脱固定的终端设备，但前提是，学习者要拥有移动设备和网络，才可以实现"无论身在何处，只要想学习就能够随时学习"的梦想。

泛在计算是美国的马克·威瑟（Mark Weiser）重新审视了计算机和网络应用后提出的新概念。他发现，对人们影响最深、作用最大的是那些在使用过程中不可见的东西。于是，他设想将各种大小的计算机嵌入每件东西中，然后就可以让计算机通过无线通信悄无声息地为人们服务。[①] 泛在计算

---

① 潘基鑫，雷要曾，程璐璐，等.泛在学习理论研究综述[J].远程教育杂志，2010（2）：93-98.

的最高目标是使计算机广泛存在而且不可见。基于泛在计算技术的学习就称为泛在学习（ubiquitous learning，U-Learning），顾名思义，就是指随时随地的沟通，无处不在的学习，是一种任何人（anyone），可以在任何地方（anywhere）、任何时刻（anytime），使用任何设备（any device），获取所需的任何信息（anything）的学习方式。如果说移动学习者需要具有移动设备，移动设备中还得有学习资源，并能够获得网络的支持才能学习的话，那么，在泛在学习的环境下，网络与学习设备更普及，唾手可得，学习资源无处不在且可无缝整合，每个人都可以随时随地获取所需要的学习内容。泛在学习是人类追求的一种理想学习环境和学习状态，是一幅技术发达、资源丰富、学习蔚然成风的可期待的教育画面。

综上，从口耳相传、文字与印刷技术，到电子媒体、数字媒体，再到移动媒体和泛在计算技术，各个时代的技术发展状况，支持了适合那个时代的学习的需要与发展。换句话讲，时代的进步与发展，对人们的学习提出了不同的要求；而人们的学习需求，又促进了技术的改进与发展；技术的发展又促进了学习的有效发生并塑造了适合那个时代的学习方式，满足了人们的学习需求。技术与学习的交互影响就这样周而复始，螺旋上升。

具体而言，信息社会和知识经济时代提出了终身学习、全民教育和建立学习型社会的需求。这种需要日益变得强烈，促进了技术的进步，泛在学习应时而生。

二、泛在学习：实现终身学习、全民教育和学习型社会的方法与途径

如前所述，泛在学习是基于"5 个 A"的学习环境和学习方式，即任何人，在任何时刻，在任何地方，使用任何设备获取所需的任何信息的学习方式。

相对于数字化学习和移动学习，泛在学习具有以下几个主要特点，这些特点进一步说明了泛在学习是实现终身学习和全民教育理念，以及建立学习型社会的有效方法和途径。

第一，以人为本。如果说数字化学习和移动学习还局限于坐在终端前或者有相应移动设备的学习者的话，那么泛在学习可以面向所有的人，超越年龄、性别、种族、地区、地点、身体条件等等。泛在学习是使所有人的学习成为可能，它让所有的人，无论需要学习的内容是什么，都能够在需要的时候获得满足，以便更好地生活或工作；它是为整个社会的人（无论他们在什么地方，包括家庭、学校、社区、工作场所，甚至旅途中）建设人人都可以学习的环境；它可以根据每个人的不同需要提供适当的个性化的学习材料。由此可见，泛在学习是人本取向的，而泛在学习的人本取向恰恰是与终身学习、全民教育和建设学习型社会"面向每个人，每个人的一生，每个人的每时每刻"的理念相一致的。

因此，可以说泛在学习就是为实现终身学习、全民教育提供的方法和途径，是学习型社会的必需。

第二，即时性。泛在学习中的"任何时刻"是指处于信息社会中的人在任何时刻都可能有学习的需要，如果得不到满足，就会影响到人们的生活、学习和工作。由于教师或其他学习伙伴不可能随时在身边，即使在身边也不一定能够提供其所需要的所有信息，因此，泛在学习是一种信息技术异常丰富、网络无处不在、上网设备唾手可得、学习者可以立刻获得所需要的学习内容并在帮助之下解决他们的问题的学习环境，即泛在学习具有即时性。如前所述，泛在学习是信息技术发展到一定阶段的产物，没有技术的支持，泛在学习只能停留在观念层次。同时，只有处于知识不断更新、新问题不断涌现的信息社会，才会每时每刻产生学习的需求。泛在学习的即时性适应了终身学习、全民教育和建设学习型社会的背景及其需求。

第三，连接性与交互性。一般来说，有学习者和学习内容存在就可以发生学习。因此，要想人人都能够随时随地获得其需要的信息，就需要将学习者与其所需要的学习资源连接起来。学习资源可以是物，包括文字、图片、视频、声音、动画、模拟、虚拟世界和现实世界；也可以是人（包括世界各地的教师、学伴，我们称为资源人）。泛在学习是网络无处不在，能连接入网的设备无处不在的学习环境。只有这样，才能够保证学习者可以随时随地与学习资源进行实时或分时交互，随时获取所需要的信息，完成学习或解决问题。

第四，学习资源的丰富、泛在、整合与情境性。学习内容是保证学习发生的重要因素。因此，泛在学习的另一个重要特征就是承载各种学习内容的学习资源非常丰富且无处不在；同时，因为学习的人可能是学生，也可能是工作人员，可能是幼儿，也可能是老人，他们可能在家里，也可能在旅行，还可能正在工作，不同的人面临的问题情境不同、需求不同，因此，要保证任何人在任何时刻任何地点都能获得他所需要的任何学习内容，就要求来自不同地方的学习资源能够整合、无缝连接。与此同时，学习资源要能够具有情境适应性，适合不同人群的学习需求，要与人们的生活、工作、学习等紧密相联。

第五，能够记录学习过程。由于有泛在计算技术，学习者无论何时何地进行的学习的内容和进程，乃至所有的学习过程都会被不间断地记录下来，这样就能确保学习者在其他时间或其他地点可以接着学习。只要不是特意删除，这些记录都可以永久保存。泛在学习能够记录学习过程这一特点，加上对大数据的统计分析，从长远的时间段来看，可以记录一个人一生的学习过程与轨迹；从广度来看，可以记录所有人的学习过程与轨迹。这既可以确保每一个人的终身学习高效率地进行，也可以作为人们职业发展与选择的重要佐证。

当然，泛在学习还有其他特点，这里就不再赘述。从泛在学习的五个特点可见，它是技术发展到一定阶段的必然结果，也是社会发展到一定阶段的必然结果，是未来高速发展变化的、需要不断创新的信息社会与知识经济社会中人们最适切的学习环境和学习方式，是实现终身学习、全民教育和建设学习型社会的技术、内容、环境与学习方式等的保障。

正因为如此，泛在学习已经成为一种国际教育思潮。为了实现泛在学习，各个国家都在制定相应的战略规划。日本和韩国在2004年大约同时提出"u-Japan战略"和"u-Korea战略"。日本的目标是在2010年建设成一个所有人在任何时间、任何地点都能上网并充分享受信息化好处的"无所不在、无时不有的网络社会"，并通过非常方便的网络和低廉的网络资费促进信息交流，把信息技术运用到经济、社会活动的各个方面，用信息技术解决日本面临的一系列社会问题。韩国的信息和通信部则专门制定了详尽的"IT 839 战略"，重点支持泛在网络①。美国、欧盟等都有相应的战略计划，篇幅所限，不在这里展开。

三、无缝衔接：泛在学习环境下学校教育改革的方向

泛在学习的环境也要求学校转变为所有学生都可以在任何时刻、任何地方、通过任何设备获得所需要的任何学习信息的场所。这就给学校教育提出了巨大的挑战：注重知识传授的我国学校教育该如何应对这样的情境？改革势在必行！与泛在学习环境和学习方式无缝衔接，将正式学习与非正式学习无缝衔接，无疑是学校教育要做的最明智的选择。

在泛在学习环境和学习方式下，教师传授学生随手可得的知识就显得不那么重要了，教师必须转变自己的角色，教授学生凭借自己不容易在泛在学习环境中获得的知识技能，为学生在泛在学习环境中的自主学习答疑解惑，激发并维持学生的学习动机，陪伴学生一起学习，组织学生小组开展合作学习，和学生一起思考没有确定答案的问题，等等。这其实对教师的专业素质提出了更高的要求。总之，教师的角色要发生改变，要与学生所处的泛在学习环境和学习方式无缝衔接。

在泛在学习环境下，与传授给学生随手可得的知识相比，教会学生如何学习就显得格外重要，应该成为教师和学校的首要任务。教学模式要发生改变，要与学生所处的泛在学习环境和学习方式无缝衔接。除了必要的内容需要课堂讲授之外，多使用基于资源、基于问题和基于项目的学习模式等各种自主学习、合作学习、向不同的教师和同伴（资源人）学习的教学方式，是培养学生自主学习能力的有效途径，这会让他们在泛在学习环境中如鱼得水，适应信息社会发展的要求。

---

① 王玮.建立21世纪无所不在的网络社会：浅谈日本 u-Japan 及韩国 u-Korea 战略 [J]. 信息网络，2005（7）：1-4.

在泛在学习环境下，与其限制学生使用手机、平板电脑等他们平时在校外获取信息的设备，不妨试试让学生将自己的设备带到学校，或学校也可提供这些设备，并设计相应的教学模式，让他们有效地将这些设备用于自主学习的过程中。因此，学校的管理要随之改变，因势利导，让学校的设备、网络环境与学生在校外所处的泛在学习环境无缝衔接。

在泛在学习环境下，与其将课堂教学与课外学习生活决然分开，将正式学习与非正式学习割裂开来，不如将学生基于兴趣的课外学习（非正式学习），与课上的学习（正式学习）有机结合起来，统筹规划，还学生一个完整的生活世界。学校的学习与生活要发生改变，与学生校外的学习与生活无缝衔接。

让我们继续展开想象，在泛在学习环境下，学生可能会在各种场合学到学校可能教给他们的内容。如何认证学生已经学习掌握的内容，而不让学生浪费时间在学校再学一遍？如何让学生像到超市自主选择商品一样，自主选择学校提供的课程与泛在学习环境提供的学习内容？这些恐怕也是未来学校教育要面临的问题。所以，在不太遥远的未来，是不是学校教育的机制也会发生改变，与泛在学习环境无缝衔接？让我们拭目以待！

第五章　21世纪核心素养

教育部2016年公布《中国学生发展核心素养（征求意见稿）》之后，"核心素养"迅速成为基础教育领域的热点。强调"核心素养"的培养是知识经济和信息社会对教育提出的新要求，是当今国际教育发展的重要趋势。尽管我们在英文世界中很难找到对这个概念公认准确的表达，但国际社会中越来越多的研究者都认可"21世纪核心素养"（21st century skills）这个提法。"21世纪核心素养"是人类社会为迎接21世纪的挑战而提出的教育概念。要理解什么是"21世纪核心素养"，首先需理解21世纪的世界是什么样的，与传统社会有什么不同。

一、21世纪的世界图景

（一）国际人口与资金快速流动

我们生活在一个全球化的时代，这一点已成为毋庸置疑的事实。特别是人类社会进入21世纪以来，随着网络互联技术的快速发展，全球货物、服务和生产要素有了更为自由的配置空间，这使得各国经济的发展更加相互依存，而各国经济发展的相互依存又进一步强化了各国政治、社会、文化、军事等各个领域之间的内在联系。美国智库皮尤研究中心在一份基于联合国和世界银行数据库的研究报告——《日益变化的全球移民和支付模式》（Changing Patterns of Global Migration and Remittances）——中指出，在短短的 20 年间，全球移民人口的数量从 1990 年的 1.54 亿人增长至 2013 年的 2.32 亿人，增长了约 0.5 倍，其中来自印度、墨西哥和中国的移民增长速度远远高于全球平均水平，从 1990 年的 1600 万人增长至 2013 年的 3700 万人，增长了 1.3 倍。[①] 此外，在过去的 10 年间，全球的结算额度从 2000 年的不到 2000 亿美元激增至 2013 年的 5110 亿美元，增长了约 1.5 倍。有意思的是，国际移民的流向主要是从低收入和中等收入国家流向高收入国家，但资金的流动却恰恰相反：中等收入国家的结算额度在全球所占的份额从 2000 年的不到 60% 增长至 2013 年的 71%，相比之下，高收入国家所占份额则从 2000 年的 40% 下降至 2013 年的 23%。[②] 这表明：传统高收入国家的部分资金以及由此带来的就业机会正在向中等收入国家转移，新兴的中等收入国家将在不久的将来成为国际就业市场的新"淘金地"。

中国作为一个新兴经济体，近年来也受到了越来越多国际人士的青睐，成为他们安家就业的选择之一。2010 年，我国第六次人口普查首次公布了居住在中国境内的境外人员的统计数据：居住在我国境内 3 个月以上的外籍人员共有 593832 人，约占全国人口总数的 0.04%。[③] 在北京、上海、广州这样的国际化大都市里，这样的趋势就更加明显。北京市 2010 年人口普查结果显示，居住在北京市 3 个月以上的外籍人员共 91128 人，占全市常驻人口的 0.46%，是全国平均水平的 10 倍。[④] 2010 年居住在上海的外籍人员达到 143200 人，占上海市常驻人口的 0.59%。[⑤] 如果以新兴国家近 10 年来增长的

---

① Pew Research Center. Changing patterns of global migration and remittances[EB/OL]. [2014–07–09]. http://www.pewsocialtrends.org/2013/12/17/changing–patterns–of–global–migration–and–remittances/.

② 同①.

③ 国家统计局．中国 2010 年人口普查资料 [EB/OL].[2015–02–06]. http://www.stats.gov.cn/tjsj/pcsj/rkpc/6rp/indexch.htm.

④ 北京市统计局．北京 2010 年人口普查资料 [EB/OL]. [2015–02–06].http://www.bjstats.gov.cn/rkpc_6/pcsj/201105/t20110506_201581.htm.

⑤ 上海市统计局．上海 2010 年人口普查资料 [EB/OL].[2015–02–06].http://www.stats–sh.gov.cn/frontshgl/index.xhtml?columnId=18665.

平均速度来对此进行保守的计算，那么20年后，居住在中国境内的境外人员数量将突破150万，而在像北京、上海这样的国际化大都市，其比重会超过1%。也就是说，20年后，在这些城市里，每100个人中至少会有1名境外人士与我们一道参与就业竞争。事实上，随着中国经济、社会和文化的快速发展，外籍人员的增长速度一定会高于全球的平均水平。这也就意味着，20年前全球化、国际化似乎还停留在国家竞争、跨国公司经济运作的层面，离我们个体的生活还比较遥远；而20年后，我们的下一代将毫无选择地"被国际化"，无论愿意与否，他们都必须参与这个扁平的国际就业市场的激烈竞争。正如弗里德曼（Thomas L. Friedman）在《世界是平的》（*The World is Flat*）中所阐述的那样：在全球化3.0时代，个人参与全球竞争将成为不争的事实。而与此同时，人类社会又面临着很多的全球性问题，如环境污染、战争冲突等。正如联合国教科文组织发布的报告《反思教育》所言："我们将全人类视为一棵树，我们自己就是一片树叶，离开这棵树，离开他人我们没有办法生存。"因此，在未来的国际舞台上，我们必须有能力参与竞争，同时也需要学会接纳不同的文明，和不同文化背景中的人合作。

（二）科学技术改变社会价值链条

以3D打印、互联网技术和新能源技术为代表的第三次工业革命，正悄然改变着我们所处社会的价值链条，进而改变着我们的生活方式，甚至是思维方式。工业时代的价值链条是生产资料驱动型的经济链条：如图5-1所示，首先是"开采"物质和生产资料，再通过加工、组装、市场推广和分发，最后提供产品服务和创造社会价值。而知识经济和信息时代的价值链条则是数据驱动型的经济链条：通过采集数据、分析数据，获得信息，接着把信息转变为知识，并对知识做专业分析，然后通过市场进行推广，最后提供服务产品。

工业时代的价值链条

知识经济和信息时代的价值链条

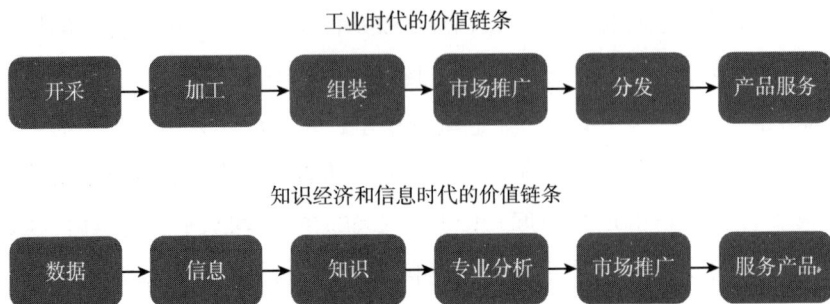

图5-1　工业时代、知识经济和信息时代的价值链条

资料来源：Trilling B，Fadel C. 21st Century Skills: Learning for Life in Our Times [M].New York: Wiley: Jossey-Bass, 2012.

换句话说，在工业时代，我们生产的是物质化的产品，而随着科学技术的快速发展和生产力的大幅提升，在物质文明较为发达的今天，社会价值链条的终端体现已部分地由物质满足转向了对人的精神需求的满足，也就是我们常说的服务价值。而这个价值链条的原点，也是最有价值的部分则是数据。那么什么是数据？数据其实就是我们的创意。未来社会，价值链条的原动力不再是满足人的基本生存需求，而是转向了创造人的需求，就像乔布斯创造了人对智能手机的需求一样。因此，"创造性"将在未来社会发挥无可替代的作用。而实现这些创意的途径则因为信息技术的快速发展而变得越来越扁平和高效，未来的社会结构和我们的思维方式也将越来越扁平化。

社会价值链条的改变必然在劳动力市场上体现为对人的技能要求的变化。以美国为例，麻省理工学院的经济学家奥特（David H. Autor）和普莱斯（Brendan Price）研究了从20世纪60年代一直到2009年间，美国劳动力就业市场中的技能需求变化（见图5-2）。[①]他们将劳动力市场中的技能分为五大类：常规性手工技能、常规性认知技能、非常规性手工技能、非常规性分析技能和非常规性人际互动技能。从图5-2中，我们可以发现：常规性认知

① Autor D H, Price B. The changing task composition of the US labor market: an update of Autor, Levy, and Murnane（2003）[EB/OL] .（2013-06-21）[2015-11-27]. http://economics.mit.edu/files/9758.

技能和常规性手工技能需求直线下滑，这显然是受到了大机器生产和信息技术发展的冲击；非常规性手工技能需求虽然整体上呈现下滑趋势，但在2000年之后略有回升，这主要缘于人们对工业大机器生产所带来的标准化和统一性的反抗，人们越来越追求能满足个体存在感的产品价值；而非常规性人际互动技能和非常规性分析技能需求则在过去的半个世纪中明显上升，因为未来社会的分工越来越细，人和人之间需要高度的协调合作，且常规性认知技能已经越来越被信息技术所替代，因此我们需要调动更高阶的非常规性人际互动技能和分析技能，在一个真实的高度复杂的环境下，创造问题的综合解决方案，这样才能满足这个市场的需求。

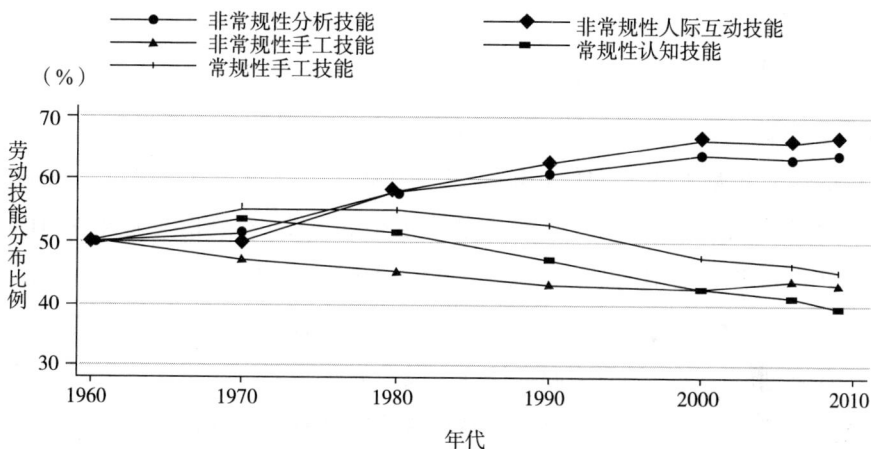

图5-2　1960—2009年美国经济中劳动技能需求变化

资料来源：Autor D H, Price B. The changing task composition of the US labor market: an update of Autor, Levy, and Murnane（2003）[EB/OL] .（2013-06-21）[2015-11-27]. http://economics.mit.edu/files/9758.

二、国际社会关于"21世纪核心素养"的思想

（一）联合国教科文组织有关"21世纪核心素养"的思想

虽然"21世纪核心素养"这个概念是近几年才提出来的，但事实上，国际社会对于这个问题的思考可以追溯到21世纪来临之前。1996年，联合国教科文组织为应对21世纪对教育提出的挑战，专门组织了一个"国际21世

纪教育委员会"，并出版了一份影响深远的教育报告——《教育——财富蕴藏其中》。该报告首次提出了"教育的四大支柱"，即学会认知、学会做事、学会共处、学会做人。这四个"学会"虽然未冠以"21世纪核心素养"的名称，但为回答21世纪需要培养什么样的人指明了方向。

进入21世纪以后，联合国教科文组织的教育领域工作就是落实《全民教育世界宣言》和《达喀尔行动纲领》提出的六大教育发展目标，从幼儿教育到基础教育到成人扫盲，从教育公平（包括性别平等）到教育质量。然而，在21世纪初的十多年间，由于世界各国的教育发展水平不一，联合国教科文组织将全民教育的工作重心放在了教育公平问题上，对于教育质量并没有提出明确的标准。直至2012年，联合国教科文组织发布的《全民教育全球监测报告》才重新从工作和市场需求的角度反思青年人应该具备什么样的技能。报告确定了所有青年人都需要具备的三类主要技能。（1）基本技能。它是最基本层面的技能，包括能够获得满足其日常生活需要的工作所要求的识字和计算能力，这些能力也是其继续教育和培训的必要前提，以及获得可转移技能与技术和职业能力、增加找到好工作可能性的必要前提。（2）可转移技能。它包括解决问题的能力，有效地交流思想和信息的能力，具有创新意识、领导力和责任感，以及创业能力。21世纪的人们需要这些技能，以适应不同的工作环境，从而提高其留在"有利可图"的就业岗位的机会。（3）技术和职业能力。许多工作要求有特定的专业技术知识，从种植蔬菜到使用缝纫机，从砌砖到使用电脑，无不如此。[1]

2013年,联合国教科文组织又联合美国布鲁金斯学会在2012年研究的基础上，专门针对基础教育阶段学生的核心素养问题，发布了一份研究报告——《向普及学习迈进——每个孩子应该学什么》（Towards Universal Learning: What Every Child Should Learn）。该报告在深入分析世界各国、各地区教育质量监测项目的基础上，充分征求了全球500余名专家学者的意见，指出要确保基础教育阶段的学习质量，必须重视以下七个领域：身体

---

[1] UNESCO. Youth and Skills: Putting Education to Work[R].Paris : UNESCO，2012 : 296–303.

健康、社会与情绪、文化与艺术、文字与沟通、学习方法与认知、数字与数学、科学与技术（见图 5-3）。该报告还根据不同学段学生身心发展的不同特征，建构了一套从幼儿期到小学再到小学后的七大学习领域的不同学习指标体系①。这实际上是为基础教育阶段学生的核心素养培养提供了一套详细的参考指标。培养学生核心素养这一思想在 2014 年联合国教科文组织发布的《全民教育全球监测报告》中得到延续。这一年度的报告在聚焦教育质量问题时，明确指出："教育质量不仅仅是帮助学生掌握基础知识，还需培养学生作为全球公民所必需的可迁移技能，如批判性思维、沟通能力、问题解决和冲突解决的能力等。"②

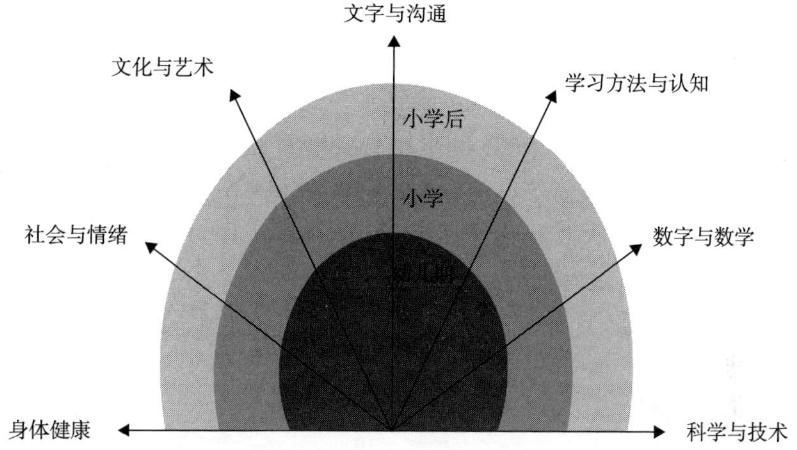

图5—3　联合国教科文组织和美国布鲁金斯学会联合发布的"学习领域全球框架"

资料来源：UNESCO. Towards Universal Learning: What Every Child Should Learn [R].Paris: UNESCO，2013：4.

（二）经合组织有关"21 世纪核心素养"的思想

在 21 世纪来临之际，与联合国教科文组织几乎同时在思考"21 世纪需

---

① 由于篇幅有限，本章在此不详细阐述这套学习指标体系，有兴趣的读者可参阅：滕珺，朱晓玲 . 学生应该学什么：联合国教科文组织最新基础教育学习指标体系述评 [J]. 比较教育研究，2013（7）:103-109.

② UNESCO. Teaching and Learning: Achieving Quality for All [R].Paris: UNESCO，2014：295.

要培养什么样的人"这个问题的还有经合组织（OECD）。OECD 在 1997 年启动了"素养的界定与遴选：理论和概念基础"（Definition and Selection of Competencies: Theoretical and Conceptual Foundations, DeSeCo）研究计划。其研究结果表明，"21 世纪核心素养"的核心是反思精神，支撑反思精神的三个支点则分别是（见图 5-4）：（1）使用工具，即可以互动地使用语言、符号和文本，互动地使用知识和信息，互动地使用（新）技术；（2）在社会异质群体中互动，因为未来社会是一个非常多元的社会，如何在异质的群体中跟他人建立良好的关系，实现良好的团队合作，解决矛盾冲突，这是 21 世纪必须解决的问题；（3）自主行动，学生必须学会在复杂的大环境中行动，形成并执行个人计划或生活规划，维护自身的权益和需求。

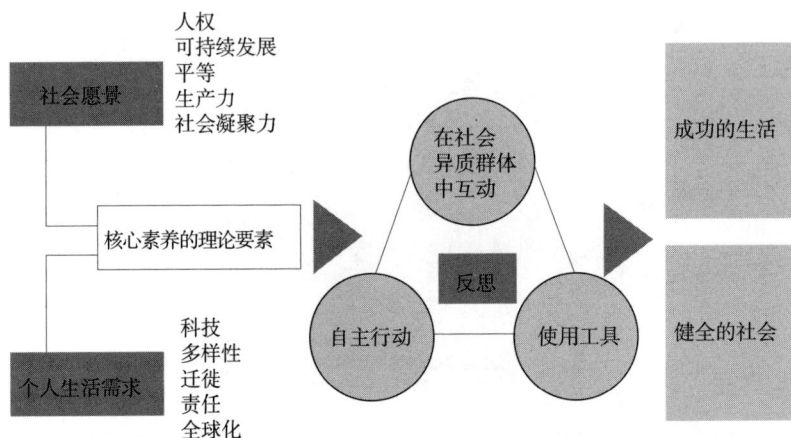

图5-4　OECD提出的DeSeCo模型

资料来源：OECD. Definition and Selection of Competencies（DeSeCo）[EB/OL] .[2016-02-03].http://www.oecd.org/education/skills-beyond-school/definitionandselectionofcompetenciesdeseco.htm .

相隔十余年后，2012 年 3 月，OECD 发布了一份题为《为 21 世纪培育教师 提高学校领导力：来自世界的经验》（Preparing Teachers and Developing School Leaders for the 21st Century）的研究报告。该报告明确指出 21 世纪学生必须掌握以下四个方面的十大核心技能：（1）思维方式，包括创造性、批判性思维、问题解决、决策和学习能力；（2）工作方式，包括沟通和合作能力；（3）工作工具，包括信息技术和信息处理能力；（4）生活技能，包括公民素养、生活和职业能力，以及个人和社会责任。其中，掌握无定式的复杂思维方式和工作方式最为重要，这些能力都是计算机无法轻易替代的。[1] 可见，"21 世纪核心技能"强调不同于传统碎片化的知识系统，转向了对学生更为复杂、批判、创新与合作的思维方式和工作方式的培养。这十大核心技能具体含义如下。[2]

（1）创造与创新。创造与创新是一个漫长的过程，未来的学生必须有开放的态度，善于制造头脑风暴，乐于接受和尝试新生的有价值的理念，将新理念与自身所处的历史文化环境相结合，不怕失败，勇于坚持，将每一次失败都视为学习的机会，以不断积累成功的经验。

（2）批判思维、问题解决和决策能力。未来的学生应该学会运用演绎、归纳等不同的推理方法，分析复杂系统中的不同观点，并根据实际情况对不同观点进行整合，通过不断提出问题、分析问题、解决问题，提升自己的问题解决与决策能力。这里特别值得一提的是，问题的提出和解决都应有充分的证据和深入的分析，而对于证据的分析很重要的前提条件则是学会分类，因此分类思维是未来学生学习的一个重要领域。此外，在问题解决与决策的过程中，学会信任他人，灵活、公平地对待他人，客观地反思自己，也是重要的前提条件，正如"修身"乃"齐家、治国、平天下"的前提一样。

（3）学会学习。学习将成为未来社会必然的一种生活方式，因此要培养学生不断改变、不断进步的强烈意愿，帮助学生建立起终身学习和主动学习的意识，使学生学会有效地自我管理，包括信息管理和时间管理。同时，要帮助学生不断认识自己的长处与短处，根据自己的需求和身边的学习资源自主有效地开展学习。

（4）沟通交流。沟通交流的前提是掌握良好的语言知识。在这个全球化

---

[1]　OECD. Preparing Teachers and Developing School Leaders for the 21st Century[R/OL].（2012-12-16）[2016-02-33].http://www.oecd-ilibrary.org/education/preparing-teachers-and-developing-school-leaders-for-the-21st-century_9789264174559-en.

[2]　滕珺. 21 世纪十大核心素养 [J]. 中国教师，2015（1）：69-71.

的时代，未来学生不仅要熟练地掌握自己的母语，做到听、说、读、写流畅，而且有必要至少掌握一门外语。即便掌握了语言知识，也并不等同于具备了良好的沟通能力。良好的沟通首先要求学生在观念上做好接受不同意见的准备，能够倾听不同的声音，并能因时因地做出适当的回应。我国著名外交家吴建民曾写过一本名叫《交流学十四讲》的书，书中详细介绍了不同类型交流的基本原则，对掌握沟通技巧、提高交流能力非常有益。当然，所有的沟通交流都必须建立在"诚"字的基础之上，"造物所忌者巧，万类相感以诚"，学会真诚、自信、开放地与他人进行沟通将是未来学生的一门必修课。

（5）团队合作。要实现良好的团队合作，首先要学会尊重不同的文化、不同的观点，学会以专业的姿态清晰、有效地向团队成员阐述自己的观点。当然，在强调团队合作的同时，也需要学会围绕团队既定目标，进行有效的组织、计划、资源整合、管理监督和评价工作，要在正直、道德行为的基础上，激发团队中每一个成员实现既定目标的动力，同时学会分享团队成功的喜悦，积极承担团队失败的后果。

（6）信息素养。未来学生必须掌握信息的检索与整合技能，自觉地在日常工作和生活中采集信息，并能批判性地分析所获得的各类信息。同时，学生也要建立网络安全和网络责任的意识，能够合理地发布和使用网络信息。

（7）信息技术。信息技术将充分运用于沟通、交流、组织、研究等学生未来的各项工作和生活活动之中，学生应掌握基本的技能，如电脑软件的使用，学会下载、检索、分类、导航、整合、评价、创建等基本的信息技术，学会选择合适的媒介，理性地利用信息技术促进问题的有效解决，促进各种可能的创新。

（8）本土与全球公民能力。学生应建立起自己所属社群的公民意识，不论是本土层面的、国家层面的还是全球层面的，愿意参与各个层面的民主决策，理解不同机构的角色和决策机制，并愿意投身于社会公益事业，促进社会的有序发展。

（9）变化的生活与职业。未来学生必须适应不断变化的世界，通过不断地学习和反思，灵活地调整自己的生活和工作方向，并接受可能由此带来的不确定性，同时也要学会有效地管理自己的时间和多项任务，学会制订短期目标和长期目标，分清轻重缓急。

（10）个人责任与社会责任。学生应学习有利于自己和家人身体健康的营养保健常识，学习不同社会的行为方式，了解自己和外部社会的历史与文化，愿意克服对他人或其他社会容易形成刻板印象的弱点，能够分清生活中的专业意见分歧与个人差异，学会妥协，与他人一道共同促进自我和社会的和谐发展。

（三）国际学者有关"21世纪核心素养"的思考

与此同时，世界各国的不同学者也纷纷对"21世纪核心素养"提出了自己的看法。如美国学者伯尼·特里林（Bernie Trilling）和查尔斯·菲德尔（Charles Fadel）在2011年就提出了"21世纪知识技能彩虹结构图"（见图5-5），他们认为21世纪的知识和技能应该包括三个模块，即生活与职业技能，学习与创新技能，信息、媒介与技术技能，所有技能均围绕着核心课程与21世纪主题展开。

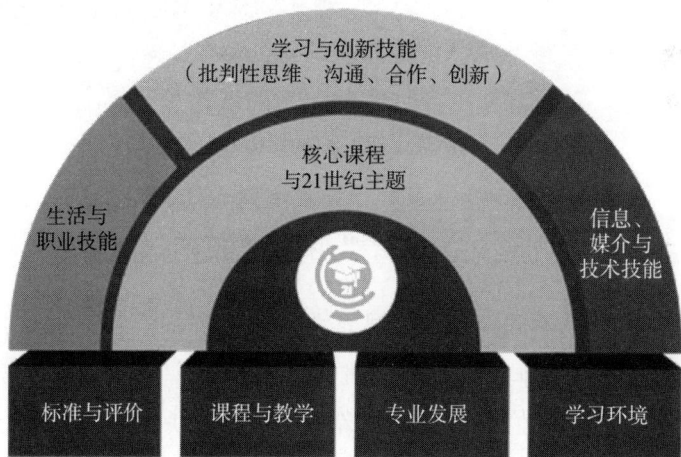

图5-5　21世纪知识技能彩虹结构图

资料来源：Trilling B, Fadel C. 21st Century Skills: Learning for Life in Our Times [M]. New York: Wiley: Jossey-Bass, 2012：65.

哈佛大学教育学院的赖莫斯（Fernando Reimers）教授认为，21 世纪核心技能包括三大部分：自我技能、人际技能和认知技能。其中，自我技能包括灵活、好奇心、积极、主动、坚持、自我效能等；人际技能包括共情、沟通、团队合作、信任、协商、解决冲突、服务导向、人际互动和领导力；认知技能包括知识、批判性思维、问题解决、分析、逻辑推理、解释、决策、执行功能和创造力等，具体关系如图 5-6 所示。

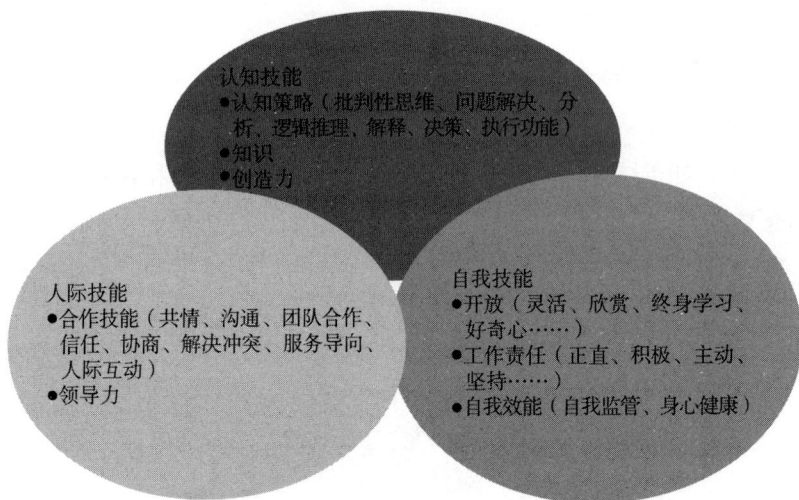

认知技能
● 认知策略（批判性思维、问题解决、分析、逻辑推理，解释、决策、执行功能）
● 知识
● 创造力

人际技能
● 合作技能（共情、沟通、团队合作、信任、协商、解决冲突、服务导向、人际互动）
● 领导力

自我技能
● 开放（灵活、欣赏、终身学习、好奇心……）
● 工作责任（正直、积极、主动、坚持……）
● 自我效能（自我监管、身心健康）

图5-6　赖莫斯提出的"21世纪核心素养"结构

三、关于"21 世纪核心素养"的几点反思

尽管不同学者、不同国际机构对于"21 世纪核心素养"的解读和提出的具体指标维度不完全相同，但我们不难从中发现以下一些基本的趋势：

第一，价值观是"21 世纪核心素养"的核心。联合国教科文组织"促进女童和妇女教育特使"彭丽媛女士在联合国"教育优先促进可持续发展"大会上曾说过，教育之所以重要，是因为它不仅要教授知识和技能，而且也帮助青年人成长为具有强烈社会责任感的公民。

第二，强调真实情境和非常规复杂思维的重要性。未来社会的不确定

性和复杂性使得解决社会问题、创造社会价值都变得更为复杂。传统上凭借单一学科在"真空环境"中进行思考的思维方式已经无法满足未来社会的需求，未来社会问题解决和价值创造需要调动多学科的知识和多方面的能力，特别是非常规的人际互动能力和可迁移技能将是确保人们有效合作并解决问题的关键。

除此之外，在"21世纪核心素养"中，还有以下三组关系值得讨论。

（1）专业学科学习和跨学科主题学习的关系

真实情境和非常规复杂思维必然要求学生进行跨学科的主题性学习，这不仅能培养学生跨学科解决真实情境问题的能力，同时也是培养学生可迁移技能的重要途径。同时，我们也必须强调，跨学科学习是建立在学科基础之上的，跨学科学习对学科学习的要求不是降低了，而是提高了，它要求学生真正掌握学科的本质和大概念，只有这样才能"衍生"出跨学科学习所需的"养分"。

（2）认知技能和非认知技能的关系

虽然"21世纪核心素养"突显了非认知技能的重要性，包括价值观、社会情绪、团队合作、可迁移技能等，但这并不意味着认知技能重要性的下降。恰恰相反，对认知技能的要求越来越高，因为简单的低阶认知技能已经被计算机所替代，但分析、批判、创新等高阶认知技能是计算机无法取代的。因此，现代教育应将重心转到高阶认知技能和各种非认知技能的培养上。

（3）本土性与国际性的关系

我们总会在有意无意间，将本土性与国际性这样一组概念视为一个矛盾体，认为二者的关系是此消彼长的，国际的力量一旦强大，我们本土的力量就会丧失。但事实上，所谓"国际"，首先得有国才有际，如果要提升国际能力，首先要确保具备强大的本土能力，特别是强烈的对民族文化的认同。世界文明的多样性必然要求不同的文明各自发展，彼此交流，这样才能创造出更新、更可持续的文明样态。如果国际性变成了仅仅一种文明的代名词，那么这种文明样态在人类历史上的价值也就基本丧失。

　　总之，培养学生的"21世纪核心素养"是未来教育发展的基本趋势，虽然不同国家、不同国际机构、不同学者都有自己不同的观点，但建立一套适合一个国家、一个地区、一个学校自己的"21世纪核心素养体系"，关键还是要因时制宜、因地制宜，结合自身的实际，根据"21世纪核心素养体系"中的这些基本趋势，在真实复杂的情境中做出自己的判断。

中 篇

第六章　教育生态观

教育生态观是运用生态学的基本观点、原理和方法，来观察、理解和解释教育生态系统内部诸要素之间及教育生态系统与社会生态系统之间相互关系的一种哲学思想。教育生态观既是一种教育理念，也是一种教育实施策略，它既观照教育生态系统的环境适应与资源分布等宏观问题，同时也关注教育生态系统中某一学校发展或某一教师、学生个体成长的微观问题。

一、教育生态观的缘起与发展

（一）教育生态观兴起的背景

1. 传统工业发展观导致的生态危机，要求人们重新审视人与自然的关系

传统工业发展观是一种"工业实现观"，它将"增长"作为衡量发展的主要尺度，把一个国家的工业化和由此产生的工业文明当作现代化实现的标志。在现实中，这一发展观表现为对高速增长目标的强烈追求。[1] 这种追求一度建立在人类征服自然、统治自然、改造自然的思想之上，以追求人类利益最大化为出发点，而忽视了人与自然的和谐生态关系。大工业生产对科技

---

[1] 顾明远.摒弃庸俗化、工具化的办学之路[N].中国教育报，2011-12-22（6）.

的运用，市场经济对人们需求及欲望的刺激，导致了现代人类对自然环境的破坏性开发和不合理利用。全球的生态系统结构和功能遭到严重破坏，自然环境的生态平衡一度被打破，出现了包括全球气候变暖、生物多样性锐减、土地荒漠化、水资源短缺等一系列威胁人类生存和发展的生态危机，这已成为全球性的问题。生态危机的出现、人类生存环境的日益恶化，要求人类必须重新审视人与自然的关系，承认自然的价值。

2. 功利主义对教育生态的破坏，要求人们重新思考教育的价值取向

在同一时期，这种工业发展观浸染到教育领域，自然就表现为对教育各项"指标增长"的青睐。学校作为教育事业的基本单位，一度将学校办学价值的确立、各项教育活动的开展以及对学生成长和发展的评价聚焦于外在的、阶段性的、可测量的指标上，扭曲了教育的价值取向。功利主义的利益效应和效率意识充斥着学校的各个角落。这些扭曲的教育价值和违背教育规律的做法导致了学校教育的异化，表现为学校和教育工作者自觉或不自觉地采用强制的、竞争的手段开展教育活动，封闭于习以为常的纯理性世界而偏离了作为教育自身根基和意义源泉的生活世界。教育产业化、教育行政化、教育工程化等各种思潮甚嚣尘上。然而，教育的经验表明，适度借鉴产业、行政和工程管理方式有助于规范学校管理，但如果以此为主导则无法促进教育系统的健康和可持续发展，"增长的极限"也将会不期而至。①

3. 生态哲学范式的逐步确立催生了教育生态观

20 世纪 60 年代，美国海洋生物学家蕾切尔·卡逊（Rachel Carson）发表了《寂静的春天》（*Silent Spring*）这部绿色生态经典著作，标志着人类生态意识的觉醒。1972 年，在瑞典斯德哥尔摩召开的联合国人类环境大会发表的《联合国人类环境会议宣言》（Declaration of the United Nations Conference on the Human Environment）提出树立"可持续发展"的目标，超越了传统的追求阶段性增长和线性增长的发展观。1980 年发表的《世界自然保护大

---

① 孟繁华. 从竞争到合作：转换学校发展范式 [C]. 北京：学校发展：价值、挑战与对策：2011 首都教育论坛学校发展国际学术研讨会，2011.

纲》（World Conservation Strategy）再次明确提出了可持续发展理念。1992 年在巴西里约热内卢召开的联合国环境与发展大会通过了包括《21 世纪议程》（Agenda 21）在内的一系列决议，使可持续发展由理念走向实践。由此，全球社会进入了"第三次大转变"的时代，旧的工业生产方式走到了尽头，人类开始重新审视人与自然的关系，承认自然的价值。这种文明被称为发展的生态观，使人类的文化观念和价值发生了重大变化。生态哲学作为一种新的哲学范式被确立，超越了传统哲学中人类征服自然、利用自然的单向度、机械化思维，逐步形成了人与自然、社会和谐发展的多维度、生态化价值观念。①

生态哲学范式的逐步确立影响到了教育领域，催生了教育生态观。人们开始重新审视教育的价值和教育的本质，思考教育可持续发展的路径，将教育系统视为一个开放的、联动的系统，系统内各要素之间通过分享与合作实现协同共生，系统内外通过输入与输出实现动态平衡。教育生态观的确立摒弃了传统、封闭、僵化的教育观，打破了一度激进追求效率、竞争、增长的教育僵局，重新树立了以公平、合作、可持续发展为核心的教育价值取向。

（二）教育生态观的产生与发展

1. 教育生态观伴随生态学的产生与发展而萌芽

教育生态观运用了生态学的基本观点、原理和方法来观察、理解和解释教育生态系统内部诸要素之间及教育生态系统与社会生态系统之间的关系。可以说，生态学的产生与发展是教育生态观确立的基础。

"生态"一词最初见于生态学，是指一定地域或空间内生存的所有动植物之间、动植物与其所处环境之间的相互关系。它强调系统中各因子之间的相互联系、相互作用以及功能上的协调和统一②，含有系统、整体、联系、和谐、共生和动态平衡之意。生态学的概念最早由梭罗（H. D. Thoreau）提出。③

---

① 孟繁华. 从竞争到合作：转换学校发展范式 [C]. 北京：学校发展：价值、挑战与对策：2011 首都教育论坛学校发展国际学术研讨会，2011.

② Tansley A G. The use and abuse of vegetational concepts and terms[J]. Ecology，1935，16（3）：284–307.

③ Levine N D，et al. Human Ecology[M]. Duxbury：Duxbury Press，1975：1.

德国生物学家赫克尔（E. Haeckl）首次比较确切地给出定义，他认为生态学是"研究动物对有机和无机环境的全部关系的科学"，随后他又进一步将生态学解释为"研究生物与环境之间的相互关系及其作用机理的科学"。① 至 20 世纪初，生态学逐步在植物生态学和动物生态学两大领域展开，成为一门初具理论体系的学科。② 伴随生态学的产生与发展，生态学的基本思想逐渐为人们所接受，并被运用于社会科学领域。人们开始运用生态学的原理与方法研究人类生存和人类社会发展中的各种问题，如人口剧增、环境污染、粮食短缺等。随着研究的逐步深入，生态学又逐渐分化出城市生态学、行政生态学、社会生态学等分支学科 ③。

2．教育生态观伴随教育生态研究的深入而逐步确立

在运用生态学的理念来研究社会发展中诸问题的方法逐渐被熟悉和接受后，许多学者将研究的目光转向了教育系统。"生态学"一词在教育研究中的使用始于美国学者沃勒（W. Waller），他在《教学社会学》（*The Sociology of Teaching*）中曾提出"课堂生态学"的概念④。英国教育学家阿什比（E. Ashby）在《英国、印度和非洲的大学：高等教育生态学研究》（*Universities: British, Indian, African: A Study in the Ecology of Higher Education*）中提出了"高等教育生态"的概念，运用生态学中"遗传"的概念讨论英国大学移植到印度、非洲后的"水土不服"现象及其不断适应发展的过程⑤，并在《科技发达时代的大学教育》一书中提出"任何类型的大学都是遗传与环境的产物"的著名论述。⑥ 美国学者劳伦斯·克雷明（L. A. Cremin）在《公共教育》（*Public Education*）一书中，从教育生态学的角度出发对教育做出如下定义："教育

①　Hawley A H. Human Ecology : A Theory of Community Structure[M]. New York : Ronald Press， 1950: 3.

②　吴林富 . 教育生态管理 [M]. 天津：天津教育出版社，2006：13，41–45.

③　范国睿 . 教育生态学 [M]. 北京：人民教育出版社，2000：4–15，23–26，267–277.

④　Waller W. The Sociology of Teaching[M]. New York : John Wiley & Sons， 1932:160–161.

⑤　Ashby E. Universities : British，Indian，African : A Study in the Ecology of Higher Education[M]. Cambridge, M A : Harvard University Press， 1966 .

⑥　阿什比 . 科技发达时代的大学教育 [M]. 滕大春，滕大生，译 . 北京：人民教育出版社，1983: 60–68.

通过周密的、系统的和持久的努力来传播、激发或获取知识、态度、价值、技能和情感；教育是由这种努力所产生的所有结果。"① 这一观点将教育研究的注意力从个别儿童的微观层面，转向构成儿童成长的教育环境的一系列因素。

20 世纪 80 年代至 90 年代，教育生态学的研究视野不断拓展，研究深度不断加深。如：莱西（C. Lacey）和威廉姆斯（R. Williams）所编著的《教育、生态学与发展》（*Education, Ecology and Development*）将研究视野拓展到当代社会发展的大背景下，将教育置于社会环境中加以考察②；古德莱德（J. I. Goodlad）所著《学校更新的生态学》（*The Ecology of School Renewal*）则从微观的学校生态视角出发，提出建立一个健康的学校生态系统，以提高学校的办学效率③；鲍尔斯（C. A. Bowers）在《反应性教学：针对语言、文化、思想的课堂模式的生态学方法》（*Responsive Teaching: An Ecological Approach to Classroom Patterns of Language, Culture, and Thought*）中讨论了微观的课堂生态④，在《教育、文化神话与生态危机：走向深刻变革》（*Education, Culture Myths, and the Ecological Crisis: Toward Deep Changes*）中讨论了教育、文化、生态危机等宏观教育生态问题⑤。总的来说，虽然各位学者的研究视角不同，研究的内容各有侧重，但是他们都遵循和强调了生态学的综合、联系、平衡的基本原则。

教育生态观以生态学的产生与发展及生态思想在社会研究领域的运用为基础，并伴随教育生态研究的深入而逐步确立。

---

① Cremin L A. Public Education[M]. New York：Basic Books，1976 . 转引自范国睿. 劳伦斯·克雷明的教育生态学思想述评 [J]. 四川教育学院学报，1995（4）：25-29.

② Lacey C ，Williams R. Education，Ecology and Development：The Case for An Education Network[M]. London：Kogan Page Ltd，1987.

③ Goodlad J I. The Ecology of School Renewal[M]. Chicago: National Society for the Study of Education，1987.

④ Bowers C A, Flinders D J. Responsive Teaching：An Ecological Approach to Classroom Patterns of Language，Culture，and Thought[M]. New York：Teachers College Press，1990.

⑤ Bowers C A. Education，Culture Myths，and the Ecological Crisis：Toward Deep Changes[M]. New York：State University of New York Press，1993.

二、教育生态观的主要内容

（一）核心概念

1. 教育生态系统

教育生态系统是以教育活动为中心，以生态系统的形式存在和发展的开放系统。教育生态系统是整个社会生态系统中的一个由时间和空间共同构成的相对独立的子系统，它由教育系统内部包括教育者、学习者、教育影响、教育场所等各种相互联系的要素共同组成，具有一定的内部结构，同时与外部社会生态系统通过相互联系和相互作用实现着能量转换、物质循环代谢以及信息传递等功能。

2. 教育生态主体

根据教育生态系统内部因素的特点及功能，可以将教育生态系统分为教育生态主体和教育生态环境两个部分。其中，教育生态主体包括教育者、学习者和各级各类教育机构，具体而言，主要包括教师、学生、教育管理部门、教育管理人员以及各级各类学校等。在教育生态系统中，生态主体之间通过教育、教学、科研、管理、服务、监督、指导等活动形式凝聚和联结在一起，形成了教育的生命共同体[1]，在不断的联系、适应、平衡、合作、发展的过程中发挥着教育生态主体的作用，实现了教育生态主体的各项功能。

3. 教育生态环境

教育生态环境是相对于教育生态主体而言的，以教育活动为中心，对教育的产生、发展、创新发挥着制约和调控作用，是一个包含了各种内外部条件与力量的多元环境体系。教育生态环境主要包括自然生态环境、社会生态环境和规范生态环境。[2] 其中，教育的自然生态环境包括学校的地理位置、学校所在地区的人口结构分布、学校和社区的自然环境、校园基础设施建设等等；教育的社会生态环境包括社会的生产生活方式，社会对教育的物质资

---

① 吴林富 . 教育生态管理 [M]. 天津：天津教育出版社，2006：41-45.
② 范国睿 . 教育生态学 [M]. 北京：人民教育出版社，2000：23-26.

源和人力资源供给，家庭、社区对教育活动的支持程度，等等；教育的规范生态环境包括不同国家和地区的文化观念、文明发展进程、文化价值取向和文化舆论导向及其对教育活动产生的影响等等。

（二）核心观点

1. 系统观

系统是由相互联系、相互制约的一系列要素组成的具备一定的结构与功能的整体，同时任何系统也是更大的系统中的要素或组成部分。系统内部各要素之间，系统与外部环境之间，具有整体性、联动性、开放性等特点。

教育生态观强调教育系统是一个开放的、内外协调联动的生态系统。一方面，教育生态系统内部包括教育者、学习者和各级各类教育机构等在内的教育生态主体，多主体与教育生态环境是相互依存、相互关联的整体。当其中某一要素发生改变时，其他要素也会随之进行相应的调整。在这个不断变化的动态过程中，教育生态主体与教育生态环境之间交互作用，共同搭建教育生态系统的结构，发挥教育生态系统的功能，并实现结构与功能的相互协调。另一方面，教育生态系统与外部社会生态系统同样是一个协调联动的整体，它们之间不断地通过输入与输出的交互作用进行着能量转换与信息传递。其中，社会生态系统对教育生态系统进行着动态的输入，这些输入既包括物质资源投入，如图书、资料、基础设施建设、校园建筑等；也包括人力资源投入，如教师、科研人员、管理人员等；同时还包括各种价值与规范的输入，如社会的价值观与规范体系、家长的期望、社区的需求等。而教育生态系统同时向社会生态系统进行着动态的输出，这些输出既包括通过一系列教育活动促进学习者的全面发展，从而为社会生态系统输出人才，也包括通过开展科学研究、社区服务等活动对外输出科技创新成果和社会服务成果。教育生态系统与社会生态系统之间在动态的输入与输出的过程中逐步完成着由简单到复杂、由低级到高级的发展。

2. 适应观

生态学中的适应主要是指生物有机体对周围环境的适应，一方面包括有机体通过改变环境，使环境有利于自身生存，另一方面也包括有机体通过自身结构、生活习性、防卫机制等各个方面的改变来适应环境条件。

教育生态观所强调的适应性主要指教育生态主体对其赖以生存与发展的教育生态环境的适应，既包括教育生态系统中的各级各类学校对不断变化的宏观教育生态环境的适应，也包括教育生态系统中教师、学生等个体对不断变化的微观教育生态环境的适应。其中，对于学校而言，社会政治、经济、科技、文化的快速发展和不断变化既为学校的发展带来了诸多挑战，也带来了无限机遇。学校需要通过内部变革来获得生存与发展的最大空间，包括根据社会对各级各类人才需求的变化及时调整人才培养目标，根据学校改革与发展的阶段特点适时进行学校组织结构调整和管理范式转型，根据学生身心成长的规律不断更新和开发优质课程，根据教师专业发展的需求不断为教师提供更加多样化、有针对性的培训等。学校只有通过主动的变革才能积极地应对挑战，抓住机遇。教师同样需要在专业发展的不同阶段不断调整专业理想，拓展专业知识，发展专业能力，重塑专业自我，通过关注教师"内部"专业综合素质的提升来主动适应"外部"教育生态环境的变化。学习者则需要通过参与教育活动来不断地调整自身的认知结构，转变自身学习模式，获得身心的成长与综合能力的提升。

3. 平衡观

生态学中的平衡主要指一定时间空间内，生态系统中的生物与环境之间、生物各个种群之间，通过能量流动、物质循环和信息传递，相互达成的高度协调、和谐的状态。在生态平衡的状态下，生态系统的结构和功能处于相对稳定的水平，其物质和能量的输入与输出实现了平衡。然而，生态平衡是相对的、动态的，当系统内某一部分发生改变，引起了输入或输出的不平衡，进而导致系统结构与功能出现失衡时，生态系统就会通过自我调节机制，改变输入和输出的比例，并调节内部运行机制，从而重新恢复稳定状态，并进入新的高层次的平衡状态。

教育生态观强调教育生态系统的动态平衡，包括教育生态系统中各要素之间，教育生态系统与外部社会生态系统之间动态、合理的输入与输出比例的保持以及由此带来相对稳定的状态，比如各级各类教育的规模适当、布局合理，教育系统自身的组织与制度相对完善，教育系统的各项功能发挥正常，各项机制运行良好，等等。同时，这种平衡是不断调试和动态变化的。教育生态系统作为开放的系统，与整个社会系统不断进行着物质与能量的输入和输出，当输入和输出的比例相对稳定时，教育生态系统就实现了平衡；当教育生态系统受到外界环境干扰而结构缺失、功能发挥失常、某些循环出现断裂的时候，教育生态系统则会出现失衡的状态。此时，教育生态系统一方面需要及时地调整外部能量和资源的输入及输出比例，比如进行教育资源重新配置、调整某些专业的人才培养规格等；另一方面，也要通过积极的自我调适来实现要素与要素、要素与环境之间的相互适应与协调①，比如进行教育政策调整、学校组织变革、教育教学模式改革、教育内容更新等，从而促进教育生态系统走向新的动态平衡。在教育生态系统不断运动变化的过程中，教育生态主体之间、教育生态主体与教育生态环境之间，总是经历着由彼此的平衡到失衡而后达到新的平衡的动态发展过程。也正是在这样循环往复的过程中，教育生态系统搭建了更加合理的结构，发挥了更加强大的功能，从而实现了教育生态系统整体和内部各要素的不断进化与发展。

4. 发展观

发展是一种渐进的、有序的系统发育和功能完善的过程。当前人类赖以生存的自然环境、社会环境都面临着不同程度的生态危机，人类以往信奉的只追求眼前增长的片面发展观面临着前所未有的挑战。面对生存的危机，人类改变观念，转变发展范式，树立了一种全新的发展观——可持续发展观。它包括生态的可持续发展——既满足当代人的需要，又不对后代满足其发展需要的能力构成危害；经济的可持续发展——不仅追求经济增长的数量，更追求经济增长的质量；社会的可持续发展——提高人类的生活质量，创造一个和平、平等、自由、民主的社会环境；等等。

教育生态观同样强调可持续发展的理念，认为对于教育生态系统而言，无论是教育生态系统整体还是其中的个体，都应该具有可持续发展的能力。

---

① 范国睿. 教育生态系统发展的哲学思考 [J]. 教育评论，1997（6）：21—23.

教育生态系统可持续发展的目标在于处理好教育与自然环境、教育与社会、当前与长远、局部与整体、效率与公平，以及学校、家庭、社会、国家之间不同层面的一系列复杂的生态冲突关系，实现教育生态系统的和谐、高效、综合发展。教育生态系统要遵循可持续发展的基本原则。第一，持续性原则，即承认教育生态系统的发展是一系列发展阶段组成的"发展链"，各阶段的发展之间存在着相互依存的关系。我们需要认识到，当前的教育发展是未来教育发展的重要基础，教育不可急功近利，学生的培养、教师的成长、学校的发展、教育制度的完善都不是一蹴而就的，需要经过长期的积累与沉淀。由各个教育生态主体的不同发展阶段所组成的"生态链"保证了教育生态系统的巩固与可持续发展。第二，协同性原则，即强调教育生态系统中各要素之间的发展应该是相互依存、相互促进、相互协调的，每一个要素的变化都将促进或抑制其他要素与整个教育生态系统的发展。比如，不同层次、不同类型的教育机构，包括幼儿园、小学、初中、高中、大学等都分别占据着不同的"生态位"，肩负不同年龄阶段、不同层次的人才培养职能，同时，它们共同发挥作用，并适时进行着动态调整，既要满足个体接受教育的需要，也要满足社会劳动力市场对人才的多样化需求。第三，公平性原则，即尊重每一个教育发展主体具有的平等的生存与发展的权利，反对因为某一教育生态主体的发展而抑制其他主体的发展。教育不仅要保证每一位适龄儿童平等地享有受教育的权利，而且要充分理解和尊重每一位学习者与他人不同的个性特征和天才禀赋，并注重给予不同特点的学习者适合其身心发展特点的独特的教育，以满足个体对于接受教育的特殊需求，打破统一与平均的僵局，在真正意义上实现公平。

5. 合作观

合作是指系统中各要素为实现共同目标、共享利益而进行的相互协调、相互配合的互动过程。合作机制是生态系统赖以发展的基础。生态世界中，独立的生物体都希望占据更多的资源以确保自身的生存与发展，而资源的稀缺性导致了生物体之间的争夺与竞争，使得竞争机制一度占据了主导地位。然而伴随社会的进步，人们很快认识到，在多样化的生态系统中，生物体所需要的各种资源在很大程度上需要通过其他生物体来获得，所以生物体之间除了竞争关系还存在相互依赖的合作关系。生态系统中的分工越细化，个体就越依赖于生态系统中的其他个体，越需要通过合作来争取和获得生存与发展的空间，这种分工与合作促进了生物体之间的相互依赖，形成了生态系统中各要素相互联结的纽带，强化了生态系统的凝聚力，促成了生态系统的和谐共生。历史的演进过程表明，任何生态系统的不断壮大与发展，其实质都是借助联合的力量，以合作的形式创造生存与发展的最大空间。

教育生态观鼓励和强调在教育生态系统中展开合作，将合作视为系统发展的基础。诚然，竞争在特定的历史时期发挥了重要作用，激发了教育活力，提高了教育效率，也一度成为教育政策制定的价值取向。但随着时间的推移，其弊端日渐突显。过度强化竞争使得教育偏离了其根本目的，比如，人为地划分和强调重点学校与普通学校、重点班与普通班、优生与差生等，这大大加强了教育竞争的激烈程度，使教育差别超出了既有的界限，给学生、教师和学校造成了潜在的压力。从本质上说，教育是人的生存系统从微观的联合到宏观的进化所不可或缺的一种共生机制，教育是社会发展的原动力。而在实践中，教育却时常成为人们竞争的手段和工具。学校和个体在应付各种各样的竞争中，在一定程度上偏离了教育原有的路径。教育生态观反对过度强化竞争的导向，强调以合作作为教育生态系统的核心价值。合作的目的是"共生""共赢"，就是将传统竞争关系中的非赢即输、针锋相对的关系转变为更具合作性、协同性，共同为谋求更大的利益而努力的合作关系。合作采取的思维方式是对排他性竞争意识的一种超越，是在互相补充的基础上，通过契约对资源进行合理配置的过程。教育生态观强调以合作理念为主线，构建基于合作的教育系统运行机制。①

三、对教育生态观的简要评价

传统工业发展观以"增长"作为衡量发展的主要尺度，将发展建立在人

---

① 孟繁华. 从竞争到合作：转换学校发展范式 [C]. 北京：学校发展：价值、挑战与对策：2011 首都教育论坛学校发展国际学术研讨会，2011.

类征服自然、统治自然、改造自然的思想之上，以追求人类利益最大化为出发点而忽视了人与自然的和谐生态关系，一度引发了生态危机，威胁人类生存。教育领域何尝不是如此？在传统发展观的指导下，功利主义的利益效应和效率意识充斥社会的方方面面，社会中泛滥的产业化、市场化思潮，媒体的庸俗化、娱乐化、商业化趋向，同样波及教育领域，恶化了教育生态环境，使得教育的功能、目的、价值和意义一度被扭曲，教育被异化为孤立、封闭、压抑、竞争的纯理性世界，失去了原本的生动与色彩。在生态危机引发人类生态意识觉醒的同时，我们也应该从生态的视角重新审视教育系统，树立教育生态观，从根本上冲破教育异化给教育的可持续发展带来的束缚与桎梏，找寻教育的本真。

教育生态观是生态学的概念和思想在教育上的移植，强调运用生态学基本原理和方法来思考、理解、分析和解释复杂的教育问题，是从生态学视角出发来开展教育研究与实践的一种哲学观点和理论思潮。它既观照教育生态系统的环境适应与资源分布等宏观问题，也同时关注教育生态系统中某一学校发展或某一学生个体成长的微观问题。教育生态观强调将教育要素与教育环境看作协同共生、内外联动、有机复合的教育生态系统，其内部各要素之间及其与外部环境之间相互依存、相互影响、相互适应，动态地从一种平衡走向更高层次的平衡。在这个过程中，教育生态系统不断地完善结构，发挥功能，同时与外部社会生态系统进行能量与信息的传递和交换，逐步完成由简单到复杂、由低级到高级的发展。教育生态观强调系统观、适应观、平衡观、发展观、合作观。它摒弃了孤立地看待某些教育问题的做法，而是将与教育活动相关的所有要素都纳入系统之中通盘考虑；它摒弃了被动接受外部环境变化的态度，而是鼓励教育生态系统中的学校或个体通过主动的变革和适应获得生存与发展的更大空间；它摒弃了急功近利地处理当下教育问题的做法，而是将教育纳入时间和空间进行多维度全方位考量；它摒弃了一味追求可测量的教育指标增长的做法，而是将教育置于非理性目标之下保障其可持续发展；它摒弃了单向度的非输即赢、针锋相对的教育关系，而是将教育置于协同共生的多向度视域之中以合作实现共赢。

我们都知道，生态系统中的生物成长需要适宜的、开放的生态环境，需要与其他有机体和谐共生。对于教育生态系统而言也是如此。全民的终身教育，学生的全面发展，校园的和谐氛围，学校的特色办学，教师的专业成长，国家教育体制的改革与发展，这些都有如生物生长一样，需要适宜的教育生态环境，需要各要素的协同共生，也需要积年累月的循序渐进。教育生态观为教育的理论创新与实践探索提供了新的视角。

案例分析

创建大学和中小学教师教育共同体，构建实践取向的教师教育模式

传统的大学教师教育采取自封闭、内循环模式，难以有效指导中小学具体实践；而丰富的中小学实践限于对经验的路径依赖，难以生成专业化的教师教育理论。这一问题长期存在，积习甚深，不仅限制了中小学教育理论与实践的创新，同时严重影响了师范生培养质量的提升，导致教育生态系统内部缺乏活力，且对外输出优质师资不足，进而造成了教育生态链的断裂，抑制了良好教育生态的形成。鉴于此，首都师范大学开创性地探索实施了"创建大学和中小学教师教育共同体，构建实践取向的教师教育模式"改革，形成了以全日制教育硕士培养为突破口的教师可持续发展生态链，以及大学教师、中小学教师和师范生相互促进、共同发展的协同创新长效机制。

一、打破教师教育自封闭、内循环的僵局，倡导"开放、合作、实践"的核心理念

学校提出了以"开放、合作和实践——走进中小学教育现场"为核心理念的教师教育改革指导思想。

第一，开放：打通大学－中小学融通渠道。改革致力于打破教师教育长期以来存在的体制性障碍，将以往在大学课堂上进行教师教育的封闭模式转变为在中小学校真实环境中实施教师教育的开放模式。开放是供给与需求相契合的通道，大学与中小学只有各自打开封闭的"围墙"，才能在彼此开放

的状态中真正融为一体，在互动关系中产生和谐共生的教师教育模式。

第二，合作：建设大学－中小学合作共同体。共同体建设体现了多元合作、和谐共生的教育生态思想，把大学和中小学引入了一个开放、持续和共同参与的变革框架中，促进了双方文化的互动、融合、优势互补，实现了大学和中小学的共同提升。

第三，实践：走进中小学教育现场。教育现场是开放和合作的实践空间，具有复杂性、丰富性、真实性等特点。提升师范生教育教学的实践能力是教师教育的核心目标，而其实现的重要途径正是走进中小学教育现场，使师范生在亲历和体验中完成教师教育的课程学习与实践能力提升。

二、打通教师职前职后的阶段隔离，以合作共同体的形式构建实践取向的教师可持续发展平台

学校通过以下五种合作共同体形式构建了实践取向的教师可持续发展平台，打破了职前师范生培养与职后教师发展的阶段性隔离，为师范生的培养开发了丰富、鲜活的课程资源，开拓了专业成长的广阔空间。

第一，建设教师发展学校。教师发展学校由大学与中小学合作建设，是大学学术文化与中小学工作文化相融合的有效渠道。它促进了中小学教师的专业发展，也为师范生提供了鲜活而生动的学习资源。丰富的中小学教育实践直接促进了大学的教师教育改革，是教育生态链中"中小学实践反哺大学教师教育"的生动体现。

第二，建设教育发展服务区。学校与北京市教委及各区县教育行政部门合作，承担了"全面提高北京市初中教育质量"和"首都高校支持北京市初中建设工程"重大项目，以人才强教为重点开展实践取向的教师培养探索，面向教师发展，探索教师成长的规律，以优质师资服务地区教育生态可持续发展。

第三，组建特级教师研究院。学校聘请了在北京市中小学工作的多学科特级教师进入研究院，通过建立工作室的形式参与教师教育课程建设和教学改革，并参与指导师范生的教育见习、实习和毕业论文写作。特级教师丰富的实践智慧促进了师范生的快速成长。

第四，建设教师教育实习基地。教师教育共同体建设激活并革新了共建教育实习基地这种传统的方式，通过内容丰富、形式多样的教育见习和研修活动使学生走进基础教育改革的现场，积累了丰富的教育教学经验，有力地促进了师范生教学实践能力的提升。

第五，实行"双导师制"。学校全面实行了全日制教育硕士双导师制（即每名全日制教育硕士在读生拥有一位大学指导教师，和一位从合作共同体学校中聘请的中小学指导教师），由两位导师全程协同指导教育硕士的学习与发展，这不仅加快了师范生的专业成长，并且从制度上促成了大学教师和中小学教师建立起密切的教育联系，相互学习、相互激活，融通了双方的学术文化与工作文化。

三、突破教师教育理论与实践的藩篱，形成双向激活、协同创新的教师教育体系

丰富的基础教育实践激活了大学的教师教育改革，教师教育理论重建又激活了中小学实践的改进与创新，由此形成了教师教育改革五位一体、双向激活、协同创新、梯次推进的工作体系。

第一，按照实践要求推进教师教育理论建设。合作共同体通过多方协同，形成了基于实践、为了实践的教师教育理论，建立了"理论引起意识，意识引起行为"的教师专业养成机制，激发了教师自觉创新和发展的动力，促使实践取向的教师教育理论与日常教育教学实践融为一体。

第二，按照理论要求推进教师专业标准建设。学校以教师发展理论为指导，根据教育部印发的教师专业标准制定了针对师范生培养的《中小学教师能力标准》，体现了教师能力形成机制，强调以"意向、信念、理解、反思"为基本维度促进教师专业意识养成。

第三，按照标准要求推进课程建设。学校依据《中小学教师能力标准》进一步完善了教师教育课程体系，建设了以国家精品课程"教育研究导论"为代表的教师教育精品课程群，为师范生提供了更加优质的课程资源。

第四，按照课程要求推进教师教育实验室建设。学校投资建设了教师教育实验中心，形成了教师教育模拟实验室、教师教育创新实验室和教师教育

课程资源点评系统相互配合的实验体系，全程模拟中小学课堂教学，实现了大学教师、中小学教师和师范生的模拟教学和现场互动。

第五，按照专业要求推进教师教育基地建设。学校以专业需求为导向，在共同体学校中建设了包括培养基地、实习基地和见习基地在内的三类教师教育基地，为师范生见习、实习、从事教育研究提供了丰富优质的实践资源。

学校打破了原有的封闭、僵化的教师教育体系，探索创设了以开放、系统、合作、发展、共享、共赢为导向的大学与中小学教师教育共同体，构建了实践取向的教师教育新模式，形成了以全日制教育硕士培养为突破口的教师可持续发展生态链以及大学教师、中小学教师和师范生相互促进、共同发展的协同创新长效机制。改革的不断推进促进了师范生培养质量的显著提升，师范生专业能力与基础教育需求契合度的明显提高，以及毕业生社会认可度的明显提高，同时促进了共同体内中小学校的改进与可持续发展，以及中小学教育实践水平与能力的明显提升。改革得到了党和国家领导人的充分肯定，赢得了社会的广泛认可，为地区基础教育优质均衡发展贡献了重要的师资力量。

四、简评

本案例中的教师教育改革打破了教师教育自封闭、内循环的传统模式，在大学与中小学之间搭建了合作的桥梁，在教师教育培养目标与培养需求之间进行了动态的调试，在大学教师、中小学教师和师范生之间搭建了沟通的平台，在教育管理机构与学校之间建立了交流的契机，充分调动了教育生态系统内部各要素的主动性。这一系列改革措施不仅有利于促进教育系统内部的教育理论创新与教育实践探索，创建良好的教育生态氛围，同时有利于向外部的社会系统输送高质量的师范生，满足区域教育发展需求，促进区域教育生态系统的可持续发展。该案例充分体现了开放、系统、合作、发展、共享、共赢的教育生态观思想。

第七章　学习共同体

一、学习共同体理念的缘起和发展

随着信息时代的到来，社会联结方式发生了转变，呈现出多样化、差异化、个性化的特点。以往强调规模、秩序、标准和效率的教育模式已经无法满足社会对学校教育的要求，也无法满足学习者的需求。因此，当代学校在教学和管理方面都在发生着一系列变革，不再简单地关注学习的结果，而是更多地关注学习的过程和体验，强调学习者的参与以及知识的主动建构。在这个变革的过程中，"学习共同体"这一概念突显出来，它既是理念的更新，也是实践的进步。

"共同体"一词起源于社会学概念，由德国社会学家和哲学家斐迪南•滕尼斯（Ferdinand Tönnies）在其社会学名著《共同体与社会》（*Ge meinschaft und Gesel lschaft*）中提出。德文"Ge meinschaft"表示任何基于协作关系的有机组织形式，滕尼斯使用"Ge meinschaft"这一概念目的在于强调人与人之间的紧密关系、共同的精神意识，以及对"Ge meinschaft"的归属感、认同感。他认为"关系本身即结合，或者被理解为现实的和有机的生命——这就是共同体的本质"。第一次世界大战以后的 20 世纪 20 年代，美国的社会学家把滕尼斯的"Ge meinschaft"译为英文的"community"，它很快成为美国社会学的主要概念。波普兰（D. E. Poplin）将"community"定义为社区、社群以及在行动上、思想上遵照普遍接受的道德标准聚合在一起的团体。① 麦克米兰（D. W. McMillan）和查维斯（D. M. Chavis）从心理学的角度将共同体界定为："一种成员所拥有的归属感，一种成员彼此间及与整个群体休戚相关的感情以及成员的需求将通过他们对共同生活的认同而得到满足的共同信念。"②

20 世纪 80 年代以来，随着经济全球化和高新科技的迅猛发展，世界范围的学校教育改革一浪高过一浪。"共同体"这一概念也逐渐被应用于教育领域，其标志是萨乔万尼（Thomas J. Sergiovanni）于 1993 年在美国教育研究协会（American Educational Research Association）举办的一次会议上的讲话。在该讲话中，萨乔万尼倡议将学校的隐喻从"组织"转换成"共同体"，认为这样的转向会给学校的运作带来重要的变化，将激发教师、学生、领导层的动机。博耶尔（Ernest L. Boyer）在 1995 年发表的题为《基础学校：学习共同体》（The Basic School：A Community for Learning）的报告中提出，"学校是学习的共同体"，学校教育最重要的是建立真正意义上的学习共同体。为了在学校建立学习的共同体，他指出学校必须"有共享的愿景；能够彼此交流；人人平等；有规则纪律约束；关心照顾学生；气氛是快乐的"③。其实，在教育领域对"学习共同体"的探索可追溯到美国教育家约翰·杜威（John Dewey）提出的学校概念——"雏形的社会"。杜威认为"学校即社会"，"教育即生活经历，而学校即社会生活的一种形式"，学校并不是专门去学习知识或技能的一个场所，而是一个社会组织，学校教育是一种人与人交往互动的社会活动，这种社会活动可以"扩大并启迪经验；刺激丰富的想象；对言

①　Poplin D E. Communities: A Survey of Theories and Methods of Research [M]. New York: Mac-Millan, 1972.

②　McMillan　D W，Chavis　D M. Sane of community：a definition and theory [J]. Journal of Psychology，1986，14（1）：6-23.

③　Boyer E L. The Basic School：A Community for Learning [R]. Princeton，N J：The Carnegie Foundation for the Advancement of Teaching，1995: 15.

论和思想的正确性和丰富性担负责任"①。虽然杜威当时没有提出"学习共同体"这个概念，但他的许多观点与当前的学习共同体观念是相符的。此外，"学习共同体"的提法与彼得·圣吉在 1990 年出版的《第五项修炼》中提到的"学习型组织"概念也殊途同归。彼得·圣吉的学习型组织是能够促使内部成员都全心投入，并且能够不断地进行学习的组织。

学习共同体的理念于 20 世纪末从欧美传播到亚洲，并获得蓬勃发展。当时任职于东京大学的佐藤学在考察了欧美国家学习共同体发展的情况之后，基于杜威的实用主义哲学和维果茨基（Lev Vygotsky）的学习与发展关系理论对这一理念进行阐释，并开始致力于建立完整的"学校学习共同体"的理念。在日本，该理念首先应用于薄弱学校的改进。②

2001 年我国开始全面推行基础教育课程改革。在这一改革过程中，学习共同体的理念因为与基础教育课程改革的理念相合而得到重视。因此，学习共同体理念在全国各地的许多学校改革实践活动中得到了应用。

二、学习共同体的主要内容

（一）学习共同体的概念及属性

法国哲学家让-吕克·南希（Jean-Luc Nancy）认为共同体是人们的一种信念，是一种美好的向往，是一种完美的、理想化的社会状态。③ 因此，学习共同体理念代表的是对未来学校的美好向往与理想状态。雪莉·霍德（Shirley M. Hord）认为，一个学习共同体就是一个参与者平等贡献，参与共享，关注持续反馈和探索协作的团体。④ 佐藤学指出："所谓'学习'，是与作为教育内容的对象世界（物）的接触与对话，是与在此过程中发展的其他学生或教师的接触与对话，是与新的自我的接触与对话。学习是通过创造

① 杜威.民主主义与教育[M].王承绪，译.2版.北京：人民教育出版社，2001：11.
② 袁丽."学校学习共同体"理念在亚洲的发展及实践经验[J].比较教育研究，2016（1）：78-83.
③ Jean-Luc Nancy. 解构共同体[M]. 苏哲安，译. 台北：桂冠出版社，2003：74.
④ Hord S M. Professional Learning Communities of Continuous Inquiry and Improvement[M].Austin：Southwest Educational Development Laboratory，1997.

世界（认知的实践）、人际交往（交往的实践）和完善自我（自我内在的实践）这三种对话性实践而完成的。"①而"所谓'学习共同体'的学校，是指在这样的学校里不仅学生们相互学习、共同成长，作为教育专家的教师也相互学习、共同提高，家长和市民也参加学习、共同发展"②，使学校成为家长、市民支持和参加学校改革的共同学习成长的重要场所。

目前学术界对学习共同体的定义主要有四种。第一，学习共同体是为完成真实任务、问题，学习者与他人相互合作、探究、交流的一种学习方式。这种定义从教育学视角出发，将学习共同体定义为一种学习方式，与我国基础教育新课程改革所提倡的新学习方式是一致的。第二，学习共同体是指由具有共同信念、共同目标的学习者及其助学者（包括教师、专家、辅导者等）共同构成的团体。这一定义将学习共同体作为一种组织，认为学习共同体是教学的组织形式，是传统班级组织的替代物，创建学习共同体就是通过组织形式的变革促进学生的学习和健康成长。第三，学习共同体是未来学校的理想状态。这种观点源于法国哲学家让－吕克·南希，他认为共同体只是作为一种理想信念存在，我们对学习共同体的追求是学校将来的发展取向。第四，学习共同体是师生的学习共同体，这是将学习共同体作为一种关系的主张，将共同体视为关系的结合，从社会学视角考察学校的师生交往互动，师生相互促成发展，为共同的成长愿景而奋斗。③

综合各家之言，从教育学的观点来说，学习共同体主要是指一个由学习者与助学者（包括教师、专家、辅导者和家长等）共同构成的团体，他们具有共同的目标，经常在一定的学习支持环境中共同学习，分享各种学习资源，进行对话、交流和沟通，分享彼此的情感、体验和观念，共同完成一定的学习任务，通过共同活动形成相互影响、相互促进的人际联系，并对这个团体具有很强的认同感和归属感。一个班级可以被看作一个学习共同体，学

---

① 佐藤学.静悄悄的革命 [M].李季湄，译.长春：长春出版社，2003：100.

② 同① 136.

③ 全守杰."学习共同体"研究理论考察与新探[J].湖北经济学院学报（人文社会科学版），2007（10）：34-35.

校可以被看作一个更大的学习共同体，而班级中的小组也可以被视为小型的学习共同体。区县、地市教育局也可以将所辖的中小学，甚至幼儿园组织起来形成较大范围的学习共同体。借助网络的帮助，还可以形成全国，甚至世界范围的，跨越不同行业、不同专业、不同学科领域的，基于网络的学习共同体。[①]学习共同体具有许多重要属性，现分析其中一些基本属性（见表7-1）。

表7-1　学习共同体的基本属性

属性	内容	表述
主　体	学习者与助学者	包括在校青少年学生和成人学生、在职参与学习的成人以及终身学习的成人等学伴、教师、专家、家长、社会成员……，他们相互学习，共同进步，构成学习共同体的主体
主体特征	具有共同目标	学习主体不仅对学习目标具有认同感，而且具有一种特殊的心理特征——对于共同体有归属感，正是这种认同感和归属感使得共同体各成员之间形成了一种互助的关系，促使他们积极地参与到学习活动中，实现智力和非智力，尤其是非智力的发展
条　件	支持学习的环境	包括物质设备、人力、信息资源等学习资源的共享
活动方式	进行对话、沟通和交流	学习是一个活动的过程，在此过程中，学习者与学习者、学习者与助学者、助学者与助学者之间通过对话、沟通和交流学习，通过赞扬或批评强化动机，通过互相支持和帮助来认识与解决问题，实现共同进步
表现形式	人际关系	学习主体在学习共同体中形成有序（可以通过某种组织机构来实现）、相互影响、相互促进的人际关系，他们既竞争又合作，他们的价值和人格得到尊重，他们具有良好的自我感觉，在民主的氛围中各司其职，形成和谐协调的人际关系
作用范围	交流群体	小组、团体、班级、学校、家庭、社会（范围可以是区县、城市、地区、国家，甚至整个世界）

资料来源：薛焕玉.对学习共同体理论与实践的初探[J].中国地质大学学报（社会科学版），2007（1）：1-10.

① 薛焕玉.对学习共同体理论与实践的初探[J].中国地质大学学报（社会科学版），2007（1）:1-10.

（二）学习共同体的主要特点

1. 共同愿景

共同愿景是学习共同体内部成员共同约定的奋斗目标。它是共同体中每个成员相互紧密联系的纽带与共同的情感归属，每一个成员因共同的愿景而走到一起，并朝着共同的方向迈进。共同愿景体现了学习共同体总体的工作方向。放在学校教育教学目标中来讲，共同愿景是一种普遍性目标，以"全面和谐""均衡发展"为基本指向。

2. 尊重多样性与差异性

学习共同体除了强调共同愿景外，还保护和尊重个体愿景；除了塑造每一个共同体的"自我"，更要塑造每一个个体的"自我"。学习共同体珍视每一个个体的差异。对学习共同体而言，"差异"不仅是教育教学的资源与财富，而且其本身就是教育教学所追求的方向。

学习共同体能够获得可持续发展的一个重要因素就是通过多样性与差异性相互学习。学习共同体理念认为：一切试图"抹平"差异的教学，都是违背人性的。只有坚持"和而不同"，方能真正为每一个学习者的充分发展提供适切的教育，才能实现真正的"教育公平"。

3. 学习性

学习作为一种获取知识、交流情感的方式，已经成为人们日常生活中不可缺少的一项重要内容，尤其是在 21 世纪这个知识经济时代，自主学习和相互学习已是人们不断满足自身需要、充实原有知识结构、获取有价值的信息，并最终取得成功的法宝。学习性作为学习共同体的应有之意，体现了这种共同体的目的。不论是课堂学习共同体、教师学习共同体还是其他各种形式的学习共同体，其根本目的都是促进共同体成员的自主学习与相互学习，共同的愿景和个体成员之间的交往互动使学习在共同体内部成为一种自觉，也更有利于学习的不断深入。

学习共同体能及时地实现共同体成员的充分沟通，信息的快速准确反馈能够使共同体实现可持续的学习。学习共同体要求其成员及时有效地反馈学习共同体的有关信息，适时地调整发展策略，不断调整甚至重新设计各项措施、方案，实现学习共同体动态的持续发展。

4. 合作性

合作性是学习共同体理念的一个重要特点，也是学习共同体中不可或缺的重要元素。佐藤学在《学习的快乐——走向对话》一书中谈到，"'学习共同体'的构筑，可以在转换这种结构——划一的整体主义与竞争的个人主义构成了学习的共［轭］关系——的改革中，加以具体化。这是一种以人们（儿童、教师、家长、教育行政人员）的'合作'为基础，转换为构建学校教育活动的实践，是一种把学校这一场所重建为人们相互学习、一起成长、心心相印的公共空间的改革"①。也就是说，合作是学习共同体内部成员之间交流的基础，合作使得成员之间的交往更为频繁，他们相互帮助，相互鼓励，每一名成员都更大程度地感受到自尊和被其他成员所接纳，这使得他们在学习过程中更为积极，成就水平也提高得更快。

5. 参与性

在学习共同体中，参与性体现了学习共同体的民主性和开放性。它要求共同体成员主动参与各种学习活动，共同参与共同体事务的决策，以保障成员在学习共同体中的利益，促进学习共同体的深入发展。因此，参与性是学习共同体的一个本质特点。只有当所有成员都主动地参与到共同体的学习中时，才能使学习从个体的自觉转变为集体的互动，这种主动参与能够加强学习者之间的信息交流和反馈，使学习者深刻地领会和掌握所学知识，并能将这种知识运用到实践中去。

学习共同体具有外部参与的多种可能性。这是指学习共同体会接受其自身以外的不同区域与部门的参与，争取人力资源和文化资源支持，包括校内其他部门的支持、地方教育委员会的指导、本校以外区域性教师工作网的支持、大学研究者的支持以及其他社会公众的支持。

6. 沟通性

杜威认为，一切沟通都具有教育性。当一个沟通的接受者，就获得了扩

---

① 佐藤学. 学习的快乐：走向对话 [M]. 钟启泉，译. 北京：教育科学出版社，2004：103.

大的和改变的经验。一个人分享别人所想到的和所感到的东西，他自己的态度也就或多或少有所改变。① 人们之所以形成一个共同体，是因为彼此之间拥有共同目的、信仰、期望、知识——共同的了解——和社会学家所谓的志趣相投。这些东西不能像砖块那样从一个人传递给另一个人，也不能用切馅饼的方法分享。只有通过沟通，才可以促成相同的情绪和理智倾向——对期望和要求做出共同反应。② 要想通过沟通达到意见的一致，每一个人就必须了解别人在想什么和做什么，而且必须有办法使别人知道他自己的目的和进展情况。由此可见，沟通在形成和维持共同体中具有重要作用。

（三）研究动向

目前，国际社会上对于学习共同体实践的研究非常普遍，并呈现出以下动向：第一，通过大学研究者或机构参与的学校行动研究推进学习共同体的健康发展；第二，研究教师的学习，通过学习共同体的理念促进教师的角色认同与专业发展；第三，在教师职前教育课程体系和职后教师培训体系中，渗透学习共同体的理念；第四，使家长和其他社会力量更深入地参与到学习共同体可持续发展的队伍中来；第五，通过学习共同体的实践活动，实现学生和教师学习的快乐；第六，从学习共同体理念影响范围的角度来看，最终实现超越国别的"学习共和国"。③

三、对学习共同体的评价

学习共同体理念是在全球化与地方化互动的大格局下，在人文精神与科学理念结合、人的主体地位得到彰显、合作成为发展的要素的形势下，出现的具有强大生命力的国际新理念。它拥有丰富的理论资源，具有多样化的理论支撑，并拓展出了巨大的实践空间。从本质上讲，学习共同体并非单纯地指处在同一个班级、同一个教室中的师生，而是广泛地指具有相同的学习目

① 杜威.民主主义与教育 [M].王承绪，译.北京：人民教育出版社，1990：6.
② 同①5.
③ 袁丽."学校学习共同体"理念在亚洲的发展及实践经验 [J].比较教育研究，2016（1）：78-83.

的与价值追求，共同完成某些学习任务，并在这一过程中共享资源、分享经历、互动交流，而且相互促进的参与者所组成的集体。

（一）理论贡献

学习共同体理念突显了：第一，学习对于当代社会的重大意义，学会学习与学会生存一样成为社会创新与发展的不竭动力；第二，学习者的主体作用，学习者真正成为学习的主体，学习者的主体精神和行动成为推动学习型社会发展的主要力量；第三，各类机构所具有的学习的性质，"组织"的隐语被共同体的理想召唤所代替，垂直的管理被扁平化的管理所挑战，治理展现出凝聚力和领导力；第四，学习者的平等合作、共同参与在现代社会中发挥着充满活力的促进作用，它使共同体理念深入实践；第五，学习共同体在反馈中不断获得自我修复的能力，具有可持续发展的潜能。

学习共同体理念正在对当代社会发生持续的影响，很多国家在包括教育在内的广阔领域都力推学习共同体理念，并且已经取得令人瞩目的成果。

（二）面临的问题

目前学习共同体理念及其实践还面临一些亟须解决的问题，主要有三个方面。

1．学习共同体的元认知问题

纵观目前的研究，对于学习共同体到底是什么，如何对学习共同体进行定位，学术界还存在较大分歧。学习共同体究竟是一个真实存在的组织实体，抑或仅仅是人们头脑中的一种理念？这些关于学习共同体的元认知问题还没得到很好地解决。

2．学习共同体的理论基础问题

关于学习共同体的理论基础已有一定的探讨，但研究不够深入，亦存在明显的不平衡性。首先，就我们搜索到的文献看，关于学习共同体的产生背景、概念、特征的研究文献很多，而对学习共同体理论基础方面的专门研究则较为薄弱。其次，关于学习共同体的知识论、社会学方面的研究较多，为学习共同体建设提供了一定的理论支撑。但对于学习共同体的心理学、生态学、人类学基础的探讨甚少。

3．学习共同体的实践研究问题

人们对学习共同体的基本理论问题研究较多，而对学习共同体的实践问题研究很少，即便是关于学习共同体的实践研究，也大多停留在对于学习共同体构建原则、阶段、策略等一般问题的研究上，缺乏深入而扎实的个案研究。今后的学习共同体理念研究应深入到学科层面与课堂层面，学习共同体的研究应走进教室，走进学生的教育世界，走进教师的专业生活，促进学习共同体研究的具体化与操作化，为学习共同体的理论研究提供更加丰富的实践资源。①

学习共同体的发展是不可逆转的国际性趋势。信息时代所催生的学习共同体的各种组织形式纷至沓来，为知识的获得与创新开辟着新的路径。结合国情，把握机遇，深入研究上述问题，必将推动我国的学习共同体健康成长。

案例分析

心理教师的学习共同体——S 市"星期四读书沙龙"②

"星期四读书沙龙"是一个由跨学校的心理教师和相关人士（医生、班主任等）组成的学习项目，团队成员人数大致保持在 10 — 15 人。团队成员可以根据自身兴趣和工作需要自行选择一个研究项目，然后进行读书分享、主题讨论和案例分析，并把研究成果运用到工作中，或在一定区域内进行展示。成员之间的合作学习极大地促进了成员的进步，这个学习共同体的成员基本上都成了 S 市某区心理教育学科教研组的骨干教师，其中 4 名成员还通过选拔成为 S 市教育局中小学继续教育培训教师。

---

① 潘洪建，仇丽君 . 学习共同体研究：成绩、问题与前瞻 [J]. 当代教育与文化，2011（3）：56–61.

② 根据如下文献整理而成：朱利霞，董子啸 . 一个"教师学习共同体"的效能研究 [J]. 教师教育学报，2014（5）：29–35.

一、学习共同体形成的动因与过程

"星期四读书沙龙"是 S 市几所中学的教师自发形成的跨校学习共同体，它的发起人是该市 H 校两位心理教师之一的陈老师。陈老师原本教英语学科，因为热爱学生心理辅导，转而从事心理健康教育。由于"半路出家"，陈老师在业务上需要提升，但社会上相关培训费用较高且无法有效解决工作中的问题，陈老师在一次区里组织的心理教师学习会议上，与几位同行商议组织一个读书沙龙。

由于活动是在每月末的星期四开展的，因此他们为自己的组织取名"星期四读书沙龙"。"星期四读书沙龙"已经成立四年，大致经历了这样一个发展历程：第一年是无主题的专业阅读，最初是一人读一本心理学著作，后来觉得比较吃力，就改为共同读一本。第一年对书的选择比较随意，成员感兴趣的心理学著作都有所涉猎。一年后，大家觉得这样的阅读比较散漫，后来经过讨论，觉得第二、第三年应该针对学校心理健康教育工作实际，有选择地进行专题式阅读。第四年是形成方向阶段。经过两年的主题阅读之后，成员们逐渐找到自己的专业方向，并自发结伴形成了几个固定的小组，比如，有一个小组关注家庭治疗，有一个小组关注图画疗法，有一个小组关注沙盘游戏，等等。

从"星期四读书沙龙"的发展历程来看，该活动大致经历了发起、磨合、规范、程序化四个阶段，随着发展的不断深入，运作程序的不断完善，以及成员共享互助关系的不断增强，初步的运作机制开始形成，并发挥稳定的作用。

二、学习共同体的运作方式

"星期四读书沙龙"主要采取的运作方式是核心成员负责制。在这个沙龙里，陈老师是发起者和协调者，负责安排每学期核心发言人名单，在 QQ 群公告每期活动的时间、地点、内容和方式。于是，陈老师就自然而然地成为这个共同体的领导者。田老师、邓老师、孙老师是实施者和合作者，负责忠实地执行学习任务和学习要求，并积极地促成团队的和谐氛围。杨老师、田老师、邓老师是专业引领者，为同伴答疑解惑并获得同伴的高度尊重。邓老师、孙老师是记录评估员，负责记录每次活动的过程和成员的发言，并对每次活动进行总结与评估。从这个共同体的运作方式来看，有几点是值得注意的。

（一）沟通分享机制的常态化

"星期四读书沙龙"一月一次，四年未间断，每次均有一位主题发言人，每个人都可能成为分享者和共享者，多向互动避免了"搭便车"现象。

（二）评价激励机制的有效化

"星期四读书沙龙"成员彼此之间获取的都是非常积极的、正面的、肯定的评价。在他们的每份活动记录中（主要记录活动过程和讨论的主题，但每份记录都极具个性，包括记录者对参加者的评价和感想），都充满了对成员的正面评价以及对自我的肯定。2013年年底，这个共同体的年终聚会主题是总结表彰。共同体的几个核心成员根据每位成员的学习特点和性格特征，分别授予"最佳××奖"，比如："最佳导演奖""最佳成熟奖""最佳期待奖"等等。这种特色鲜明、形式丰富的肯定性评价对每位成员来说，都是一种有效的激励。这种积极的评价对于凝聚共同体精神、促进共同体发展起着举足轻重的作用。

（三）榜样示范机制的高效化

在这个共同体中，陈老师、田老师、邓老师、孙老师、杨老师分别担当领导者、协调者、实施者、专业引领者的角色，他们是这个共同体的核心人物和精神领袖，他们的努力推动了这个团队的可持续发展。

三、实践成效

（一）获得专业归属感

"星期四读书沙龙"让心理教师寻找到了属于某个团队并被该团队认可的感觉。在这个环境里，他们感到能够与他人安全交往并受到尊重。可以说，"星期四读书沙龙"较好地满足了不同学校心理教学的需要，也较好地满足了心理教师彼此联系的需要，并帮助每个成员将焦点集中到共同的利益上，为孤单的个体提供了一个寻求帮助、宣泄情感、建立关系和信任、获取专业发展的支持环境。

（二）确立并认识自我

读书沙龙共同体能够帮助成员确立和认识自我，这是其实践的一个重要效果。以下是两位老师的自述。商老师坦言："对于没有工作经验的我来说，读书沙龙是我的福音。来到读书沙龙，跟大家学习了很多。我获得的不仅是专业知识的提升和生活经验的丰富，更重要的是，我在这里可以尽情挥洒自我，深层次地认识自我，读书沙龙是我进步的一个重要因素。感谢读书沙龙，感谢各位兄弟姐妹，我会继续参加！"曾老师则深有体会地讲道："曾经的我差点就成了一名语文老师，在专业的道路上气馁过、彷徨过。但是走进了读书沙龙，遇到了对事业如此富有激情的大家，我深感惭愧，于是也逼迫自己，不断提升，努力争取，终于做回了一个纯粹的心理教师，找回了自己。"

在"星期四读书沙龙"的深度对话和讨论中，他们不断敞开内心，开启理性，从而寻找到自我发展之路，避免了一直生活在他人的观点和眼光之下。尤其是在沙龙宽松、平等、和谐的环境中，他们没有感觉到被要求、被强迫接受某种人生观和价值观，反而可以透彻地梳理和反思原有的知识和观念，从而能够自主地突破各种遮蔽，获得思想解放。

（三）满足社会交往的需要

满足社会交往的需要也是读书沙龙能够坚持运行的重要原因。成员们认为，在这里，"不但工作上的难题得到了解决，而且更重要的是交到了一帮志同道合的朋友"；"不但心理学专业知识丰富了，而且感觉自己的社交空间扩大了，在这里很放松，很自在"。发起人陈老师说："我们在一起不仅仅是读书，还分享各自的喜怒哀乐，有什么烦心事可以谈出来，有什么困难大家一起商量办法。"

（四）提升专业成就感

这个学习共同体由新教师、非专业出身的心理教师和专业出身的心理教师构成。虽然成员的工作经验和专业背景不同，但强烈的专业发展需求使他们紧密地结合在一起：对于入职不久的新教师来说，他们初步接触工作和新环境，对于一切都感到陌生与新鲜，希望能够加入相关的组织并从中获得帮助和支持；而非专业出身的心理教师纯粹是出于对心理健康教育工作的热爱才转入这一行，相关背景知识的缺乏使他们渴望学习和交流；专业出身的心理教师在当前"一校一人"的心理健康教育工作模式下，孤独感强烈，也需要一个宣泄情感的出口和获取专业发展的环境。基于对寻求帮助、获得专业支持和情感交流的需求，"星期四读书沙龙"逐渐形成共同的价值观和努力方向，并且每个成员在组织活动中体验到了专业成就感，证明了自己存在的理由和意义。

四、简评

当前国内对于学习共同体建设更多地是关注其显性效能，比如：成员实践能力和管理能力的提升、学生学习成绩的改善以及对社区工作或学校教师队伍和学校本身发生变化的促进等等，而对学习共同体的根本意义及其价值则很少过问。更有甚者，有些学习共同体是行政指派成立的，功利气息浓厚，缺乏针对性，没有有效的运行机制，流于形式。

S市"星期四读书沙龙"则抓住学习共同体的基本特点，本立而道生，创生出不少有益的经验，树立了一个很好的榜样。该共同体充分体现了学习共同体所具有的共同愿景、学习性、合作性、参与性、沟通性、规范内化性和反馈及时性等重要特点。在此基础上，该学习共同体的成员们认识到：教师学习共同体的本质是人与人之间的相互关系，共同体的效能如何，取决于人际互动的真诚度与专业指向。该共同体明确、行之有效的分享评价机制和榜样示范机制等，保证了共同体自身扎实有效地运行。

S市"星期四读书沙龙"学习共同体的价值不仅仅在于促进教师专业发展和专业能力提升，更在于对成员教育观念变革的推动、对教师专业学习的关怀与激励。读书沙龙里的每个人都对发现和解决学习实践中的问题负有切实责任，每个人都努力培养自己的能力，为学习共同体贡献自己的智慧，促进自身及整个共同体的学习与发展。这是学习共同体得以可持续发展的一个重要条件，也是能够给予其他学习共同体建设以借鉴的重要经验。

第八章　创新教育

所谓创新教育（innovative education），指的是以创新型人才培养为目的的教育教学活动。顾名思义，创新教育把创新型人才培养作为教育活动的中心，使教育为国家和社会的创新发展服务。也有人提出"创客教育"（maker education）的概念，它与我国所提倡的创新教育的基本精神是一致的。[①]

创新教育尽管早在 20 世纪四五十年代便在美国诞生，但它被世界各国广泛接受，特别是成为第三世界国家的教育思潮乃是最近 20 年的事情。特别是进入新世纪以来，国际国内形势正在发生重要变化：经济全球化已经成为不可逆转的历史潮流，在金融、生产、消费、制造、环境等诸多领域，跨越国家、跨越区域的大规模的合作与协同，已成为"新常态"；信息化和网络化趋势得到进一步增强，"互联网+"已经成为世界各国谋求发展的重要思维方式；知识和创新成为经济和社会发展的根本动力，国家在知识和创新方面的竞争力成为影响其国际地位的关键因素。在这个背景下，《国家中长期教育改革和发展规划纲要（2010—2020 年）》提出，"深化教育教学改革，创新教育教学方法，探索多种培养方式，形成各类人才辈出、拔尖创新人才不

---

① 何克抗. 论创客教育与创新教育 [J]. 教育研究，2016（4）：12–24.

断涌现的局面"。培养大批创新型人才，培育万众创新的社会氛围，已经成为我国各级各类学校迫在眉睫的重大使命。

本章从创新教育的起源和发展入手，在广泛占有已有研究资料的基础上，探究创新教育的基本内涵，并对创新教育进行扼要评价，最后结合案例对我国学校中的创新教育实践进行分析。

一、创新教育的缘起和发展

从语源学的角度看，创新教育的前身乃是创造教育（creative education）。学术界一般认为，美国语言学家约翰·奥斯汀（John L. Austin）于 1941 年开设的创造工程课，标志着创造教育的诞生。[①]1948 年，美国麻省理工学院首次开设了创造工程课。1949 年，奥斯汀进一步提出了创造工程的基本方法，即所谓的"头脑风暴法"。自此，关于创造教育的研究与实践开始在各国流行。

1955 年，日本从美国引进创造工程学。1979 年，日本创造学会成立。在日本，从政府到民间都对创造教育极为重视。20 世纪 80 年代初，日本时任首相福田赳夫亲自主持会议，提出要把提高广大国民的创造力作为通向 21 世纪的道路。随后，日本将每年的 4 月 18 日定为"发明节"。电视台开办创造教育专题节目。东京、大阪、名古屋等 32 个城市建立了星期日发明学校，教师由研究创造发明的专家担任，学校还邀请专利厅的审查官等著名人士指导，主要讲授创造发明的方法及专利知识。星期日发明学校在日本享有很高的声誉。

英国、法国、德国、西班牙、加拿大、波兰、匈牙利、保加利亚等国家也十分重视创造教育，尤其在当前激烈的国际竞争中，各国都将创造教育和培养创造性人才当作具有深远意义的战略措施予以高度重视。1996 年，国际 21 世纪教育委员会的报告《教育——财富蕴藏其中》把培养创造能力作为教育的任务，认为"教育的任务是毫无例外地使所有人的创造才能和创造潜力都能结出丰硕的果实"[②]。

---

① 汪刘生.创造教育论 [M].北京：人民教育出版社，2000：9.
② 联合国教科文组织.教育：财富蕴藏其中 [M].北京：教育科学出版社，1996：6.

陶行知先生极力宣传创造教育的思想。他将"创造"看作人生的真谛，把培养创造力作为教育的宗旨，提出创造教育要培养能够"向着创造之路"迈进的"创造之人"，认为"教育是要在儿童自身的基础上，过滤并运用环境的影响，以培养加强发挥这创造力，使他长得更有力量，以贡献于民族与人类。教育不能创造什么，但它能启发解放儿童创造力以从事于创造之工作"①。陶行知先生笃信每一个人都有创造能力，极力主张开发和培养人民大众和儿童的创造力。陶行知先生在许多文章中反复提出了"解放儿童创造力"的"六大解放"，即解放儿童的眼睛、双手、头脑、嘴巴、空间和时间。

20 世纪 80 年代以来，在陶行知思想的影响下，我国中小学普遍开展了创造教育，取得了令人瞩目的成绩。然而，创造教育在实践中的小众化和精英化色彩，与大众化时代的民主教育不相适应，也与知识经济时代对大批创新人才的迫切需要不相适应。正如叶平教授所说："由于多种原因所致，（中小学的创新教育实践）多侧重在鼓励学生搞小发明、小制作，或在课外活动中开展创造思维训练等方面；如何抓住全面推进素质教育的重点，在常规课堂教学里始终贯串创造的思想，结合课程面向全体学生进行这种教育，去'首创前所未有'的'产品'——这些，确是'创造教育'始终没能很好解决的难题，也是广大中小学教师深感困惑的问题。"② 创造教育作为特定时代社会背景的产物，落后于知识经济时代的素质教育的新要求。

在这种背景下，20 世纪 90 年代末，我国正式提出"创新教育"的口号，以取代传统的"创造教育"的提法，把创新型人才培养上升到国家战略高度。什么是"创新"呢？创新的概念最初是由经济学家熊彼特（Joseph Alois Schumpeter）提出来的，指的是企业家在经营中通过建立一种新的生产函数来改善经济绩效的行为。在此基础上，他提出了五种创新模式，后来人们将之概括为技术创新和制度创新。对于企业家而言，创新不仅意味着"从无到有"的创造，也意味着配置和优化现有资源，使之产生新的能量。也就是说，创新比

---

① 方明. 陶行知名篇精选 [M]. 北京：教育科学出版社，2006：141.

② 叶平."创新教育"解析 [J]. 教育研究，1999（12）：3–8.

创造的外延更大，泛指一切打破常规的行为。① 什么是创新教育呢？徐辉教授认为，从创新教育的实质看，创新教育是一种以开创性个性为培养目标，以人的综合素质的全面开发为基础，以提升个体生命质量为宗旨，全面提高民族素质和竞争力的教育。② 这一定义得到了学术界的广泛认同。十八大以后，以习近平同志为核心的党中央提出"大众创业、万众创新"的经济社会发展战略。因此，创新教育成为未来中国学校教育改革的主旋律。

二、创新教育的具体内涵与方法

（一）创新教育的具体内涵

具体而言，创新教育的内涵包含以下三个部分。

首先，创新教育是包含着创新精神的教育。创新精神是创新型人才的基本特质。所谓创新精神，就是对一切事物持有一种习惯上的好奇心，希望揭示事物的本质，还原事物的本来面目，或者以一种新的形式来对事物加以阐释和理解，从而改变人们对事物的原有认识，它包括创新意识、创新兴趣、创新胆量、创新决心、创新态度以及相关思维活动。创新精神是一切创新活动的真正的、源源不竭的动力。有研究者发现，取得重大成就的科学家和艺术家普遍有着强烈的创新精神，他们不满足于对事物的已有认识，总是试图对"成规""常识"提出新问题。③ 例如爱因斯坦、达·芬奇、维特根斯坦等在人类精神史上堪称里程碑的科学家、艺术家、哲学家，尽管他们的贡献各有不同，各自的成长经历和兴趣也有显著差异，但其相同之处在于他们都有着强烈的创新意识，有着能够通过观察探究发现常人所看不到的秘密的能力。实际上，在这一切的背后就是他们所具有的伟大的创新精神。

其次，创新教育包含着创新能力的教育。所谓创新能力指的是个体进行创新活动所需要的主观条件和心理特点。创新能力包括创新思维能力、创新

① 曹扬，邹云龙.创业教育与就业教育、创新教育的关系辨析[J].东北师大学报（哲学社会科学版），2014（2）：199-202.
② 徐辉.创新教育的理论及其哲学、人类学基础[J].教育研究，2001（1）：10-14.
③ 张天军.物联网时代的创新教育[J].当代教育与文化，2010（5）：11-15.

实践能力和创新想象能力，以及知识获取、加工和运用能力，等等。创新能力教育是创新教育的核心。创新能力是在从事创新性活动的过程中、在教师的引导下逐渐具有的。在中小学阶段，创新活动要多种多样，能够反映学生多方面的兴趣，使他们在活动中学会创新、爱上创新并具有创新的能力。我们需要指出的是，创新能力不可能通过灌输来获得，它需要学生的主动性和自主性。

最后，创新教育包含着创新人格的教育。具体来说，创新人格体现为具有高远的理想，矢志不移的信念，勤恳务实的作风，充沛的精神，以及强烈的责任感、使命感和事业心，为了实现预期的目标心无旁骛、勇敢顽强，能够经受起重大的挫折和失败，也有着幽默开朗的个性。创新人格的教育是创新教育中最高的也是最后的目标。无论是创新精神还是创新能力，离开了创新人格的养成，可以说都会行而不远。

创新人格有何具体表现？这关系到中小学校创新教育是否能够落到实处。我们认为，美国教育心理学家特拉斯特（E. P. Trust）提出的 20 个指标可以供大家参考。这 20 个指标是：（1）听人说话、观察事物、行动专心一致；（2）口头或文字表达时能用类比的方法；（3）全神贯注地读书或书写；（4）完成作业后，有兴奋的表现；（5）敢于向权威挑战；（6）习惯于寻找事物的各种原因；（7）精细地观察事物；（8）能从他人的谈话中发现问题；（9）在从事创造性工作时废寝忘食；（10）能发现问题和与问题相关的各种关系；（11）除了日常生活外，平时都在探讨学问；（12）有好奇心，有自己独特的实验方法和发现方法；（13）能预测结果，并能正确地加以验证；（14）乐观、幽默；（15）从不气馁；（16）经常思考事物的新答案与新结果；（17）具有敏锐的观察力和提出问题的能力；（18）学习自己关心的特殊的研究课题；（19）除了一种方法外，能从多方面探索解决问题的可能性；（20）能不断地产生新的设想。[①]

（二）创新教育的具体实施方法

创新教育有很多具体实施方法，例如直观教学法、探究学习法、合作学

---

① 转引自王永强，刘香，李遵法．更新教育观念培养创新人才 [J]．教育探索，2000（12）：17-18.

习法等等，本书后面的章节都有介绍，不再赘述。在这里向大家介绍一个方法——"创新学习法"。所谓"创新学习法"，是指在读书和钻研过程中，要不断地提出新的想法和见解，以求不断拓宽知识的运用范围。其过程可以分解为五个环节：读书—观察—思考—钻研—创新。这一方法也可概括为前后相连的三种境界：书为我师、书为我友、书为我用。创新学习法十分强调学习是为了创造，要不断地提出独到的见解与评价，切忌死读书、读死书，做到学得灵活、学得生动。

总的来看，基础教育阶段创新教育的重点应该是培养学生勇于思考、大胆想象的积极性，并努力培养学生形成立志攻关的坚韧品质，使之在心理上变得更成熟，更有决心、信心与恒心。要不断地提醒学生，每产生一个新设想、新思路，都要认真地论证并分析一下，从而使其更严密、更合逻辑，任何创新教育方法的运用都不能离开上述基本原则。

三、对创新教育的简要评价

（一）创新教育有助于发展学生的整体智慧品质

人的创新能力是人的多种智慧品质共同作用的结果。长期以来，我们的教育注重的是发展学生的观察能力、记忆能力、分析归纳能力、准确再现书本知识的能力等，而对与创新品质密切相关的思维能力重视不够，甚至达到了严重忽视的程度。创新思维具有独特性、流畅性和敏锐性的特点。[1] 心理学的研究表明，从思维活动的过程来看，创新能力作为一种复杂的、高层次的智慧活动，需要发散思维与辐合思维的共同参与，需要分析思维与顿悟思维的协同配合，需要抽象思维与形象思维的相互协调。[2] 此外，它还离不开奔放的想象力，少不了对自身思维过程的了解、监控与调整等元认知能力的参与。可以说，创新过程中的认知活动才是一种真正意义上的整体性的智慧活动。培养和发展学生的创新精神与创新能力，就是发展学生的整体智慧品质。

---

① 叶平."创新教育"解析 [J]. 教育研究，1999（12）：3-8.
② 游永恒.创新教育的基本特征 [J]. 中国教育学刊，2000（3）：24-26.

（二）创新教育有助于发展学生的个性

当前学校教育在发展和培养学生个性方面往往注重合作、顺从、忍耐、与他人保持一致等道德品质，而较为忽视学生个性的培养。华建宝认为，传统的教育模式过于单一，一味讲求整齐划一，不利于培养个性。[①] 这种模式对于创新人才培养是不利的。心理学家对个性与创新之间的关系研究表明，创新绝不仅仅是认知与智力的问题，它也离不开创新主体自信与独立的个性。创新的本质是标新立异，它需要个性的充分发展、张扬。[②] 与创新相关程度高的个性品质包括：对自己能力的自信，行动上的独立性，能较好地调控自己的情绪，成就动机水平高，善于自我激励，高度的挫折容忍力，不盲从，喜欢用自己的观点判断问题，对事物有持久的探究欲，有幽默感，等等。实施创新教育就要彻底改变旧的、不适应时代要求的个性培养观，着力培养学生的创新精神和创新能力，使学生的个性真正得到全面发展。

（三）创新教育有助于发展学生的主体精神

传统教育的教学方法呆板，学生被动学习，死记硬背，普遍缺乏学习兴趣。实施创新教育必然会从根本上改变这一状况。创新必须以一定的成就动机，以好奇心和求知欲为前提。创新教育的一个基本任务就是激发学生的创造动机。创造动机是人的主体性的体现。创新活动是一种自由自觉的活动，在这里学生可以从多侧面、多角度运用发散思维去分析和认识问题，可以大胆地运用自己的直觉和想象力去体验、去猜测，可以运用多种方法，通过多种途径去寻求任何一个可能的答案。

（四）创新教育中的教师角色

实施创新教育，教师的教育行为将发生以下变化。

第一，教师要处处注意利用一切机会激发学生的好奇心和求知欲，激发学生的创新热情，激发学生对生活的热爱，让学生的学习不再仅仅是功利性的，而是一种对精神生活的追求。

---

① 华建宝．知识经济与创新教育 [J]．中国教育学刊，1999（1）：25–27．
② 唐智松．创新教育原则的建构方法与基本内容[J]．西南师范大学学报（人文社会科学版），2002（1）：44–47．

第二，学生不再仅仅是学习活动的接受者，而是学习活动的积极参与者。教师不能只扮演发号施令者的角色，而要成为学生学习活动的指导者，让学生真正有一个"亲自"思考问题的过程。

第三，教师不仅要告知学生结果，还要告知学生产生这些结果的过程；不仅要传授知识，还要让学生了解产生这些知识的方法；不仅要让学生知道答案，还要让学生了解问题的多样性和复杂性；不仅要让学生认识和理解，还要让学生亲自实践和操作。这样才能教会学生"像科学家那样思考问题"。

第四，教师从注重学生的统一性变为尊重学生的多样性和差异性。创新活动的本质就是多样性、差异性和非重复性；创新教育客观上要求教师淡化标准答案，淡化统考的指挥棒作用，允许学生按自己的理解、用自己的思路去思考和回答问题，让学生在学习中充分发挥自己的个性特长。

第五，教师不再是学生学习和行为的唯一评判者。在创新教育中，除了尊重教师的评价外，还要尊重学生的自我评价和学生之间的相互评价。

第六，教师对学生的管理应当充满民主的气氛。创新活动与专制的管理是不相容的。探究、冒险、提出新的想法、对失败和挫折无所畏惧、尝试新事物后的喜悦等，都只有在民主的师生关系中才能实现。创新教育中的所有这些变化，将有利于学生主体精神的弘扬与主体地位的确立。[①]

案例分析

语文课堂上的创新教育 [②]

山东临沂市兰山区西郊实验学校的王清群校长挑选了几个教学场景，把西郊实验学校在语文课堂上进行的创新教育展示给我们看，这些教学场景体现了教师丰富的教学智慧和对创新教育理念的深入理解。

[①] 参考：张志勇.关于实施创新教育的几个问题[J].教育研究，2000（3）:25-31；韦宝平.创新教育视角下的研究型教学[J].江苏高教，2003（4）: 85-86.

[②] 王清群.创新教育案例[EB/OL].[2016-04-20].http://www.docin.com/p-1058422735.html.

一、重视引导学生发现问题和提出问题

教学《田忌赛马》一课时，教师非常注意把提出、发现问题的主动权留给学生，让学生针对课题质疑。学生首先发现的问题是：田忌和谁赛马？他们赛了几次马？怎样赛的？谁获得了胜利？这些问题揭示了课文的主要内容，但教师并没有就此打住，而是引导学生读课文后再次深入发现问题。结果有的学生提出诸如"田忌为什么会获胜？""孙膑为什么能想出这个办法？"等揭示课文中心思想的问题。教师又要求学生们细读赛马过程，第三次鼓励学生提问。学生提出了"田忌换马比赛违反当时的赛马规则吗？"等等体现创新性思维的问题。就这样，通过三次不同的提问，学生的创新潜能在不断动脑中被激发了。

二、引导学生自主设计探究知识的程序

教学《两个铁球同时着地》一课时，学生通过读书，提出了"伽利略为什么要通过反复多次做试验，来验证自己的质疑？"的问题，教师就这个问题让学生自己思考：要弄懂这个问题，有什么办法？还需要借助哪些材料来丰富我们的阅读？把解决这个问题的主动权交给了学生，让学生自己设计探究知识的程序。有个学生说，可以联系课文第二自然段来理解，因为伽利略挑战的是大哲学家亚里士多德，所以他才会小心谨慎地反复做试验，抓住"信奉"一词就可以帮助我们理解，对于当时的人们来说，找亚里士多德的错处就等于违背人类的真理。（这样一说，其他学生马上受到了启发。）于是又有一学生说，应当先好好了解一下亚里士多德的资料，弄清"当时研究科学的人都信奉亚里士多德"的原因，因为研究科学的人不是一般的人。他的回答打开了同学们的思路。有的说，我们还应当了解当时的时代背景，知道人们为什么不敢追求科学的真理，追求真理会有什么可怕的结果；有的说，还应当查阅一下当时年轻的伽利略的身份，这样可以与亚里士多德相比，帮我们理解他敢于挑战权威的壮举……。这样的讨论使得问题在同学们的思维碰撞中得到解决，于是一条清楚的探究知识的思路形成了：读第二自然段，抓住"信奉"一词；补充亚里士多德的材料来帮助理解"信奉"；阅读16—17世纪的欧洲背景材料；了解伽利略这位当时的年轻数学家的情况。

三、鼓励学生应用知识并尝试发明创新

语文课上，学生的创新表现在对语言的再造上，体现在理解文本后的感情抒发上。在教学《乡下人家》一课后，教师让学生对照板书来作一首小诗。

师：是的，同学们，乡下人家是一幅画，一幅清丽脱俗的画；乡下人家是一首歌，一首扣人心弦的歌；乡下人家更是一首诗，一首意味无穷的诗。

师（板书）：瓜藤鲜花笋芽，晚饭睡梦鸡鸭。独特迷人如画，（　　）乡下人家。

师：孩子们看这儿，这节课，你们已经写好了《乡下人家》这首诗，我们一起来读一读（齐读）。读到这儿，我觉得似乎还少一句，老师来出后半句，你们来补充前半句，我们合作着把它补全。

括号里可以填哪些词语呢？学生根据自己对文本的理解，脱口而出一句句精彩的补白：

生1：幸福乡下人家。

生2：快乐乡下人家。

生3：最爱乡下人家。

生4：唯有乡下人家。

生5：还看乡下人家。

…………

学生们吟诵着自己作的小诗，再现着课文中的独特画面，感受着文本带来的美感。思维在吟诵中一次次被碰撞开来，散发开去，闪耀着创新，充盈着灵气。

四、简评

在这些案例中，语文教师们并没有把创新教育简单理解为关于科技发明的教育和对少数科技特长生的教育。他们相信，创新教育是一种面向所有学生的教育，是一种旨在培养学生创新精神、创新能力和创新人格的教育，创新精神应该体现在各个学科上。语文课经常被认为与创新教育关系不大，而西郊实验学校的语文课就本着创新的精神，使语文课堂成为激发创新思维、培养创新技能、体验创新快乐的场所，让人不禁羡慕西郊实验学校的孩子们竟有着如此妙不可言、如此诗性盎然的求学生活。

第九章　生涯教育

　　生涯指的是从事某种活动或职业的生活。所谓生涯教育（career education），又被译为职业生涯教育、生计教育、就业教育，是 20 世纪 70 至 80 年代开始于美国，后来传播到其他国家的教育思潮。我国的生涯教育起步较晚，相比于美国、日本、澳大利亚等发达国家，我国的生涯教育还存在很大差距。2013 年，中国青少年研究中心联合日本青少年研究所、韩国青少年开发院以及美国艾迪资源系统公司，共同发布了《中美日韩高中生毕业去向和职业生涯教育研究报告》，报告指出，中国高中生的生涯教育全面落后于其他三个国家。[①] 如何有效推动生涯教育，提高我国生涯教育的质量，是摆在国家和人民面前的重大事情。

　　生涯教育事关每一个孩子实现人生出彩的机会，对学生个人的成长，对国家和社会的发展都具有重要意义。那么，生涯教育的理念是如何产生和发展的？生涯教育有何意义？生涯教育包含什么样的内容？生涯教育的教师应具备什么样的能力和技巧？我们在阅读相关研究文献的基础上，结合我国中

---

　　① 　向楠.职业生涯教育应该成为中国学生的必修课：访中国青少年研究中心少年儿童研究所所长孙宏艳 [N]. 中国青年报，2013-03-28（7）.

小学生涯教育的实践，尝试对上述问题进行回答。

一、生涯教育的缘起和发展

（一）生涯教育的提出（20 世纪 60 年代至 70 年代初）

一般认为，生涯教育是美国联邦教育总署（United States Office of Education）署长西德尼·马兰（Sidney P. Marland, Jr., 又译为马兰德）于 1971 年在全美中学协会年会上首次提出的概念。马兰认为，要解决 20 世纪 50 年代以来出现的失业人数增加、辍学、种族歧视以及社会骚动等社会问题，就需要解决好学校教育失败的问题，即学术与职业如何结合的问题。其实，这种看法是错误的。据考证，生涯教育的概念最早是由美国教育家、生涯发展理论家海尔（E. L. Herr）于 1969 年提出的。[①] 海尔把产生于 20 世纪 50 年代的生涯发展理论运用于教育中，并把对所有儿童以生涯发展为中心所进行的一切正规教育称为生涯教育。后来这一概念被马兰使用，推动了 1974 年联邦《生涯教育法案》的诞生，从而广为人知。

生涯教育的重要理论基础是生涯发展理论。最具影响力的生涯发展理论家之一是唐纳德·舒伯（Donald Edwin Super）。舒伯是哥伦比亚大学教师学院的心理学与教育学教授，是多个政府机构、公司和教育机构的顾问，出版过《理解职业定向》（*Appraising Vocational Fitness*）、《生涯心理学》（*The Psychology of Careers*）、《职业成熟性测量》（*Measuring Vocational Maturity for Counseling and Evaluation*）与《不列颠生涯发展》（*Career Development in Britain*）等影响广泛的专著。

舒伯在人本主义心理学理论基础上，以自我概念的成长为中心，把人的职业生涯分为前后相继的五个阶段（见表 9-1）。

根据舒伯的生涯发展理论，一个人的职业生涯中至少有两个关键阶段是在学校中度过的。舒伯很肯定地认为，24 岁之前所形成的职业兴趣、习惯和能力，对后来的生涯发展至关重要。这是因为，与生涯发展密切相关的是人

---

① 李亦桃. 美国生涯教育初探 [D]. 重庆：西南师范大学，2005：8.

的自我概念的发展。根据心理学的研究成果，一个人的自我概念在青春期以前开始生长，到青春期较为明确，并在 20 岁前后转化为生涯概念。

表 9-1　舒伯职业生涯五阶段理论

阶段	年龄	任务
第一阶段	14岁之前	熟悉和适应生存环境，获得生存所必需的知识和经验，培育健康的身心，以及获得基本的生活和学习能力
第二阶段	15—24岁	确立个人的生活方式，明确人生的理想，学会与人交往和竞争，选择适合自己生存发展的职业，并为实现自身价值创造条件
第三阶段	25—44岁	完成个人职业角色和家庭生活的建设目标，履行自己在生活中应当承担的责任和义务，获得理想生存的各种保障条件，以及创造实现自身价值的有效途径
第四阶段	45—64岁	在职业岗位上愉快工作，过一种有创意的家庭生活，注意生活习惯的科学化，不断获得新知识，结交新朋友，热爱运动并懂得自我心理调适
第五阶段	65岁至死亡	注意终身学习，把自己的知识和经验做一些总结留与后人，为家庭和孩子做些力所能及之事，并注意营养和休息，安度晚年

　　在这种理论背景下，加之资本主义世界 20 世纪 70 年代初的周期性经济危机导致大量人口失业和社会动荡带来的挑战，马兰的生涯教育设想转变为美国的教育政策，并最终使世界主要资本主义国家先后颁布了有关生涯教育的法案，把生涯教育与普通教育结合起来，为国家的经济社会发展提供"有用"的人力资源和智力支持。

　　1972 年，马兰在《科学》杂志上发表《生涯教育——一个新的优先权》（Career Education: A New Priority）。文章对美国教育体制在培养年轻人具备有意义的职业生涯的尊严感和成就感方面的失败进行了批评。马兰认为，旧时代中家庭与工作场所的统一已经不存在了，儿童不能够从家庭和邻里生活中学习到职业生活所需的态度、知识和技能。而学校中有意识传授的关于工作世界（the world of work）的内容又少得可怜。马兰写道："我相信，当代美国教育改革的关键在于'生涯教育'的概念。在低年级，儿童应学习更多关于工作世界与他们也许会在其中扮演的各种角色的内容。在中学，一手经验和职业领域的实践观察是中学生最感兴趣的东西，学校应该提供这些训练。在高中和中学后教育中，儿童需要获得机会去学习特殊的技能，以便能够被顺利雇用。不止如此，生涯教育还意味着当一个人需要回到学校继续深造时，教育系统能为其提供机会。"①

一年后，在马兰的极力游说下，上述设想被确立为联邦教育政策。美国联邦教育总署拨出 1.68 亿美元专款，资助职业生涯教育实验。1974 年，美国国会通过了《生涯教育法案》。法案规定，生涯教育应以学校为基础，由学校设立专门机构和人员，对所有学生进行生涯教育，开展生涯辅导和服务工作，鼓励学生参加生涯入门课，把职业意识和职业能力的培养融入学校课程体系。至 1974 年秋，有 10 个州通过了必须开展生涯教育的法案，有 42 个州采取措施推行生涯教育，全美近 30% 的学区已在学校里正式实施生涯教育。到 70 年代末，美国有半数以上学区实施了生涯教育。

（二）生涯教育的发展（20 世纪 80 至 90 年代）

有学者指出，美国在 20 世纪 70 年代的生涯教育并没有取得预期的成功。在过于匆忙的实施中，又产生了始料未及的问题。所谓没有取得预期的成功，表现在：到了 20 世纪 80 年代，绝大多数美国高中的课程和教学都严重偏向升学而非就业，在学业成绩表现上处于中下游的大多数高中生的职业生涯教育被忽视。所谓始料未及的问题，是美国中小学生学术成绩不仅没有提升，反倒呈现出下降的趋势。在多次国际测试中，美国中小学生的学业成绩明显落后于其他国家。可以说，到了 80 年代，即使最具勇气的生涯教育家也不得不承认这样的事实："大多数美国中学毕业生既没有达到真正的毕业水准，又不具有适应现代经济结构中高科技化职业要求的就业技能。"② 学术界对生涯教育理论和实践的批评声音高涨，也在一定程度上为 80 年代生

---

① Marland S P, Jr. Career education: a new priority[J]. Science, 1972, 176（4035）: 585.

② 李馨. 美国 20 世纪 70 年代后中学职业生涯教育研究及启示 [D]. 长春: 东北师范大学, 2008: 17.

涯教育的不利处境增加了舆论压力。

例如，罗伯塔·杰克逊（Roberta H. Jackson）从少数族裔和贫困家庭的视角，对生涯教育的真实意义（不是理想的或想象上的意义）进行了反思："对于处于贫困中的人们来说，工作这个词常常是一个过于抽象的词语。工作这个词意味着每个人有这个需要——去做，去成功，去完成，去生产。它还蕴含着每个人有被需要的需要，既帮助自己，也去帮助别人实现需要。换言之，每个人都被驱动，被自然的渴望即成为某个人的愿望所驱动。但是，工作这个概念可能对一些年轻人毫无意义，因为这些年轻人的父亲从未工作过，他的家庭依靠救济糊口，这就等于说这些无工作的父亲对自己没有任何价值，对世界也没有任何价值。失败的意识容易在这样的年轻人中蔓延。"① 另一位批评家，密歇根大学教授菲茨杰拉德（T. H. Fitzgerald）更是直言不讳："生涯教育是一种肤浅的教育哲学，因为把工作作为主要的导向是对一个自由而复杂的社会中的教育需求的一个不充分的回应。联邦教育总署的一个主要考虑是失业问题：生涯教育被视为应对方案的一个重要组成部分。在这里，根本的错误是这个假设，即把失业归咎于未就业者和失业者缺乏技能。（实际上）失业问题主要是一个结构性问题，……与福利和失业补偿，以及最低工资法不无关系。……总体上，如同以往联邦的项目一样，生涯教育会加剧不平等，因为城郊学校会更好地被组织去追求和获得联邦的经费，并且结果导向的咨询课程将最终强化文凭主义的倾向。"②

正是由于这种情况，到了 90 年代初，美国在反思此前 20 年生涯教育的经验与教训的基础上，明确了以高中阶段和中学后职业技术教育为重点的教育改革，这就是生涯与技术教育（career and technical education）。它标志着生涯教育进入了一个新的发展阶段。

1994 年 5 月，美国总统克林顿（William Jefferson Clinton）颁布《从学校

---

① Jackson R H. Career education: a concept for minorities?[J]. High School Journal, 1976, 60（2）: 93–103.

② Fitzgerald T H. Career education: an error whose time has come[J]. School Review, 1973, 82（1）: 91–105.

到工作机会法》（School-to-work Opportunities Act），在全国范围内推行学校 - 工作体系。该法案强调企业与学校合作，提倡合作教育、青年学徒制、青少年中专、技术准备计划、职业 - 学术团体、企业 - 教育契约等职业教育计划，并向此类计划的实施提供资金。此外，该法案还克服了以往职业教育模式因缺乏证书造成的问题，向学生颁发高中毕业证书、全国通用的技能证书、学士学位等。到 1996 年年底，全美有 50 多万名年轻人参与到这种职业教育计划中。到 2008 年，美国所有中学生中有近一半参与了职业教育的学习。

尽管生涯教育在美国饱受争议，但是生涯教育还是代表着一种不可逆转的教育发展趋势。20 世纪 80 年代后，英国政府学习美国的做法，陆续颁布了一系列文件，要求普通中学开展职业教育和职业指导，并把这种教育和指导纳入学校课程。进入 90 年代，澳大利亚也制定了专门的职业教育与培训拨款法案，每年修订一次。为了加强就业咨询和指导，澳大利亚还制定了《生涯发展指南》（Career Development Guidelines），对生涯指导的内容、考试、评估和学生的职业成熟度等方面做出具体规定。日本也在 1990 年后，把生涯教育列入了学校教育计划。至此，生涯教育产生了世界性影响。

（三）生涯教育在中国

2003 年，中国教育部颁布《普通高中课程方案（实验）》，提出高中教育的目标是使高中生"初步具有独立生活的能力、职业意识、创业精神和人生规划能力"[1]。这一目标的设定体现了生涯教育的理念。在这一背景下，高中生涯规划教育（也被称为"人生规划教育"[2]）在各地学校中陆续展开，各地学校在课程设计和教学方法等方面进行了大胆的探索，积累了很多经验。不过，正如有的学者所指出的："当前我国的人生规划教育尚处于摸索阶段，

---

[1]　中华人民共和国教育部.普通高中课程方案（实验）[M].北京：人民教育出版社，2003.

[2]　有学者认为，人生规划教育不等于职业生涯教育，而是包含了职业生涯教育，因为除了教导学生如何确定职业方向之外，还要教会学生如何生活，如何树立个人理性，如何面对生活压力，如何处理人际关系和培养法律意识，等等。其实，就美国的生涯教育而言，生涯教育包含了人生规划教育的内容。本章作者认为，两者是可以互换的概念。当然，从这个角度看，国内学者对职业生涯教育内涵的理解，正说明生涯教育被错误理解的程度之高。参见：王建忠，吴颖惠，王笑梅.高中人生规划教育：问题与反思 [J].课程·教材·教法，2014（11）：75-80.

缺乏统一的课程标准，目标不定，内容不清，体系不明，严重影响了教育的实际效果。"① 这说明我们的生涯教育与西方发达国家相比还存在较为明显的差距，继续完善和推进生涯教育体系建设，仍是未来很长一段时间内中国教育改革的重要内容。

中国台湾地区引入生涯教育的时间比大陆更早一些。1998 年，台湾地区教育主管部门公布《九年一贯课程总纲纲要》，将"生涯规划与终身学习能力"确定为十大基本能力之一，并提出生涯教育的三大目标，即自我觉察、生涯觉察和生涯规划。后来颁布的《教育先导计划》对台湾中小学生涯教育的内容进行了规定：一方面是帮助中小学生了解生涯发展的意义，探索和控制自我，认识教育及职业环境，培养生涯规划能力以及进行生涯准备和生涯发展；另一方面是建构具备支持力的环境条件，包括教职员、家长社区、信息总平台、研究发展机制等，协助生涯辅导工作的进行。

二、生涯教育的主要内容

尽管世界各国、各地区基础教育的基本情况有差异，在生涯教育的组织制度和实施方式上存在多种差别，但它们都是围绕着自我认知、生涯探索、生涯规划三个方面的内容展开的。因此，我们将分别从这三个方面来介绍不同国家和地区的具体做法。

（一）自我认知

自我认知，也被称为自我认识、自我觉察，指的是个体对自我、职业角色、工作的社会角色、社会行为及自身应担负的责任等方面的初步认识，它意味着个体意识的觉醒，是生涯概念出现的心理前提。2003 年美国全国职业信息统筹委员会发表《国家生涯发展指南》（National Career Development Guidelines）的修订版，提出自我认知包含着三个关键能力：第一，理解自我概念（self concept）；第二，与他人交往的技巧；第三，对成长与改变的重

---

① 王建忠，吴颖惠，王笑梅.高中人生规划教育：问题与反思[J].课程·教材·教法，2014（11）：75-80.

要性的认识。理解自我概念，指的是分别以自己和别人的观点和视角，描述自己的特点，定义个人行为对家庭和学校的影响，描述个人举止会如何影响他人的情绪和行为，描述几种通过工作的方法满足个人需要的例子，等等。与他人交往的技巧，包括能够说明为什么每个人都是不同的个体，能够具体说明与他人交流的有效技巧，能示范解决与同学、朋友以及成人之间的冲突的技巧，以及当与他人观点不同时，知道采取何种合适的行为，等等。对成长与改变的重要性的认识包括能够定义各种情绪和感受，定义表达情绪和感受的不同方式，描述引起精神压力的原因，学会调整情绪的几种有用方法，表现出良好的健康习惯，等等。一般来看，各国普遍把幼儿园到小学六年级之前的阶段作为生涯认知教育的时期。

在美国，小学阶段生涯教育的目的主要是促进儿童的生涯认知。具体而言，对小学一二年级的学生，生涯教育的目标在于帮助学生树立劳动意识，学会尊重劳动者，引导学生思考学习与未来工作之间的关系。教师主要采用直观教学的方法，如通过图片、音像资料、绘画等对社会中主要的职业类型进行描述，或者通过模拟游戏的方法，让学生体会工人、医生、农民、超市收银员、公交车司机等职业生活。三四年级的目标则是在前期基础上，引导学生熟悉周遭的工作世界，通过实践强化对某些职业的认知，了解工作的职责、从事职业所需要的条件，以及教育与职业之间的关系。对五六年级的学生来说，目标是提高生涯规划意识，理解各门学科与未来职业生活之间的关系，将学科教学与生涯教育有机结合。从实施方法看，美国小学的生涯教育重视开设专门的生涯发展课程，与其他学科整合，融入职业讲座、生涯发展指导、职业参观、"职业日"活动等。

澳大利亚学校对生涯教育的关注始于 20 世纪 90 年代。1997 年，《生涯教育指导》（*Guidelines for Career Education*）出版，它是 1992 年成立的澳大利亚教育委员会生涯教育工作组的研究成果。[①] 该书提出生涯教育的内容首先是自我认知。其含义与美国的生涯教育中的自我认知的含义基本相同，指

---

① 陶倍帆 . 澳大利亚职业生涯教育研究 [D]. 上海：华东师范大学，2014：12.

的是通过让学生认识自己的个人属性，如身体、智力、情感、兴趣、技能与价值观等，挖掘他们个人属性与有效参与到不同人生、工作境况中所需要的技能之间的关系，评价那些对其在不同的人生境况中学习造成影响的策略与条件。

中国台湾地区的教育主管部门于1998年公布《九年一贯课程总纲纲要》，提出青少年生涯教育包含三个阶段，即自我觉察、生涯觉察与生涯规划。其中自我觉察大致相当于欧美国家的自我认知。自我觉察阶段要帮助学生发现自己的长处，认识有关自我的观念，了解工作对个人的重要性，探索自我的兴趣、价值观和人格特质，了解自己的能力、兴趣与特质所适合发展的方向。具体而言，一二年级生涯教育要达到的目标是养成良好的个人习惯与态度，认识自己的长处和优点；三至六年级学生要培养自己的兴趣和能力；而在七至九年级，学生们要探索自己的兴趣、性向、价值观及人格特质。由此可见，台湾地区教育主管部门认为自我认知的任务在初中阶段仍然延续，只是重点有所不同。

（二）生涯探索

学生经过了小学阶段以自我认知为中心的生涯教育之后，在初中阶段，他们的生涯学习任务将从自我认知过渡到生涯认识，即生涯探索阶段。生涯探索阶段的教育，强调让每个学生从其感兴趣的职业群中选择几个，通过实际的或模仿的工作经历，对这些职业群进行探索性了解，目的是为以后做出职业生涯规划做准备。美国的《国家生涯发展指南》规定，初中生的生涯探索教育包括认识教育与工作之间的关系，掌握获取生涯信息、求职、维持与追求进步的技能，以及学习对社会和劳动力市场变化的反应等。具体而言，首先，要使学生意识到教育成就的意义，这包含关于教育成就与生涯选择关系的知识、对教育成就与生涯规划之间的关系的理解等。其次，要让学生意识到工作与学习之间的关系，即要理解工作与终身学习的关系，以及形成对学习的积极态度。再次，使学生掌握理解和使用生涯信息的技能。最后，要让学生意识到人际关系和良好的工作习惯之间的关系，并能理解工作与经济和社会需求之间的关系，从而能够正确认识工作的本质，学会寻找、获得、保持和变更工作的技能。美国犹他州的七年级生涯教育颇具特色。该州七年级学生的生涯探索活动包含七个单元：生活游戏、寻找职业、了解群体行为和态度、培养积极的就业态度、通过学业或终身学习拓展职业选择、平衡生活角色和班级小组学业或职业。以寻找职业、了解群体行为和态度的活动为例。在寻找职业的活动中，学生要通过生涯规划工具即"生涯未来"（Career Future）手册，将其到目前为止参加的所有活动的结果综合起来，探索与其兴趣有关的职业，进一步缩小职业选择的范围，留下几个有待于进一步探索的职业。在了解群体行为和态度的活动中，通过团体活动，学生能够体验团队精神、领导技能、协商、合作以及诚实等获得职业成功所必需的技能。

在澳大利亚，初中生的生涯教育任务是机会觉察（opportunity awareness，或译为"机遇意识活动"）。所谓机会觉察就是让学生调查、探索、体验大量工作以及这些工作中蕴含的各种各样的机会。这些活动包括让学生体验、研究不同的工作环境，给予学生调查一系列职业及教育、培训的机会，让学生分析大量工作中历史性的变化。[①]

日本在初中阶段所进行的生涯探索教育，与欧美不尽相同。根据谷峪教授的研究，日本比较侧重于指导初中生适应集体生活，提高学生的判断与选择能力，并不把认识、理解、体验工作世界中各种职业群作为提高学生职业选择能力的重要方法。他们以特别活动课来对学生进行"做合格的社会成员"的教育，帮助学生排解青春期的各种烦恼，建立良好的人际关系，理解学习与人生的关系，树立人生理想与劳动和职业观点。在道德课中，学生被引导深入理解自己与团体的关系，认识自己的责任，尊重和理解劳动的意义，养成为了公共福祉和社会发展服务的精神和态度。[②]

中国台湾地区的生涯探索教育包括五个方面的内容：一是了解学校教育目标、课程安排与升学的关系；二是了解学业性向、成绩和升学的关系；三是了解毕业后可能的升学或就业途径及应做的准备；四是了解职业的意义和

---

① 陶倍帆.澳大利亚职业生涯教育研究 [D].上海：华东师范大学，2014：22.
② 谷峪.日本的职业生涯教育及其启示 [J].职业技术教育，2006（10）：81-84.

从事各种职业所需要的能力及相关要求；五是了解行业发展趋势及未来人力供需概况。

（三）生涯规划

生涯规划是为学生进入职业生活而做出的必要准备。它是在生涯探索基础之上，对于学生职业认知、探索、体验等能力与态度进行的全面综合的挑战，一般在高中阶段进行。根据美国学者的研究，一个全面的生涯规划方案应包括几个关键的步骤：预测学生有望达到的水平及其学业努力，争取学校、学区、家庭和社区持续的资源投入和支持，动员所有学生参与规划过程，推动生涯规划过程中教师、家长、学生和各行业人员之间的合作；建立一个项目管理系统以确保各年级之间的协调过渡；总结和反思方案得失；等等。[①] 因此，生涯规划是一个难度比较大、更加需要理性和系统思维能力的活动。

具体来说，在美国，依据《国家生涯发展指南》，生涯规划教育的内容包括：使学生理解怎样做决定，意识到生活中各种角色之间的关系，特别是工作对个人和家庭生活的影响，理解不同职业和不同性别角色在职业中的意义，认识生涯规划的步骤，习得做出生涯规划的技能。

在澳大利亚，生涯规划涉及两个方面的内容：一是生涯抉择，二是应对变化。生涯抉择指的是让学生通过探索其他人是如何做出决定的，以及对一个人做决定的过程有影响的因素，学习如何做出职业选择，并确定自己的职业选择。应对变化指的是让学生通过探索其他人如何应对变化、如何解决问题、如何建立寻求帮助的关系网络等，学习应付变化的新情况所需要的知识和技能。

在日本，高中阶段的生涯教育仍然以培养学生职业观、劳动观和社会奉献精神为主线，根据地方和学校实际情况，开展有关就业的志愿者活动等体验性学习活动，使学生可以运用职业信息和理解职业内容。[②] 在具体实施中，

---

① 转引自李亦桃.美国生涯教育初探 [D]. 重庆：西南师范大学，2005：30.
② 田潇 . 日本职业生涯教育研究 [D]. 天津：天津大学，2012：15.

日本每所高中都会分年级制订具有本校特色的生涯教育计划。一般而言，对高一学生的生涯指导包括使学生了解社会各类职业和职业资格，并调查获得这些职业的从业资格所应具备的条件，考虑适合自身的职业。到了高二，学生要参与研修旅行，对旅行目的地展开各项细致调查。高三学生的主要任务是对升学问题展开实际分析调查，了解大学专业的基本情况、社会对专业的需求情况等。由此可见，日本高中阶段的生涯教育融合了生涯探索和生涯规划的内容，并不像美国那样将两者区分得较为清晰，而且日本高中生涯教育以升学为主要目的，不似美国的生涯教育较为淡化升学色彩，更强调就业。

中国台湾地区的生涯规划教育包括五项内容：第一，培养适当的工作伦理和工作态度；第二，了解职场权益（如保险、劳动政策等）与义务（善尽忠诚、健康检查、在职教育、遵守作业规则等）；第三，熟悉就业市场信息网与求职渠道；第四，学习就业管理（职场两性关系、典范与职场哲学、生涯价值观等）；第五，专业发展与社会投入（专业责任、义工与社会服务、妇女生涯发展、终身教育、世界观等）。此外，还要从教师、家长、社区等角度来建构环境支持。

（四）生涯教育中的教师角色

要想通过贯彻好的教育理念真正造福于每个学生，教师的理解和支持是关键。教师是将生涯教育的理念落实到教育活动中，使其转化为物质力量的重要他人。相比于志愿者和家长，在教育理念转化为实践的过程中，教师的作用是最突出的。有研究认为，生涯教育中"教师支持是重要的"，"教师身心精力的投入、关爱学生、对学生充满期望以及容易被学生接近，被认为是与学生生涯发展有关的品质"。[①] 因此，训练一支专业的教师队伍是生涯教育成功的关键。

生涯教育家认为，每一位教师都应学习生涯发展与指导课程，从而在所负责的学科教学中，有意识地将学科知识与学生的生涯发展结合起来，使

---

① Ting S R, Leung Y F, Stewart K, et al. A preliminary study of career education in middle school[J]. Journal of Career and Technical Education，2012，27（2）：84-97.

生涯教育渗透到学科教育中，形成对学生生涯意识和生涯能力培养的系统链条。"各门学科任课教师本身应接受生涯教育培训，了解职业范围和职业要求，并且根据不断变化的职业市场，获取最新职业信息，把职业生涯教育融入各科教学。"① 出于这种考虑，美国大学中的生涯教育研究者与企业、工业人士联合开发针对教师的生涯课程，使教师能够通过参观与体验的方式，对社会中除了教学以外的其他工作与职业形成清晰的认知，从而将这种认知与其所教学科结合起来。

例如，美国布法罗市立学院和尼亚加拉前沿工业教育委员会联合开发了一项长达 16 周的"田野研究"课程，该课程通过把教师置于一个广泛的、多样的职业和工作场所中，使其认识和理解各种职业的特点、就职条件和社会意义。该项目开始于 1973 年，到 70 年代末，有超过 1000 名任课教师选修该课程，这些教师访问了在大布法罗地区的约 60 家工业企业。有不少教师不止一次报名参加这个课程，只是为了再多去几家工业企业参观学习。纽约赫利蒂高地小学的四年级教师南希·怀特劳（Nancy Whitelaw）参观了 12 家公司和工厂（包括一个钢铁厂和一家退伍军人医院）。每次访问后，她都会带回来新的观点，把工作世界的意识融入课程。南希自述说："在我访问过一个大型制造厂后，我教每个孩子怎样填写职位申请表。于是，孩子们学到了什么是招聘者看重的，同时也练习了阅读、书写和计划的技能。我访问一家报社之后，也萌生了一个相似的主意。这次，每个孩子要选择一则招聘广告，（相应地）书写一封求职信。其他年级的老师同样发现了这门课的价值。一位在高中教商业课的老师，把一系列有关工作面试的内容加入她的课程中。一位初中的工业艺术课教师，与他的学生们创办了一个制造公司，经营手工木制产品。学生成为设计者、装配工和经理，整个团队都朝着他们的年计划——可能是一对时尚的烛台或一个带有镜子的壁橱——而不懈奋斗。"②

学科教师担负的使命将不仅仅是传授本学科的知识和技能，而是将工作

---

① 葛鑫，李森. 国外中学职业生涯教育对我国的启示 [J]. 教育探索，2008（9）：140-141.

② Whitelaw N. Career education for educators[J]. Phi Delta Kappan，1981，62（7）：522-523.

世界中与本学科有关的职业引入课堂教学中，以培养学生的职业意识，使其将学习与工作联系起来，从而更加直观地看到教育成就与未来生涯发展之间的密切关系。从生涯教育的视角看，音乐教育家劳埃德·施密特（Lloyd Schmidt）认为①，音乐教师的任务有四个方面：第一，使所有学生意识到工作世界中的音乐；第二，帮助所有学生挖掘他们在音乐或与音乐有关的职业上的潜力；第三，给予具有天赋的学生以合适的音乐教育和训练；第四，为那些其兴趣和能力适合从事音乐相关工作的学生提供帮助。

　　生涯教育是一种比较宽泛的职业教育理念，充满强烈的全人生意识和社会责任感。这就意味着，生涯教育存在着某种危险。这种危险一方面可能是将生涯教育无限泛化，这等于生涯教育什么都是，也什么都不是；另一方面也许是将生涯教育狭隘化，以至于特别强调教育中职业训练和准备的部分，而忽视其他的内容，如公民资格、休闲、审美、政治意识和无功利性的思考与交谈。我们必须说，被忽视的内容对于学生出彩的人生来说也是不可或缺的，甚至是更为重要的和基本的。要预防这种危险，仅仅依赖生涯专家、学校管理者与公众舆论是不够的。佛蒙特大学的生涯教育家纳什（Robert J. Nash）和阿格尼（Russell M. Agne）建议②，教师在实施生涯教育项目时应三思：第一，生涯教育将在多大程度上增强人类的最大可能性？教育者应让学生意识到，职业生涯必须有助于增加个人的乐趣和希望，它意味着为更加舒服的个人生活而准备，意味着在一生中对从事的多种职业都充满热情。第二，如何能够在生涯教育中模糊工作与休闲之间的区别？生涯教育者必须帮助每个个体在每个职业中找到意义和希望。这也许意味着帮助人们按照一个职业提供满足、乐趣、挑战和兴奋的机会去评估它的意义。第三，如何能通过生涯教育使学生更加关心对人的服务而不只是经济利益？我们迫切需要训练有素的人们帮助我们提高健康服务、休闲活动以及空气和水的质量。我们

————————

　　① Schmidt L.Career education in music：the second decade [J].Music Educators Journal，1982，69（2）：30-31.

　　② Nash R J, Agne R M. Career education：earning a living or living a life? [J]. Phi Delta Kappan，1973，54（6）：373-378.

也需要拥有技术的人帮助我们增进对艺术的、娱乐的、精神的、审美的、哲学的、政治的和实验的现代生活诸面向的欣赏与理解。

当然，生涯教育者不只是学科教师，在美国、澳大利亚和日本等国家，生涯教育也有专门的课程，由经过专门训练的生涯指导教师来实施。这些专任教师被称为"生涯协调员"，不从事学科教学，通过团体咨询和个别咨询的方式，为学生提供专业的服务。我国在专门的生涯教育师资培养方面还比较落后，一般由德育教师、班主任来兼任生涯协调员的工作。此外，我们在为教师提供生涯教育的资料、教材、培训、资格认定等方面的服务上也存在不足。美国、加拿大、英国等都建立了国家层次的生涯发展协会或学会，为本国生涯教育实施提供各种智力支持和相关服务。可见，我国的生涯教育任重而道远。

三、对生涯教育的简要评价

关于生涯教育的意义和必要性，国内外学者都从不同的视角出发，进行了丰富的阐释。我们将这些学者的观点综合起来，结合当前我国教育改革的实际需要，对之重新认识。

从历史的角度看，生涯教育是现代社会发展到一定阶段的必然产物。在这一阶段，社会中的职业和工作严重脱离了儿童的实际生活。以前，儿童还能够从家庭和邻里的日常生活中，对各种职业活动或劳动耳濡目染，甚至亲自参与到家庭的劳动与生产中，因此职业的或生涯的教育在一定意义上并没有必要性和重要性。实际上，在19世纪中期之前的漫长历史里，面向工作世界的职业教育并不与学校教育存在明显的交集。

随着19世纪工业革命在世界主要发达国家相继展开，职业的或工作的世界开始进入到一个现代化的阶段。生产劳动从家庭中迅速转移出来，转移到专门从事某种产品制造的工厂中。工厂采用现代的管理技术，即高度细化的分门别类的工作形式，这使传统上一个人对生产一种产品的全部流程都精通变得不再可能，每个工人终日重复做一个产品的某个部分。生产方式的变革，极大地影响了学校教育的发展。一方面，生产劳动从家庭转移到工厂，儿童的生活与其父母兄弟的工作之间形成了一道鸿沟，儿童对工作世界的认知变得间接而不再生动和自然。这就意味着，待在与工作世界脱离的传统学校中的时间越长，儿童就越可能对工作世界缺乏热情和理解。这使得大多数不能升入中学和大学的学生在学业结束时，顿然发现对即将进入的工作世界一无所知。另一方面，工作的高度细化和科学化，对工人的技术水平的要求变得更高。这使得缺乏专门训练的个体需要花费大量时间去学习工作所需要的技术。对于雇主来说，对新手进行大量生产劳动之外的培训是高成本且难以保证效率的，他们希望能够雇用到无须花费大量时间去培训的熟练工人。而大多数需要从事生产劳动的家庭为了谋生，也迫切希望学校能够教授对未来工作有用的技艺和知识。正是在这种背景下，在 19 世纪后期，遍及欧美的学校教育职业化运动应运而生。

在工作世界的快速变革与学校教育的内在保守性的矛盾之中，美国学校教育的职业化进展并不像人们想象的那么顺利。实际上，20 世纪 70 年代，当生涯教育理论被提出之时，美国学校普遍重视升学和普通教育，轻视甚至忽视职业与就业教育，致使中等教育的大多数毕业生在离校之际难以找到工作，或由于不适应工作的挑战而失业或多次失业。在经济危机、工作机会更加难觅之际，学校教育在职业教育方面的无能或低能，引起了社会舆论的普遍声讨。马兰赋予了传统的职业教育以新的名词，即生涯教育。尽管生涯教育的中心内容是工作和劳动的教育，这也正是旧的职业教育的任务，但是，与旧的职业教育的狭隘性不同，生涯教育以教育的全程性、教育对象的全面性、教育内容与普通教育的整合性为特点，重视从所有儿童的人生规划（而不仅仅是劳动和工作，也包括休闲、家庭生活的内容）教育出发，以社会中现有的所有工作的最基本的技能和美德的引导和训练为中心，使所有儿童既可以应付传统的升学挑战，也可以在毕业时轻松找到胜任的工作。

生涯教育虽然是一种新的职业教育理念，但是从根本上看，它仍然是教育史上教育与生产劳动相结合思想在新时代的延续与发展。用今天流行的话说，就是通过生产劳动的教育，使每个孩子，特别是穷孩子，都有人生出彩的机会。

案例分析

初中阶段的职业生涯教育——以贝尔格里克中学为例 [①]

位于佐治亚州的贝尔格里克中学，被誉为中学阶段职业生涯规划最成功的学校。该校职业生涯教育项目的目标是帮助学生回答三个问题：我是谁？我要去哪？我怎样到达那里？这个项目承诺促使学生通过一个系统的过程发展规划他们的未来，帮助他们熟悉各自的爱好和天赋，了解教育成就和工作环境的关系，从各种各样的资料中得到职业信息，懂得技术社会对高素质工人的需求，理解和实施决策及职业生涯规划，了解非传统工作机会和性别平等，熟悉中学课程和项目，最终懂得学习是一个终身的过程。

该校的职业中心协调员与学校行政人员、引导者、咨询人员、教师、学生、家长和社区一起合作推动了一个职业生涯引导项目，涉及六至八年级的所有学生。这个项目在不同年级开展的活动有很大的差异，同时鼓励教师适时地把这些活动列入他们的课程计划。这些项目活动的成果会成为每个学生的职业生涯规划档案袋的一部分。

针对六年级学生开展的活动，帮助学生理解他们作为中学生的新角色和责任，让他们尝试设立个人的目标，探索喜欢的和不喜欢的，并且识别那些对他们的生活有重大影响的人，参与爱好评估和关于学习技巧的会议。最后的活动是完成一幅"我是谁"的拼贴图。在这幅图里，学生展现各自的喜好，比如他们想住在哪、他们喜欢的工作类型，甚至他们想要驾驶的汽车种类。在这个层面上，学生开始探究他们渴望追求的生活风格，这些都基于他们各自的职业选择。

七年级学生的活动主题是"我的职业道路"，这是一个帮助他们把学校

---

① 节选自李馨.美国20世纪70年代后中学职业生涯教育研究及启示[D].吉林：东北师范大学，2008：15-16.

和工作环境联系起来的项目。在与当地的一家快餐连锁店合作开展的项目中，学生练习了如何申请兼职工作。其他的活动包括参与评估他们的工作习惯和能力，并鼓励他们探索不同的职业选择。最后一个活动是写一篇职业研究论文，要求每一个学生就一个特定的职业写出报告。学生可以运用互联网、图书馆和学校及社区职业中心的资源。

八年级学生的任务是做好进入高中的预备。他们会升级各自的档案袋，建立学年目标，参与职业决策评估。最后的活动是职业探索大会，所有的八年级学生都要参加。语言艺术课教师会帮助学生制作展示板，主题是"关于各自的职业选择"。这些展示板在"学校职业周"展出。

在贝尔格里克中学的职业生涯教育中，衡量规划是否成功的标准在于是否在学生、指导人员、教师、同龄人、家庭之间建立联系，最重要的是在学生的梦想与抱负之间建立联系，即学生对未来事业的选择是否既尊重个人兴趣意向，又不忽略社会现实性导向。只有这样，才能使学校成为青少年学生在学习和探索中、在把知识和能力应用于实际的过程中发展自己个性的地方，最终让每一个学生过上适合自身特点的生活。

简评

从以上的案例我们可以看到，美国的贝尔格里克中学的职业生涯教育有几个特点：第一，生涯教育内容的系统性。从低年级到高年级的生涯教育既不是相互隔离的，也不是随意安排的，而是层层递进的，与学生的需要和能力的发展联系在一起。第二，生涯教育主体的多元性。中学设立职业中心，中心的协调员与学校行政人员、引导者、咨询人员、职员、学生、家长和社区一起合作推动一个职业生涯引导项目，鼓励和支持教师把该项目与课程计划结合起来。这就使得生涯教育不仅仅是某个部门、某些人的事情，而成为所有人或者"我们"共同的事业。第三，生涯教育形式的活动性。生涯教育不能止于夸夸其谈和静听，而要充分调动学生的积极性，以活动的形式、自我教育的形式，在支持性的环境里，通过交流对自我、世界、职业和人生等重大问题进行深入思考、认识，并将自己的认识通过拼贴图、研究论文、展示板等展示给大家。贝尔格里克中学的做法值得我们学习和借鉴。

第十章　生命教育

生命教育（life education）的概念，也许是最近十年来基础教育理论与实践领域兴起的最引人注意的话语之一。当然，它恐怕也是最令学者、中小学管理者和教师感到困惑的理念之一。在 21 世纪之前，生命教育并没有在学术界之外得到足够关注。

迎着第八次基础教育课程改革的春风，生命教育成为官方、学术界和民间的共同话语，开始在我国的中小学校中生根发芽。实践的开展与深入进一步刺激了学者的理论兴趣，21 世纪之后，大量生命教育研究的论文和专著得以发表和出版。

本章从生命教育产生、发展、在中国的历史过程入手，在广泛查阅国内外生命教育相关研究与实践资料的基础上，探究生命教育的内容、教师素质与教学方法，对生命教育的意义进行评价，最后向大家介绍一个生命教育的实践案例并进行扼要评价。

一、生命教育的缘起和发展

（一）生命教育的产生（20 世纪 50 至 70 年代）

学界普遍认为，生命教育产生于 20 世纪的美国。但关于生命教育具体产生于何时，存在着不同的观点。有些学者认为，生命教育起源于 20 世纪 20 年代末，其标志是死亡学的诞生。① 在这些学者看来，"生命教育"乃是"死亡教育"（death education）的同义词，中国香港和台湾地区的学者在引介美国死亡教育的概念和实践体系时，出于中国人对"死亡""濒死"一类词语的忌讳的考虑，而选择使用相对中性的"生命教育"概念替换。

另一些人则认为，生命教育起源于 20 世纪 60 年代末，其标志是华特士（James Donald Walters）提出"为生命而教"（education for life）的概念。② 在这些学者看来，生命教育就是以促进个人的生命成长为目的的教育，这种教育强调自我实现、个性化、自由、生命质量，以及人的精神生活相比于物质追求的崇高价值。

学术界对生命教育缘起问题的两种答案都值得商榷。就第一种观点而言，美国学者很少使用"life education"的概念③，在表达有关"生命的价值与尊严"、安乐死、堕胎、吸食毒品、艾滋病等教育内容时，一般直接使用"death education"这个术语。因此，说美国的生命教育是死亡教育的同义词，也不甚准确。此外，把死亡学作为死亡教育诞生的标志，也是错误的。死亡学是一门学科，而死亡教育将这门学科的知识和方法运用于教育领域中，通过教与学的互动过程，使这门学科的知识和方法为师生所掌握和运用。两者有关联，但并非一回事。因此，死亡教育的产生并不能以死亡学的创建作为标志，而应以第一本死亡教育专著的出版作为标志。世界上第一本专门探讨死亡教育问题的专著是《死亡的意义》（*The Meaning of Death*），由美国学者赫尔曼·费夫尔（Herman Feifel）于 1959 年出版。

第二种观点更成问题。问题之一，"education for life"并非华特士首倡。查阅美国教育史文献可知，1909 年奥尔德里奇（D. Aldrich）在一篇题名为"Education for Life"的文章中，已经使用了这个术语。在这篇文章中，奥尔

---

① 张慧兰，王丹，罗羽.国内外死亡教育发展的分析与思考[J].护理学报，2015（11）：29-32.
② 李高峰.生命与死亡的双重变奏：国际视野下的生命教育[D].上海：华东师范大学，2010：34.
③ 在美国学者试图表达生命、生存、生活与教育的关系时，他们多使用"education for life""life-adjustment education""education as life""family life education"等。

德里奇主张，教育应培养人去过一种"奋力的生活"（strenuous life）。所谓奋力的生活，"是我们正在教育学生去过的生活，一种热情的生活，征服的生活，获得与占有自然力和自然资源以改善人类生活、推进文明的生活"①。问题之二，不仅"为生命而教"的术语并非华特士首次使用，"为生命而教"的理念和实践也并非始于华特士。熟悉美国教育史的读者知道，20世纪初杜威就提出了"教育即生活"（education as life）、"教育即生长"（education as growth）、"教育即经验的不断重组或改造"（education is experience's reconstruction）、"以儿童为中心的教育"（children centered education）等理念。

综上所论，本章把费夫尔《死亡的意义》的出版作为美国生命教育兴起的标志。该书出版后，收到了热烈而持久的反响。四年后，明尼苏达大学教授、死亡教育与研究中心首席专家富尔顿（R.W. Fulton）开设了美国大学的第一门正规的死亡教育课程。1976年，美国有1500所中小学实施死亡教育课程，使学生认识生命的意义与价值。

（二）生命教育的发展（20世纪70至80年代）

与20世纪五六十年代相比，处于发展期的美国生命教育正在发生某些重大的变化。变化之一是增加了有关"失去"（loss）话题的内容。死亡是一种绝对的失去，它意味着生物体不再有任何活动能力；濒临死亡或者等待死亡也是一种失去，它意味着人或生物正在失去它的生命，以及与生命有关的一切。因此，"失去"的话题是对"死亡"话题的逻辑延伸。不过，"失去"并不只与死亡直接或间接相关，它也指涉与死亡无关的内容，例如，由于父母离异而失去了与父母生活在一起的可能性，由于意外事故而失去双腿或失明，由于各种原因失去了工作或友谊……。当然，"失去"的话题也不只限于与人有关的"失去"，它泛指为儿童和青少年所珍爱的一切东西的"失去"，如失去一条宠物狗，心爱的小金鱼死了，日记本丢了，等等。

变化之二是死亡教育由孤立的一门课程向其他课程渗透，如科学课、心理

---

① Aldrich D. Education for life[J]. Journal of Education, 1909, 69（19）: 514–515.

课、社会研究课、外语课等。死亡教育的话题在很多其他课程的内容中都有所涉及，毕竟死亡与失去是人类生活中司空见惯的现象，而且对死亡与失去的认识本来就需要多学科的交叉视角。因此，死亡教育课程向其他课程内容的渗透就具有了某种必然性。这一变化推动了美国学校死亡教育运动的发展，对于增强美国儿童和青少年的生命意识，形成尊重自我和他人生命的价值观，形成正确的生命态度，预防未成年人暴力、自杀、吸毒与性滥交产生了一定效果。

变化之三是死亡教育的理念和实践开始传播到更多国家。在美国的影响下，英国开展了"死亡觉醒"运动，并将死亡教育内容贯串于宗教教育改革，且纳入课程大纲之中。1974 年，澳大利亚的诺夫斯（T. Noffs）牧师针对青少年吸毒且有多人致死这一严重的社会问题，提出了实施"生命教育"的主张。五年后，诺夫斯在新南威尔士州建立了生命教育中心（Life Education Center，LEC），该中心的主要目的在于"预防药物滥用、暴力与艾滋病"。该中心首次使用"life education"以替代源自美国的"death education"。生命教育中心后来成为正式的国际机构，属于联合国的非政府组织成员，对其他国家和地区，特别是中国的生命教育产生了重要影响。

（三）生命教育在中国

20 世纪 90 年代后，生命教育的理念传播到中国。香港的生命教育始于1996 年天水围十八乡乡事委员会公益社中学开设的"生命教育"课程。[①] 台湾地区的生命教育始于 1997 年，是年台湾地区正式开始由政府主导实施生命教育课程。为推动生命教育的实施，台湾地区教育主管部门把 2001 年作为"生命教育年"，并成立了"生命教育委员会"，监督台湾各级各类学校实施生命教育。

进入 20 世纪 90 年代以后，我国由计划经济向社会主义市场经济转轨，在实现社会经济跨越式发展的过程中，文化、教育和社会福利事业有了长足的进步。然而，在此过程中，一系列社会问题也随之发生。社会问题不免对学校产生影响。儿童和青少年的自杀、校园暴力、吸毒、赌博、偷窃、卖

---

① 刘济良，李晗. 论香港的生命教育 [J]. 江西教育科研，2000（12）：24-25.

淫、强奸等事件在某些地区某些学校中出现，拜金主义、功利主义、虚无主义、潜规则等价值观念和社会意识在青少年中流行，未成年人的生命质量堪忧。在此严峻形势下，叶澜、扈中平等学者号召实行生命教育，引起学术界普遍关注。生命教育的研究和实验在 90 年代中后期悄然兴起，到了 2000 年前后，已经产生大量学术专著与论文。由生命教育学者如叶澜、朱永新等主持的学校实验也取得了成功。2010 年，《国家中长期教育改革和发展规划纲要（2010—2020 年）》正式提出重视生命教育的主张。

二、生命教育的主要内容

在借鉴学界已有研究的基础上，本章从生命过程的视角，把生命教育的内容分为三个部分：一是生存教育，二是生活教育，三是死亡教育。

（一）生存教育

生存教育，指的是有关生命保存的教育，包括身体健康教育，心理健康教育，安全教育，环境教育，预防滥用药物、暴力、自杀与艾滋病教育等。

其中，身体健康教育包括：生理卫生、运动卫生、学习卫生和起居卫生、饮食与营养卫生、预防传染病知识、自救与互救知识和技能。心理健康教育包括：心理辅导、心理咨询、心理治疗等。安全教育包括：日常生活安全教育（包括防触电、防煤气中毒、防火、家务劳动安全、饮食卫生安全等），交通安全教育（包括行路、骑车、乘车、乘船、坐飞机等），社会治安教育（包括盗贼、骗子、抢劫、挟持、绑架等），活动安全教育（包括运动环境和器械、体育课、游泳、滑冰、野外活动与游戏、放鞭炮、人流拥挤的公共场所中的安全），自然灾害中的自我保护教育（包括水火灾、暴风雨、雷电袭击、地震等），意外事故处理教育（安全应急常识、牢记应急电话），等等。[①] 环境教育包括：环境意识教育、环境知识教育、环境法制教育、环境伦理教育、环境行为教育和环境保护教育。

---

① 安全管理网.学校安全教育的内容[EB /OL].（2010–06–01）[2016–02–24]. http://www.safehoo.com/Manage/Edu/201006/43485.shtml.

上述教育内容可以有所取舍地整合在一起。以英国为例，2000 年以后，英国中小学每周开设个人、社会与健康教育课 1—2 节，课程内容涉及应对暴力、吸毒、酗酒等与生命健康相关内容。这门课程的要求是：5—7 岁学生学习如何制订简单的目标，做出简单的选择来改善生命健康，注意生命安全，尊重生命之间的差异，并能意识到倚强凌弱的危害；7—11 岁学生了解锻炼和健康饮食对生命的益处，并对合法及非法食品做出甄别；11—14 岁学生了解误食处方药及其他非法物品的危害和法律法规，了解艾滋病、性传染病及高风险行为对生命安全的危害，学会如何解除各种压力；14—16 岁学生了解酒精、其他药物、早期性行为和怀孕对生命健康的危害，理解父母和家庭生活的价值、和平处理争议的方法，抵制犯罪行为，并积极提供和接受帮助。[①]

（二）生活教育

生活教育指的是针对生命展开的伦理层面的教育，它的目标不是保存生命而是发展生命。生活教育使学生树立正确的人生观、价值观和世界观，成为一个对自己的人生负责的人。它包括工作伦理教育、家庭伦理教育、公民教育三个核心要素。

工作伦理教育是对工作神圣、劳动光荣观念以及工作方法、素质和技能的培养与训练。工作是每个人生活中的重大事件，它是收入和生活来源，也是个人实现自我价值、贡献社会的一种方式。形成正确的工作态度、具备一定的工作技能和方法是工作伦理教育的目标。在日本，工作伦理教育是以劳动教育的形式实现的。日本中小学每年都要定期组织学生参加简单的农业生产劳动。从耕地、播种到收割、脱粒，最后集体煮食、品尝，学生参与每个环节的劳动。劳动使学生形成正确的劳动态度，培养学生吃苦耐劳的品质以及生存能力。[②] 中国台湾地区的晓明女中在九年级设置"敬业乐业（在工作中完成生命）"单元，该单元的教育目标有三：一是帮助学生在工作生活中

---

① 王定功. 英国青少年生命教育探析及启示 [J]. 中国教育学刊，2013（9）：74-78.
② 虞花荣. 日本生命教育的特点及启示 [J]. 贵州社会科学，2013（7）：165-168.

获得意义，使生命得到成长和圆满的发展；二是协助学生明白敬业、乐业的重要，并能谨慎择业；三是引导学生建立工作神圣的观念，并简介专业伦理的概念。①

家庭伦理也是影响个人生命质量的重要方面。香港中学《爱与生命》教材中，把婚姻和家庭生活作为重要教育内容。如第二册第二单元是《我的家庭》，教师要求学生向已婚、未婚的人士征询对婚姻家庭的看法，并对调查而来的各种意见进行分析，进而得出结论。②

公民教育是生命教育的主体。2000年，公民课成为英国国家课程体系中的一门基础学科。这门课程的目的是促进生命个体在精神、道德、社会和文化上的全面发展，激励生命个体在学校、邻里、社区中发挥重要作用，实现生命价值。

（三）死亡教育

所谓死亡教育，指的是与死亡、濒死、失去有关内容的教育。死亡是生命的终点，每个人都会走向死亡。死亡也是未成年人经常会面对的巨大悲伤。有学者指出，在美国，"一个学年中，每6000名学生中，将会有4人死亡，大约有40名学生的父母中有一人死亡。于是，死亡和失去教育的问题就不仅仅是抽象的，也不是未来的一个事件。对很多学生而言，在任何给定的学年里，它是一个事实"。③正如萨默维尔（R. M. Somerville）教授所说："死亡是一个明显的和普遍的家庭经验。和平时期每分钟就有2个美国家庭失去亲人。在战争年代，这个比例更高。"④死亡如此常见，出于对学生成长的考虑，教会学生正确认识死亡是必要的。

吉布森（A. B. Gibson）等认为，中小学死亡教育的内容主要应包括：（1）自然的生命循环，植物及动物的生命循环；（2）人类的生命循环，出

---

① 王学风. 台湾中小学的生命教育 [J]. 现代中小学教育，2002（7）：5-7.
② 刘济良，李晗. 论香港的生命教育 [J]. 江西教育科研，2000（12）：24-25.
③ Thornburg H D, Thornburg E E. The front line: death and loss education: its complexity and abstractness[J].High School Journal, 1982, 65（6）：177-179.
④ Somerville R M. Death education as part of family life education: using imaginative literature for insights into family crises[J].Family Coordinator, 1971, 20（3）：209-224.

生、生长、老化及死亡；（3）生物的层面，死因、死亡的界定；（4）社会和文化的层面，丧葬风俗及有关死亡的用语；（5）经济的和法律的层面，保险、遗嘱、葬礼安排事宜；（6）有关哀伤、丧礼、守丧等的层面；（7）儿童文学、音乐及艺术中的死亡描写；（8）关于死亡的宗教观点；（9）道德和伦理的主题，自杀和安乐死等；（10）与生死相关的个人价值。①

（四）生命教育中教师的角色

正如艾奥瓦大学教授麦克鲁尔（J. W. Mclure）所说，由于人们忌讳死亡的话题，教师对死亡问题也缺乏足够的经验和科学知识，因此生命教育是很难实施的。② 为了推动生命教育的顺利实施，教师必须具备多种素质和能力。

奥克斯和比博（J. Oaks & D. L. Bibeau）研究认为，生命教育的教师应具备七种能力：（1）教师必须能够与学生、家长和志愿者就悲伤、丧亲之痛和其他情绪问题进行沟通；（2）教师应熟练使用咨询和危机干预的技术；（3）教师需要了解可利用的相关资源，包括文学作品、影音资料和专业协会；（4）教师需要能够把社区资源融入教学或咨询过程中；（5）教师需要致力于跨学科学习和问题解决；（6）教师应有能力评价学生取得的与预定的课程目标有关的进步；（7）教师应有科学探究精神。③

王学风教授强调，教师还要善于运用多种教学方法，激发学生学习兴趣，加深他们对生命教育内容的理解，提高生命教育质量。例如，采用"随即教学法"，充分借助各科教学内容，将生命教育渗透到各科教学随即进行；再如"亲身体验法"，通过直接参观有关死亡的场所及其展览，比如参观死亡博物馆、到殡仪馆参加葬礼等，进行生命教育；还有欣赏与讨论的方法，通过观看有关的影片和欣赏音乐来加深思考。另外，阅读指导法、角色扮演法、生命叙

---

① 转引自周士英. 美国死亡教育研究综述 [J]. 外国中小学教育，2008（4）：34，44-47.

② McLure J W. Death education[J].Phi Delta Kappan, 1974, 55（7）：483-485.

③ Oaks J, Bibeau D L. Death education: educating children for living [J].Clearing House, 1987, 60（9）：420-422.

事法等，都可以运用到生命教育中去。① 刘济良教授还提出了"温馨评语法"。"所谓温馨评语，是以对话的方式，将学生作为一个在场的知心朋友与之进行交流、沟通和畅谈，它通过动人而诚挚、透明而亲切、温馨而诗意的生活话语不断地打动学生、感化学生，使评语成为师生进行感情交流、达成相互理解的渠道。"②

三、对生命教育的简要评价

生活是生命展开的全部过程，也是个体生命为了保存、延续和孕育新生命而进行的一系列活动的综合。从这个意义上看，人类社会从古至今所做的一切活动，应该都属于生活的范畴，这些活动中当然包括以传授和创造人类生活经验与知识为目的的教育活动。因此，可以说，就其自身内涵而言，教育已经包含了生命的意蕴，似乎不必冠之以"生命"的头衔了。但是，生命教育理念的提出并非出于画蛇添足、哗众取宠的书生气，乃是为了应对新时代的社会生活的迫切需要，因而有其特殊的重要意义。

（一）生命教育教人过负责任的人生

随着改革开放的深入，我国由计划经济走向社会主义市场经济，社会变迁加剧，社会问题层出不穷，西方社会曾经和正在面临的顽疾、痼疾也或多或少在我国出现，例如失业、贫富差距加大、腐败、艾滋病、性滥交、少女早孕、青少年犯罪、吸食毒品、校园暴力和自杀等。

学校中出现的上述反生命、非生命化的现象令人心痛，令人深思！"现实社会中物质与精神的失衡，现实教育中知识本位、技术至上，加上政治、经济等外在于教育自身的因素的强行介入，使教育演化为工具的教育，教育谋求的是'何以为生'的本领，放弃了'为何而生'的思考，忽略了情意的培养，没有教育学生对生命的尊重，没有引导学生对人生的负责。"③ 与工具理性指导下的科技教育、应试教育、职业教育不同，生命教育关心的是对生命

① 王学风.国外中小学的生命教育及启示 [J].外国中小学教育，2007（1）：5，43-44.
② 刘济良.论"生活世界"视域中的生命教育 [J].教育科学，2004（4）：6-8.
③ 冯建军.生命教育：引导学生走好人生之路 [J].思想理论教育，2003（6）：29-32.

的保存、爱护和尊重，它将每一个生命本身作为目的，它教会每个人认真地看待自己和他人的生命，从珍重生命，创造个性的、有价值的生命开始，过一种对生命负责的人生。

（二）生命教育教人正确面对生死

生命教育的重要内容是死亡教育。死亡虽然是人类生活中的平常之事，但是在 20 世纪以来的学校和家庭中却被有意无意地回避了。既然死亡是生命过程的终点，也是每一个生命必将面对的事实，那么选择回避对死亡的认知，并不会让我们更加坚强和负责地生活，反倒会使我们在面对死亡时，由于缺乏必要的知识预备和心理准备，容易情绪失控，甚至导致对生命逝去的过分冷淡或缺乏尊重的戏谑。

每个教育者都会在儿童成长中发现，儿童对死亡的现象感到好奇，一些儿童会对死亡产生恐惧、焦虑、紧张的情绪，此时正是死亡教育的良好时机。但是，由于缺乏死亡教育的技术和策略，我们经常会感到手足无措。面对儿童提出的死亡问题，例如"爸爸，我会死吗？""死了之后，会上天堂吗？"等等，我们只能闪烁其词，顾左右而言他。正如奥滕教授（A. Auten）所说："为什么教死亡教育？教授死亡似乎是合适的，如果我们不只是教授生活，那么我们就还需要教由生命提供的广泛的经验。"[1] 新奥尔良大学奥克斯教授认为，死亡是主要的生命危机，因此学校必须教给儿童如何应对悲伤。[2] 教学生如何正确地面对生死问题，是生命教育的重要使命。

（三）生命教育教人和谐共处

在我国，生命教育不只限于死亡教育、安全教育和健康教育，而包含了道德教育和社会教育的意涵。这是对西方的生命教育理念的创造性发展。例如，在台湾地区，生命教育是在伦理道德教育的领域中发展起来的。

生命教育的伦理维度是对生命概念的完整阐释。人类个体的生命不是孤立和自足的，无论我们怎样看待社会和国家之于个人的价值，我们都必须承

---

① Auten A.Why teach death education? [J]. Journal of Reading, 1982, 25（6）: 602–605.

② Oaks J, Bibeau D L. Death education: educating children for living [J]. Clearing House, 1987, 60（9）: 420–422.

认，人是社会关系的总和，自我与社会、个人与国家之间存在着紧密的关系，一个人的生命活动，不可能不在特定的社会与国家背景中展开，那么，了解这些知识，具备把握和理解这种关系的能力，对于生命的保存、延续和创造来说，就是必不可少的。正是在这一意义上，我们说生命教育的伦理化是对生命教育理念的创造性发展。

2004 年台湾地区的《普通高中生命教育课程纲要》，包含了哲学与人生、宗教与人生、性爱与婚姻伦理、生命与科技伦理等属于道德教育的内容。香港的中学教材《爱与生命》以三大纲领为中心，包括生命的探索、自我与人际、婚姻与家庭，后两者都是伦理和社会教育的内容。可见，两地的生命教育都尝试通过对学生进行伦理教化，帮助学生过一种幸福的、安全的和快乐的生活，实现教会学生和谐共处的目的。而这正是生命教育最深刻的意义所在。

案例分析

用生命教育撑起学生成长一片天①

重庆市合川区龙市中学以"为生命成长奠基"为办学理念，将打造生命教育办学特色作为始终不渝的目标，通过充满生命情怀的校园文化、融入生命色彩的德育体系、紧扣生命主题的课堂建设、丰富生命底蕴的课外活动、探索生命教育的课堂研究等多方面，把教育上升到生命高度，让教育充满生命的温度、气息和情怀，促使学生不断丰富人格，提高素养，走向更加美好的未来。

一、生命德育

在龙市中学看来，德育之"育"，应从尊崇生命开始。因此，学校在德育工作目标上注重尊重生命的独特性，在过程中注重彰显生命的自主性，在

① 万芮彬.合川区龙市中学生命教育撑起学生成长一片天[N].重庆日报，2017-11-23（21）.

内容上注重体现生命的生成性，在评价上注重关注生命的整体性。

龙市中学遵循学生道德生命的成长规律和发展要求，织密德育网络，构建德育体系，其中最为典型的有：精心设计"一月一节"德育主题教育活动；着力打造"十个一"德育工程；围绕"生存、生活、生命"三大板块，开发、开设生命教育校本课程。

以精心设计"一月一节"德育主题教育活动为例，龙市中学将感恩教育、青春期教育、心理教育等形成活动序列，以"小活动"承载"大德育"，不断寻求"活动化、生活化"的德育内容和方式。

学校还以重大活动或节日为依托，精心组织寓意深刻、庄重简朴的入学仪式、成年仪式、入团仪式等，引导学生强化人生信仰，激发价值追求，促使学生全面、主动而又可持续地和谐发展。

二、生命课堂

师：荆轲的谋划展现出他怎样的性格？请大家带着这个问题，开展自主学习、小组合作探究，然后在课堂上发言。

生：经过自学和小组讨论后，我们得出的结论是，荆轲的谋划表现出荆轲心思细腻、城府很深、有勇有谋。

在我们小组看来，荆轲有着超凡的胆识和气魄，不惧怕刺杀秦王会遇到的危险。

师：同学们抓住了课文的内容与核心，对老师提出的问题都回答得很正确，下面大家更进一步深度理解文章背后的深意，评价荆轲这一历史人物。

这是发生在高二语文课《荆轲刺秦王》上的一幕。语文老师杨青松首先提出问题，引爆学生思维，激活学生探知的兴趣。他把课堂上的更多时间留给学生，让学生通过自学、小组合作交流得出结论，然后让学生上台表达观点，促成课堂上每个生命个体"生命相遇、心灵相约"。

生命课堂的落地生根，离不开具有生命教育特色的课堂教学模式。龙市中学针对打造生命化课堂的要求，逐步构建、完善"四段八环"课堂教学模式，着力打造生本式"卓越课堂"，全力推进课程改革。所谓"四段八环"

课堂教学模式，即"自主合作、交流展示、精讲点拨、检测反馈"四段和"自学生疑、合作探究、展示质疑、评价释疑、重点精讲、关键点拨、练习反馈、小结提升"八环，注重学生独立自主学、小组合作学、全班交流学、教师点拨学的有机结合，力争让每一个生命个体都能在课堂上焕发生命的光彩与活力。

三、生命校园

一则名为《遇见春天，遇见卓玛》的特色大课间活动视频被上传到互联网后，在短短几天时间内突破30万次播放量。视频中，穿着各色藏族服饰的中学生排着整齐划一的队伍，和着节奏鲜明的音乐，跳起藏族舞蹈，展现出当代中学生青春昂扬的蓬勃朝气。视频中的中学生正来自龙市中学。

龙市中学在近几年将传统的大课间活动进行创新改革，以全体学生齐跳藏族舞的活动形式，进一步促进阳光体育活动的开展，培养学生创新能力和团队精神，实现学生身心健康和谐发展。

龙市中学把学校作为小社会，把社会当作大校园，把课外及校外活动作为学生体验生命成长的重要途径，创新开展了多项校内、校外活动。在课外活动方面，龙市中学在每学年春季学期和秋季学期分别举办旨在体现"生命的多姿多彩与百花齐放""生命的顽强与健美"的生命教育周，紧扣每学期重要时间节点，依托钓鱼城、沫滩古镇、友军生态园及附近的几个特色农场等校外场所，开展生命体验活动。在校内活动方面，学校开展"我的中国梦"主题教育实践活动，引导学生立志向、有梦想，爱学习、爱劳动、爱祖国；积极开展学习和争做美德少年活动，让学生眼有方向，心有榜样；组织学雷锋志愿服务活动，引导学生树立服务和助人精神。不管是校内活动还是校外活动，龙市中学为学生搭建的多维度成长大舞台，都让学生从中感悟到生命的丰富与精彩。

四、简评

正如郑晓江教授所说，生命教育要把握四个方面：一是在学生的心灵中重建生命的神圣感，二是培养学生的社会责任感，三是教会学生协调好生命和生活的关系，四是帮助学生正确处理现实中的问题。①龙市中学的生命教育真正做到了这四个方面。

生命课堂不只教给学生知识，还教给学生直面生死的凛然大义。语文课堂上，通过对荆轲性格的多角度分析和自由讨论，学生不仅与荆轲的生命相遇，也与参与讨论的每一个人的生命相约，共同思考道义和生死的重大选择。这样的课堂便是在教人从道德的层面去看待生死之意义，在心灵中埋下"勇敢地活、伟大地活"的种子。

生命教育不限于课堂，更不限于校内。生命流动之处，哪里都是教育的好地方。龙市中学重视开展丰富多彩的课外活动、校外活动。这些活动教会学生热爱劳动，树立服务和助人精神，这些活动既有利于帮助学生认识生命和生活的关系，培养学生的社会责任感，也有利于帮助学生正确处理现实中的问题，使他们宽人严己，体会生命的丰富、多彩，体会自己的生命在芸芸众生之中的意义和价值。

生命教育不是孤立的，也不是形式的、空洞的。在龙市中学，生命教育与感恩教育、青春期教育、心理教育和德育紧密交织在一起，全部工作都与生命教育直接关联起来，抓住"生命、生存和生活"这条主线，全员育人，环境育人，为生命教育落到实处、入脑入心提供了重要的制度保障。龙市中学在生命教育方面的探索，值得我们深入思考和认真学习。

---

① 郑晓江. 生命教育的概念、内容和原则 [J]. 中国德育，2007（3）：30–32.

第十一章　国际理解教育

第二次世界大战以后，和平与发展成为时代主题。随着科学技术的发展和全球化的广泛影响，国际理解教育（education for international understanding）作为国际教育的重要主题被确立下来。国际理解教育最先由联合国教科文组织倡导。早在 1945 年，联合国教科文组织章程就规定，教育应在不同文化和种族之间促进人们的相互理解。依靠教育领域的国际合作促进世界和平，这被界定为联合国教科文组织的伦理使命。各国应采取行动，通过教育使其成员了解其他国家或民族的文化，将本国文化置于世界文化背景下来理解，促进受教育者对于人类文化统一性的认识，意识到存在适用于各民族成员的基本相同的生活条件和共同愿望，从而对自己肩负的国际主义使命具有更深的认识。这一使命迄今为止受到越来越多国家的认可和接受，并成为学生发展的核心素养之一。

一、国际理解教育的缘起和发展

国际理解教育从提出到被社会广泛认同经历了 60 多年。60 多年里，国际理解教育随着世界政治、经济、文化背景的变化而变化，大致经历了三个不同的历史发展阶段。

（一）20 世纪 40 至 50 年代的逐步推进

在联合国教科文组织章程指导下，1948 年 6 月 28 日国际公共教育大会第 11 届会议在日内瓦召开。该会议建议各国教育部和其他教育行政机构鼓励培养青少年的国际理解精神，并对以促进世界和平为己任的国际组织的教学提供帮助。由于成年人肩负着作为父母和公民的责任，因而应采取措施，通过广泛的成人教育，提高他们对国际组织有关知识的了解。[①] 在 1950 年的国际公共教育大会第 13 届会议上，与会代表一致认为，教师和教育者之间的国际交流，是促进不同民族和文化的人民之间加深理解及推进有效提高教育标准的实践的一种方法。鉴于这些交流对于国际理解教育的重要性，会议倡导各国继续促进教师的国际交流计划和到国外非终身任职的安排。[②]1953 年，联合国教科文组织主持实施了以"国际理解教育"为主题，以消除跨越政治疆界的偏见、敌视、不信任和以促进相互友好与合作为逻辑目标和结果的《联合学校计划》（Associated School Programme），并把《联合学校计划》以及联合学校所采取的一系列新措施和改革作为示范加以推广。该计划的宗旨是：（1）丰富关于世界性问题和全球合作的知识；（2）通过学习不同国家、不同人民的文化形成国际理解；（3）增进人权知识，遵守人权的基本原则；（4）高度评价并大力支持联合国在世界和平、友谊和进步方面的巨人努力。[③] 在国际理解教育理念初步实施的这段时间，尤其是 20 世纪 50 年代早期，国际理解教育具有较为显著的理想主义倾向。

（二）冷战时期的缓慢推进

20 世纪 50 年代后期，随着东西两大阵营的对峙愈演愈烈，国际理解教育受此影响，开始关注一些全球范围内较为现实，甚至带有冲突性的问题，比如怎样认识爱国主义和国际主义等。60 年代，由于世界政治局势动荡不安，国际理解教育一度转入低潮。直到 70 年代，国际理解教育理念止步于

[①]　赵中建.全球教育发展的历史轨迹：国际教育大会 60 年建议书 1934—1996 [M].北京：教育科学出版社，1999：77—89.

[②]　同 ① 91.

[③]　徐辉.国际教育初探：比较教育的新进展 [M].成都：四川教育出版社，2005：6.

宣传倡导和对联合国宣言的解读，缺乏系统、明确的实施纲领，这时制订一份统一的行动指南就显得非常迫切。①

1974 年第 18 届联合国教科文组织大会通过了《关于促进国际了解、合作与和平的教育以及关于人权与基本自由的教育的建议书》（Recommendation Concerning Education for International Understanding，Co-operation and Peace and Education Relating to Human Rights and Fundamental Freedoms，以下简称《建议》）。《建议》认为国际理解教育理念不应只停留在主权国家间的理解和合作上，必须认识到当今世界各国在涉及全球问题，如资源、人口、环境、粮食等问题上的相互依赖性，应加强学生的世界共同体意识教育。从内容上看，《建议》既是联合国教科文组织一贯倡导的和平与合作教育、国际理解教育精神的体现，同时又是在新的政治经济和科技相互依赖的条件下对国际理解教育、国际和平与合作教育的深化和发展。②《建议》提出后，超越国家框架、具备全球意识的"世界公民"成为各国国际理解教育的新议题。在《建议》的推动下，许多国家的中小学乃至大学都实施了国际合作学校教育，以消除种族的、宗教的歧视，促进各民族的交往，为人类发展提供更有利的国际环境。

（三）20 世纪八九十年代以后的快速发展

1981 年，联合国教科文组织对国际理解教育的目标进行了明确界定：培养和平处事的人；培养具有人权意识的人；培养理解自己国家和具有国民自觉意识的人；理解并增进其他国家、其他民族及其文化；认识国际相互依存关系与全国共同存在的问题，形成全世界的连带意识；养成国际协调、国际合作的态度并能实践。该目标使得各国对于国际理解教育有了更清晰的认识和把握。

冷战结束后，国际政治格局呈现多极化趋势。但是暴力、种族歧视、恐怖主义等困扰人类的顽疾依然存在，1994 年，联合国教科文组织在日内瓦召开了第 44 届国际教育大会，主题是"国际理解教育的总结与展望"，核心内容是"为和平、人权和民主的教育"，"为相互理解和宽容而教育"，并专门对

---

① 闫晓荣. 国际理解教育发展中存在的问题管窥 [J]. 中国成人教育，2012（6）：12-14.
② 朱旭东，黄晓红. 国际（教育）组织的价值取向研究 [J]. 国际观察，2000（5）：49-53.

与国际理解密切相关的"和平文化"展开了广泛讨论。大会通过了《第44届国际教育大会宣言》(Declaration of the 44ᵗʰ Session of the International Conference on Education)以及《为和平、人权和民主的教育综合行动纲领》(Declaration and Integrated Framework of Action on Education for Peace, Human Rights and Democracy),为世界各国在新时期开展国际理解教育指明了方向。①

1996年,"学会共处"作为"教育的四大支柱"之一被国际21世纪教育委员会向联合国教科文组织提交的《教育——财富蕴藏其中》报告提出,并受到国际社会的广泛关注。学会共处的核心就是学会与他人及其文化共同生存,在开展共同项目和学习管理冲突的过程中,增进对他人及其历史、传统和精神价值的了解与尊重,从而加深对相互依存问题的认识。它的提出为国际理解教育的精神理念提供了现实落脚点和实践依据。

通过对国际理解教育的历史发展脉络进行简单梳理可以发现,国际理解教育从提出到实践并非一帆风顺,而是伴随着国际政治的跌宕起伏逐步向前推进。在今天的国际理解教育中,"共生共存"受到高度关注,因为在全球化的背景下,人类社会面临的能源危机、环境污染、人口危机、金融危机等种种问题,单靠一个或几个国家的努力很难得以解决,各个国家只有本着共生共存的理念,加强国际交流与合作,超越地域的边界团结在一起,才有望使人类的共同问题得以根本解决。

二、国际理解教育的主要内容

(一)国际理解教育的概念

所谓"国际理解",它的实质就是要以宽容、尊重的态度与别国沟通和共同行动。国际理解实质上包括两个方面:一方面是自己能够理解他人;另一方面则是自己能够被他人所理解。国内最早提出国际理解一词的是王长纯教授,他从比较教育学的角度运用解释学的理论阐述了"国际理解是比较教

---

① 徐辉,王静.国际理解教育研究[J].西南师范大学学报(人文社会科学版),2003(11):85-89.

育的一个基本原则"①。

国际理解教育则是以"国际理解"为基本理念而开展的各种教育活动的总和。因此，国际理解教育既是一种教育理念，又是教育实践。从内涵上来看，国际理解教育是一种综合性的教育，注重培养学生的多元视角和对多样化的世界观的认同；帮助学生认识到全球相互依存的关系，了解当代世界的重大课题，认同和理解其他国家和地区的文化；培养学生的全球视野和作为全球成员的自觉意识，并通过在认知、情感及社会技能方面的训练，使其获得在公共事务中自我决策、判断和行动的能力。②

从其本质来看，国际理解教育包含两个层面的内容：一方面，基于教育国际化的国际理解教育首先应该是对民族精神的弘扬。由于教育具有民族性，每个国家的教育都肩负着其特定的民族文化传统、历史、价值观、集体心理和期望，在传承文化遗产、生产新知识和造就新一代公民中扮演着举足轻重的角色。教育是在一个民族的固有文化特征基础之上进行的，因此，教育旨在使学生增强对民族文化的认同感和自豪感，培养学生深入了解本国文化、继承文化传统、发展爱国主义，使学生能清楚地认识本国在世界发展中的地位和作用，树立民族自尊心和自信心，在此基础上产生了解世界、学习世界、学习其他民族先进文化的强烈愿望。

另一方面，国际理解教育是一种跨文化理解教育。我们生活在一个相互依存的世界，国际理解教育以尊重不同国家、不同文化之间的差异为前提，以宽容、开放的心态看待世界上的不同文化传统与不同价值观念，培养与其他国家人民在平等的基础上交往与合作的观念以及汲取各国文化和文明精华的意识，寻找国际理解与交流对话的平台，塑造一种开放的民族心态，形成一种理解、尊重多元文化的理念，加深对世界多元文化、多元制度、多元意识形态的理解，并使下一代成为具有国际责任感、国际视野、国际交往能力的地球公民。这两个层面是紧密关联、同等重要的，其目的就是实现世界和

① 王长纯.教育的国际视野与国际理解：比较教育若干问题的哲学散论[J].外国教育研究，1994（5）：25-31.

② Becker J M. Goals for global education [J]. Theory into Practice ,1982, 21（3）：228-233.

平发展的人类社会崇高理想，而其实现的前提是在保持各个国家、各个民族的自身特性的基础上，将其组合成一个有机整体。①

从目标来看，联合国教科文组织在 1950 年提出国际理解教育的八项目标，其重点在于培养各国国民之间的相互理解与友好感。

（1）根据《联合国宪章》精神创造的国际社会，倘若不采取教育措施便不能实现。

（2）各国不管其信仰及生活方式如何，在国际机构中有合作的义务，并应当关注义务的履行。

（3）文明是世界各国共同努力的成果，所有国民在各方面都得相互依存。

（4）阐明现今以及以往各国国民的种种生活方式、传统、性格及问题的解决方式。

（5）多少世纪以来道德的、智力的、技术的进步在逐渐扩大，成为全人类共同财产。

（6）参与国际机构、自由地结成的纽带，唯有通过该国国民的活跃而有效的支持，才能发挥效力。

（7）尤其应在年轻人心中唤起对这个世界共同社会与和平的使命感。

（8）鼓励儿童健全的社会态度的发展，以便奠定更好的国际理解与合作的基础。

1974 年，联合国教科文组织通过的《关于促进国际了解、合作与和平的教育以及关于人权与基本自由的教育的建议书》中提出如下教育原则与目标：

（1）各级各类教育都应具有国际维度与全球意识。

（2）理解与尊重所有民族及其文化、文明、价值观与生活方式（国内各民族文化及他国民族文化）。

（3）认识到各民族之间以及各国国民之间的世界性相互依存关系正在日益强化。

---

① 袁利平. 国际理解教育视野下的教育革新 [J]. 高等理科教育，2010（2）: 18–24.

（4）拥有同他人沟通的能力。

（5）不仅懂得权利，而且懂得个人、社会及国家各自的义务。

（6）理解国际团结和国际合作的必要性。

（7）为个体参与解决社区问题、国家问题乃至世界问题做好准备。

20世纪70年代的国际理解教育尚处于建构相互依存关系、培养共存意识和态度的层面，还缺乏切实可行的实施途径。

2001年9月，第46届国际教育大会在国际教育局总部召开，主题为"全民教育与学会共处"，大会提出未来公民必须具备共处的能力，"学会共处"已经成为面向全球化的一种基本学习需求，并就"学会共处"提出了七个基本要求：

（1）和睦共处的第一教育需求是发展应变能力，以适应政治的、经济和社会的、文化的、科技的各方面的人类活动中的迅速变革。

（2）和睦共处的第二教育需求是发展成为公民的能力，参与并再创造广义的政治生活和公共机构活动。

（3）和睦共处的第三教育需求是能够保障和促进所有人和各领域的人权，包括生存权、自由权、自身保障权、劳动权、社会及家庭福利权。

（4）和睦共处的第四教育需求是认识和促使根植于地方、国家和世界的优秀传统的一致性得到强化，并为着共同利益将这些传统发扬光大。

（5）和睦共处的第五教育需求是学习多样化的语言，以便自我理解、理解他人，以便更有能力构建包含不同文化的"我们"。

（6）和睦共处的第六教育需求是能够获得包含技能的知识，能够认识科学进步对环境和日常生活的影响，对当地、国家和世界生活的影响。

（7）和睦共处的第七教育需求是能够掌握新的信息技术，并发展使用这一技术的能力。[①]

"学会共处"不仅需要培育共处的意识和态度，还需要发展建立共处关系的知识、技能和技术，这就将国际理解教育提升到新的发展高度。

---

① 王晓辉.学会和睦共处：第46届国际教育大会综述[J].比较教育研究，2003（6）:86-90.

由此可见，"学会共处"已经成为 21 世纪国际理解教育的新课题。就其本质而言，国际理解教育是一种在世界教育改革和发展的广阔背景下，以实现世界和平与提高人类福祉为最终目的，以全球性问题为主题，以跨国和跨文化为主要特征，旨在发展学习者的各种知识、技能与态度以便和睦共存于"地球村"的教育理念①与实践。

（二）国际理解教育的内容

国际理解教育的内容主要体现在国际理解知识、国际理解能力、国际理解态度三个层面。

其中，国际理解知识具体包括四个方面：一是不同国家、民族和地区的政治、经济、历史、科技和文化等方面的情况，各种社会制度的不同与联系，国际格局和国与国之间的相互依存关系；二是人类历史发展的基本趋势、特征和发展规律；三是国际规则、国际法律、国际礼仪、国际机构、各国风俗等；四是文化、和平、人口、人权、公正、环境、资源、气候等重大国际问题。

国际理解能力主要包括：一是参与能力，学生应积极参与国际事务，将国际理解教育的要求转化为自己的内在要求，使国际理解教育的目标转化为自身学习的内驱力，使自己真正成为主人；二是交往能力，即个体与他人、国际组织以及他国建立广泛联系并能妥善处理各种关系的能力，以及吸收、转化全球有关信息的能力；三是合作能力，即人与人之间、国与国之间相互依存、相互沟通、相互协调以求共赢发展的能力，合作中有竞争、竞争中有合作已成为全球化时代的主题；四是批判能力，批判能力是在高度认同、自觉践履我国主体文化的基础上对全球多元文化进行理性批判与甄别，取其精华、弃其糟粕，从而丰富、创新我国主体文化。

国际理解态度主要包括四个方面：一是开放，即能够以"地球公民"的胸怀尊重、包容别国文化；能够站在全人类共同发展和进步的高度思考问题；能够学习和借鉴世界各民族文化之精华，推动我国文化发展和创新。二是理解，即认同世界的多元文化、多元制度、多元意识形态，与他国沟通协商共

---

① 陈洁. 国际理解教育研究 [D]. 上海：华东师范大学，2003：7.

同解决国际问题。理解是一个双向过程，包括自己理解他人和自己能够被他人所理解。三是尊重，它反映的是人与人之间、国与国之间的一种平等意识，表现为对不同国家不同形态的政治、历史、文化以及对他人的重视。尊重既包括自我尊重，也包括对他人的尊重。四是责任，即个体或国家能够担当分内的职责，承担应当承担的义务，完成应当完成的使命，做好应当做好的工作。[①]

三、对国际理解教育的简要评价

（一）国际理解教育注重多元文化，强调文化对话

从国际理解教育的提出背景和发展历程可以看出，国际理解教育孕育于多元的社会文化背景之下，国际理解教育的实质就是在教育中贯串多元主义价值观，培养能够理解多元文化以及价值观的公民，增强其对不同国家、地区、民族的文化理解能力。[②] 因此，国际理解教育也是一种多元文化教育，多元文化教育关注世界性的人际关系，认为世界是由作为行动主体的人与人之间的文化关系构成的，这些人在行为习惯、态度、价值体系方面各不相同，但需要通过彼此的接触来解决共同面临的问题，同时又要在相互理解、包容的前提下保持竞争关系。多元文化教育主张必须通过教育消除和预防人们之间由于异质文化所引起的偏见、误会等，从而建构积极的、合作性的人际关系。[③]

（二）国际理解教育强调基本价值观的建构

国际理解教育理念认为，理解者与他者相互交流与对话，总是基于自己的已有经验和价值基础。这里，已有的价值基础成为国际理解教育的前提条件，直接影响国际理解教育的实施乃至最终结果。冲突与矛盾并非不可避免，但这并非出自人类的本性，而是源自国际国内体制的不完善，人们可以通过完善这种体制——建构全球共同的道德标准和理性原则[④]，避免战争，实

---

① 郭峰. 全球化时代大学国际理解教育策略构建 [J]. 教育研究，2012（4）：64-69.

② 张华. 课程与教学论 [M]. 上海：上海教育出版社，2000：422-446.

③ 姜英敏. 东亚国际理解教育的价值冲突探析 [J]. 比较教育研究，2007（5）：53-58.

④ 姜英敏，王雪颖. 20 世纪 80—90 年代美国国际理解教育论争刍议 [J]. 比较教育研究，2010（1）：59-62.

现和平。因此，国际理解教育强调必须发展一种各种文化共同认可的价值观，即"和平文化"，比如尊重、宽容、民主、正义、仁爱、和平等，并将这种文化和价值观贯串于教育过程中。

（三）国际理解教育强调动态的文化理解

文化是发展变化的。动态的文化理解意味着在接触外来文化时不仅理解其文化要义，更要深入人们的现实生活中了解其文化发展演变的历史，实现对不同时空文化的全方位把握。国际理解教育是个开放的、动态的、不断生成和变化的过程，对异域文化的理解也是在不同文化间相互渗透、相互交流中完成的，不仅理解他国的政治、经济、文化，同时也让他国认识和了解本国。从这点来看，国际理解教育是理解与被理解的统一，是引进与输出的统一。①

（四）国际理解教育注重可持续发展

可持续发展的理念强调人类必须走可持续发展的道路，恢复人与自然之间、精神与物质之间、科学与信仰之间的和谐与平衡。可持续发展教育的价值取向与价值内容包括：尊重全世界所有人的尊严与人权，承诺对所有人的社会和经济公正；尊重后代的人权，承诺代际责任；尊重和关心大社区生活的多样性，包括保护与恢复地球生态系统；尊重文化多样性，承诺在地方和全球建设宽容、非暴力、和平的文化。② 这种教育价值观关系到各国、各民族乃至全人类的共同生存发展，在该理念的指导下，2015 年 9 月召开的联合国峰会将可持续发展作为 2030 年全球性目标，涉及经济发展、社会进步、环境保护等三个方面，其中目标 4 专门论及"确保包容、公平、优质的教育，促进全民享有终身学习机会"。因此，无论理论还是实践，国际理解教育与可持续发展都有着显著的内在一致性。

---

① 陈鸿莹，张德伟.国际理解教育：全球化背景下各国教育改革策略 [J].比较教育研究，2002（S1）：154–158.

② 钱丽霞.联合国可持续发展教育十年的推进战略与实施建议[J].全球教育展望，2005（11）：11–16.

案例分析

上海市闵行区平阳小学"国际理解教育"校本课程开发与实施 ①

上海市闵行区平阳小学以"同住地球村，我们一家人"为主题，开展了"国际理解教育"的校本课程开发与实施的研究。平阳小学对原有校本课程体系进行双语形式的二度开发：植根于本土，通过整合原有教材资源，深入挖掘"海派文化"；采取综合课程形式，以"自主探究"为主线，引领学生发现、体验与感悟上海这个世界文化交流的窗口。课程实施的目的是提高学生外语应用、跨文化沟通、信息处理、合作与创新等国际化能力。

一、课程理念

平阳小学的"国际理解教育"校本课程是以双语教育为核心的综合性整合课程，主张用外语来了解上海、介绍上海，创造性地将地方文化与国际化工具结合，使得学生在认识上海和世界的互动关系的同时，了解世界历史的一体化和多样化，学习尊重、理解世界各国各地区在经济、文化、政治上的差异，尊重其他族群及其历史文化。课程的研发和实施，既把握国际理解教育核心思想，又贯串新课改先进理念，坚持了课程的人文性、综合性、生成性、开放性和实践性。

● 人文性：具有浓郁的家乡色彩、学校特色，熔趣味性、知识性、科学性、思想性于一炉，能对学生进行正确的世界观、人生观、价值观教育。

● 综合性：有机地整合学生已有的知识和生活经验，引导学生以多种学习方式有效地解决学习、生活中的问题。

● 生成性：促使学生在一系列亲身经历过程中，逐步形成自己的知识、能力、情感、态度、价值观；同时又在师生的共同参与下，不断生成丰富的

---

① 孟嬿娜."国际理解教育"校本课程开发与实施研究：以平阳小学《Walking 上海，Enjoying 世界》为例 [J]. 上海教育科研，2014（10）：80–81.

校本课程；促进教师群体的专业发展。

• 开放性：以开放的体系、开放的内容、开放的学习形式，充分引导学生自主探究，在不同程度上有所发展。

• 实践性：采用学生活动的方式组织内容，以探究问题为线索引导学生积极参加实践活动。

二、课程目标

让学生具有"中国的灵魂和国际的视野"是课程目标，也是课程实施的基本立场。国际理解教育力求实现不同文化之间的平等对话。这要求对话者首先明确并认同自己的文化归属，在此基础之上理解并宽容他者文化。在"自我文化"与"他者文化"之间进行沟通的桥梁就是多元文化的核心价值观——平等与包容。这点体现在课程目标中就是使学生既热爱中华民族，又具有较强的国际沟通能力，使学生初步具备全球公民意识。

第一，植根"海派文化"，弘扬中华民族精神。坚守国家立场是维护多元文化格局的必然要求，也是获取国际对话空间的保障。国际理解教育首先强调的是对民族精神的弘扬。因而，本课程坚持近景原则，着眼于培养学生热爱故乡上海，将上海这个中华民族的传统与现代交融的地域、世界文化交流的窗口展现在学生面前，进而使学生的乡土感情升华到爱中华的情怀。

第二，了解"精彩上海"，提高国际沟通能力。教材以两条线索并行架构，即世界文化在上海的"缩影、传承、发扬"，以及上海这个"开放、多元、繁荣"的多领域交流窗口。

第三，立足"儿童视角"，培育全球公民意识。立足于学生立场，以儿童的眼光看待教材，摒弃原教材"城市精神"的重心，以"自主探究"为主线，引领学生发现、体验与感悟。在实施方式上，实现单一的课堂教学向学校校本课程与主题活动复合的"多元组合式"的转变。引导学生打开国际视野，"唤起学生对这个世界共同社会与和平的责任感，鼓励其健全的社会态度的发展，奠定更好的国际理解与合作的基础"，培育学生的全球公民意识。

三、课程内容

国际理解教育的理念说明，知识和能力是基础，而情感和态度是更高层次的追求，也是最大的难点。平阳小学校本课程以"探究地图"为线索，引导学生认识上海、发现上海、感悟上海。学校融合原有校本课程资源"海上七彩风""小门票看大上海"，本着"学生立场、儿童视角"的原则对原有课程内容进行丰富、舍弃、改良与重建，力求取得突破与转变。学校还立足地方，将语言与生活联系起来，引导学生自主发掘本地文化资源，从而使学生实现双语教育的高层次发展，理解语言的文化范畴，养成丰富的描述性策略，能够描述自身的感受和周围的环境，能够用母语以及其他语言进行反思（思考是语言教育的最终目的）。

在获取知识的基础之上，学习内容延伸至对语言和知识背后的文化的理解和批判。多元化社会和多文化世界的公民，应能承认他们对形势问题的解释根植于他们个人的生活、他们社会的历史以及他们的文化传统。在教育内容上，该课程坚持生成性原则，引导学生运用多元视野下的联系性、批判性、发展性理念自主选择和组合学习内容。通过适时交流，共享资源，不断拓宽和加深学习的内容。综合性的课程内容涵盖了历史、地理、艺术、体育等学科，以上海为中心点，辐射到世界；以现实为切入点，延伸至历史和未来。

四、课程实施

国际理解教育不应止步于知识传授，而应致力于发展有利于国际理解和尊重人权的态度和行为。因而，国际理解教育的课程实施必定不能局限于书本和教室。在课程实施方式上，平阳小学采用"学校课程渗透"和"主题活动落实"两条路径并举的形式，根据学生年龄特点制订有针对性的实施方案。学生的学习成果可以通过照片等形式呈现，可以上传到学校主题网站上，实现与伙伴的分享。

课程明确"为个体参与解决社区问题、国际问题乃至世界问题做好准备"的目标，采取实地参观、观看视频、网络搜索等多种途径，突出实践特点，着力培养学生善于发问、乐于探究的精神，发展搜集和处理信息、沟通和协调人事、合作和获取资源的综合能力。

课程实施的主体包括教师、学生个体、假日小队和亲子团队等。学校建立了分工明确、合作和谐的管理团队。同时，学校充分发挥纽带作用，借助区域教育平台，有效调动社区资源，确保教育影响的一致性和持续性。

五、简评

国际理解教育校本课程建设并没有统一的模式可以照搬，只有地方化的国际理解教育才是适切的。上海市闵行区平阳小学的国际理解教育校本课程建设植根于地方，创造性地将浓郁的地方文化与外语教育结合，透过发展性的课程内容和多元化的实施途径促进了教育国际化的良性发展。

第十二章　多元智能

　　1983 年，霍华德·加德纳（Howard Gardner）在前人的基础上，创建了多元智能理论。通过对正常儿童已知的各项技能的开发过程和脑部受伤儿童的某些技能丧失的状况的研究，以及对其他特殊的人群，如超常儿童、孤独症儿童、学习障碍儿童的研究，加德纳发现人类的神经系统经过一百多万年的演变，已经形成了互相独立的多种智能，并且这些能力的差异很难用一元化智能的观点来解释。在此基础上，加德纳正式提出多元智能理论，揭示了一个更为宽泛的智能体系的存在，并对智能做出界定，即智能是解决所面临的实际问题的能力、提出新问题的能力、寻求特定问题的答案以及迅速有效地学习的能力、对自己所属文化做出有价值的创造和服务的能力。加德纳认为存在许多不同的、人和人之间各自独立的认知方式，每个人具有不同的认知强项和对应的认知风格。他认为人具有七种智能：语言智能、数理逻辑智能、视觉空间智能、音乐智能、身体动觉智能、人际关系智能、自我认识智能。1999 年，他又在这个名单上加上了两个"候选者"：自然智能（naturalist intelligence）、存在智能（existential intelligence）。加德纳认为存在智能不具备作为一种单独智能的所有特性，因而没有把它作为一种独立的智能。① 多元智能理论从创立至今，被广泛应用于教育教学实践之中。在过去的二三十年间，加德纳教授及其同事致力于多元智能理论的各种应用研究，如基于多元智能的教育评价、课程及教学改革等，得到了教育界人士的积极响应和支持。

一、多元智能理论的缘起和发展

（一）对传统智力观的质疑

传统的智力观认为，智力是以语言能力和数理逻辑能力为核心，以整合的方式存在的一种能力。基于这种认识，各种各样的智力测验被编制出来，以测量一个人的聪明程度（以智商为指标）。智商越高的人越聪明，智商越低的人就越不聪明。多年来，这种观念一直被人们普遍接受。

但是现实生活中人们发现，一方面大量的成功人士并非在那些智力测试中被认为智商很高的人，另一方面许多被认定为智商很低甚至弱智的人却在某些领域表现出了突出的才能和聪明过人之处。这样的例子可以说不胜枚举。这些事例说明：智商不高的人未必就不聪明。也就是说，单纯以语言能力和数理逻辑能力来判定一个人是否聪明的"智商说"并不科学。

为了正确认识人的智力成分和智能结构，许多学者开展了相关的研究并取得了重大的进展。越来越多的学者认识到，智力是由不同因素构成的，是多元的。英国心理学家斯皮尔曼（C. E. Spearman），美国的桑代克（E. L. Thorndike）、瑟斯顿（L. L. Thurstone）等人都表达了类似的观点。20 世纪 80 年代以来，美国心理学家斯腾伯格（R. J. Sternberg）提出了著名的智力阶层论，即智力三元论，认为人的智力是由分析能力、创造能力和应用能力三种相对独立的能力组成的，绝大多数人在这三个方面的表现不均衡，个体智力上的差异主要表现在这三种能力的不同组合上。之后，塞西（S. J. Ceci）提出了智力的领域独特性理论，即从事不同学科领域研究或不同职业领域工作的人在智力活动方式上存在着明显差异，而这种差异并不说明一种智力比另

---

① Gardner H. Intelligence Reframed[M].New York：Basic Books，1999：4.

一种智力优秀，只是说明不同行业的人们的智力特点和表现方式不尽相同。所有这些研究结论都从不同侧面、在不同程度上揭示了智力的本质，促进了人们对智力认识的不断深入。

（二）回应社会发展的需求

传统的智力理论及其测试只能反映人的某些方面的智能，并非全部。而在这种智力观影响下的传统教育，往往只重视人的智商，而忽视了其他方面智能的发展，导致许多智商不是很高但有其他方面特长的人才被埋没了。这种只重视单一智力发展的教育，培养的是单一类型的人才，与社会和时代的发展要求格格不入。因为当今社会发展的一个重要趋势就是社会分工越来越细，行业和领域越来越多。而且每一行业和领域的知识和技能也越来越专精。同时，科学发展使得学科知识既高度分化又高度综合，对人才的要求也变成既要博又要专，这样才能推动科学技术向更深层次发展。也就是说，社会发展和科技进步对人才的需求越来越趋向多样化。传统的智力理论及在其影响下形成的教育观和人才观已经不能满足社会发展的要求，新的时代呼唤新的智力理念，需要新的教育观和人才观。正如加德纳所说："人与人的差别，主要在于人与人所具有的不同智能组合。如果我们能调动起人类的所有能力，人们就不仅仅是更有能力或对自己更有信心，而会更积极、更投入地为整个团体甚至整个社会的利益工作。如果我们能最大限度地开发人类的全部智能并使之与伦理道德相结合，就能增加我们继续在地球上生存下去的机会，进而为世界的繁荣做出贡献。"[①]

（三）科技竞争的直接产物

美国和苏联在科技领域的争霸是多元智能理论产生的直接动因。1957年苏联发射的第一颗人造地球卫星震惊了美国，全美上下一致认为是教育的问题造成了美国的落后。为此教育界也进行了深刻的反思。10年之后，教育家们得出结论：美国的科学教育是先进的，但艺术教育落后，是两国科技人员文化艺术素质方面的差别导致了美国空间技术的落后。于是，1967年美国政府决定在哈佛大学教育研究生院创立"零点项目"（Project Zero），由著名哲

---

① 加德纳. 多元智能 [M]. 沈致隆，译. 北京：新华出版社，1999: 13.

学家戈德曼（Alvin I. Goldman）教授主持。该项目的主要任务是研究如何在学校中加强艺术教育，开发人脑的形象思维。为什么要以"零"命名呢？因为"零"代表空白，意在以此唤起国人对艺术教育的重视。此后的20多年中，美国为该项目投入上亿美元，参与研究的科学家、教育家超过百人，他们先后在100多所学校做实验，取得了丰硕的成果。其中，多元智能理论就是在80年代中期由该项目的执行主席霍华德·加德纳提出的重要成果之一。

二、多元智能理论的主要内容

美国哈佛大学教授，当代世界著名的心理学家和教育家霍华德·加德纳于1983年出版了他的力作《心智的结构》（*Frames of Mind*）一书，提出了多元智能理论。

（一）多元智能理论的理论依据

加德纳的多元智能理论是在进行大量的研究和实验后提出的。这些研究主要基于如下八个方面：对大脑损伤病人的研究；对特殊儿童的研究；对智力领域与符号系统关系的研究；对某种能力迁移性的研究；对某种能力独特发展历程的研究；对多种智力学说的研究；对不同智力领域需要不同神经机制或操作系统的研究；对环境的教育影响的研究。

依据上述这些方面的研究，加德纳大胆提出了他的多元智能理论。这些研究的结论不仅成为多元智能理论提出的依据，也因此构成了确定某种能力是否可以成为多元智能框架中一种相对独立的智能的"智能选择依据系统"。据此，我们可以确定个体身上是否存在多元智能框架中提及的八种智能以外的智能（见表12-1）。

表 12-1　多元智能的阐释

智能领域	常见解释	常用教学活动
语言智能	指人对语言的掌握和灵活应用的能力，表现为用词语思考，用语言的不同方式来表达复杂意义	讨论、辩论、开研讨会、写日记、写论文、创作诗歌、讲故事、倾听、阅读等

续表

智能领域	常见解释	常用教学活动
数理逻辑智能	指人对逻辑结果关系的理解、推理、思维表达能力，突出特征为用逻辑方法解决问题，有对数字和抽象模式的理解力，认识、解决问题时擅用推理	计算、实验、比较、数字游戏、使用证据、提出并验证假设、归纳、演绎与推理等
视觉空间智能	指人对色彩、形状、空间位置的正确感受和表达能力	观察概念图、观察图画、观察表格、设计艺术方案、隐喻思考、视觉化、观看录像与幻灯片等
音乐智能	指感受、辨别、记忆、表达音乐的能力，突出特征为对环境中的非言语声音，包括韵律和曲调、节奏、音高、音质的敏感	演奏音乐、唱歌、打拍子、吹口哨、拍手等
身体动觉智能	指人的身体的协调、平衡能力和运动的力量、速度、灵活性等	角色扮演、舞蹈、体育活动、动手操作、手工展示、设计喜剧等
人际关系智能	指对他人的表情、话语、手势动作的敏感程度，以及对此做出有效反应的能力	讨论、合作学习、集体游戏、指导同伴、参加会议、参加社会活动、分享等
自我认识智能	指个体认识、洞察和反省自身的能力，突出特征为对自己的感觉和情绪敏感，了解自己的优缺点，能用自己的知识来设定目标、引导决策	自我选择、记日记、自我评价、自我契约、独立研究、反思等
自然智能（后期加入）	指观察自然的各种形态、对物体进行辨认和分类、洞察自然或人造系统的能力	访问生态园、研究环境、观察动植物、户外工作、寻找自然规律等

（二）多元智能理论的基本内涵

在《心智的结构》一书中，加德纳把智能定义为在某种社会和文化环境的价值标准下，个体用以解决自己遇到的真正难题或生产及创造出某种产品所需要的能力。[1] 他认为，一方面智能不是一种能力而是一组能力，另一方面智能不是以整合的方式存在而是以相互独立的方式存在的。在此基础上，他阐述了关于智能的种类及其基本性质的多元智能理论。

---

[1] Gardner H. Frames of Mind [M]. New York: Basic Books，1985.

1. 关于智能的种类

在加德纳的多元智能框架中，人的智能至少包括：

（1）语言智能

这种智能主要指听、说、读、写的能力，表现为个人能够顺利而高效地利用语言描述事件、表达思想并与人交流的能力。这种智能在记者、编辑、作家、演讲家和政治领袖等身上有比较突出的表现。

（2）数理逻辑智能

这种智能主要是指运算和推理的能力，表现为对事物间各种关系如类比、对比、因果等逻辑关系的敏感以及通过数理运算和逻辑推理等进行思维的能力。这种智能在侦探、律师、工程师、科学家和数学家身上有比较突出的表现。

（3）视觉空间智能

这种智能主要是指感受、辨别、记忆、改变物体的空间关系并借此表达思想和情感的能力，表现为对线条、形状、结构、色彩和空间关系的敏感以及通过平面图形和立体造型将它们表现出来的能力。这种智能在画家、雕刻家、建筑师、航海家、博物学家和军事战略家的身上有比较突出的表现。

（4）音乐智能

这种智能主要是指感受、辨别、记忆、改编和表达音乐的能力，表现为个人对音乐包括节奏、音调、音色和旋律的敏感以及通过作曲、演奏和歌唱等表达音乐的能力。这种智能在作曲家、指挥家、歌唱家、演奏家、乐器制造者和乐器调音师身上有比较突出的表现。

（5）身体动觉智能

这种智能主要是指运用四肢和躯干的能力，表现为能够较好地控制自己的身体、对事件能够做出恰当的身体反应以及善于利用身体语言来表达自己的思想和情感的能力。这种智能在运动员、舞蹈家、外科医生、赛车手和发明家身上有比较突出的表现。

（6）人际关系智能

这种智能主要是指与人相处和交往的能力，表现为觉察、体验他人情绪、情感和意图并据此做出适宜反应的能力。这种智能在教师、律师、推销员、公关人员、谈话节目主持人、管理者和政治家等身上有比较突出的表现。

（7）自我认识智能

这种智能主要是指认识、洞察和反省自身的能力，表现为能够正确地意识和评价自身的情绪、动机、欲望、个性、意志，并在正确的自我意识和自我评价的基础上形成自尊、自律和自制的能力。这种智能在哲学家、小说家、律师等身上有比较突出的表现。

（8）自然智能（加德纳后来补充）

这种智能主要指认识植物、动物和其他自然环境（如云和石头）的能力。自然智能强的人，在打猎、耕作、生物科学上的表现较为突出。

（9）存在智能（加德纳后来补充）

这种智能主要指人们表现出的对生命、死亡等终极现实提出问题，并思考这些问题的倾向性。

（10）其他类型智能

人的智能还可以从其他角度进行分类：

记忆力：对于事物的记忆力，包括短期和长期的记忆力，形象和抽象的记忆力等。

形象力：在记忆的基础上形成形象的能力，也可以说是感性认识能力。

抽象力：在形象的基础上形成抽象概念的能力，也可以说是理性认识能力。

信仰力：在形象和抽象的思维的基础上形成对于人生和世界总的观念的能力。

创造力：形成新的形象、抽象概念、信仰的能力。

2. 关于智能的性质

在加德纳看来，上述各种智能不是以整合的方式存在的，而是相对独立的，各自有着不同的发展规律并使用不同的符号系统。各种相对独立的智能以不同方式和程度有机地组合在一起。即便是同一种智能，其表现形式也不一样，例如，同样具有较高数理逻辑智能的两人，其中一个可能是数学家，而另一个可能不识字，但有很好的心算能力。正是这种在个体身上体现的智能差异性，使得我们每一个人看起来都"与众不同"。

加德纳认为，因为每个人的智能都有独特的表现方式，每一种智能又都有多种表现方式，所以我们很难找到一个适用于任何人的统一的评价标准来评价一个人聪明或成功与否。正如我们无法指出丘吉尔、莫扎特、爱因斯坦、毕加索、迈克尔·乔丹、柏拉图和马丁·路德·金谁更聪明、谁最成功一样，我们只能说他们各自在哪个方面聪明、在哪个方面成功，以及他们各自怎样聪明、怎样成功。因为我们不能说上述智能哪一种重要、哪一种不重要。它们在个体的智能结构中都占有重要的位置，处于同等重要的地位，只不过表现的程度和方面不一样而已。

加德纳认为，在正常条件下，只要有适当的外界刺激和个体本身的努力，每一个个体都能发展和加强自己的任何一种智能。在加德纳看来，有三种因素影响人的智能发展，即先天资质、个人成长经历和个人生存的历史文化背景。这三种因素是相互影响、相互作用的。加德纳指出，虽然人的先天素质对其智能的类型起决定作用，但智能的发展水平高低更取决于个体后天的历史文化教育活动。

加德纳认为存在于个体身上的智能类型并不仅仅限于上述几种。在他看来，个体到底具有多少种智能是可以商榷和改变的。他认为他所提出的观点在某种程度上还只是一个理论框架或构想。他不仅不否认其他智能的存在，而且提出人身上可能还存在着其他的智能，如灵感、直觉、幽默感、烹调能力、创造能力和综合其他各种能力的能力等。按照加德纳的观点，某种能力是否可以成为多元智能中的一种，需要看它是否能得到足够证据的支持，如果能够，就可以在多元智能的框架中增加它们，加德纳后来也是这么做的。

加德纳等人还对人的智商和多元智能的关系进行过研究，结果发现两者无明显的关联。由此加德纳得出结论：传统的智商测验无法预测孩子在多元智能领域中的表现。相反，多元智能测验可以帮助教师和家长了解孩子将来可能有杰出表现的性向，从而进行适当的教育。

（三）多元智能理论的持续发展

1. 智力研究的动态化

多元智能理论的发展促进了智力研究的动态化。传统的智力理论主要运用因素分析的方法来描述静态的智力结构，并注重对智力结果的测量。而以认知心理学研究为基础的多元智能理论注重从智力行为发生的内在加工过程来探讨智力的本质，认为只有通过对智力行为的心理过程的研究，才能科学地揭示智力的本质和特性。采用过程性研究的新思路，促使智力研究从静态分析向对智力活动的动态过程分析转变，能更科学地揭示智力的本质。

2. 将元认知引入智力研究的范畴

多元智能理论对传统智力理论的发展还在于将元认知作为智力的成分，如加德纳多元智能理论中所提出的自我认识智能、斯腾伯格的智力成分亚理论等都将元认知作为智力的成分。这恰恰拓展了智力研究的内容，使智力研究走向了更深的层面，即重视对人的高级认知因素的研究，强调了智力活动中的自我监控和调节能力。

3. 智力研究的生态化

多元智能理论的发展也促进了智力研究的生态化。传统的智力理论主要从学业的角度来探讨个体智力的构成，以语言智力和数理逻辑智力为主，但多元智能理论开始注重从生活、生存的角度来看待智力本质，即促进智力研究的生态化。如加德纳在他的多元智能理论中列入了除了传统的语言智能、数理逻辑智能以外的其他几种与人类生存、生活息息相关的智能（特别是人际交往智能、存在智能等）。斯腾伯格也认为传统的智力测验不能很好地涵盖智力的全部内涵，尤其忽视了智力的实践性特点，因此斯腾伯格在其智力理论中强调了实践性智力。

4. 提出智力研究的社会学意义

传统的智力理论认为智力或智力行为可以由智力测验成绩的好坏或智商来确定，忽视了智力研究的社会学意义。多元智能理论则提出了智力的文化价值，如加德纳在其多元智能理论中指出每一种智能都具有文化价值，不同的社会文化背景下人们对智力的内涵有不同的理解，智力发展也有所不同；斯腾伯格也在其智力情境亚理论中论述了智力的社会文化内涵，指出"不同的历史、社会文化环境对智力行为有不同的标准"①。

---

① 冯克诚. 霍华德·加德纳与多元智能理论 [M]. 北京：学苑音像出版社，2004：155.

（四）多元智能理论对教育的意义

1. 学生观

多元智能理论倡导积极的、尊重个体差异的学生观。加德纳认为，每个人都或多或少具有八种甚至更多种智能，只是其组合和发挥程度不同。每个学生都有自己的优势智能领域，有自己擅长的学习类型和方法。学校里不存在差生，全体学生都是具有自己的智能特点、学习类型和发展方向的可造之材。学生的问题不再是聪明与否的问题，而是在哪些方面聪明和怎样聪明的问题。适当的教育和训练将使每一个儿童的智能发挥到更高水平。

因此，教育应该在全面开发每个学生的各种智能的基础上，为学生创造多种多样的展现各种智能的情境，给每个人以多样化的选择，使其扬长避短，从而激发每个人潜在的智能，充分发展每个人的个性。无论何时，我们都应该树立这样一种信念：每个学生都具有在某一方面或某几个方面的发展潜力，只要为他们提供合适的教育，每个学生都能成才。教育工作者应该做的就是为具有不同智能潜力的学生提供适合他们发展的不同的教育，把他们培养成为不同类型的人才。

2. 课程观

多元智能理论倡导促进个性发展的整合式课程观。课程是教育内容的重要载体，个性化教育的有效实施需要构建个性化的课程予以保障。传统的课程设置主要关注学生的语言和数理逻辑两种智能的发展，而忽视了对其他优势智能的开发和培养。"'如果我们的教育是着眼于培养全面发展的儿童，那么我们必须关注适于儿童整体发展的教育方法。对于诸如自然科学、数学、社会学、文学等相对独立、内容区别明显的学科而言，大部分学生难以发现这些学科之间的联系。……'多元智能理论采用项目学习的方式作为实施个性化课程的主要渠道。加德纳认为，项目学习可以有效避免学生在应试教育中以考试为本的学习倾向，摆脱语言智能和逻辑数理智能对学生的绝对束缚，将视野扩展到学生更多的智能类型，促使学校和教师去发现学生的差异性的智能构成，为实现个性化教育提供行之有效的手段。在整合课程内容的过程中，通过拓展重要主题，将生活技能贯串于学科领域，学科界限开始变得模糊。"①

3. 教学观

多元智能理论倡导"对症下药"、因材施教的教学观。"对症下药"有两个方面的含义，其一是针对不同智能特点的"对症下药"。加德纳的多元智能理论认为，不同的智能领域都有自己独特的发展过程并使用不同的符号系统，因此，教师的教学方法和手段应该根据不同的教学内容而有所不同。其二是针对不同学生的"对症下药"。同样的教学内容，教学时，应该针对每个学生的不同智能特点、学习类型和发展方向"对症下药"地进行。无论什么教育内容都使用"教师讲，学生听"的教育方法，无论对哪个教育对象都采用"一本教材、一块黑板、一支粉笔"的教学形式，是违背教育规律和因材施教原则的。

由于学生智能表现形式的多样性和复杂性，无论什么时候，不论多么优秀的教师都不可能找到一种适合于所有学生的教学方法。千篇一律的教学方法只能适用于一部分学生，而对另一些学生则完全无效。这样的教学必然导致部分学生其他方面的智能因不能得到适当的培养而僵滞、萎缩，这对个人和社会都是一种巨大的浪费。

通俗来讲，多元智能理论不是让学生千军万马过独木桥，也不是简单地要求给学生多架几座桥，而是主张给每条学生都铺一座桥，让"各得其所"成为现实。这也就是"让每个学生都来有所学，学有所得，得有所长"。人是手段，更是目的。教育的价值除了为社会培养有用之才，更在于发展和解放人本身。

如果教师能够根据不同学生的特点不断地变换教学方法和手段，学生就有机会利用适合他的智能倾向的方法来学习。新的教学观要求我们的教师根据教育内容以及学生智能结构、学习兴趣和学习方式的不同特点，选择和创设多种多样适宜的、能够促进每个学生全面发展的教育方法和手段。

---

① 郅庭瑾. 多元智能理论与个性化教育：诠释、悖离与超越 [J]. 上海教育科研，2013（4）：6.

4．评价观

评价是教育和教学活动中极为重要的一环，对教育和教学活动具有极强的导向作用，多元智能理论有助于形成正确的评价观。

由于受传统的以语言和数理逻辑能力为核心的智力观念的影响，传统教育把学科分数和升学率作为评价教育质量的主要标准。学校教育教学活动更多地倾向于训练和发展学生的语言和数理逻辑能力，却忽视了学生其他多方面能力的训练和培养。多元智能理论所主张的教育评价应该是通过多种渠道、采取多种形式、在多种不同的实际生活和学习情景下进行的，确实考查学生解决实际问题的能力和创造出初步的精神产品和物质产品的能力的评价。教师应该从多方面观察、评价和分析学生的优点和弱点，并把由此得来的资料作为服务于学生的出发点，以此为依据选择和设计适宜的教学内容和教学方法，使评价成为促进每一个学生智能充分发展的有效手段。

总的说来，评价目标应该涉及多种层次，以准确反映个体在不同方面的发展水平，不能只重视学生的智力测验和学业成绩，而应该通过多种渠道，采取多种形式，在多种背景下发现个体的长处和潜能，为其个性的发展创造条件。①

学生通过自我评价发现和认识自己的进步与不足，从而促进自我认识、自我分析、自我提高和自我发展。学生之间的相互评价，可以帮助学生发现自己的不足，借鉴他人的优点，学会更好地与他人交流，比如向他人说明自己的想法、倾听他人的意见；学会善待别人对自己的批评从而审视自己的观点，获得更丰富的认知；学会同伴之间相互接纳、欣赏、分享、帮助等。相互评价有助于学生之间的彼此学习，共同成长，促进学生人际交往智能和自我认识智能的发展。②

5．学校观

加德纳认为，实现个性化教育首先需要学校教师转变自身的角色，成为

---

① 吴旭君.加德纳对未来教育的阐述及其启示[J].教学与管理，2013（24）：6-8.
② 张允照.基于多元智能理论的学生综合素质评价策略[J].基础教育研究，2015（11）：26-27.

评估专家、学生课程代理人和学校－社区代理人。三种角色要求学校教师正确把握每个学生的兴趣特点，尊重并理解不同学生的个性差异，并积极寻求与每个学生智能组成相适合的教育机会，使学生的智能潜力在最大限度上被挖掘。"多元智能型学校会为学生提供学习现有课程、达到学习目标的多种不同途径；会同时关注学生对问题的理解和对自我的理解。我们不能确定将来会发生什么，但我绝对相信从多元智能型学校出来的学生将来获得成功的几率会更大，因为学校现在正在培养他们各种终身学习的技能。"① 多元智能型学校能够"为孩子们创造出丰富多彩和自由探索的学习氛围，从而进行富有个性化的教育和指导，保证每一位学生都能在自己专长的领域收获自信并获得成功，让每个学生都成为'学业成功者'"②。

三、对多元智能理论的简要评价

多元智力理论自从 20 世纪 80 年代在美国兴起以来，已经为越来越多的人所接纳并逐渐成为美国和许多西方国家进行教育改革的重要指导思想之一，产生了广泛而深远的影响。

多元智能理论克服了传统智力观念在认识上的褊狭，提出了更加科学的关于智力本质的认识。在大量的科学实验和研究的基础上，加德纳重新定义了智能的概念，提出了智能的新的衡量标准，提出了人的智能构成的基本框架，并且对智能的性质以及各种智能之间的相互关系进行了充分的论述。多元智能理论的这些观点为我们科学认识智力的本质提供了新的思想和方法，是人类对智力本质认识上的巨大飞跃。

多元智能理论更重大的意义在于它给传统教育观念带来了巨大冲击。在教育观念上，多元智能理论为我们提供了一种支持个人发展的模式，从而使我们能够从一个全新的角度来理解学生发展，审视我们对学生的评价。这一点对于我国正在展开的教育改革尤其具有重大的意义。对于广大教师和教育

---

① 霍尔. 成为一所多元智能学校 [M]. 郅庭瑾，译. 北京：教育科学出版社，2003：132.
② 郅庭瑾. 多元智能理论与个性化教育：诠释、悖离与超越 [J]. 上海教育科研，2013（4）：6.

工作者来说，把握多元智能理论并真正理解其内涵，从而树立正确的学生观、教学观和评价观，必将加深其对素质教育的理解，推动素质教育进一步走向深入。

多元智能理论最独特的贡献在于，它以有关人脑的研究、人类的发展和进化、对不同文化的比较等实证资料为基础，为智能及其类型找到可靠的证据，并提出智能组合发生作用的观点，由此创造了有关人类智能多样性和个性化的科学理论和认识基础。①

但是，加德纳的多元智能理论存在不足。首先，其创造性的含量并不多，多是对前人的总结。其次，加德纳关于智能的表述在逻辑上仍然显得极不严密，前五项智能的命名与后三项智能命名依据的标准有所不同，将这些分类标准不同的智能相提并论，构成的只是一个智能的大拼盘。②

来自英国诺丁汉大学的保罗·汤普森教授曾对英国的多元智能理论的应用表示担忧，他提到在英国，人们对多元智能理论的理解通常很肤浅、很片面。从一些学校的具体措施来看，被判断为具有音乐智能优势的学生会被引导通过美国说唱乐来学习拼写，被判断为具有身体动觉智能优势的学生被允许随意离开座位四处走动，等等。汤普森认为，这些做法并非加德纳的本意。加德纳木人经常提到：相信每个人都具有各种智能形态，其结果并不是要对该理论进行表面化的应用。加德纳认为，他的理论对学生的影响是，让他们接受挑战，学会综合运用各种智能来更加深入地理解问题。他们需要持续地专注于主要学科的学习，他们要学会以科学、人文、历史的方法进行理智的思维。这和通过说唱学习拼写、通过唱歌学习数学是两码事。③

由此可见，加德纳的多元智能理论也存在着一定的缺陷，即它倾向于对智能进行静态性的描述，而对智能的动态性的解释还有待于进一步研究。

---

① 郅庭瑾.多元智能理论与个性化教育：诠释、悖离与超越[J].上海教育科研，2013（4）：5-9.

② 张玲.加德纳多元智能理论对教育的意义到底何在?[J].华东师范大学学报（教育科学版），2003（1）：44-52.

③ 王磊.多元智力理论的实践研究进展[J].中国电力教育，2010（21）：6-7.

案例分析

斯凯威尔初中的多元智能教育[①]

斯凯威尔初中位于美国西雅图中心城区北面 15 英里处，是北岸学区六所初中里规模最大的一所，坐落于中产阶级社区。中学有七、八、九年级，超过 900 名学生。10% 的学生享受午餐费减免，10% 的学生是少数民族。

一、多元智能课程

教师为学生提供丰富的内容，主要包括给七、八年级学生的每天七节课，以及提供给九年级学生的每天三节大课，学生可以用更充裕的时间来进行深入研究和学术探讨。教师团队每天有相同的规定时间来讨论学术界关心的问题和发展多学科整合的课程。

教师团队成员相互之间扮演"智能专家"角色，例如在设计一个小说单元时，一位英语教师可以从数学教师那里学到一个故事梗概中的逻辑结构，从自然学科教师那里学到如何解释小说中提到的物理原理，等等。

教师团队的另一个作用是为学生指明能够发展其个人和群体学习成就的各种方法，教师们努力从不同角度观察学生，并借此了解学生的智能长项和学业成长的可能性。

二、没有固定程式的多元智能教学

教师们采用多元化教学。例如，七年级的科学和数学单元"遗传学：我是谁？"就是一个自然而然整合了多种学科内容和教学形式的例证。在这个单元中，逻辑智能居于优势地位，在为时三周的单元中，学生也会运用其语言和艺术方面的智能。学生要阅读遗传学著作，观察 DNA 模型，围绕先天和后天的影响写文章和诗歌，并创作墙画表现他们的遗传特性。在数学课上，他们用概率的方法来探讨遗传特征的变异问题，讨论诸如"一个人有褐

---

① 坎贝尔 L，坎贝尔 B.多元智能与学生成就：六所学校的成功案例[M].刘竑波，张敏，译.北京：教育科学出版社，2003：54—64.

色眼睛的概率有多高"这样的问题。

三、充满多元智能的学校整体方案

学生们可以通过全校性的多元智能方案和每天的"速成班"来发展他们多方面的潜能。可供选择的速成班如表 12-2 所示。

表 12-2　速成班

工艺设计俱乐部	艺术俱乐部	健身训练俱乐部
合唱团	乐队	荣誉社团
数学俱乐部	才艺表演队	学生事务仲裁所
地理迷俱乐部	大自然守护者组织	多媒体探究俱乐部
大众传播俱乐部	运动队	电脑/网络俱乐部

在 1998—1999 学年间,学生在放学后有两个小时丰富的、以活动为主的学习机会。他们可以进入图书馆、电脑室,加入同伴学习小组,与教师讨论,等等。许多学生利用这段课余时间去做同伴的小老师。

四、简评

多元智能理论指导下的教学在充分尊重学生的主体地位的同时,事实上给教师带来了较大的挑战。采取以教师、教材为中心的教学形式时,学生在教学过程中的同一性大于差异性,教师更多是以确定性的、控制式的方式设计教学,学生在教学过程中处于相对被动的位置;而在多元智能理论的视野下,每个学生都具有各自的智能特点,差异性明显,教师要根据学生的智能特点提供多元化的、没有固定模式的课程和教学,斯凯威尔初中的老师们就花了大量时间观察学生、研究学生并了解学生,力图在此基础上创设适合学生的教学范式,此时,教师所面临的挑战远远大于传统教学。斯凯威尔初中的教师们探索出了一种很有实效性的方式来解决这一问题,即教师之间形成团队,团队成员相互之间扮演"智能专家"角色。通过建立教师学习共同体解决学生多元智能学习带来的挑战,将更有助于学校内涵式、可持续发展的实现,具有重要的借鉴意义。

第十三章　非智力因素

一、非智力因素理念的缘起和发展

"非智力因素"（nonintellective factors），又被称为"非认知因素"（noncognitive factors）。非智力因素的研究是伴随着智力测验蓬勃发展的。1879 年，随着科学心理学的诞生，智力研究从哲学中分离出来。1905 年比奈（Alfred Binet）与西蒙（Theodore Simon）用语言、文字、图画、物品等项目编制了世界上第一个智力测验量表。1916 年推孟（Lewis Madison Terman）制定了斯坦福 - 比奈量表。随后，智力测验在美国迅速发展。研究者对智力测验结果进行因素分析时，发现了与智力因素相关的因素，即非智力因素。可以说，因素分析的方法为非智力因素的提出和界定提供了合适的工具。

20 世纪 30 年代，美国心理学家亚历山大（William Picken Alexander）通过对一系列言语测验和操作测验进行因素分析，发现在智力测验中有些变量被忽视了。除了 G 因素（一般智力）、V 因素（言语能力）和 P 因素（实践能力）之外，还有另外两种因素——X 因素和 Z 因素，即被试对智力作业的兴趣、情绪状态、克服困难的毅力以及成功的愿望等。他发现在几乎所有的操作测验中，X 因素和 Z 因素都占有相当大的比重。所以，从某种意义上说，仅仅用智力解释学生的学业失败是不够的，他将 X 因素和 Z 因素统称为人格因素（personality factor）。1935 年，亚历山大发表《具体智力和抽象智力》（Intelligence，Concrete and Abstract：A Study in Differential Traits）一文，首次提出了"非智力因素"的概念。1943 年，美国心理学家韦克斯勒（David Wechsler）在亚历山大的启发下，提出了"智力中的非智力因素"的问题，认为非智力因素是开展智力活动的必要因素，主要指气质和人格因素，尤其是人格因素。1949 年，他发表《认知的和非智力的智力》（Cognitive，Conative，and Non-intellective Intelligence）一文，文中专门讨论了非智力因素，其思想可以概括为以下三点：（1）非智力因素属于智力活动范畴；（2）它是参与智力活动并制约智力活动效率的心理因素；（3）它只有参与智力活动才能发挥作用。韦克斯勒的这篇文章被认为是非智力因素科学研究开始的标志。

20 世纪 50—80 年代，心理学领域中行为主义的研究逐渐让位于认知心理学的研究。认知心理学家对认知过程以及非认知因素进行了广泛的研究。在心理测量、社会心理学、教育心理学等领域，有关情绪、动机等因素在人类行为中的重要作用的研究日益增多，非智力因素的概念被广泛接受。其中有代表性的是皮亚杰的研究。皮亚杰对儿童的非智力因素，尤其是智力与情感性的关系做了深入的研究。在《智力与情感性：在儿童发展过程中它们的相互关系》（Intelligence and Affectivity: Their Relationship During Child Development）一书中，他阐述了情感和智力之间的关系：认知是一种结构，情感为认知的同化和顺应提供能量。他形象地将情感比作汽油，把认知比作发动机，汽油可以为发动机提供能量，情感可以同认知结构组合，调适活动以达到平衡。皮亚杰认为，智力和情感的关系就像是硬币的两面，不存在一方创造另一方的情况。情感以认知结构为基础发挥作用，认知结构需要情感才能保持动态平衡。

20 世纪 80 年代以来，有关智力因素和非智力因素关系的研究越来越受到人们的关注，它总体上呈现出两大趋势：一是理论模型的构建，二是密切联系实际。心理学家基于过去几十年对非智力因素的研究，试图构筑理论模型来描述非智力因素和智力因素的关系，其中较有影响力的是克拉克（Margaret Sydnor Clark）和伊森（Alice S. Isen）关于记忆与情绪的联结网络理论。该理论认为：特定的情绪状态，如抑郁、愉快或焦虑，都能够以特定结点或单元来表征。这些结点或单元包括与每一种情绪有关的方面。情绪结点能够被许多事件激活，而且很容易扩散。因此，当一种情绪被激活以后，情绪结点就会把这种兴奋扩散到与之相连的记忆结构，导致信息的搜索产生偏向，从而出现与情绪一致的记忆或思维。①

在我国，非智力因素这个概念的提出及其科学研究的开展较晚。1964年，我国心理学家张述祖和沈德立针对关于儿童智力活动的某些个性特点开展过实验研究，发现了影响儿童智力活动效率的两种因素——任务意识的稳定性和灵活性②，即非智力因素。从 20 世纪 80 年代开始，非智力因素的研究逐渐受到我国学者的重视。1980 年，上海师范学院在四所小学开展教育实验，研究了智力因素与非智力因素发展的关系。1982 年，吴兹篇在《国外的四种智力测验》一文中提出：非智力因素影响教师对学生的智力评价。③1983 年，燕国材在《光明日报》上发表《注重非智力因素的培养》一文，在国内首次明确提出并专门研究非智力因素。20 世纪 90 年代，以林崇德、燕国材为代表的心理学家就非智力因素的内涵、功能及其与智力因素的关系进行了广泛的理论研究。21 世纪，关于非智力因素的各种实证研究不断涌现，如王金丽研究了小学至高中阶段优生、差生非智力因素的发展特点，同时关注非智力因素对学生学习成绩的影响，发现：（1）优生、差生的非智力因素发展水平不同，但发展顺序一致，初二是非智力因素发展的转折期；（2）优生的非智力因素发展水平普遍高于同年级差生，非智力因素对优生、差生学习成绩影响差异显著；（3）智力因素与非智力因素呈显著正相关，它们共

---

① Lewis P A, Critchley H D. Mood-dependent memory[J]. Trends in Cognitive Sciences, 2003, 7（10）：431–433.

② 张述祖, 沈德立. 关于儿童智力活动的某些个性特点的实验研究 [J]. 心理学报, 1964（1）：49–56.

③ 吴兹篇. 国外的四种智力测验 [J]. 曲靖师专, 1982（00）：57–63.

同影响学习成绩。[①]

二、非智力因素理念的主要内容

（一）非智力因素的内涵

1. 非智力因素是在人的智力活动中不直接参与认知过程的心理因素，包括需要、兴趣、动机、情感、意志、性格等

人的智力因素是指人在认知方面的能力，通常是指记忆力、观察力、思维能力、注意力、想象力等。它是人们在对事物的认识中表现出的心理特性，是认识活动的操作系统。非智力因素则是指智力因素以外的一切心理因素，它对人的认识过程起直接制约的作用，包括兴趣、情感、意志、性格、道德、思想和态度等方面的心理活动，是认识活动的动力系统。智力因素与非智力因素呈现出三种关系：智力因素和非智力因素共同参与活动；智力因素和非智力因素相互制约发展；非智力因素对智力因素起着调节作用。

2. 非智力因素是人通过意向活动在改造客观世界的过程中逐步形成的一系列稳定的心理特点的综合

这是燕国材先生对非智力因素的界定。他认为人的活动可以分为认识客观世界的活动和改造客观世界的活动。在认识客观世界、掌握事物发生发展规律的过程中，人的认识活动表现为感知、注意、表象、想象、记忆和思维等，这些活动逐步形成一系列稳定的心理特点，即智力因素。在改造客观世界、处理外在事物的过程中，人的意向活动表现为需要、兴趣、动机、情感、意志和性格等，这些活动逐步形成一系列稳定的心理特点，即非智力因素。他认为非智力因素可以划分为三个层次：一是广义上的非智力因素，即智力因素之外的所有心理因素的总和；二是狭义的非智力因素，即动机、兴趣、情感、意志和性格这 5 种基本的非智力心理因素；三是具体的非智力因素，包括成就动机、求知欲望、学习热情、自尊心、自信心、好胜心、责任感、义务感、荣誉感、自制性、坚持性和独立性这 12 种基本心理因素。

---

① 王金丽. 优、差生非智力因素发展研究 [J]. 心理学探新, 2000, 20（1）: 28-32, 37.

（二）非智力因素的基本结构与功能

由上述分析可知，非智力因素有广义和狭义之分。广义的非智力因素包括智力因素之外的生理因素、环境因素、心理因素等。狭义的非智力因素则具体包括几个方面：动机因素、兴趣因素、情感因素、意志因素和性格因素等，这些因素之间的关系构成了非智力因素的基本结构。这些因素之间是否存在关系，它们构成了怎样的结构呢？有学者就这一问题进行了研究，通过对四种非智力因素——动机、情感、兴趣和意志之间的相关性的分析，发现：学习动机、学习情感、学习兴趣和意志力存在很大程度的一致性，学生对学习内容等产生浓厚的兴趣，就会产生较强的学习动机，从而会积极地参与学习活动，并自觉地用意志力去克服困难和坚持学习，并在这一过程中保持积极的情感，有愉快的心理感受；反之，学生对学习的内容等没有兴趣，就不会产生学习动机或者学习动机很薄弱，从而对学习产生消极的情感，感到厌烦和疲倦，也很难克服困难和面对挫折。总之，学习动机、学习情感、学习兴趣和意志力之间存在非常显著的相关，比较而言，四者之中学习情感和学习兴趣相关度最高，意志力和学习兴趣的相关度最低。

非智力因素具有以下功能。

1. 动力功能

非智力因素是引起学生学习及智力和能力发展的内驱力。智力本身没有积极性强弱之分，智力的积极性只能由非智力因素来调动。学生的动机、情感、兴趣都可能成为学生活动的直接动力，其他非智力因素，如责任感、义务感、自尊心、好胜心等，也都可以转化为活动动机而成为推动活动的动力。学生在学习中一旦有了需要，这种需要就会转化为动力。在广泛而浓厚的兴趣、热烈的情感和顽强的意志力的驱使下，学生必然能坚持不懈，达到目标。这就是非智力因素动力功能的表现，它是个体实现目标的内驱力，是学生积极性、主动性的源头，对学生的行为起到强化和推动的作用。

2. 维持功能

维持功能是指把某种认识或行为的组织越来越固化的功能。这种维持功能的发挥有赖于个人的抱负水平、自我意识和注意等因素。抱负水平是指学生对自己未来可能达到目标的预期；自我意识是指学生对自我及自我与周围事物关系的认识、评价；注意对个人行动起着选择、保持和调控的作用。非智力因素中的这三个要素引导着学生的学习活动，在一定程度上甚至影响和决定着个体的努力程度和努力方向，从而影响认知活动的质量。

3．调控功能

调控功能是指非智力因素调节控制思维过程的功能。非智力因素的调控作用包括正向作用和负向作用。积极的情绪、情感有助于获得成功，消极的情绪、情感则阻碍成功。负面情绪下，人的知觉变得狭窄，思维活动减慢，记忆力下降，难以成功解决问题，因而需要意志的调控，这种调控作用表现在两个方面：一是调节，即协调活动动机，调整活动心态，稳定活动情绪，提高身心能量；二是控制，即让不利于活动的心理和行为得到及时的矫正、克制和消除。在智力活动中，既要利用情绪和情感的正向作用，也要发挥意志的调控作用，使学生及时摆脱消极情绪，更有效地进行学习。

4．补偿功能

补偿功能是指非智力因素能够弥补智力和能力某些方面的缺陷和不足。在学习的过程中，学生的兴趣、意志、情感、自信心等，都可以帮助学生克服智力和能力上的不足。"笨鸟先飞，勤能补拙"，非智力因素对智力和能力有补偿功能。很多智力平平甚至有智力缺陷的学生通过发挥非智力因素的优势，也能取得优异的成绩。反之，缺乏对非智力因素的培养，学生的智力和能力也会受到影响。"伤仲永"的故事就告诉我们，即使孩子天资聪颖，如果不注重对非智力因素的培养，不积极开发智力因素，他最终也将走向平庸。

（三）非智力因素对创新教育的启示

创新是人类文明的源泉。人类社会在不断的创新中取得发展进步，人类本身也通过创新获得不断的完善与提升。当今世界科学技术发展突飞猛进，创新对推进经济社会发展的作用远远超过了以往任何时代，达到了空前的力度。一个国家的创新能力已经关乎国运兴衰。李克强总理在近些年的政府工作报告中多次提到创新能力不足的问题。创新已经成为国家竞争力的核心。

创新能力的培养需要依托创新教育，而在培养有创新精神、创新意识和创新能力的高素质人才过程中，正是非智力因素发挥着重要影响。这种影响主要体现在以下几个方面。

1.非智力因素有助于培养学生的创新人格

人格是个体在与环境的互动中，能力、情绪、需要、动机、兴趣、态度、价值观、气质等方面的整合，是个体外部行为的内在倾向。卓越的创新能力充分地体现了一个人发现问题、积极探索的心理取向和善于把握机会的敏锐性。创新能力绝不仅仅是一种智力特征，更是一种人格特征和精神状态以及综合素质的体现。创新人格就是与创新意识、创新精神、创新能力和创新行为有关的人格的一部分。近年来，关于学生"高分低能"的报道充斥在公众的视野之中，究其原因，这与对智力因素的过分关注，忽视非智力因素的培养，重视对知识和能力的培养，忽视对创新人格的培养都有密切关系。动机和兴趣是个体探究事物的内在原因，有浓厚求知兴趣和强烈动机的人才能调动自己活动的积极性，激发创新的激情。有激情的人的思维是活跃的、积极的，能够在不断涌现的妙思中迸发创新的火花。而任何创新活动都不可能是一帆风顺的，在这个过程中，坚持不懈和勇于尝试的意志因素是十分重要的。

2.非智力因素有助于实现学生的全面发展

教学活动需要调动学生的积极性，鼓励学生全身心地投入学习活动，只有这样才能取得良好的效果，实现学生全面发展的要求。应试教育关注学生知识的获得和能力的培养，忽视了学生的兴趣、情感和意志力等非智力因素，导致"高分低能"。在教学过程中，只有将学生的非智力因素——动机、兴趣、情感、意志、自信心等充分激发之后，学生的自主性和主动性才能体现出来，才能发挥改造自己和周围世界的积极性，获得全面的发展。

3.非智力因素有助于彰显学生的个性

创新不仅是复杂的、综合的，还是个性化的。传统教育强调整齐划一，忽视学生的个性发展，带来了很多弊病。教育者应当关注学生的非智力因素，根据不同的教育对象，采用不同的教育方法。孔子对不同的学生问

"仁"给予了不同的回答。子贡问仁，孔子说："己欲立而立人，己欲达而达人。"颜渊问仁，孔子说："克己复礼为仁。"仲弓问仁，孔子说："己所不欲，勿施于人。"司马牛问仁，孔子回答说："仁者，其言也讱。"樊迟问仁，孔子说："爱人。"孔子根据学生不同的动机、兴趣、性格特征进行施教，顾及学生各自的特质并充分发挥了每个学生的潜力。营造一个个性可以自由发展的环境，根据每个学生的个性施教，是保护和开发学生创新性必不可少的条件。

（四）利用非智力因素进行创新教育的途径

1. 树立培养全人的教育目标

所谓"教书育人"，教师不仅要培养学生的智力因素，还要保护和开发学生的非智力因素，将全人教育作为教育目标。对事物的认识可以分为三个维度，即"是什么""为什么"和"怎么办"。其中，只有"是什么"具有确定性，而"为什么"和"怎么办"都是复杂的、解释性的、不确定的。应试教育为了评价的统一和简便，在教科书中呈现的大都为"是什么"的确定性知识。但开发非智力因素可以使学生能够回答"为什么"和"怎么办"的问题。现代教育中，仅仅教授确定性的知识已经无法满足学生适应社会的需求了。教师必须转变思想，由仅重视知识的灌输，变成既重视智力因素，也重视学生非智力因素的培养与开发，在教学设计中自觉把培养全人的教育目标渗透在教学各个环节之中。

2. 采用训练创造性思维的方法

朱棣文曾经说过，科学的最高目标是要不断发现新的东西。因此，要想在科学上取得成功，最重要的一点就是要学会用和别人不同的思维方式、别人忽略的思维方式来思考问题，也就是说要有一定的创造性。首先要解放思想，摆脱追求确定性知识的思维方式，从实际出发，依靠科学的思维和科学的方法探究世界。其次，教师要为学生提供多种途径，调动学生的非智力因素，引导他们全方面、发展性、动态性地看待问题，使他们能够在今后的科学实践中及时转变思维、突破思维瓶颈。最后，实践是检验真理的唯一标准。任何一种思维方式最终都要回到实践中来，为实践服务。教师在教学中既要帮助学生树立这一观念，也要鼓励学生勇于实践，在实践中创造，将思维结果运用于实践。

3. 不断完善过程性评价方式

过程性评价方式要求教师在进行教学活动评价时，进行综合性的评价，这不仅包括对学生学习知识和能力的评价，还包括对学习态度、学习方式等方面的评价。评价不是目的，评价的目的是改进教学过程。泰勒（Ralph Taylor）的目标模式深受后人诟病，但在实际教学中，任何一种教学活动和评价活动都需要指向一定的目标，重要的是教师在评价之后做了什么。过程性评价强调教师应依据评价结果引导学生调整、修正和行动。教师应在教学活动中不断地发现问题，调动学生的非智力因素发挥作用，平衡学生的认知结构，从而促进智力活动朝着实现教学目标的方向发展。过程性评价能及时发现问题，反馈教学信息，还有助于激发学生的学习动力和自信心，使学生的学习更具有主动性和持续性，有效地提高学生的学习效果。

三、对非智力因素理念的简要评价

非智力因素概念的提出与研究，对教育改革与发展产生了广泛而深刻的影响。在很长的一段历史时期，教育一直深受理性主义、主智主义或唯理论思想观念的影响，极度重视诸如知识和感觉、知觉、记忆、想象、思维、言语等智力因素的发展，强调理智训练，把传授知识和训练心智能力作为教育的根本目的。例如，永恒主义教育思想的代表人物赫钦斯（Robert Maynard Hutchins）就主张发展人的理性、培养理智的美德是教育的根本目的，他说："不论学生是否注定从事沉思的生活或实际的生活，由理智美德的培养所组成的教育是最有用的教育。……教育意味着教学，教学意味着知识，知识是真理。"[1] 美国学者麦克默林（Sterling M. McMurrin）在评述美国教育时指出，由于受起源于古希腊时代的根深蒂固的理性主义思想传统的影响，美国教育

---

[1] 赫钦斯.普遍教育[M]//华东师范大学教育系,杭州大学教育系.现代西方资产阶级教育思想流派论著选.北京：人民教育出版社,1980：199-200.

曾一度以认知目标及其职能为核心，"目的是要崇尚理论智慧的兴趣，给予普遍化的理论知识以最高的价值地位，给予获取这种知识所必不可少的工具如推理能力以最高的价值地位。……专注于知识、理智、语言技能和数学技能的结果，造成了非常普遍地忽视教学中非认知目标及其职能的现象"①。20世纪50年代中期，苏联人造卫星上天给美国政坛造成巨大危机，在这种危机下，美国教育再次高扬理性主义思想，重视培养学生的理智，要求最充分地开发全国男女青年的脑力资源和技术技能。

在某种意义上，正是因为对智力因素的高度重视，才推动了智力测量的诞生与繁荣，但正是智力测量研究的繁荣推动了非智力因素研究的发展。而非智力因素研究的发展有力地证实了，无论是对个人的发展还是国家的发展，非智力因素或非认知技能都是关键性因素。因此，在这些思想的启发下，一些学者开始主张在教育中严肃对待非智力因素，把培养和发展非智力因素作为教育的重要工作和任务。基纳（Myint Swe Khine）和阿利派塔曼尼尔（Shaljan Areepattamannil）在《教育成就中的非认知技能和因素》（*Non-cognitive Skills and Factors in Educational Attainment*）一书中就指出，在教育过程中，非认知技能和因素与认知因素同等重要，甚至更重要，对于就业潜力也是如此。在确定21世纪良好运作所需的个人品质时，人们在话语中也经常强调非认知因素的作用。② 2013年，宾夕法尼亚大学心理学教授达克沃思（Angela Lee Duckworth）的TED演讲引起人们对"坚毅"这一重要的非智力因素的空前关注。因为她的团队研究发现，个体的坚毅品质对个人未来是否成功有着比智商、责任心更高的预测效度，她们认为成功不仅需要天赋，而且还需要对天赋运用的长期坚持和持续激情。③达克沃思提出了一个关于成功的理论，她说：天赋 × 努力 = 技能，技能 × 努力 = 成功。对

---

① 麦克默林.教育目的概述[M]// 瞿葆奎.教育目的.北京：人民教育出版社，1989：296-297.

② Khine M S, Areepattamannil S. Non-cognitive Skills and Factors in Educational Attainment [M]. Rotterdam: Sense Publishers, 2016.

③ Duckworth A L, Peterson C, Mattews M D. Grit: perseverance and passion for long-term goals[J]. Journal of Personality and Social Psychology, 2007, 92（6）:1087-1101.

于成功，天赋绝对重要，但是努力的因素需要计算两次。这一理念引起美国社会的巨大反响，成为近年来美国教育界的时髦概念，很多学校建立了相关的工作室，教育机构也纷纷开发旨在培养孩子坚毅品质的课程。① 赫尔（Thomas R. Hoerr）在《培养坚毅：我如何让学生做好面对现实世界的准备》（*Fostering Grit: How Do I Prepare My Students for the Real World*）一书中指出，如果我们要使学生为现实世界中的成功做好准备，那么，教育必须教给孩子坚毅。② 桑格拉斯（Laila Sanguras）也指出在人才发展和追求卓越的时代，坚毅是学习者达到高水平成功所必须具备的品质。③

越来越多的国家在国家课程的学习目标中强调非认知能力。大多数经合组织国家已经将一些非认知技能纳入了国家课程设计，尽管每个国家对这些非认知技能都有自己的定义。赞比亚在课程设计中，把自我管理、与他人的关系、创新创业精神等规定为学生应该具备的关键能力。马耳他强调在中等教育中要着力培养学生的个人社交技能，并在其早期课程框架中规定要注重培养学生的社交能力、交际能力和学习倾向（如毅力、专注）。马耳他教育、就业和家庭部（2011 年）规定，幼儿应该"学会如何处理自己的情感，识别和表达情感，接受自己，学会对自己和他人感到舒适。在发展社会情感能力的过程中，幼儿学会了自律，因为他们学会了更好地控制自己的身份和行为"。科索沃的课程框架列出了包括自我概念、自信、情绪和压力的自我调节、共情和健康的生活方式等多种学生应该具备的能力。同样，爱沙尼亚也要求学生在高中教育结束时获得以下一套普遍的非认知能力：价值观、社交能力、自我管理能力、学习能力、交际能力。④ 就中国教育而言，近年来，对培养学生

① 计雯. 如何帮孩子塑造"坚毅"性格 [N]. 文汇报, 2014-07-24 (11).

② Hoerr T R. Fostering Grit:How Do I Prepare My Students for the Real World?[M]. Danvers: Association for Supervision & Curriculum Development, 2013.

③ Sanguras L. Grit in the Classroom : Building Perseverance for Excellence in Today's Students[M]. Waco: Prufrock Press Inc. 2017.

④ Zhou K. Non-cognitive Skills: Definitions, Measurement and Malleability[R/OL].Paper Commissioned for the Global Education Monitoring Report 2016, Education for People and Planet: Creating Sustainable Futures for All. [2019-04-22]. http://www.unesco.org/ulis/cgi-bin/ulis.pl?catno=245576&set=005B54FA84_2_335&gp=1&lin=1&ll=6.

非认知因素的重视程度也越来越高，21 世纪初开启的基础教育课程改革明确要求教学目标要突出"情感态度与价值观"，中国学生发展核心素养也强调了非认知因素。总之，非智力因素理念推动了教育目的和内容的变革。

非智力因素能够对学习和教学过程产生积极影响。非智力因素与学习的关系一直是非智力因素研究的重要内容。相关理论推动了人们对教学和学习的理解。过去人们常常把教学和学生的学习理解为一种特殊的认识过程。非智力因素理念拓展和丰富了人们对教学和学习的理解。教学和学习过程不仅仅是一种认识过程，同时也是一种有诸如动机、兴趣、毅力、情绪等非智力因素参与其中的意向过程。在教学和学习过程中，非智力因素和智力因素相互影响，非智力因素对智力活动具有动力、定向、引导、维持、调节、控制和强化等一系列相互联系的作用[1]，智力活动又可以影响个体的兴趣、效能感、自我感、自信心、动机等非智力因素的品质。学习是智力因素与非智力因素，即认知因素与非认知因素的综合效益，学习过程必须建立在智力因素和非智力因素这两块基石上。这些理念勾勒了"整体的学习"与"整体的学习者"的形态，对于教育实践具有重要的指导意义。联合国教科文组织在《反思教育》报告中特别提出："我们需要采取整体的教育和学习方法，克服认知、情感和伦理等方面的传统二元论。各界日益认识到，消除认知和其他学习形式之间的矛盾对立，对于教育至关重要，就连侧重于衡量学校教育学习成绩的人也不例外。最近有人提出了更加全面的评估框架，超越传统学习领域，包括社交和情感学习或文化和艺术。"[2]"学习不再仅是认知的过程，而是整个心灵、整个精神世界都参与到学习行为的过程。"[3]

非智力因素对教育评价改革具有积极的启示意义。迄今为止，我国选拔或考核学生的评价方法基本上没有本质性的、广泛的改变，考试分数依然是

---

① 燕国材.非智力因素与学习 [M]. 武汉：湖北教育出版社，1987：18.

② 联合国教科文组织.反思教育：向"全球共同利益"的理念转变？[M].联合国教科文组织总部中文科，译.北京：教育科学出版社，2017：30.

③ 石中英.从《反思教育》中的四个关键概念看教育变革新走向 [J].人民教育，2017（18）：59-66.

选拔和评价学生的主要依据。这种方法具有很大的局限性，因为考试分数主要考验的是学生掌握知识的多少与技能的娴熟程度，既无法准确检测出学生的心智能力，更无法检测出非认知因素的品质。有学者对我国 25 名国家最高科学技术奖获得者的成长经历进行研究，发现这些获奖者小时候并非都聪明过人、智力非凡，更不是天才。例如，有人上小学时成绩一般，数学还考过零分；有人读小学时数学补考过两次都不及格；有人小学时作文很差，经常文不对题，算术也一塌糊涂；有人留级留了三年；有人学习日语学了八年，但还是学得一塌糊涂，成绩全班最差。研究发现，强烈的动机、广泛而集中的兴趣爱好、顽强的意志、积极的情感以及良好而独特的性格等非智力因素是他们健康成长和在科学研究中取得重大突破的最重要的因素。[1] 因此，考试分数或智力测试并不能准确预测一个人的未来成就。相反，非智力因素可能比认知因素具有更高的预测效度。达克沃思认为在预测个体成功方面，个体的坚毅指数比智商有更高的预测效度，成功不仅需要天赋，而且还需要对天赋运用的长期坚持和持续激情[2]。因此，我们在评价学生的时候，不能仅凭考试成绩就简单地认定一个学生是"优秀"还是"失败"。在评价学生时，要全方位考察，不仅要考察学习结果，还要考察在学习过程中的表现，诸如学习态度、兴趣、毅力、动机、情感等；不仅要考察推理能力、批判力、创造力、观察力、想象力等心智能力，还要考察自律、坚毅、社会能力等非认知技能的品质。

总之，非智力因素概念的提出以及研究的发展，对教育的改革与发展产生了积极作用。它加深了我们对教育、教学、学习、人才等的理解。最为关键的是，它使人们深刻地认识到非智力因素对于个人的现在和未来的成功具有关键性作用，影响着个人的福祉和国家的发展。遗憾的是，尽管人们对非智力因素的研究比较深入，但依然没有一套比较系统的、可以形成共识的理

---

[1] 李祖超,李蔚然,王天娥.国家最高科学技术奖获得者非智力因素分析[J].教育研究,2015（10）:78-89.

[2] Duckworth A L, Peteron C, Mattews M D. Grit: perseverance and passion for long-term goals[J]. Journal of Personality and Social Psychology, 2007, 92（6）:1087-1101.

论，尤其是没有一套能够指导教育实践的综合性的学生非认知因素模型，非智力因素概念中的一些具体内容依然缺乏操作性定义。另一方面，人们在非智力因素测量方面所取得的成就还无法与智力测量相媲美。认知能力通常是通过客观测试来衡量的，而非认知特征和技能通常是通过某种形式的评估系统来评估的，这些评估系统所使用的数据来自调查、观察以及被评估者自己的报告或其他能够判断被评估者素质的人的报告，信度有限。

案例分析

通过主题活动培养非智力因素 [①]

某校以学校德育为渠道，以主题活动为主要形式，培养学生非智力因素，针对八年级下学期的学生安排了如下主题活动。

第一，"激发兴趣爱好，成就精彩人生"主题教育活动。兴趣是一个人走向事业成功的开始。凡是在某个领域有建树的人，无不对他们所研究的对象有浓厚的兴趣。（1）"好兴趣好人生"主题班会，做好思想动员工作。（2）"积极培养兴趣，成就精彩人生"故事大家讲活动，举事例，谈感想，增启发。

第二，"拥有良好情感，做健全人格的中学生"主题教育活动。积极情感推动人的发展，消极情感阻碍人的发展，特别是理智感，能使人不断地探索新的知识，保持学习和生活中的主动性、积极性，努力克服困难。（1）参观平原博物院，培养爱国、爱家、爱家乡的浓厚情感。（2）母亲节"五个一"主题教育活动，让学生知恩、感恩、报恩。

第三，"塑造健康性格，完善自我品质"主题教育活动。性格是影响一个人成长的重要非智力因素之一。积极的性格特征是勤奋、自信、细致、坚强、谦虚、乐观，有独立性和探索精神。良好的性格能有效促进能力的发展，使人上进，奋发图强。（1）"青春飞扬，彰显个性"主题班会。（2）"健

---

① 吕庆生.初中学段多元维度与纵深向度特色育人体系[M].郑州：大象出版社，2016：84-86.

全性格，美丽人生"主题手抄报比赛。（3）"观电影，写感受"活动，观看相关视频，写感想，谈感受。

第四，"磨砺意志，成就未来"主题教育活动。意志对人来讲，比天资聪明更重要。因为一切创造、发明和事业的成功，都不是一帆风顺的，要经历千辛万苦，克服重重困难，才能实现。（1）"发扬'五四'精神，磨砺坚强意志"青年节教育活动。（2）"激发潜能，挑战自我"野外素质拓展训练活动。（3）"磨砺意志，拥抱成功"春季远足拉练游艺活动。

第五，"树立理想，坚定信念"主题教育活动。理想信念贯串于人的精神生活之中，它来源于现实又高于现实。它是引领人生前进的灯塔，促进社会的进步；它是促进人生奋斗的动力，引领人的终身发展；它是提高人生境界的保障，保持正确人生航向。（1）组织学生观看"感动中国"颁奖晚会，体会平凡中的感动。（2）"走伟大祖国复兴之路，圆世纪中国富强之梦"主题征文活动。

第六，"学会自我控制，把握人生方向"主题教育活动。自控力是自我控制的能力。自控力作为人格品质的重要组成部分，无疑对学生学习行为的调节和控制起着重要作用。中学生处于世界观、人生观、价值观形成的关键时期，在这个阶段养成自我控制的能力，对学生的未来成长发展具有重要意义。（1）"自控力与个人成长发展"学生座谈会。（2）"学生就餐比静，宿舍就寝比快"养成活动。（3）"学会自主学习，学会自我成长"主题班会。

简评

该校开展主题活动的主要形式有参观、观赏、座谈、写作、讲故事和技能训练等，因此，在性质上，这些主题活动主要属于认知类活动。这类活动在改善学生关于非智力因素的认识以及激活学生情感方面，还是有比较好的效果的，但是在培养学生的坚毅、动机等方面，还存在一些不足。培养学生非智力因素，无论是在活动类型还是方法上，都不仅需要多样性，更需要持久性。总体而言，学生非智力因素的综合培养方法有练习、锻炼、要求、示范和强化等，而针对非智力因素中的某个具体的因素，又有一些独特的培养方法，诸如动机培养的方法就有目标与反馈、表扬与批评、竞赛与合作、期望与评价等。

第十四章　建构主义

一、建构主义理论的缘起和发展

　　建构主义（constructivism）也可译为结构主义。作为一种认知理论，建构主义兴起于 20 世纪 70 年代。建构主义的思想发源于皮亚杰、布鲁纳（Jerome Bruner）、维果茨基、杜威等人。目前建构主义理论的主要流派有：激进建构主义、社会性建构主义、社会文化认知的观点、信息加工的建构主义、社会建构论，这些流派至少在以下三个方面有共同的观点：第一，知识是主动建构的，而不是被动接受的；第二，知识只是个人经验的合理化；第三，知识是个体与他人经由磋商并达成一致的社会建构。[①]

　　瑞士著名心理学家皮亚杰因其创立的儿童认知发展理论被看作当代建构主义理论的最早提出者。其后，在皮亚杰的认知理论的基础上，科尔伯格（Lawrence Kohlberg）对认知结构的性质与认知结构的发展条件等方面做了进一步研究，斯腾伯格和卡茨（David Katz）等人对认知过程中如何发挥个

[①]　潘玉进. 建构主义理论及其在教育上的启示[J]. 东北师大学报（哲学社会科学版），2000（4）：90–93.

体的主动性进行了探索，维果茨基创立了强调认知过程中学习者所处的社会历史文化背景的"文化历史发展理论"，此外还有奥苏伯尔（D. P. Ausubel）的有意义学习理论、布鲁纳的发现学习理论等，这些研究成果和理论观点为当代建构主义的形成奠定了基础。此外，科学哲学家库恩（Thomas Samuel Kuhn）、拉卡托斯（Imre Lakatos）和费耶阿本德（Paul Feyerabend）等人的科学哲学理论、科学社会学理论、后现代主义关于科学的观点以及美国心理学家凯利（George Kelly）的个人建构理论等都对当代建构主义的形成产生了重大影响。

心理学自身的理论演进是认知主义理论向建构主义理论发展演变的直接原因，在这一发展演变过程中，皮亚杰的儿童认知发展理论（即活动内化论）起了重要的推动作用。皮亚杰认为，学习是一种"自我构建"，个体思维的发展过程，就是儿童在不断成熟的基础上，在主客体相互作用的过程中获得个体经验和社会经验，从而使图式不断地协调、建构（即平衡）的过程。

但这一理论是不全面的，因为个体不可能自发协调心理机能，而心理机能处于不断内化的过程中。尽管皮亚杰的理论有这样那样的缺陷，但他仍不失为对认知理论最具影响力的一位心理学家。甚至可以这样说，他的发生认识论在有关儿童认知发展的学说中"构成了一个时代"。皮亚杰关于建构的思想是当代建构主义理论的重要基础之一。

20世纪七八十年代，美国现代认知学派的主要代表人物布鲁纳把苏联著名心理学家维果茨基及其创立的"文化历史学派"介绍到美国，在西方心理学界引起了强烈的反响。维果茨基认为学习是一种社会构建，他创立的"文化历史发展理论"强调认知过程中学习者所处社会文化历史背景的重要作用，在此基础上以维果茨基为首的"维列鲁学派"[Social-Cultural-Historical School，在苏联形成的以维果茨基、列昂节夫（Alexei Nikolaevich Leontyev）和鲁利亚（Alexander Romanovich Luria）为首的心理学派别]深入地研究了"活动"和"社会交往"在人的高级心理机能发展中的重要作用。建构主义理论融合了皮亚杰的"自我建构理论"和维果茨基的"社会建构理论"，并把它们有机地运用到学习理论中来，在此基础上形成了"意义建构"。上述研究都使建构主义理论得到了进一步的丰富和完善，为把建构主义理论实际应用于教学过程创造了条件。

建构主义思想来源复杂，流派纷呈。有人甚至说，有多少个建构主义者，就有多少种建构主义理论。关于建构主义理论的分类方法和分类标准也是众说纷纭。马修斯（M. Matthews）把建构主义大致分为三大类，即教育学建构主义、哲学建构主义和社会学建构主义。其中教育学建构主义，又可分为个人建构主义、激进建构主义和社会性建构主义。此外，在建构主义基本观点的基础上融入其他理论观点，还产生了各种不同色彩的建构主义，如情境建构主义、批判性建构主义、认知建构主义等等。

二、建构主义理论的主要内容

（一）知识观

在对知识的看法问题上，建构主义者（特别是激进建构主义者）一般强调，知识并不是对现实的准确表征，它只是一种解释、一种假设。科学的知识包含真理性，但不是绝对的、唯一的答案。随着人类社会的进步，新的假设将不断产生。知识并不能精确地概括世界的法则，而是需要学习主体针对具体情境进行再创造。另外，建构主义者认为，知识不可能以实体的形式存在于具体个体之外，尽管我们通过语言符号赋予知识一定的外在形式，甚至这些命题还得到了较普遍的认可，但这并不意味着学习者会对这些命题有同样的理解，因为这些理解只能由个体学习者基于自己的经验背景而建构起来，这取决于特定情境下的学习历程。

建构主义在一定程度上对知识的客观性和确定性提出了质疑，强调知识的动态性。它强调，意义不是独立于我们而存在的，个体的知识是由人建构起来的，对事物的理解不仅取决于事物本身，事物的感觉刺激（信息）本身没有意义，意义是由人建构起来的，它同时取决于我们原来的知识经验背景。不同的人由于原有经验的不同，对同一事物会有不同的理解。

（二）学习观

建构主义认为，学习活动不是由教师向学生传递知识的过程，而是学生根据外在信息，通过自己的背景知识，建构自己的知识的过程。在这个过程中，学生不是被动的信息吸收者和刺激接受者，他要对外部的信息进行选择和加工。而且，知识或意义也不是简单由外部信息决定的，外部信息本身没有意义，意义是学习者通过新旧知识经验间反复的、双向的相互作用过程而建构的。每个学习者都以自己原有的经验系统为基础对新的信息进行编码，建构自己的理解，而原有知识又因为新经验的进入而发生调整和改变。所以学习并非简单的信息的量的积累，它同时包含由于新旧经验的冲突而引发的观念转变和结构重组。学习过程并非简单的信息的输入、存储和提取，而是新旧经验之间的双向的相互作用过程。这个过程是别人无法替代的。建构主义认为，学习活动中包含四个因素：学生的背景知识；学生的情感；新知识本身蕴含的潜在意义；新知识的组织与呈现方式。学习活动要发生则必须满足两个条件：学生的背景知识与新知识有一定的相关度；新知识的潜在意义能引起学生情感的变化。学习活动发生后，学生通过与其他学生和教师的不断交流和沟通，在自己原有背景知识的基础上完成新知识的意义建构。

建构主义者认为，学生并非空着头脑进入教室。在日常生活中，在以往的学习生活中，他们已经形成了广泛而丰富的经验和背景知识。小到身边的衣食住行，大到宇宙中星体的运行，从自然现象到社会生活，他们都有一些自己的看法。而且，即便有些问题是他们还没有接触过的，没有现成的经验，但当问题呈现在面前时，他们往往也可以基于相关的经验，依靠他们的认知能力（理智），形成对问题的某种解释。这并不都是胡乱猜测，而是从他们的经验背景出发而推出的合乎逻辑的假设。因而建构主义者断言，离开学习者的背景知识和经验来谈"建构"是毫无意义的。

由此，建构主义的学习观主张：

（1）对于学习者来说，先前的经验是非常重要的。建构主义理论认为知识是主体个人经验的合理化，因而在学习过程中，学习者先前的知识经验是至关重要的。

（2）注重以学习者为中心。既然知识是个体主动建构的，无法通过教师的讲解直接传输给学生，那么，学生就必须主动地参与整个学习过程，要根据自己先前的经验来建构新知识的意义。

（3）尊重个人意见。既然知识并不是说明世界的真理，只是个人经验的合理化，那么，就不应该以正确或错误来区分人们不同的知识概念。

（4）注重互动的学习方式。建构主义理论认为知识是个体与他人经由磋商达成一致的社会建构，因此，科学的学习必须通过对话、沟通的方式进行。

（三）教学观

建构主义学习理论对教学过程中的教学目标、教学任务、教学方法、教学模式、教学评价、教师的作用及师生关系等方面都有所涉及，具有一定的深刻性和合理性。

建构主义认为，由于个人经历、成长过程和所处社会环境的不同，人们对世界的观察和理解也会不同。个人知识的形成不取决于客观世界的统一性，而取决于个人通过与他人的交流和合作而形成的理解。因此，人与人之间在知识结构上是不同的。评价学生的知识建构的标准往往是其对事物的理解和解决问题的能力。这与传统教学中用考试的结果评价学生知识学习的方式截然相反。

建构主义的教学观认为，在传统教学观中，教学的目的是帮助学生了解世界，而不是鼓励学生自己分析他们所观察到的东西。这样做虽然能给教师的教学带来方便，但却限制了学生创造性思维的发展。建构主义教学就是要努力创造一个适宜的学习环境，使学习者能积极主动地建构他们自己的知识。教师的职责是促使学生在学的过程中实现新旧知识的有机结合。建构主义教学更为注重教与学的过程中学生分析问题、解决问题和创造性思维能力的培养。

建构主义学习理论提倡教师指导下的以学生为中心的学习。建构主义学习环境包含情境、协作、会话和意义建构四个要素。据此，可以将与建构主义学习理论以及建构主义学习环境相适应的教学模式概括为：以学生为中心，在整个教学过程中由教师发挥组织者、指导者、帮助者和促进者的作用，利用情境、协作、会话等学习环境要素充分发挥学生的主动性、积极性和首创精神，最终达到使学生有效地实现对当前所学知识的意义建构的目的。教学过程中的教师、学生、教材和媒体四要素与传统教学相比，各自有完全不同的作用，彼此之间有完全不同的关系。

为了保证学生在建构主义的教学模式下顺利完成知识的意义建构，建构主义者开发出了一系列的教学方法：支架式教学、抛锚式教学、随机通达教学、自上而下的教学、情景性教学等，并对这些方法进行了详细的说明，对教学设计的内容、步骤和原则提出了具体的要求。

（四）关于教师的地位与作用

从以上对建构主义的学习观和教学观的介绍中可以看出，建构主义学习环境中的教师与学生的关系已经发生了很大的变化。因为在建构主义学习环境中，学习者必须通过主动的、互动的方式学习新的知识，教师不再将自己的看法及课本现有的知识直接教给学生，而是植根于学生的先前经验来教学。而且，在建构主义的教学活动中，知识建构的过程在教师身上同时发生着，教师必须随着情境的变化改变教学方式以适应学生的学习。在这个过程中，师生之间是一种平等、互动的合作关系。因此，在建构主义教学模式下，教师不再是知识的灌输者，而是教学环境的设计者、学生学习的组织者和指导者、课程的开发者、意义建构的合作者和促进者、知识的管理者，是学生的学术顾问。教师要从台前退到幕后，要从"演员"转变为"导演"。

建构主义认为，建构主义学习环境下教师地位和角色的转变，并不意味着教师的角色不重要了，也不意味着教师在教学中的作用降低了，而是意味着教师起作用的方式和方法不同了。在建构主义教学中，为了促进学生对知识的意义建构，教师课下所做的工作更多，对教师能力的要求更高。教师不仅要精通教学内容，更要熟悉学生，掌握学生的认知规律，掌握现代化的教育技术，充分利用人类学习资源，设计开发有效的教学资源，善于设计教学环境，能够对学生的学习给予宏观的引导与具体的帮助。因此，教师的新角色较之以往传统的知识讲演者的角色从深层次的作用上看更为重要。教师只有具备更宽广的心胸、更良好的沟通能力、更高超的教学技巧，才能协助学生完成知识意义的建构。

三、对建构主义理论的简要评价

从行为主义到认知主义再到建构主义的发展，不仅是认识论上的飞跃、学习心理学的进步，也是对传统教育的一场革命。在认识论上，建构主义认为人作为认识的主体不是对现实进行"复制"，而是根据已有的经验以自己独特的认识方式对现实进行选择、修正，并赋予现实特有的意义。因此，认识不是来源于现实本身，而是来源于主客体之间的相互作用。这一点正是建构主义在认识论上的飞跃。建构主义的认识论是能动的反映论，它对认识主体的主体性给予了前所未有的关注，为科学地处理教学过程中的师生关系、充分发挥学生的主观能动性提供了认识论方面的理论依据。

建构主义把教学视为学生主动建构知识的过程，这种建构是学生在自身的经验、信念和背景知识的基础上，通过与他人的相互作用而实现的，并且受社会环境因素的影响。因而建构主义认为，教学过程不仅仅是教师和学生之间的互动，而是教师与学生以及学生个体之间的多边互动。教师与学习伙伴都应该是建构知识过程的合作者。

建构主义学习理论强调学习过程中学生主动地建构知识，强调学习过程应以学生为中心、尊重学生的个别差异、注重互动的学习方式等，本质上是要充分发挥学生的主体性，使学生在学习的过程中是自主的、能动的、富于创造性的。建构主义的教学观更加关注的是如何在教学过程中培养学生分析问题、解决问题的能力，进而培养他们的创造精神。这一点正是时代发展对教育提出的迫切要求，建构主义学习理论也因此受到了教育工作者的极大关注。

建构主义学习理论的许多观点和主张无疑具有其合理性，既开阔了人们的视野，也对教育改革实践具有借鉴意义。但我们必须清醒地认识到，建构主义理论不是，也不可能是解决教育问题的万能良药。建构主义的局限性表现在以下几个方面。首先，建构主义的激进部分，完全否定被动学习，提倡主动学习，否认知识的客观性及知识学习中外部技能训练的必要性，单方面提倡知识的个体性、建构性，夸大情境式学习的适用范围，过于强调情境的偶然性，忽视间接性学习。其次，建构主义理论内部，"个人建构"与"社会建构"相互独立，将自己一方极端化、片面化，忽视其他流派观点，是建构主义发展的绊脚石。①② 由于受形而上学方法论的影响，部分建构主义学者的某些观点往往从一个极端走向了另一个极端。我们应该正视传统教育教学的诸多弊端，但也不能全盘否定。我们应该坚持以辩证唯物主义的观点为指导，批判地吸收建构主义学习理论的合理见解，正确处理知识的主观性和客观性、学习中知识的传递与建构、教师指导与学生中心等各种关系，为真正落实素质教育，培养新型的创造型人才改革我们的教育。

案例分析

自然课中的动物（支架式教学）③

澳大利亚伟治·柏克小学所做的教改试验中，试验班由三年级和四年级的学生混合组成，主持试验的教师叫玛莉。

玛莉为这一教学单元进行的教学设计主要是，让学生自己用多媒体计算机设计一个关于本地动物园的电子导游，从而建立起有利于建构"动物"概念框架的情境（概念框架是实现支架式教学的基础，它是帮助学生智力向上发展的"脚手架"）。玛莉认为这种情境对于学生非常有吸引力，因而能有效地激发他们的学习兴趣。

她把试验班分成若干小组，每个小组负责开发动物园中某一个展馆的多媒体演示。玛莉让孩子们自己选择开发哪一个展馆和选哪一种动物，是收集有关的动物图片资料，还是为图片资料写出相应的文字说明，或是直接用多媒体工具去制作软件。

---

① 李子建，宋萑.建构主义：理论的反思 [J]. 全球教育展望，2007，36（4）：44-51.
② 薛国凤，王亚晖.当代西方建构主义教学理论评析 [J]. 高等教育研究，2003(1):95-99.
③ 朱建华.支架式：建构主义教学策略指导下的教学案例二[EB/OL].（2011-05-24）[2017-04-25]. http://blog.sina.com.cn/s/blog_65fac45301017tcc.html.

　　这样，每个展馆就成为学生的研究对象，孩子们都围绕自己的任务努力去搜集材料。例如，他们到动物园的相应展馆去实地观察动物的习性，到图书馆和互联网上去查询有关资料，以获取动物图片和撰写说明（将学生引入一定的问题情境，使学生处于概念框架中的某个节点）。

　　玛莉对如何到图书馆和互联网上搜集素材给学生以必要的帮助，对分析比较所搜集的各种素材的重要性也给出适当的指导（帮助学生沿概念框架攀升）。

　　然后玛莉组织全试验班进行交流和讨论。这种围绕一定情境进行自我探索的学习方式，大大促进了学生学习的自觉性，充分体现了学生的认知主体作用。在此基础上开展的协作学习，只要教师引导得法，将是加深学生对概念的理解、帮助学生建构知识意义的有效途径。

　　例如，在全班交流过程中，当演示到"袋鼠"这一动物时，玛莉向全班同学提出问题："什么是有袋动物？除了袋鼠，还有其他的有袋动物吗？"有些学生举出了"袋熊"和"卷尾袋鼠"。

　　于是玛莉又问这三种有袋动物有何异同点，并让学生们围绕这些异同点展开讨论，从而在相关背景下，锻炼与发展儿童对事物的辨别、对比能力。

　　玛莉在这里连续向学生提出的几个问题，可看作按照维果茨基的"最近发展区"理论，用支架式教学法将学生的概念理解从一个水平提高到一个新水平的典型例证。

简评

　　建构主义强调以学生为中心，发挥首创精神，将知识外化并实现自我反馈，在这个案例里，我们通过玛莉老师的设计和实践清晰地看到了这一点。她重视学生的独立探索过程，通过情境设置、协作学习和信息资源更好地实现了学生的意义建构，从而实现了学习过程的完成。我们可以明显地看到玛莉老师在学习发生的过程中不断搭建起"支架"，帮助学生建构了对动物的理解，并提供了概念框架，这有助于她在后面对学习任务的分解，以帮助学生的理解逐渐走向深入，将学生的智力从一个水平引导到另一个更高的水平。总体而言，教师并未直接告诉学生应当如何去解决面临的问题，而是向学生提供解决该问题的有关线索，这有助于发展学生的自主学习能力。接下来的讨论、交流、不同观点的交锋，以及补充、修正，可以加深每个学生对问题的理解。在这个案例里，学生是积极的学习者，教师是重要的设计者和支持者。

第十五章 后现代主义教育

一、后现代主义教育的缘起和发展

后现代主义及其教育思想是西方"后工业社会"的产物，也就是说，西方现代性及现代资本主义的不断发展是产生后现代主义及其教育思想的直接背景。同时，现代自然科学研究成果所揭示的事物的相对性、非确定性、不完全性，打破了人们以往的确定性的、一致性的世界观，为后现代主义思维方式的形成提供了准备。没有现代性及现代教育在西方的充分发展，就不会有后现代主义对现代性、现代主义及其教育的质疑与批判。

后现代概念的首次提出可追溯到1870年英国画家查普曼（John Watkins Chapman）举行的个人画展，查普曼提出了"后现代"油画的口号。他用"后现代"一词来表示对当时法国的印象派——"前卫"画派进行超越的批判与创新精神。

这一概念被比较广泛地使用则是20世纪60年代后期的事，它首先在建筑学领域被用来描述一种新的建筑风格。此后，这一概念开始广泛运用于艺术领域，用来表示对传统人文主义的艺术本质与功能概念的反叛，以及消解高雅艺术与低劣艺术、新艺术与旧艺术的界限。法兰克福学派代表人物阿尔都塞（Louis Pierre Althusser）于 1965 年出版了《保卫马克思》（*Pour Max*），次年福柯（Michel Foucault）出版了《词与物》（*Les Mots et Les Choses*）。之后，1967 年德里达（Jacques Derrida）发表《声音与现象》（*La Voix et Le Phénomène*），1970 年罗兰·巴特发表《S/Z》，1979 年法国哲学家利奥塔（Jean-Francois Lyotard）发表《后现代状况：关于知识的报告》（*The Postmodern Condition: A Report on Knowledge*），标志着后现代主义作为一种思潮进入了人们的视野。

后现代主义分为解构性的后现代主义和建设性的后现代主义两种。解构性的后现代主义理论的主要特征是怀疑性和否定性，反对任何假定的"唯一中心""绝对基础""纯粹理性""等级结构"等，目的在于摧毁传统的封闭、简单、僵化的思维方式。建设性的后现代主义最大的特征在于建设性，倡导开放、平等，注重"倾听他人""学习他人""宽容他人""尊重他人"，鼓励多元的思维风格，倡导对世界的关爱，对过去和未来的关心，提倡对世界采取家园式的态度。

后现代主义是对现代主义的批判，也是对现代主义进行超越的尝试，是紧接着现代主义之后的理念的转变，并非一种特定的风格。作为整个后现代思潮的一部分的后现代主义教育思想，是在对教育的现代性进行深刻反思的基础上形成的。

二、后现代主义教育的主要内容

后现代主义教育是批判现代教育的产物。后现代主义教育思维方式是以反思现代性、多元化思维和否定性思维为特征的。后现代主义教育思维重视个人的选择和参与，崇尚创造性、差异性、多样性、复杂性、不确定性和建构性。这些特点贯串于后现代主义教育的各个方面。

现代教育基本上是以科学主义为中心形成的一整套教育理念和制度。对此，后现代主义思想家从多个角度进行了深刻的批判。[1]

---

① 刘啸霆. 评后现代教育 [J]. 高等师范教育研究，1998（6）：76–79.

后现代主义教育理念大体上包括：后现代主义教育模式、后现代主义教育的知识观、后现代主义的教育目的观、后现代主义的师生观、后现代主义课程观、后现代主义的实践反思教学观等等。这些观念都是动态的，还在不断发生变化。

（一）后现代主义教育模式

一般而言，现代教育是一种"精英教育"，其背后隐含着的是征服自然、对理性以及现代化的近代西方文化物质的追求。

随着信息社会的到来和知识经济的来临，后现代主义的教育模式出现了，它的教育理念与现代教育迥然不同。

英国比较教育学家柯温（Robert Cowen）指出了后现代主义教育模式的特点：一是由"国家作为大众学校教育的潜在垄断提供者"变为"通过市场使消费者有权选择教育"；二是教育的内容和结构变得多样化了，即"教育模式不再是工业的了，而成为后福特主义的，即时生产"，与此相对应的是，"大学不再是制度的顶点，不再只传承文化信息，它成为愈益开放的场所"。①

后现代主义教育模式是对现代传统教育模式的颠覆。这种颠覆是对传统教育观念、教育模式以及逻辑中心主义的叙述方式提出的尖锐挑战。由此出现了"非中心化""多元化""零散化"等后现代主义教育模式。

（二）情境性与建构性：后现代主义教育的知识观

现代知识的普遍性是建立在"普遍的可证实性"与"普遍的可接纳性"两个概念基础上的。后现代主义知识观认为任何知识都是存在于一定的时间、空间、理论范式、价值体系、语言符号等文化因素之中的，强调情境性，并用"情境性"代替"普遍性"。因此，后现代主义教育的知识观主张用知识的"情境性"代替现代主义知识观的"普遍性"，强调已有经验和实践性知识，特别重视知识的"建构性"，从现代主义预设的知识观转向建构的知识观。

同时，后现代主义知识观尊重实践主体，强调知识的相对性、情境性和价值性，对当代教育的各个领域产生了深刻影响。

---

① 转引自项国雄. 后现代主义视野中的教育 [J]. 外国教育研究，2005（7）：1-5.

（三）牵挂与关心：后现代主义的教育目的观

牵挂与关心（Sorge）是著名德国哲学家海德格尔（Martin Heidegger）提出的一个基本概念。海德格尔担心现代教育追逐成绩这种工具主义的、急功近利的普遍存在有可能使我们最后都无法了解我们自身。与工具主义和急功近利相对，海德格尔提出了牵挂（关心）这一概念，这也是与批判教育学紧密相连的。另一位后现代主义哲学家利奥塔也曾强调：知识不应该只牵挂（关心）真理问题，还应当牵挂（关心）正义、幸福和美。

正是基于上述理解，美国教育家和哲学家诺丁斯（Nel Noddings）提出：当我们根据学生的成绩来评价他们时，学生在工具意义上就成为资源。① 她向 20 世纪 50—60 年代西方出现的以智力开发为先的理论展开挑战。智力优先的代价是忽略作为人来说更为广阔的领域。她认为教育应关注关心能力的培养。她认为，既然我们认定关心像理性一样是人格的重要标志，那么我们就会发现提高这种能力的途径。对他人和他物的关心使人们有了看待教育的不同方向。②

教师的示范作用在培养学生具有关心他人他物的能力的过程中很重要。要教育学生对世界上其他人和物负责任地关心，我们就必须在与学生和他人交往中令人信服地展示这种关心。这种相遇和交往对于使学生深入理解对人和物的挂牵具有十分重要的作用。当我们不能展示这种关心时，学生就会机敏地捕捉到双重标准和虚伪，我们的努力就将被视而不见。更严重的是，学生会模仿教师的伪善。

后现代主义教育主张树立关怀生命的教育理念，因为教育就其本真意义来说，是"直面人的生命，通过人的生命，为了人的生命质量的提高而进行的社会活动，是以人为本的社会中最体现生命关怀的一种事业"③。也就是说，教育活动所应当关注的是个体的生命，教育的真谛在于培养学生的个性，养

---

① Noddings N.The Challenge to Care in Schools：An Alternative Approach to Education[M].New York：Teachers College Press，1992：12–19.

② 王天晓.国外学者论未来大学的发展 [J].比较教育研究，2014（3）:30–36.

③ 转引自冯建军.论教育学的生命立场 [J].教育研究，2006（3）：29–34.

育学生的灵性，塑造学生的信仰，完善学生的生命，丰富学生的精神；在于用一种深情的爱、尊重的态度、温情的语言、温馨的环境和心灵间的相互理解去造就学生。

（四）对话与理解：后现代主义的师生观

后现代主义教育认为师生是主体间性的关系，应当彼此尊重，主张教师与学生之间应建立一种平等的对话关系。师生对话是在教育教学实践中、在彼此经常性的交往中进行的，具有很强的实践性和合作性。因此，对话具有开放性和启发性、理解性和反思性的特征。把握这样的特征就要确立并构建基于师生交往中合作互动的师生关系，真正实现教师角色转换；激活对话意识，从而实现师生共享知识、共享智慧、共享人生的价值和意义。为实现师生平等对话，后现代主义教育提出以下主张。

1. 解构权威话语

后现代主义对一切合法性、真理性的东西进行批判和质疑，主张从根本上摒弃理性，排除权威，认为以理性或逻辑为基础制定出来的条理和方法论必然会限制人的个性发挥，束缚人的想象力和创造性，应当用知识形式的多样性、差异性去超越现代理论的统一性、确定性。

2. 重视沟通与对话

后现代主义对现代的主体性采取解构策略。在后现代的视野中，没有中心与边缘，一切都是平等的。后现代主义主张用交往形式替代中心主体形式，即"（用）主体间性替代现代理性主义中的主体性，使人我相互开放，打破和消除主体自我与主体他人之间的界限和距离"①，主张人际沟通，重视对话与师生关系的重建。

3. 重视多样性和多元化

后现代主义认为，个体视角受立场、观点、情感、态度等的影响，存在局限性，不可能完全无误地反映社会现实。因此，没有哪个人的视角能够充分说明任何一个社会现象的丰富性和复杂性。后现代主义倡导多元性、差异性，强

---

① 燕良轼.解读后现代主义教育思想[M].广州：广东教育出版社，2008:17.

调人类对世界的认识应该是多元的。正如后现代主义思想家利奥塔所说："让我们向统一的整体宣战，让我们见证那不可呈现的；让我们持续开发各种歧见差异；让我们大家为正不同之名而努力。"①

4．重视语言范式

后现代主义主张用语言范式取代意识范式。这种研究范式的转变标志着研究焦点不再集中于认识主体和意识内容，而转向语言学的讨论，讨论主体群之间的活动及关系，认为人更多地作为一种文化和生物交融形式的语言主体而存在，主张一种开放公平的对话。对话的目的是推翻居于中心地位的认识主体的绝对性，倡导不同认识者之间的平等交往关系。②

（五）丰富性、回归性、关联性和严密性：后现代主义课程观

后现代主义课程观主要体现在多尔（William E. Doll, Jr.）的专著《后现代课程观》（*A Post-Modern Perspective on Curriculum*）里。多尔认为丰富性、回归性、关联性和严密性是评价后现代课程的四个标准，充分体现了后现代的课程观。

丰富性是针对传统课程的标准化和一致性而言的，后现代主义课程观旨在打破现代课程的这种标准化与一致性，把更多的变化带进课程，课程由此变得丰富且富有意义。

回归性是指在课程组织上提倡无固定的起点和终点。在回归性课程中进行的是一种回归性的反思，"回归性反思"促使课程具有稳定性也具有变化性，在不断"回望"的过程中将终点转为新的起点。回归性要求我们在动态的教育过程中不忘"以学生为本"的初心，在对话与反思的基础上回归教育哲学的本真追求，不断调整教育活动，以保持"方向"的正确。③

关联性主要表现在两方面：一是教育内部，二是文化。教育内部的联系可称为教育联系，是指课程机构内在的联系，这种关联性通过回归性反思可

---

① 陆有铨.躁动的百年：20世纪的教育历程[M].济南：山东教育出版社，1997：162.

② 陈威.后现代教育思想中"平等与对话"的意蕴及实施[J].学术交流，2010（8）：201-204.

③ 彭倩，向葵花.后现代课程观视域下校本课程开发的困境及其突围[J].课程教学研究，2008（8）：30-33.

使课程走向深化。文化联系则指课程以外的文化和世界观的联系，也就是要注重论述的背景。文化联系使我们意识到知识的局限性，从而将人类的理解置于更广阔的文化、生态、宇宙当中。

严密性是多尔这四个课程评价标准中最重要的一个。它的目的在于防止后现代课程落入相对主义或唯我论。当然这里的"严密性"有别于现代科学术语中的"严密性"。后现代主义课程观中的"严密性"充满了不确定性，"它意味着有目的地寻找不同的选择方案、关系和联系"①。

（六）实践反思：后现代主义的教学观

众所周知，医学界采用"理论基础—方法学习—实习教学"模式培养医生，因此这种模式又称"医学模式"。后来，这一模式被推广至其他行业，广泛运用于专业人员的培训。这种模式强调技术主义，关心的只是效率，而忽视对人的关心和理解。显然，这是一种线性化的技术理性的培训模式。师范院校对师范生的培养，采用的正是这种模式。在这种模式的影响下，师范生毕业成为教师后，其教育及教学实践也只是按程序操作，教育实践便成了一种"技术性实践"，缺乏人的主体性、能动性和创造性。

正是在这种背景下，美国麻省理工学院教授舍恩（Donald Schön）提出了"反思性实践者"理论。它给教育改革注入了新的活力，并成为教师专业化和教师教学的一个新的理论支撑。舍恩认为："不论是反思性教学还是反思性管理，其实都是某种形式的研究，这种研究不是'关于'或'为了'实践的，而是在实践中的。"② 由此，行动研究蓬勃兴起。它要求教师不断丰富自己的缄默知识，通过反思使自己获得专业成长。目前，教师们进行反思性实践的方式，一般是写教学札记或教育日志。

三、对后现代主义教育的反思与评价

后现代主义教育作为后现代主义思潮的一部分，对现代教育传统进行了

---

① 王玲，周小虎.后现代教育思想与中国基础教育改革[J].教育理论与实践，2006（5）：20-23.
② Schön D A. The Reflective Practitioner : How Professionals Think in Action [M]. New York: Basic Books，1983: 9.

深刻反思乃至批判，引发了国际教育理论与实践的深刻改变，并对我国教育产生了一定影响。

后现代主义教育虽然包含很多不同的主张和看法，但是也存在一些共同的思想和观点。在教育系统内部，它特别看重学生及一般学习者一方的状况，强调以学生为中心，尊重学生，倡导学生的主动性、自主性和个性的发展。与现代教育的制度化、整体化、规范化不同，后现代主义教育更重视个体，重视知识的情境性和个性体验，重视师生互动，重视反思与建构。后现代主义教育在很大程度上丰富了当代教育理念，为国际教育改革的深化提供了思想上的参考。

同时，我们应当清醒地认识到：后现代主义教育的很多主张又是脱离现实生活的，激进一派的思想更是如此。对这些主张，我们应用历史唯物主义进行深入的分析，不能人云亦云，这也是正确看待后现代主义教育的一个重要方面。

我国是一个发展中国家，为国家培养合格的建设者和接班人，既是我国经济与社会发展的需要，也是参与国际竞争的需要。中国教育改革与西方教育改革面临着不同的使命。我们对后现代主义教育的理解与扬弃，一定要立足于中国经济社会发展的实际，立足于中西不同文化的对话，立足于实现教育现代化的历史任务。

案例分析

让每一个学生在这里自由呼吸
——江苏省南京市科利华中学后绿色课程理念与实施①

多尔关于课程的基本观念与基本原理集中表现在其所提出的丰富性、回归性、关联性、严密性的课程观上。多尔的后现代主义课程观对课程目标、

---

① 戴继根.让每一个学生在这里自由呼吸：学校"后绿色课程"的构建[J].上海教育科研，2011（9）：78–79.

课程内容与资源、学生主体性与教师使命、教学方式与教学过程、课程评价有着一定的借鉴意义。

江苏省南京市科利华中学提出并实施了后绿色课程理念。学校基于"创设优良学习生态，为学生优质发展奠基"之办学理念，吸收了多尔的后现代主义课程观，提出了后绿色课程理念，努力"让每一个学生在这里自由呼吸"，希望学生能够感悟绿色，展现活力，健康成长。

一、课程理念

"让每一个学生在这里自由呼吸"，是促进每一个学生优质发展的教育。学校追求让每一个学生个性发展、健康成长，尊重学生的认知规律和成长规律，采取适切的教育教学方法，创造有利的条件，进行有益的引导和整合，促进学生勤学善思，成为"雅气质，宽胸怀；勤学习，善思考；会健身，乐生活"的阳光学子。

"让每一个学生在这里自由呼吸"，是创设优良的学习环境的教育。首先，学校努力创设优良的学习环境和学习氛围；其次，学校促使学生以良好的学习状态参与学习；最后，学校指导家长尽力提供优良的成长环境。总之，学校整合协调各种优质资源，让教育环境成为学生成长的"氧吧"，使之拥有源源不断的新鲜氧气。

"让每一个学生在这里自由呼吸"，是提供丰富的课程资源的教育。学校提供菜单式的学习内容，推荐灵活自由的学习方式，创设多元开放的评价平台，目的在于丰富学生品德形成和人格健全的经历，丰富学生潜能开发和认知发展的经历，丰富学生艺术修养和体育健身的经历，丰富学生社会实践和动手操作的经历，满足学生共性的学习需求和个性发展需求。

二、课程设计

学校根据育人目标对后绿色课程的结构、课程设置和课程内容进行规划设计。

学校确立了"板块统整式"课程结构。学校整体课程的核心理念是"让每一个学生在这里自由呼吸"，这个理念由"享受绿色"系列课程、"感悟绿色"系列课程和"创造绿色"系列课程三大板块组成。

（1）"享受绿色"系列课程侧重国家课程的校本化，倡导创设"享受绿色课堂"，追求课堂教学品质，让学生在良好的生态中学习，享受优质的、绿色的教育。实现"享受绿色课堂"的保障是：从转变观念入手，多层次、全方位地针对教师进行各种形式的培训，包括集中的通识培训、有计划的经常性专题培训、即时点拨式的案例培训等。坚持培训方法的多样化，包括专题培训法、考察学习法、观摩研讨法、课题研究法、导师带教法、学术沙龙法、总结经验法等，提高教师的课程实施水平。

（2）"感悟绿色"系列课程是侧重方法体验的课程，其目的是帮助学生习得方法，在体悟道德、形成价值观、拥有创新意识和提高生活能力等方面有所收获。"感悟绿色"系列课程包括学习方法类课程、德育活动类课程、技能拓展类课程等。学校根据需要，持续不断丰富此系列课程。

（3）"创造绿色"系列课程是侧重学校社团的课程，旨在为学生的个性发展、多元发展创设开放的、自由的环境，发展学生的探究意识、创新精神和创造能力。此类课程以选修课为主。

三、"后绿色课程"的实施

该校追求"绿色的"质量提升，认真执行国家课程方案，开齐开足国家规定课程，并按照"新课改"精神进行课堂教学监控，构建教学质量监控与保障机制，使教学质量得到保障，促进学生优质发展，健康快乐地成长。

1. "享受绿色"系列课程的实施

该校国家课程校本化的重心放在建设"享受绿色课堂"上，它的主要着眼点是：

（1）教学目标：形成适合学生实际的学科教学双向细目表，规定适切的教学内容、教学难度、教学进度。

（2）教学内容、课程资源：立足课程纲要、现行教材和学情，通过重构、增删优化教学内容，通过设计课件、学案、讲义、作业等丰富课程资源，将"教教材"演变成具有校本特色的"用教材教"。

（3）教学过程：以各个学科教研组提炼的课堂范式为基础，力求课堂教学的有效性，追求有品质的课堂。

（4）教学方法：倡导教学方法的灵活多样。要求教师将微笑带进课堂，将趣味带进课堂，将问题带进课堂，将智慧带进课堂。要求学生形成适合学情的"个体合作、全体自主"的学习方式，如实施"小先生上课制"，让部分学生当老师，让老师当学生。

（5）教学评价："享受绿色"系列课程的教师评价依据学校相关要求，从师德、教学纪律、教学管理、教学"五认真"、教学效果、课程资源开发等几个方面评价课程实施效果。学习评价以省、市、区相关教研部门的评价为主，结合本校情况进行校本化的评价。

2."感悟绿色"系列课程的实施

"感悟绿色"系列课程包括学习方法类课程、德育活动类课程等，学校根据需要，还将不断丰富此系列课程。

学习方法类课程立足于提高学生自主学习的能力。学生是学习的主体，学生参与学习的自主意识、自主能力的提高很重要，因为学习本身就是学生主体的成长过程和自我建构过程，教师只是学生进行自我建构的激发者、促进者和帮助者。在教学中，只有加强学习方法指导，才能引导学生由"学会"向"会学"发展。各学科教研组加强了对学法的研究与指导，形成校本化的学法指导材料，通过专题培训、课程渗透、学法交流等多种形式实施该课程。课程评价采用以教师评价为主的方式。

德育活动类课程立足于培养学生健全的人格、健康的心理、阳光的个性。该类课程可以利用学校的"三会"（晨会、夕会、班会）和节假日进行，由德育处、团委、少先队共同制订课程目标、课程实施计划、课程评价方式，各年级组根据年级特点制订课程的具体实施方案。

3."创造绿色"系列课程的实施

依据该校的课程目标，各学科组围绕文学、艺术、健身、少年科技等课程方向开发具有校本特色的课程，学校课程领导小组对学科组上报的样本课程方案进行审批、指导。

该系列课程以照顾学生个体差异、为每个学生提供创造可能为开发宗旨，为学生提供品德形成与人格发展、潜能开发与认知发展、身体与心理发展、艺术审美与创作、综合实践等方面的学习经历，促进学生主动、和谐发展。

该系列课程主要运用成长记录袋，评价学生的课程学习情况和成长情况，通过它持续描述学生在道德品质、公民素养、学习能力、交流与合作、运动与健康、审美与表现等方面的进步与发展。

四、简评

首先，该课程设计体现了后现代主义课程观的回归性和严密性。四种课程相互衔接，没有缝隙。如多尔在《后现代课程观》一书中所说，从某种意义上说，严密性是四个标准中最重要的，它能防止转变性课程落入"蔓延的相对主义"或"感情用事的唯我论"的窠臼。①

其次，该课程让学生作为实践者有机会去直接接触材料，在大量的实践中掌握运用材料的规律。学生只有作为一个探究实践者，才能在实践中更好地提升自己的素养，完善自我。该课程力图变革课程的呈现方式，并以此推动学生学习方式的变革。

最后，该课程立足本土，结合实际。它既很好地反映了多尔后现代主义课程观的核心概念，又重视课程和文化的关系，还特别注意结合中国特点，突出中国普通中学的课程实际。

---

① Doll W, Jr. A Post-modern Perspective on Curriculum [M]. New York: Teachers College, Columbia University, 1993：181.

第十六章　教育治理

"治理"一词目前被社会科学界广泛使用，治理理论已经逐渐成为一个内涵丰富、适用范围宽广的具有多学科背景的前沿理论。20 世纪 90 年代以来，有关治理的著述大量涌现。自党的十八届三中全会正式提出"推进国家治理体系和治理能力现代化"后，治理和教育治理成为我国的公共政策话语，并引发研究升温。

一、教育治理理念的缘起和发展

作为英语国家的日常用语，治理（governance）的词源是"引领导航"（steering），原意是控制、引导和操纵，指的是在特定范围内行使权威。它隐含着一个政治进程，即在众多不同利益共同发挥作用的领域建立一致或取得认同，以便实施某项计划。① 随着全球对公共治理的关注变得更为广泛和日益重要，对于这一概念的界定出现了多种说法，直到现在，治理仍是一个相对模糊和复杂的概念。"治理"有多种定义，如"在管理国家经济和社会发展中权力的行使方式"，又如"确定如何行使权力，如何给予公民话语权，

---

① 俞可平. 治理与善治 [M]. 北京：社会科学文献出版社，2000：16-17.

以及如何在公共利益上做出决策的惯例、制度和程序"。这些定义有助于我们更加明确治理这一概念的内涵。

在治理的各种定义中，全球治理委员会的表述具有代表性和权威性。该委员会于1995年对治理做出如下界定：治理是或公或私的个人和机构经营管理相同事务的诸多方式的总和。它是使相互冲突的或不同的利益得以调和并且采取联合行动的持续的过程。它包括有权迫使人们服从的正式机构和规章制度，以及种种非正式安排。而凡此种种均由人民和机构或者同意，或者认为符合他们的利益而授予其权力。① 有学者综合世界银行、联合国开发计划署、全球治理委员会对治理的界定提出，治理是面向社会问题与公共事务的一个行动过程，参与者是包括公共部门、私人部门和公民在内的多个主体，参与者通过正式制度或非正式制度进行协调及持续互动。治理包括国家治理、社会治理、公司治理、法人治理和社区治理等诸多层次，以及政治、经济、文化、教育等诸多方面。②

总体而言，治理理论是当代一个跨学科的理论体系。它与传统管理理念的最大不同就是变"主体 - 客体"的关系为"主体 - 主体"的关系。这种转变除了强调治理主体的多元化外，还强调治理过程中政府和社会之间的双向互动，以及多个治理主体之间的相互影响，社会力量在治理中的作用日益增强。治理主体的多元化使治理过程中权力的运行向度变成多元的、相互的，而不是单一的和自上而下的。在社会公共管理领域内，政府与其他社会组织群体势力共同构成了相互依存的治理体系。治理理念强调政府角色的弱化，强调对社会非政府组织和公共机构的支持，给予了社会组织和公共机构充分的独立性、自主性和尊重。

治理的实质是建立在市场原则、利益和合法性认同基础上的合作。治理关注的是过程，而不是制度形式，所以它强调权威、权力的行使以及行使的方式。在管理过程中，政府原来意义上的绝对权威受到了挑战，出现了另外

---

① 俞可平. 治理与善治 [M]. 北京：社会科学文献出版社，2000：270-271.

② 许耀桐, 刘祺. 当代中国国家治理体系分析 [J]. 理论探索, 2014（1）：10-14.

一些多元主体组织，这些组织都以合作的姿态卷入管理过程。治理带来了如下转向：从关注项目和政府机构向关注政府治理工具转变，从等级制向网络化转变，从公私对立向公私合作转变，从命令和控制向谈判和协商转变。

我国关于治理理论的研究从 20 世纪 90 年代初开始，主要是从介绍引进国外对治理的理论阐释开始的。迄今为止，这种介绍和引进在治理研究中仍然占有重要地位。起初将治理理论应用于教育，主要是在大学管理领域。将治理理论应用于中小学管理的实践与研究也有，但不多见，也比较简单，仅是一些关键概念的运用。

二、教育治理理念的主要内容

教育治理是指国家机关、社会组织、利益群体和公民个体，通过一定的制度安排进行合作互动，共同管理教育公共事务的过程。[①]教育治理的突出特征是多主体参与的合作管理、共同管理、共同治理。参与管理的主体已经不只是政府部门，而是包括各种非政府组织、各种社会团体、私人部门、公民个人在内的多元主体。治理不是作为单一主体的政府的统治和管理，而是多元主体参与的民主化管理。

教育治理是区别于传统教育行政管理模式的一种新型管理模式。在这种模式中，政府与非政府组织、国家与社会、公共机构与私人机构相互合作，共享管理权利，并通过多种管理手段与方式，达到共同分担责任与义务，增进和实现共同利益的目的。教育治理主要具备以下特征：一是治理主体多元化。教育治理不仅仅由政府承担，而且也包括非政府组织、学校和家长等多种主体。政府不应是教育产品和服务的唯一提供者，而应从繁重的具体事务中解脱出来，致力于战略制定和统筹规划，提供有效的制度安排和政策设计，为治理的其他主体发挥作用创设良好的制度环境。二是治理机制复合化。教育治理机制是由政府、社会和学校这三大治理机制构成的，三大治理机制形成合作互补关系。这三大现代治理机制只有合作、共同运行，才能

---

① 褚宏启，贾继娥. 教育治理中的多元主体及其作用互补 [J]. 教育发展研究，2014（19）：1-7.

有效发挥作用，并弥补各自的缺陷。三是治理手段多样化。除行政手段以外，治理更多地强调各个主体之间的自愿平等合作。四是治理目的重视价值理性。治理不仅要重视效率，更要强调公平正义，目的在于促进人的全面发展。显然，与以往的行政管理不同，以上几方面特征均建立在合作基础上，合作机制成为现代教育治理的必然选择。

教育治理是对传统教育管理方式的超越，是教育管理民主化的集中体现，是教育管理的现代形态。因此，教育治理与教育管理并不是对立关系，前者只是后者的一种高级形态。不能用"教育治理"的概念否定和取代"教育管理"的概念。

教育治理的优越性在于多元主体的民主参与。在教育治理的框架下，各种不同的教育利益诉求能得到充分表达，教育决策、教育政策与教育立法能得到充分讨论与论证，并从政治生态上消除了人治显性或者隐性存在的可能性。因此，教育治理具有显著的民主化、法治化、理性化（科学化）特征，是教育管理现代化的重要表现。在教育治理体系中，国家机关、社会、公民不是对立对抗关系，而是致力于共赢善治的联动合作关系。①

三、教育治理理念的实践

教育生态需要涵养，需要治理。这种发展范式的话语表达也出现了一些新的变化，如多样性、内生性、多元性、协商性等。以往我们发现某一个方面出现了问题，往往就会全力以赴极力强化这方面的工作。这种线性思维有很大的局限性，不能保证教育的可持续发展和正确走向，相反，这种极力强化，有可能破坏教育生态。这需要在治理现代化背景下进行反思。

党的十八届三中全会指出，全面深化改革的总目标是完善和发展中国特色社会主义制度，推进国家治理体系和治理能力现代化。在这一总体目标下，教育领域要围绕教育治理体系建设、教育治理能力提高，深化教育领域综合改革，以适应当前信息化、全球化、民主化背景下教育的新形势。而教育综合改革的落脚点应在转变教育发展范式上。从基于竞争的公共行政到基

---

① 褚宏启. 教育治理：以共治求善治 [J]. 教育研究，2014（10）：4-11.

于合作的教育公共治理，反映了政府、社会和学校三者间的关系将会发生一系列变化。在实践领域探索构建合作分工的教育治理结构，构建政府、社会和学校之间的合作伙伴关系，构建学校治理的协商机制，这些成为摆在教育行政部门和中小学管理者面前非常重要的问题。

从现实看，教育治理应首先从以下几个方面入手。

（一）简政放权是前提

1985 年《中共中央关于教育体制改革的决定》明确提出："改革教育管理体制，在加强宏观管理的同时，坚决实行简政放权，扩大自主权。"1993 年《中国教育改革和发展纲要》在教育体制改革的政策方案中再一次重申了简政放权的精神。2010 年正式颁布实施的《国家中长期教育改革和发展规划纲要（2010—2020 年）》明确提出了"以转变政府职能和简政放权为重点，深化教育管理体制改革，提高公共教育服务水平"的政策目标。2013 年 11 月 12 日，党的十八届三中全会通过了《中共中央关于全面深化改革若干重大问题的决定》，提出了全面深化改革、完善和发展中国特色社会主义制度、推进国家治理体系和治理能力现代化的总目标，和深化教育领域综合改革的具体目标。

简政放权之所以成为我国自改革开放以来教育体制改革一以贯之的核心线索，是因为简政放权是推进我国教育体制机制改革、实现治理的根本前提。必须结合我国教育体制改革的现状和具体问题，进一步实行简政放权，切实抓好全面正确履行政府职能的工作，扩大省级政府教育统筹权和学校办学自主权。

1. 全面正确履行政府职能，从完全教育行政向有限教育行政过渡

全面正确履行政府职能，是处理学校与政府、市场与社会关系的核心环节，是全面深化改革，建设充满活力的教育体制的内在要求。

切实转变政府职能，依法履行管理和服务职责。中央和地方各级政府应当依据法治政府的基本原则，系统梳理职责权限，划定行为边界，使各种行政行为都于法有据。教育行政部门要增强服务意识，健全服务机制，改进服务方式，减少对办学活动的具体干预，减少审批和各种变相审批，把本该

属于学校、社会的权力还回去。要通过行政指导、规划引导、服务培训等方式，着力提升基层承接能力，确保基层接得住、管得好。

推行教育权力清单制度，坚决消除权力设租寻租空间。实行权力清单制度是政府部门推进的以"清权、确权、配权、晒权和制权"为核心内容的一项权力自我革命，目标是实现"法无授权不可为、法定职责必须为"。各级政府应按照职权法定的基本原则，对教育行政部门及其他相关部门的权力进行分类整合、归集列表，依据权力属性和权力事项予以分析论证，厘清权力名称、法律依据和行使部门，编制权力清单以及权力运行流程图，全面公开教育行政部门职责权限、法律依据、实施主体、管理流程、监督方式等事项，为公民、法人或者其他组织提供优质服务，严格遵循"一切权力进清单，清单之外无权力"的原则，让权力在阳光下运行。

加强发展战略、规划、政策、标准等的制定和实施，加强对学校办学活动的监管，加强对各类公共教育服务的提供和保障。简政放权并不意味着撒手不管。在实行简政放权的过程中，政府应当加强服务意识与责任意识，切实履行调控和监督责任，确保教育质量和教育公平。中央政府要加强宏观调控职责和能力，统一领导和管理国家教育事业，制定发展规划、方针政策和基本标准，优化各级各类教育的学科专业、类型、层次结构和区域布局。地方政府要加强对各级各类教育的督导和管理等，严格执行国家课程标准、教师资格标准，加大对学校办学行为的复查和问责力度。要切实履行扩大和保障公共教育服务供给的责任，通过创新教育资源配置方式，高水平均衡配置教育资源，实现义务教育优质均衡发展。

推进教育行政执法体制改革，完善政府的教育行政执法职能。积极探索建立教育行政执法体制机制，创新综合执法模式，完善执法程序，建立权责明确、行为规范、监督有效、保障有力的教育行政执法体系，切实有效保障教育行政管理相对人的合法权益，实现依法对学校办学与管理行为的监督和管理。要遵循法定职权与程序，积极运用行政指导、行政处罚、行政强制等手段，依法纠正学校的违法、违规行为，保障法律和国家政策有效实施。

2. 扩大省级政府教育统筹权，构建各层级行政协作的教育统筹机制

省级政府是我国地方行政建制的最高层次，是相对独立的区域经济社会发展的规划单位。在我国教育管理体制中，省级政府具有独特的地位和优势。相对于中央来说，省级政府具有贴近基层、就近管理的优势。相对于市、县来说，省级政府具有较强的财政统筹和行政调控能力。

扩大省级政府教育统筹权，应当以推进教育治理体系和治理能力现代化为目标，理顺中央与地方教育管理权限和职责范围。一般来说，中央政府进行教育宏观指导和管理，确定教育方针政策，制定国家教育规划和国家教育标准，研究解决全国性和重大的教育改革发展问题。省级政府的主要职责是在中央统一领导下，认真贯彻国家法律法规和方针政策，根据经济社会发展需求、本地区教育事业发展现状以及教育资源支撑能力，自主确定教育发展目标、规划和工作重点并组织实施，切实履行教育改革、发展、稳定职责。

扩大省级政府教育统筹权，要科学协调和处理中央与地方教育行政部门之间的关系，原则上由省级政府管理更加方便有效的事项，应当下放省级政府进行管理。省级政府应当通过加强分类指导、规划引导、完善标准、强化信息服务等手段，改进管理方式，优化服务，增强保障，切实履行统筹推进省域教育现代化、统筹推进各级各类教育、统筹城乡教育发展、统筹教育与经济社会协调发展、统筹保障教育经费投入以及统筹推进教育综合改革等职责。

3. 扩大学校办学自主权，推进基层自治，激发学校活力

扩大学校办学自主权是建设中国特色现代学校制度、激发学校活力、全面提高教育质量的关键。

扩大中小学校的办学自主权，要优化和改进政府对学校的监督和管理机制，减少对学校办学行为的行政干预，严格控制针对各级各类学校的项目评审、教育评估、人才评价和检查事项，使得学校能够集中精力办学。要进一步落实和扩大中小学校在育人方式、资源配置、人事管理等方面的自主权，充分发挥奖励性绩效工资的激励功能和导向作用，调动教职工的积极性和创造性。支持学校培养建立符合自身发展定位的教师队伍和教育管理队伍。各级各类学校要以学校章程为统领，完善教学、科研、学生、人事、财务、后勤、安全等方面的管理制度，建立健全各种办事程序、内部机构组织规则、议事规则等制度，形成健全、规范、统一的制度体系。

落实和扩大高校办学自主权，要系统完善管办评分离的实施路径，加快形成政府依法管理、学校依法自主办学、社会各界依法参与和监督评价的教育公共治理新格局。要进一步深化和落实科研管理体制变革，凡是高校能够自主管理的事项，相关权限都要下放，特别是要扩大高校在经费使用、成果处置、职称评审、选人用人、薪酬分配、设备采购、专业设置等方面的自主权。在加大放权力度的同时，还应积极探索和建立新的教育管理体制，加强和改善宏观管理，要进一步完善高等学校内部治理结构，健全高校自主权行使的自律机制，要强化社会对高校的监督，确保高校权力运行在阳光之下。

（二）激发活力是目标

在教育体制机制改革过程中，激发活力是关键。活力即生命力，反映行为活动的活跃程度以及由此而来的活动主体的精神状态。2010 年国家颁布实施《国家中长期教育改革和发展规划纲要（2010—2020 年）》，开展 425 项国家教育体制改革试点工作。2012 年党的十八大报告提出深化教育领域综合改革。2013 年教育部"一号文件"提出《关于 2013 年深化教育领域综合改革的意见》，紧接着十八届三中全会进一步对深化教育领域综合改革做出了全面部署。在这样一个深化教育领域综合改革的背景下，探讨教育体制机制改革，激发活力和发展潜能，提升教育质量，具有十分重要的意义。当然，教育体制机制改革不是目的，只是手段。教育体制机制改革的直接目的是激发教育活力，最终目的在于促进学生健康成长。

全国很多地区进行了通过教育体制机制改革激发活力的有益探索与尝试，打破非公即私的思维定势，探索多元办学模式，在公办学校与民办学校之间寻找第三条路径，增设办学体制改革试点学校，释放权力空间。在有条件的学校建立学校管理委员会、学校理事会等集体决策咨询制度，探索学校内部领导机制变革。部分地区在探索教师由"单位人"向"系统人"转变的基础上，积极推进义务教育教师队伍"区管校用"改革，强化区县教育行政部门对教师的统筹管理，激发教师队伍活力，建立公共教育体系。

1. 构建政府、社会和学校多主体协作的教育治理机制

治理主体的多元化导致了治理过程中权力的运行向度是多元的、相互的，而不是单一的和自上而下的。治理理念强调政府角色的弱化，强调对社会非政府组织和公共机构的支持，强调政府与社会的双向互动、相互影响，给予了社会组织和公共机构充分的独立性、自主性和尊重。教育治理是指国家机关、社会组织、利益群体和公民个体，通过一定的制度安排进行合作互动，共同管理教育公共事务的过程，以形成国家力量、市场力量和社会力量相互博弈和均衡的体制。在教育公共治理模式下，政府、社会和学校是一个"生命"系统，政府与非政府组织、国家与社会、公共机构与私人机构相互合作，并通过多种管理手段与方式，达到共同分享责任与义务，增进和实现利益的目的，更好地促进教育发展。在这个过程中，政府行政方式必然会发生相应转变：第一，政府的教育权力逐步分散，教育行政的强制性开始弱化。扩大学校自主权、管理权和家长的教育选择权，限制和分化了政府的教育权力。第二，教育行政的强制性开始弱化，教育立法和司法的力度增强。政府放弃了对于教育的全面干预，而更多地采取了制度调控的方式。

20世纪80年代后，随着全球化、信息化与知识经济时代的到来，随着市场与社会在公共教育领域的相继介入，校长、教师、学生家长、商业性的个人或团体、专业协会、科学组织以及其他一些志愿性社会团体等教育利益群体在公共教育领域的活动逐步合法化。教育改革也因此由单向性的政府权力模式走向多向性的混合权力模式。明晰不同主体在举办、管理、评价等过程中的角色与责任成为重要命题。要进一步鼓励社会力量、社会资本参与公共教育服务体系建设，培育教育非营利组织，引入竞争机制，推动非基本公共教育服务社会化发展，完善公共教育体系，进一步激发教育发展的活力。

2. 通过组织体制调整实现权力的重新分配，权责结合，彰权益能

制度在对行动产生禁止和制约作用的同时，也会对行动者及其活动产生支持和赋能作用，因为制度可以为行动提供导引与资源。政府应从繁重、具体的教育产品和服务的供给事务中解脱出来，致力于制定发展战略和进行统筹规划，提供有效的制度安排和政策设计，为治理的其他主体发挥作用创设良好的制度环境。

当前在基础教育领域已经出现了较为显著的集团化办学趋势，诸如"手拉手"、名校办分校、城乡一体化学校、委托管理、教育集团、教育集群、教育联盟、学区制等形式在实践中的探索如火如荼。或是为了实现均衡，或是为了集聚优势、凸显品牌，若干学校组织通过合作关系结成了一个有机整体，以保证组织合作前景的可预期性和合作成果的稳定性，减轻了社会组织个体不断寻找新的合作伙伴的压力，能充分保障合作。以教育集团为例，在教育集团的发展过程中，不同主体的角色开始发生变化：政府是公共教育的举办者和提供者，专家是教育发展的智库，两者可以为教育集团的建设提供必要的条件和支持，而学校是进行教育集团建设的能动的有机主体。同时，家长的行动者角色也发生了变化：家长作为学校的合作伙伴和利益关系的代理人，由学校管理中的"局外人"变为"局内人"。教育行政部门能否仍然像管理一所学校一样去管理一个教育集团？显然是不行的，此时就面临着制度变革，以及权力的重新分配。权力的变迁分为两个方向，一个方向是自上而下授权，另一个方向是权力的转移。教育行政部门要遵循简政放权的思路，将办学自主权还给教育集团和学校，同时教育集团、集团内学校、家长、社区等群体的权力转移也是一个重要方面。

探索市场机制在教育领域如何发挥作用，从根本上是为了解决教育发展的动力问题，并保障受教育者的权利。是不是市场机制参与就弱化了国家的作用？不是。从西方公立学校改革历程来看，表象上发生了国家观念与市场逻辑的冲突，但在本质上并没有改变教育国家化的总趋势作为一种新的影响力量，反之，国家干预公共教育的力度不断增大，教育国家化的趋势在日益增强。一般认为，教育市场化主要包括两个方面：一是传统意义上的私立学校的创建和运营，二是运用市场经济的法则和机制来管理公立和其他性质的教育机构、单位。后者体现的是一种公私合作的混合模式，举办者、管理者与投资者三者角色分离，仍有较大的探索空间。

在这个过程中，要通过制度调控，依法细化市、区两级政府发展教育的职责权力，明晰各政府部门的教育职责，规范权力运行程序，明确权力运行结果与考核标准，让政府权力公开透明运行，确保教育责任履行到位，发挥政府保障教育事业优先发展、科学发展的主导作用。同时，给予学校更大的办学自主权，更有效地激发各教育主体的积极性、创造性、主动性，更好地发挥市场配置教育资源的有效性，让教育发展更具活力、更可持续、更有成就。

3.完善学校内部治理结构和现代学校制度建设

学校内部治理结构改革需要对学校发展过程中的各个利益相关者的权力进行配置，并规范其机构设置及其运行机制，实现学校的自主办学。要完善和变革学校内部治理结构和管理手段，推进学校管理的民主化和科学化。要处理好学术专业自由性与学校组织科层性这一对矛盾之间的关系，保持学术自由性与学校组织科层性的相对平衡。而推进学校管理的民主化和科学化则需要基于多元利益主体的诉求，重新调整和设计学校部治理结构。在高校完善党委领导下的校长负责制，健全议事规则与决策程序，依法落实党委、校长职权。在中小学完善校长负责制，实行校务会议等管理制度，建立健全教职工代表大会制度，不断完善科学民主决策机制。建立起政府、学校和社会相结合的监督反馈体制。

解决这个问题的关键在于建立学校自我发展和自我约束的机制，这种机制大体包括三个相互联系、相互制衡的部分：理顺行政权力和学术权力之间的关系，完善学校法人治理结构，建立和完善学校与社会双向参与互动的机制。完善学校内部治理结构，校长要向参与学校治理的利益相关方让渡权力，而在学校内部，就是与师生权利共享、责任共担。可以通过学校章程的建立与完善，促进学校依法治校，实现自主发展和民主管理。完善学校内部治理结构，能更好地发展学校的独立性，建立现代学校制度。当前学校管理体制中党组织、校务委员会和教职工代表大会三者责权相对模糊，健全和完善内部的治理结构，有助于权力的高效运作和相互制衡，在内部管理等方面确立校本机制，有助于引导学校走内涵发展的办学之路，为学生个性的多元发展提供制度保证。

4. 完善教育领域人才流动机制

探索完善教育领域人才流动机制包括：建立指向均衡的义务教育阶段人才流动机制、指向质量的非义务教育阶段人才流动机制、合理有序的高校人才流动机制，从而激发教师队伍活力，实现教育高质量均衡发展。

以"发展人"为指向，建立科学、多样的评价标准，构建合理的教师考核指标体系，完善薪酬设计，完善绩效考评激励机制，提升教师的内在发展动力。在高等教育领域，鼓励高校依托学科培养人才与引进人才双管齐下，避免人才引进的"失序竞争"。逐步推行教师非终身制，构建我国高校教师流动的保证机制，探索建立高校教师的退出机制，实现人才队伍的良性流动，完善教师公开招聘制度，建立高校教师兼职制度。支持建立高校教师创办企业或到企业兼职、企业人才到高校兼职的双向流动机制。扩大学校在教师职称评审和岗位聘用方面的自主权，鼓励学校建立健全考核制度和聘后管理制度，将流动情况纳入考核范畴，通过岗位评聘、岗位考核、解聘辞聘，建立退出机制，实现人员能上能下，探索多元化评聘机制，实现学校自主评聘，扩大用人自主权。人才流动一方面可以满足人才本身成长的内在需求，另一方面可以促进教育均衡，实现教育公平。各地要逐步实行县级教育部门统一聘任校长，推行校长聘期制。实行县域内公办学校校长、教师交流制度。建立和完善鼓励城镇学校校长、教师到农村学校或城市薄弱学校任职任教机制。

（三）专业评估是导向

教育领域深入推进管办评分离的基础性工作是政府加快转变职能，改进行政管理方式，变微观管理为宏观管理，变直接管理为间接管理。加强教育督导和评估监测环节是主要手段。长期以来，我国实行高度集中的教育体制，教育行政部门集管理权、办学权和评估权于一身，存在评估主体单一、评估负担重、评估过程和方法简单、评估指标不合理、评估信息不透明等问题，这些问题导致教育评估专业性不足，社会认可度不高。《国家中长期教育改革和发展规划纲要（2010—2020年）》明确指出，要开展由政府、学校、社会各方面共同参与的教育质量评价活动。2013年发布的《教育部关于推进中小学教育质量综合评价改革的意见》提出"逐步建立政府主导、社会组织和专业机构等共同参与的外部评价机制"。2015 年发布的《教育部关于深入推进教育管办评分离促进政府职能转变的若干意见》指出，要"大力培育专业教育服务机构，整合教育质量监测评估机构，完善监测评估体系，定期发布监测评估报告"。

目前，要以加强教育评估专业化建设为核心，贯彻以学生为中心、结果导向和质量持续改进的基本原则，充分发挥教育评估在教育管办评分离改革和教育质量保障中的作用。以学生为中心，就是以学生的学习和发展为中心，实现从以"教"为中心向以"学"为中心的转变，从传授模式向学习模式的转变，从而提高学生的学习质量，提升学习效果。结果导向，是将教育质量评估的重点从对教育投入的评估转向对教育产出（能力、成果、效果）的评估，直接指向学校到底给学生带来了哪些变化和为社会做出了哪些贡献，它将教育质量评估聚焦于学生受到教育后"学到了什么"和"能做什么"，而非仅仅观测和评估学校和教育者"教了什么"和"做了什么"。质量持续改进，是通过贯彻以学生为中心、结果导向的评估原则，最终指向学生在知识、能力和综合素质上的全面提升以及学校教育质量的不断改进。

1. 加强教育评估专业化建设，提高教育改革实践的科学性

首先，要整合教育质量监测评估机制。2012 年国务院审议通过了《教育督导条例》，成立国务院教育督导委员会，强化教育督导机构的相对独立性，并通过跨部门合作，促进教育决策、执行、监督全过程的协调。目前，要进一步健全国家、省、市、县四级更为完整的、相对独立的教育督导委员会及日常办事机构，将政府业务部门监督评估职能调整到督导部门，建立各级各类教育督导评估制度，提高督导工作的规范化、专业化水平。

其次，要完善教育评估监测体系。坚持督政与督学并重、监督与指导并重，强化对政府落实教育法律法规和政策情况的督导检查，重点关注全面实施素质教育、义务教育优质均衡发展、教育综合改革情况等综合督导。建立各级各类教育督导评估制度，开展各级各类教育专项督导，重点做好培育和践行社会主义核心价值观督导。推行督学责任区制度，全面规范学校办学行为，有效开展学校教育教学工作的督导，精准把脉、对症帮扶，开展诊断式督导，提升学校办学能力，解决发展困难。科学实施评估监测。推动教育质量监测数据库系统和信息化建设，实现教育质量在线监测和监测的动态化、常态化，减轻督导人员和学校负担。

最后，提高评估人员的专业化水平。建设专兼职结合的督导人员队伍，通过建立督导资格制度，对督学人员的权利、职责、义务，督学人员的任职条件，获得资格的程序、方式等进行明确规定。对督导人员的政策理论水平、思想品德修养、学历水平、业务素质以及教育理论等进行严格的要求，坚持"先培训、再上岗"的原则，保证督导人员的素质和督导活动的专业化。

2. 培育第三方教育评估体系，实质性推进管办评分离

管办评的分离就是要将教育督导评估公共事务根据法律规定采取委托授权或服务购买的方式，交由社会部门来承担，这必然要求有大量社会专业机构参与承担管理、督导、评估以及办学的职责。而当前可以依靠的比较成熟的专业机构数量少，质量不高，难以承担起这些职责。如何通过政策支持和引导培育专业机构，增加社会专业机构的数量，提高专业机构的质量，同时又不影响专业机构自身的属性，不把它们变成政府的附属机构，是管办评分离面临的重要挑战。

首先，要建立第三方评估行业标准，提高教育评估机构的专业化程度。为了确保社会评估机构进入学校评估市场后能真正胜任，政府要制定严格的市场准入标准与条件。如提出专业技能及服务能力上的要求，对机构的性质、注册时间、注册条件等方面做出规定。同时，为了避免出现机会主义、寻租与败德行为，不仅需要对社会评估机构履行督导评估职能的状况进行监督，而且也需要对其市场准入资格进行定期认定。

其次，积极培育各类社会评估主体。第三方评估主体可以包括：（1）社会各界代表，包括人大代表、政协委员、社区代表、家长代表、政府其他部门和企事业单位代表等。尤其要注意健全家长委员会组织机构，促进学校与家庭的沟通联动，请家长参与监督学校的办学行为和办学质量。（2）具有监督评议职能的部门或组织，包括各级纪检监察机关、社情民意调查队、评议

工作领导小组等。（3）教育研究评估专业机构，包括各级教育评估所、评估院、评估中心、高等院校等。（4）经民政部门注册的具有一定专业水平的民办非企业组织或其他社会组织，包括相关教育行业协会、专业学会、基金会等。目前，要大力发展民办非企业单位、社会团体、市场中介机构和事业单位等多种类型的专业机构。

最后，加强第三方评估社会服务购买。委托评估监测的主体并不限于政府，在体制机制逐渐健全以后，教育督导机构、各级各类学校、各种媒体以及企业、社区等广义教育服务的用户，都可以委托社会组织开展对教育的第三方评估监测。在遴选第三方评估机构时，要按照公开、公平、公正的原则，向社会公开社会组织评估的项目、内容、周期、评审流程、资质要求等，以便于相关机构了解情况并申请参加遴选。要通过招标、邀标等方式，择优选用第三方评估机构，并通过合同等形式明确双方的权利义务关系。政府和学校应设立专项经费用于购买第三方评估服务，保障第三方评估活动的有效开展。

3．合理使用评估结果，完善反馈、问责、督导体系

建立评估结果使用机制，充分发挥评估的引导、诊断、改进、激励等功能。政府应建立健全专业评估结果使用制度，及时向各级政府和有关部门通报评估结果，并以适当的形式向社会公告。把评估结果作为评价各级政府和学校教育工作成效、考核领导干部政绩、实施表彰奖励的重要依据。建立反馈问责机制，围绕国家重大教育法规和政策落实约谈督促各级政府和学校。各学校也要高度重视评估结果的使用，突出评估的权威性和导向作用。

（四）社会参与是关键

教育系统内嵌于整个社会结构之中，在与其他社会组织和个人的互动中发展。在利益诉求及其实现手段日益多元化的现代社会中，允许并鼓励家长、社区、社会组织、公民个人等各种社会力量积极参与，对于教育体制的改革完善具有支持作用，是适应社会变迁、观念转变与教育发展需要的必要选择。构建共同参与的教育体制机制，有益于供给多样化、可选择的教育服务，提高公共教育服务的质量和高位公平，且有助于教育行政部门与公众在

实际的教育活动中发展起价值共享的信任体系，促进教育行政的优化。

自 1985 年《中共中央关于教育体制改革的决定》提出"通过改革来更好地调动各级政府、广大师生员工和社会各方面的积极性"以来，改变政府包揽教育的格局，调动社会各方面积极参与教育发展，一直是扩大教育资源、提升教育质量的重要路径之一。在系列政策文件和《中华人民共和国民办教育促进法》的支持与规范下，社会力量积极参与办学，建立起了贯串学制系统的民办教育体系，并适应民众教育需求，以市场化的方式提供各种教育服务。2010 年，面对受教育者及其家庭自主意识日益彰显、办学特色和活力亟待激发等社会变迁为教育带来的新变化，教育改革决策在市场途径之外，进一步拓展了社会参与的范畴：《国家中长期教育改革和发展规划纲要（2010—2020 年）》提出，要"适应中国国情和时代要求，建设依法办学、自主管理、民主监督、社会参与的现代学校制度"。2015 年，《教育部关于深入推进教育管办评分离促进政府职能转变的若干意见》提出建设依法办学、自主管理、民主监督、社会参与的现代学校制度，构建新型的政府、学校与社会的关系，目标是"到 2020 年，基本形成政府依法管理、学校依法自主办学、社会各界依法参与和监督的教育公共治理新格局"。

1. 以利益共享激活体制改革动力，促发社会参与的热情与灵感

以利益共享为指导原则，保障教育参与者的权利与合法利益，鼓励和支持各种有益于扩大社会参与的改革举措。以分类管理为原则，以法律规定为准绳，以区别化的税收优惠为手段，引导各级各类民办教育分类发展。以公平、公开、公正为前提，以合同约定为保障，进一步推行政府购买教育服务，创新教育服务的提供方式，充分利用社会力量提升从课程教学、教育评估、学习资源、教育管理直至人才培养全过程的服务质量。以国有资产不流失为前提，以产权清晰、责任明确为保障，在办学过程中积极进行各种形式的公私伙伴关系改革试点，活化办学体制，探索成功经验。以多元参与为形式，以群策群力为目标，鼓励家长、社区、相关社会机构、教育中介组织、教育研究机构和其他相关群体参与办学并监督学校发展，建立共治型学校治理体系。以协同为手段，以创新为目标，大力支持高等教育机构与各类社会组织协同创新，开发并转化科研成果。以家庭教育和学校教育合作互促为目标，以家庭教育研究为指导，以政策供给为依托，促进构建家庭教育指导服务体系。同时，坚持互利双赢，以提升教育活力、丰富教育服务供给为目标，以合理合法为标准，大胆构思，小心实践，对社会参与的形式与内容创新予以大力支持。

2. 以服务型政府增强公众的社会参与信心

转变政府职能，优化教育行政工作思路与工作方式，建设服务型政府，依法履行教育行政职能，强化政府与公众之间的信任关系。立足服务本位，面向学校与社会简政放权，建立共享共治的公共教育治理体系，尊重公众作为公共教育参与主体的地位。继续实行并扩大政府信息公开，为公众了解相关教育信息提供便利，为社会力量参与教育治理提供帮助。解放思想，鼓励在合法范围内创新并发展有益于教育发展的社会参与形式。以适度奖励等举措鼓励家长、公民个人、社区和社会组织等以多种形式积极参与教育发展。以稳定和具有可持续性的政策保障公民参与教育发展时的合法权益。

3. 以专业化和信息化提升社会参与的能力与效率

建立并扶持社会参与的专业组织。继续大力支持家长委员会的建设和发展，鼓励扶持由专家学者、政府官员、普通公众、行业代表等各方代表组成的各种教育咨询委员会，依法引导民办教育规范化和专业化发展。加强对社会参与相关研究的支持力度。为相关组织及其社会参与理论和实践的发展提供适当的财政支持、技术支持和专业支持。

利用信息技术，构建各种便于公众参与教育治理的交流平台，提升公众的社会参与广度、深度。运用网络技术，进一步构建和完善教育信息数据库，建立教育数据监测系统，并定期公开发布相关数据，为教育的社会参与提供信息资料，提升社会参与的效率。

4. 依法治教构建社会参与的体制机制

尊重社会参与作为教育体制改革支持系统和现代教育治理体系不可或缺组成部分的重要地位，制定并完善促进社会参与的教育政策法规，构建社会参与机制。践行依法治教，坚守教育公共性价值，从教育政策法规层面肯定并鼓励教育改革与发展中各种形式的社会参与，强化对社会参与的支持与保障，规范社会参与的行为边界，提升社会参与的质量与效率，并及时将实践层面行之有效的社会参与经验制度化。以实践经验为基础，以教育研究为保障，以教育立法为手段，理清教育治理体系中多元主体间的法律关系。以负面清单等政策工具为抓手，界定家长、社区、非营利组织、营利组织及公民个人参与教育治理的权责范围、参与任务、参与途径与方法。以新修订的《中华人民共和国民办教育促进法》为依据，尽快细化对营利性和非营利性两类民办学校进行分类管理的具体方案，探索以差别化的税收优惠政策加强对民办学校的营利程度、教育产品属性、学校公平竞争及学校结构布局等方面的调节能力。

5. 以宣传教育提升公众的社会参与意识

在全社会范围内，积极开展鼓励社会力量以多种形式参与教育发展的宣传教育活动。充分利用报纸、出版物、电视、广播等传统媒体和门户网站、网络论坛、自媒体等新兴网络媒体，建立有关社会参与的公共信息传播渠道，并及时跟进信息传播技术的发展，扩大有关社会参与的信息传播途径。各级各类学校以各种形式加强公民教育，并开展对社会参与教育治理的主题教育，提升年轻公民及其家长的社会参与意识与能力。

四、对教育治理理念的简要评价

治理理念除强调治理主体的多元化外，还强调治理过程中政府和社会之间的双向互动，以及多个治理主体之间的相互影响。传统的政府统治通过运用政治权威，对社会进行自上而下的单一向度的管理和统治。与此不同，治理主体多元化和治理过程的复杂化使得政府和社会、政府机构和非政府组织、公共机构和私人机构之间的合作成为可能的和必要的，不再像过去一样任由政府摆布，而是自下而上对政府有重要的影响。同时，政府机构、非政府组织以及各种公共的和私人的机构主要通过合作、协商的途径，共同对社会公共事务进行管理。不同治理主体之间的影响是相互的，没有哪一个机构，包括政府部门，能够长期拥有超出其他机构和组织的权威影响而居于统治地位。在社会公共管理领域内，政府与其他社会组织群体势力共同构成了相互依存的治理体系。它的运作逻辑是以谈判为基础，强调行为者之间的对话与合作。

从以上分析中，我们可以看到，治理理念强调多元，强调治理过程中的多元互动，这正是教师共同体所呼唤的学校管理改革的方向。这些方面恰恰与教师共同体的理念是相契合的。而治理理念强调政府角色的弱化，强调对社会非政府组织和公共机构的支持，强调政府与社会的双向互动、相互影响，给予了社会组织和公共机构充分的独立性、自主性和尊重。

案例分析

浙江省杭州市上城区："管办助评"释放学校办学活力 ①

杭州市上城区近年来在均衡发展的基础上，通过区域教育综合改革，积极开展探索与实践，推进教育治理能力和治理体系现代化，进一步释放学校办学活力，提升教育质量，促进教育公平。

一、实施"管办助评"改革，促进教育治理结构转型

教育行政部门对学校的日常管理从以具体工作管理为主转到以学校发展规划管理为主，教育督导机构根据规划目标对学校实施三年成果考核，加强结果问责。将学校办学中有关人员、经费、设备、课程等方面的自主权真正赋予学校。学校的办学目标、发展路径和主要措施，由各校按照自己的现状、条件以学校章程与发展规划的形式自主确定。与其他县区管办评分离改革相比，上城区突出了导助机构的改革，明确了区教育学院等直属部门为导助机构，剥离其行政管理功能。同时成立上城区教育督导与评价中心，通过日常性和形成性评价发现和诊断问题，以促进学生、教师、学校的发展。

---

① 浙江省杭州市上城区："管办助评"释放学校办学活力 [EB/OL].（2015–07–11）[2017–04–29].
http://www.moe.edu.cn/jyb_xwfb/moe_2082/zl_2015n/2015_zl23/201507/t20150713_193596.html.

二、强化简政放权，提高科学管理和协同管理的水平

区教育局简政放权，重在打破原有行政思路和工作模式，无论是在机构设置、职责设定还是在工作方式上，都突出为学生、教师、学校发展服务的理念。如设立教育惠民服务中心，对外面向社会，以群众需求为导向，接受社会各方意见和咨询；对内发挥综合办公室职能，统筹协调教育局各部门工作，最大限度地减少会议、通知，减轻学校负担。

三、坚持育人为本，重建导助机构工作机制

教育学院、青少年活动中心等导助机构根据不同学校和教师的发展需求，个性化"定制"服务菜单，消除学校"被服务"的现象。如原来的教研室更名为"学生发展研究中心"，同时按学生学段重新组织研究队伍，由重视研究教师"教"转向"研学"与"研教"并重，改变教研方式，按需开展定制式教研、跨学科教研和诊断式教研等。

四、简评

在推进管办评分离，提升教育治理水平的过程中，政府的职能到底是什么，是一个关键问题。目前，简政放权、管办评分离、推进治理体系综合改革虽然已经成为共识，但在实践中政府权力过度集中仍是不争的事实。政府权力过度集中事实上造成了学校主体的缺位，所以在合法合理的限度内划分和配置教育权力，下放办学自主权，是提高政府管理能力的客观要求。政府更应该侧重于宏观管理和组织协调，权力下放、重心下移，突出督导职责和服务功能，杭州市上城区教育行政部门从"管理"到"导助"的改革探索提供了很好的借鉴。

四川省成都市青羊区政府放权改革①

在推进区域内现代学校制度建设的过程中，四川省成都市青羊区教育局首先对自身在教育活动中的角色进行了思考，改变传统的全方位组织和管理教育活动的定位，主张将自身职能转变为教育的规则制定者、资源保障者和

---

① 案例来源于笔者的调研。

评价监管者，而其他职能需要交付给具体的事务部门。

基于这一角色定位，青羊区教育局近年来进行了职能梳理和权力再分配，面向下级单位、学校和市场适度放权，以"尽可能避免机关把下面学校的事干了"。该区将培训职能交付给教科院、少年宫等单位负责，聘请市场化运作的第三方评价机构承担区内青年教师达标认证及区内学校的部分评优事宜，同时在一定程度上扩大了学校在公共经费使用、招生和课程改革方面的办学自主权。

另外，青羊区教育局在现代学校制度的建设中，积极促成优质学校集团化办学，以优质教育资源和管理经验的分享传播促进教育均衡，提升区域基础教育水平。成员学校保持其独立法人地位，在财务、法律责任、人员聘用等方面各自独立，但在课程教学、考试、学校活动、教师教研等方面进行一定程度的资源共享与互助帮扶，从而突破了学校治理中对于学校"边界"的传统理解，在集团内以优质带动薄弱，以先进带动后进，以共享带动发展，扩大了学校的办学资源，并有益于各学校在现代学校制度建设中灵活吸取他人的优秀办学经验。

成都市青羊区政府展开了教育督导和社会参与评价机制创新。目前，青羊区教育局主要采取绩效评估的方式对学校的教学质量进行督导。这种评估是相对宏观的、全面的综合性评估，每年进行一次。评估指标包括基础性指标和发展性指标：前者包括达标性指标和警戒性指标，主要对学校规范办学和依法办学的情况进行衡量；后者包括学生指标、教师指标和学校发展指标，是判定学校最终绩效得分的主要依据。教育局会根据评估结果给全市区学校评等级，按照等级给学校和校长拨付奖励性绩效，学校的评分约占校长绩效评估的60%。同时，教育局会根据评估报告对学校提出相应的意见和建议。

随着教育管理部门的主要职能逐步向评价和监管转变，评价机制和方式方面也有所改变。过去所有的教育评估都采取由教育局"从头到尾一家操刀"的方式，由政府进行评估标准的制定和评估人员的组织。现在在一些涉及评优的评估项目方面，开始以项目制的形式聘请更为专业的第三方社会机构来操作——教育局只需要提需求，然后第三方机构会根据需求做方案、列预算、开发工具和制定标准。与教育局的综合性评估不同，第三方主要进行单项评估，采取材料评估、数据评估等方式。比如，青羊区新教师的三年认证达标评估就是委托第三方评估机构来进行的。它们主要通过听课、家长满意度调查、学校满意度调查等方式来对新教师做出评估。

简评

制度可以为组织活动提供稳定性，因此制度化的组织间合作关系更具有常态意义，能够保证工作的可预测性和一致性，减少随意性。成都市青羊区在推进改革的过程中系统思考，顶层设计，努力构建一个教育行政部门、学校、专业评估机构、社会之间更为适切的权力关系。除了在政校关系、学校内部治理结构方面的探索以外，青羊区还积极通过加强督导和评估监测来引导改革，这是值得关注的。当然，当前比较成熟的专业机构数量仍然较少，如何通过政策支持和引导培育专业机构，增加社会专业机构的数量，提高专业机构的质量，同时又不影响专业机构自身的属性，是我们当前共同面临的难题。

第十七章　教师专业发展

一、教师专业发展的缘起和发展

20 世纪 60 年代中期以后，随着发达国家人口出生率的下降，对教师的需求量也开始降低。由于当时经济困难，发达国家教师培养机构成为政府削减公共开支的对象。与此同时，在一些国家，社会由于对教育质量的不满而出现了对教师教育的批评。教师质量与教师教育改革受到空前的挑战。

1966 年联合国教科文组织和国际劳工组织发布《关于教师地位的建议》（Recommendation concerning the Status of Teachers），提出"应把教育工作视为专门的职业，这种职业要求教师经过严格的、持续的学习，获得并保持专门的知识和特别的技术"[1]。1980 年，以教师专业发展为主题的《世界教育年鉴》（World Yearbook of Education）出版，教师专业发展问题受到国际社会高度关注。

1986 年，美国的卡耐基教育和经济论坛（Carnegie Forum on Education

---

[1]　Recommendation concerning the Status of Teachers [EB/OL].（1966–10–05）[2017–05–25]. http://portal.unesco.org/en/ev.php–URL_ID=13084&URL_DO=DO_TOPIC&URL_SECTION=201.html.

and the Economy）、霍姆斯小组（The Holmes Group）相继发表《国家为培养21世纪的教师做准备》（A Nation Prepared：Teachers for the 21st Century）和《明日之教师》（Tomorrow's Teachers）两个重要报告，正式提出以教师的专业性作为教师教育改革和教师职业发展的目标。报告明确提出了"教学专业化"这一概念，并将其视为提高公立学校教育质量的必要途径。报告的作者认为，要提高教学质量，一要确立教学工作的专业性地位，二要建立起与这一专业性职业相应的衡量标准。师范教育的责任就在于培养出训练有素的达到专业化标准的教师，以教师的专业化来实现教学的专业化，以确保未来学校对师资的需求。另一方面，教师也可以以较高的专业化水平来赢得较高的社会地位。这一建议一经提出，立即得到美国各界的普遍认可和赞同，教学专业化很快形成一场声势浩大的改革运动。

1996年，联合国教科文组织召开了以"加强变化世界中教师的作用"为主题的第45届国际教育大会，再次提出"在提高教师地位的整体政策中，专业化是最有前途的中长期策略"，并建议从以下四个方面促进教师专业化：（1）通过给予教师更多的自主权和责任提高教师的专业地位；（2）在教师的专业实践中运用新的信息和通信技术；（3）通过个人素质的提升和在职培养提高教师专业性；（4）保证教师参与教育变革以及与社会各界保持合作关系。

自此，教师专业化的关注点开始由使教师享有律师、工程师那样的社会地位和工资待遇的外部努力，转向教育内部的促进教师在教学中的专业成长。教师专业化在转向教育内部的过程中逐步让位于新的概念——教师专业发展。

美国教师专业化运动对国际教育产生了很大的影响。许多国家或直接或间接地将教师专业发展纳入研究和政策视野。美国、英国、澳大利亚、日本等国先后制定了教师专业标准，用标准化推动教师教育的改革与发展。2013年6月俄罗斯教育科学部出台的《教师专业标准》从教学、培养工作、发展（实现专业发展必备的个人素质与职业能力）三个维度对教师的专业标准做了比较详尽的规定。[①] 我国 2012 年编制了学前教师、小学教师和中学教师的专业标准，并已开始着手编制各学科教师专业标准。

二、教师专业发展的主要内容

（一）专业和教师专业

理解教师专业发展的概念需要从对专业的认识开始。专业（profession）一词最早是从拉丁语演化而来的，原本的意思是公开地表达自己的观点或信仰。与之相对的是行业（trade），其中包含着中世纪手工行会所保留的对其行业的专门知识和技能的控制，它们只能传授给本门派的人。德语中"专业"一词是"Beruf"，其含义是具备学术的、自由的、文明的特征的社会职业。社会学家卡尔－桑德斯（A. M. Carr-Saunders）认为，专业是指一群人从事一种需要专门技术的职业，这种职业需要特殊的智力来完成，其目的在于提供专门性的社会服务。[②] 近代哲学家怀特海（Alfred North Whitehead）认为，"专业是一种行业，其活动有理论的基础、科学的研究，可以验证，并且能从理论分析与科学验证中积累知识来促进这个行业的活动"[③]。一种职业要成为一门专业，至少要具备以下特征：（1）为社会提供专业服务；（2）具有专门知识与技能；（3）有专业自治或自主权；（4）有专业守则；（5）有专业团体；（6）获得社会的高度信任和满意；（7）有较高的社会地位与经济地位；（8）从业者接受过长时间的专业训练，包括在职培训；（9）能从事研究活动。[④]

那么就教师这一职业来讲，其专业性应该包括：（1）掌握专门（所教学科）的知识和技能体系。（2）经过较长时期的专门职业训练，掌握教育学科的知识和技能，并经过"临床"实习。（3）有较高的职业道德。（4）具有不断提升自身专业水平的能力，即进修的意识和不断学习的能力。（5）具有职业自主权，包括在职业生活中对于专业事务的判断和行动的独立性，自主规

---

① 杨晶，于伟．俄罗斯《教师专业标准》解读 [J]. 外国中小学教育，2015（2）：40.
② 转引自教育部师范教育司．教师专业化的理论与实践 [M]. 北京：人民教育出版社，2001：32.
③ 转引自陈琴，庞丽娟，许晓晖．论教师专业化 [J]. 教育理论与实践，2002（1）：38-42.
④ 转引自王希海．专业化视野中的高校教师专业素养研究 [D]. 长春：东北师范大学，2007.

定适合本职业的资格条件。也就是说，教师有权根据教育方针和课程标准自主处理教育教学工作，并且自主提出对教师的资格要求。当然教师也要对自己的行为负责。（6）有职业的专门组织，即行业组织，进行行业自律。①

（二）教师专业发展

1. 教师专业发展的概念

霍伊尔（E. Hoyle）认为，教师专业发展是指在教学职业生涯的每一阶段，教师掌握良好专业实践所必备知识与技能的过程。② 佩里（P. Perry）认为，教师专业发展意味着教师个人在教师专业生活中成长，包括信心的增强、技能的提高、对所任教学科知识的不断更新拓宽和深化，以及关于自己在课堂上为何这样做的意识的强化。从其积极意义上来说，教师的专业发展包含更多的内容，它意味着教师已经成长为一个超出技能的范围而有艺术化的表现，把工作提升为专业，把专业智能转化为权威的人。③

英国诺丁汉大学社会科学院教育学名誉教授克里斯托弗·戴（Christopher Day）综合众多学者的观点，提出了一个颇具包容性的界定：教师专业发展包含所有自然的学习经验和有意识组织的各种活动，这些经验和活动直接或者间接地让个体、团体或学校得益，进而提高课堂的教育质量。教师专业发展是一个过程。在该过程中，具有变革力量的教师独自或与人一起检视、更新和拓展教学的道德目的。在与儿童、年轻人和同事共同度过的教学生活的每一阶段中，教师不断学习和发展优质的专业思想、知识、技能和情感智能，他们的学习和发展具有批判性，因为教师不只是知识和技能的容器。④

从本质上说，教师专业发展是教师个体不断发展的历程，是教师不断接受新知识、增长专业能力的过程。教师要成为一个成熟的专业人员，需要通过不断的学习与探究来拓展其专业内涵，提高专业水平，从而达到专业成熟的境界。教师专业发展一方面强调教学工作是一种专门职业，教师是履行教

① 顾明远. 教师的职业特点与教师专业化 [J]. 教师教育研究，2004（6）：3-6.
② 转引自蒋竟莹. 教师专业化与教师专业发展综述 [J]. 教育探索，2004（4）：104-105.
③ 同②.
④ 卢乃桂，钟亚妮. 国际视野中的教师专业发展 [J]. 比较教育研究，2006（2）：71-76.

育教学工作的专业人员，经过长期培训的教师具有特定的行为规则和高度的
自主性；另一方面，它也是指增进教师专业化、提高教师职业素养的过程。

2. 教师专业发展的特征

根据对教师专业发展基本概念的分析，阿卜杜勒－哈克（Ismat Abdal-Haqq）发现了有效的教师专业发展有如下特征：（1）具有持续性；（2）能提供个人反思和团体探究的机会，提供相关辅导或其他跟进措施；（3）以学校为本，与教师工作密切相关；（4）强调合作性，为教师提供互助的机会；（5）关注学生学习，将其作为评估有效性的指导原则之一；（6）鼓励并支持以学校为本的教师革新计划；（7）具有基于教学实践的知识基础；（8）将建构主义观点融入教学；（9）视教师为专业人士和成人学习者；（10）提供充足时间和后续支持；（11）易于把握和整合。[①]

3. 教师专业发展与一般发展

教师专业发展的关键词是专业，实现教师专业成长、推动教师的专业发展是十分重要的，但是不能不以社会人的一般发展为基础。如果专业工作者离开或不顾人的一般发展，人性扭曲，那专业发展也是扭曲的。这是值得警惕的。

因此，教师专业发展实践一定要重视教师作为人的一般发展。但这不是抽象的，对我国教师来讲，就是要将教师专业发展建立在当代中国人、中国公民的发展基础上。现在媒体上对学校教师的不良行为时有报道，集中体现了极少数教师作为一般人和公民的基本良知的缺乏，这些教师受到过专业培训，却失去了做人的底线，我们要引以为戒，警钟长鸣。

4. 教师专业发展理念的多元取向

教师专业发展理念主要有三种取向，分别是理智取向、实践－反思取向和生态取向。

（1）理智取向

第一，该取向强调教师行业的专门性与独特性，主张教师具有可以与医

---

① 转引自谢延龙. 校本教师发展述评 [J]. 教育探索，2004（5）：105-107.

生、律师等相媲美的"专门知识与技能"，教师教学应成为一项理智的职业。

第二，该取向强调教师专业知识基础，主张探索有效教学的一般规律。在此过程中，倡导教师成为研究者，重视科学研究方法。

第三，该取向强调教师在教学实践中对教育理论与方法的应用，重视案例形成和经验积累，特别是教师最终形成个人的结构化知识与技能。

（2）实践－反思取向

第一，该取向根据对知识来源与性质的理解，认为教师的专业性以个人的、实践的知识为根基，教师通过反思实现自我理解和专业发展。反思取向的教师专业发展是一种重"实践"的理念，反思的对象来源于实践，最终目的也是回归并推动实践创新。

第二，该取向的教师专业发展主张认知与反思是教师成长的最有效途径。它要求教师不断反思自己的教育教学思想和行为，以顺利实现先进理论与教师实践的结合。教师的成长是在经验中学习、在反思中成长的过程。教师结合自身的教育教学实践，进行行动研究，能有力地促进教师的专业发展。

第三，该取向的教师专业发展认为教师的自我效能感很重要，是教师专业发展的重要内涵。教师对于自己的教育教学工作应该是充满自信的，有良好的心态和饱满的热情。

（3）生态取向

第一，生态取向的教师专业发展关注教师专业发展的社会、政治、经济、文化背景及其相关因素之间的关系，主张以教师专业发展为目的，有针对性地调适教师工作的生态环境，建构一个良好的内外部环境协调机制，形成良好的教师专业发展生态环境。

第二，生态取向的教师专业发展从教师是社会人的观点出发，在努力推进教师个人的学习与实践反思的同时，积极提倡合作，倡导建设学习共同体，形成合作取向的专业发展模式。当然，合作也包括与社区和家庭的合作。

第三，生态取向的教师专业发展呼吁让教师的专业发展回归到自我成长的生态环境，认为只有这样，教师才能自觉主动地实现专业发展。因此，在教师培养培训的过程中，应尊重教师的主体性，关注教师的生命价值，促进教师在体验与合作交流中增长才干。

当然，在当代的教师教育和基础教育实践中，以上三个取向不是孤立存在的，它们是相互紧密关联的。

5．教师专业发展的实践形式

教师专业发展有四种实践形式，即教师外控式发展、校本教师专业发展、教师团队专业发展、在线教师专业发展。

（1）教师外控式发展

外控式的教师专业发展是指由教育管理部门或学校管理者组织各类教师培训，提出各种专业发展要求，以期从外部对教师专业发展进行帮助、检测和控制。这种发展形式是必要的，但这不是根本性的。过度使用这种形式会损伤教师投入专业发展的主动性。

外控式的教师专业发展活动的目的往往是传播某种教育思想或理论，提供解决教师教学过程中普遍问题的方案，活动内容仅注重知识和技术训练。这种发展活动无长远的发展策略，脱离一线实践，教师是被动参与的。这种教师专业发展靠外在诱因来推动，如通过升职、晋级或考核等来激励教师参与。

（2）校本教师专业发展

校本教师专业发展是指以学校为基地，扎根于教育教学实践，旨在促进教育教学质量提高的教师专业发展。校本教师专业发展有六个特点：

第一，内容是多维的。校本教师专业发展的内容既包括教学知识和技术，还包括情意、价值信念、认知和行为的改变和发展。

第二，目的是本校教师专业发展。校本教师专业发展不仅考虑学校的需要和学校发展的目的，更重视教师个体的目的，满足和支持教师个体专业成长的需要。

第三，规划是系统的、战略性的。从学校管理者的角度，校本教师专业发展是学校系统的、战略性管理的一部分，因而能得到组织层面的持久而有力的支持。

第四，动力在于教师的自主参与。教师所任职的学校和教师本人都是校本教师专业发展的参与者和执行者，教师个体的主动参与是其内在推动力。

第五，形式多元化。校本教师专业发展绝不局限于专家讲座，它是丰富多彩的，包括研讨会、讲学、访问、训练、课例研究、学习评价、学校与社区互动等多种形式。

（3）教师团队专业发展

教师团队专业发展是指教师所在学校、所在学科、所在年级的教师共同体，或跨校、跨地区的教师共同体的集体专业成长。这是相对于个体教师发展而言的。

教师团队专业发展是教师自主发展的必经途径，孤立的教师无法实现专业发展。教师的专业发展是教师自身素养的提升，而这种提升必须是在教育教学实践中，在与学生打交道、解决学生问题促其进步的过程中实现的。在教师团队（即教师共同体）的专业发展中，"合作研究"是关键词，合作研究主要有以下几种途径。

第一，备课研究。积极打造集体备课研究平台，让每个教师都扎扎实实地加入研究行列，各教研组集体备课制度化、常态化，每学科每学期集体备课一次，在活动中商讨教学中的疑难问题，研究教学环节设计的有效性。通过集体备课，使参加备课活动的教师获得丰富的教研经验和更深层次的活动体验，在促进教师专业发展的同时，也提升教研组的整体备课水平。

第二，课堂观摩。课堂观摩是一种有计划的指向教师发展的活动。课堂观摩分为三个步骤：观摩前会议，教室观摩，观摩后会议。教师专业发展理念鼓励教师彼此听课，分享信息和经验，从而改善教学，最终促进学生的发展。课堂观摩者可以是地方教研室教研员，也可以是外校的教师，但主要是本校教师。观摩的目的在于发现问题、研讨问题，促进教师专业成长和学习质量的提升，而不是对教师进行终结性评价。

第三，学习教育新理念。教师专业发展就是要实现教学、研究和学习三合一的专业生活。学习教育新理念是促进教师专业发展的一个重要方面。教师学习共同体的学习活动主要涉及教师按照计划阅读相关内容并结合实际共同讨论。经过讨论，教师获得对教学和教师专业发展的新理解，推动教学实践的改变。

第四，名师带徒制度。实施名师带徒制度是教师专业发展的重要措施，主要是通过骨干教师与普通教师结成对子来发挥名优教师的引领作用，提高教师共同体的整体素质。一般采取师徒相互听课、共同备课、同课异构等形式来进行。有些学校要求每学期的活动不少于六次，且都有记录。而且每学年，共同体都要评选出"优秀师徒"，并给予一定的物质和精神奖励。①

（4）在线教师专业发展

在线教师专业发展是指以信息技术为基础的教师专业发展，即教师通过在线学习或网上互动实现专业提高的活动。作为一种新的学习方式，它主要以现代网络技术为支持，通过建立一个由在线学习教师、项目培训者、咨询专家、教育技术专家、教育行政人员和网络管理者构成的虚拟学习社区或学习者共同体，为旨在提升教师专业水平及参与项目的相关人员提供基于专业学识和经验的、面向学校教育实践和教师专业发展需求的学习机会与学习体验，以实现教师个人或群体的专业发展目标。在线教师专业发展是相对于传统的在场教师专业发展提出的，所以，其理念价值就体现在相对于传统的专业发展模式，它对教师学习方式转变、学习效果提高、教学意识增强等方面具有重要价值。②

目前，我国教师的在线专业发展进展很快，形式也很多，例如通过博客、校园局域网、校园 QQ 群等多种网络信息平台，开展备课、上课、教研、专业书籍阅读、教学随笔写作、作业设计、试卷编印、课题研究、案例反思等活动，展开丰富多彩的探讨与分享。

以上四类教师专业发展的实践形式都是互相联系的。如教师团队专业发展与校本教师专业发展有明显的交叉性，与在线教师专业发展也有紧密联系。这里只是为了叙述方便，做了相对的划分。

---

① 参见：杨翠 .PLC 视域下的美国教师专业发展研究 [D]. 开封：河南大学，2010.
② 付安权 . 教师教育新范式：在线专业发展 [J]. 西北师大学报（社会科学版），2009（2）：95–98.

综上所述，教师专业发展的实践形式集中体现了以下思想：第一，教师自主发展具有根本性的价值，学校管理者应当给予特别关注。但是，教师的自主发展不能一蹴而就，需要不断创造良好的条件，积极促进教师专业主体意识的觉醒。第二，教师专业发展不能满足于教师个体的专业化，不能停留在个体化努力的层面，从宏观上应当是整体教师的专业发展，微观上应当是一所学校的或一所学校一个学科教师的群体专业发展。第三，师生共同发展是教师专业发展的基本形式，教师就是在认识学生、研究学生、理解学生、促进学生成长中获得专业发展的，这既是专业发展的基本形式，也是其实现的基本途径。

6. 教师专业发展阶段理论

教师专业发展阶段理论，对教师的专业发展具有重要意义。它有助于教师理解自己在专业发展过程中的现状和前进方向，有助于教师根据发展阶段制订自身发展的短期和长期的规划。它也可以使教师发现处于发展前列同行的优长之处，使之学习有榜样，行动有目标，同时也有利于学校或教师培训机构针对教师专业发展的特点提供促进专业发展的辅助性条件。

目前，关于教师专业发展阶段的主要理论有：（1）关注阶段论；（2）教师职业生命周期阶段论；（3）教师专业社会化发展阶段论；（4）教师心理发展阶段论；等等。

（1）关注阶段论

关注阶段的研究是较早出现的教师专业发展阶段理论，以心理学家福勒（F. Fuller）为代表。福勒的关注阶段论是建立在职业生涯发展研究与理论成果之上的。关注阶段论根据教师关注内容的不同，将教师由师范生到专业教师的成长过程分为以下四个阶段：

①任教前关注（pre-teaching concerns）阶段。师范生在此阶段因为尚未经历教学角色，没有教学经验，所以只关注自己。

②早期生存关注（early concerns about survival）阶段。教师在此阶段关注的是作为教师的自己的生存问题。他们关注班级管理、教学内容以及指导者的评价。

③教学情境关注（teaching situations concerns）阶段。教师在此阶段关注

的是教学情境的限制和所遭遇的挫折，以及对他们的各种不同的教学要求。

④关注学生（concerns about students）阶段。教师们亲身体会到要想面对工作重任并解决教学问题，就必须随时关注与理解学生。①

（2）教师职业生命周期阶段论

教师职业生命周期阶段论以人的生命的自然衰老过程来看待教师的职业发展过程与周期，它对阶段的划分类似于人的生命历程阶段。主要的代表学者有伯顿（P. R. Burden）、费斯勒（R. Fessler）、休伯曼（M. Huberman）等人。

①伯顿的教师专业发展阶段包括：求生存阶段、调整阶段、成熟阶段。②求生存阶段，是指教师在教学的第一年面对和适应多种事物的阶段；调整阶段，是指教师进入教学的第二至第四年，开始了解孩子的复杂性，寻求新的教学技巧与解决问题的新方法的阶段；成熟阶段，指教师在进入教学的第五年后不断地追求并尝试新方法，更关心师生间关系的阶段。

② 1984 年，美国学者费斯勒提出了教师职业生涯发展周期论。该理论将教师发展历程分为八个阶段：职前教育阶段、引导阶段（或入职阶段）、能力形成阶段、热心成长阶段、职业挫折阶段、稳定和停滞阶段、生涯低落阶段、生涯退出阶段。③费斯勒借用社会学的研究方法，将教师的发展周期置于个人环境与组织环境共同交互作用的背景中来考察，认为教师职业生涯是受多因素影响的动态、变化、非线性的发展过程。

③休伯曼提出了教师职业周期主题模式：入职期；稳定期；实验和重估期；平静和保守期；退休期。

（3）教师专业社会化发展阶段论

教师专业社会化发展阶段论从社会学角度考察教师成为一名专业教师的

① Fuller F. Concerns of teachers: a developmental conceptualization [J]. American Educational Research Journal, 1969, 6（2）: 207-266.

② Newman K K, Burden P R, Applegate J-H. Helping teachers examine their long-range development [J]. The Teacher Educator, 1980, 15（4）: 7-14.

③ Fessler R. A model for teacher professional growth and development [M] // Burke P J, Heideman R G. Career-long Teacher Education. Springfield, IL.: Charles C. Thomas, 1985: 181-193.

变化过程，其关注点放在个体需要、能力、意向与学校机构的相互作用上。该理论认为实习教师往往会经历"蜜月"阶段、"寻找教学资料和教学方法"阶段、"危机"阶段、"设法应付过去或失败"阶段；正式教师则往往会经历初任期、平淡期、厌倦期等阶段。[①]

（4）教师心理发展阶段论

1992 年，加拿大学者利斯伍德（K. A. Leithwood）提出心理发展、专业技能和职业周期三维发展模式。他将教师发展过程划分为五个阶段，即入职期、稳定期（形成深思熟虑的专业志向）、分化期（新的挑战和关注）、专业发展平台期、准备退休期。[②] 这个五阶段论提供了一个新的视角，丰富了教师专业发展阶段理论。

教师专业发展阶段理论内容十分丰富，对教师的专业发展具有重要意义。它指明了教师专业发展的阶段和路径，帮助教师明确自己在专业发展过程中的前进方向以及要经历的步骤。

7. 教师专业标准

编制标准是实施教师专业发展的基础性工作，没有标准，实现教师专业发展就无依据、无遵循、无保证。20 世纪 80 年代以来，教师专业标准化运动兴起，成为影响世界基础教育的主流，成为推动教师教育的制度力量。30 多年来，发达国家先后制定并修改了教师专业标准，旨在加强教师队伍建设、提高教师质量，以指导教师专业化进程向预期目标发展。

2012 年 2 月，我国教育部研究制定了《幼儿园教师专业标准（试行）》《小学教师专业标准（试行）》《中学教师专业标准（试行）》，提出"学生为本""师德为先""能力为重""终身学习"四个基本理念，它们是教师作为专业人员在专业实践和专业发展中应当秉持的价值导向。

教师专业标准的编制与修订为教师专业发展提供了明确的方向，对教师的职前培养和在职教育都具有重要指导意义，是提升教师教育和基础教育质

---

① 周艳.教师·个人·社会：教师专业社会化研究[M].北京：中国工人出版社，2001：58-62.

② Fullan M, Hargreaves A. Teacher Development and Educational Change [M]. London：Falmer Press，1992：86-103.

量的重要条件。

三、对教师专业发展的评价

教师专业发展是引领教师教育，包括职前、入职和在职的教师教育质量提升，促进中小学及学前教育优质化的当代教师教育核心理念。它具有理论、政策和实践方面的重要意义。

（一）教师专业发展抓住了提高教师教育质量和基础教育质量的关键要素

宏观上看，基础教育质量取决于教师的专业精神、专业化水平和专业化能力。教师专业化包含了对教师社会地位和经济地位的诉求，还包括了把教师工作变成具有坚实专业基础的职业的持续努力，当然也包括对教师自身专业素养与能力的要求。而教师专业发展则集中于教育内部的教师职前、入职和在职的专业可持续发展。其实，这就抓住了教师教育的关键因素，将教师教育的专业化、一体化和终身化有机地联系在了一起。同时，教师专业发展理念的实践有助于提供高质量的师资，也彰显其对实现公平与优质基础教育的重要意义。

从中观和微观来看，教师专业发展正在成为提高地区和学校教育凝聚力的核心。一个地区、一所学校有没有凝聚力，有没有健康向上的文化，教师专业发展状态是一个重要的评价维度。基础教育是为学生终身发展奠基的，教师专业发展为基础教育阶段学生发展提供重要保障，只有通过教师的发展才能促进学生的发展。没有教师的专业发展，便很难有学生的健康成长。教师的专业发展不仅有利于教师的不断学习与成长，更重要的是有利于学生的发展与社会的进步。

（二）教师专业发展具有很强的实践性和发展性

实践是教师专业发展的基础和生命。我们说教师在实践中发展就是指教师在自身实践中经过不断的反思和建构实现专业发展。教师专业知识与能力结构体系是在教学实践中不断充实和进一步完善的。教师专业发展是在学校真实的教学情境这个现实土壤中逐步实现的。在教学情境中，由于有个人化的教育观念和自身的实践经验，教师的日常教育教学行为有其独特性。由于教师专业发展带有这种个性特点，因此有必要充分尊重、重视教师已有的实践经验和现实的专业实践活动。教师专业化实际上就是要把教育问题的学术研究回置于鲜活的现实之中，使理论研究返回思想的故里。教师在实践中对教育意义的主动探求，将提升中小学教师的教育责任感和理论思维能力，使教师对教育、学校乃至自身的存在与发展有更深入的理解，而这种不断加深的理解就是教师工作创新与教师获得发展的首要条件。教师专业化体现了现代教育的实践转向。教师专业化重视实践，重视理论与实践的融合，重视师范生和在职教师实践能力的培养和提升。推动教师专业发展就是着眼于实践，在教师的日常教育教学实践中逐步实现专业化。同时，教师专业发展也要求大学教师教育院系的改革面向实践的需要，改变理论脱离实践的弊端，与中小学建立伙伴关系，深化课程与教学的改革，促进我国基础教育的健康发展。

（三）教师专业发展理念是对教师成长自主性的重视

教师专业发展理念认为教师是专业发展的主体，其自主发展是基础。长期以来，在传统教育思想的支配下，教师一直作为被培训者。各级教育部门都高度重视对教师的培训工作，开办各种培训班和各种培训课程，但是收效不大。原因除了脱离教育现场外，就是没有把教师看作专业发展的主体。

其实，无论是职前培养时期，还是在职培训时期，都应当高度重视教师专业发展的自主性。请专家学者做培训是必要的，但那是外控式的。实现教师专业发展就要超越外控式的培训，让教师走向自主性的专业发展。这是一种飞跃，是需要下功夫才能完成的飞跃。因为只有使教师自身认识到发展对于自己的意义，认识到持续发展的价值，才会有专业发展的真正的内驱力，才会有自主发展。地方教育部门的领导者、学校的校长要认识到这一点，下决心实现这一飞跃，只有这样，教师专业发展理念才会得到教师的充分理解和接受，教师才会身体力行。教师专业发展理念要在教育实践中进行，与学校日常生活联系在一起，与身边的教学和生动活泼的学生的变化联系在一起。与教育实践的密切联系主要是指与学生成长的不可脱离的联系。高质量的教学、学生的健康成长是教师专业发展的根本目的。

（四）教师专业发展是在职教师终身学习的新动力

终身学习是当今世界教育发展的潮流，也是教师专业成长的必然选择，它要求教师一生都要持续不断地学习，即我们通常所说的"活到老、学到老"。因此，重视反思和总结是教师不断提高教学水平、形成自身教学风格的必由之路。但是，对教师来说，最重要的是在鲜活的日常教育教学实践中向同行学习，向学生学习，实现教学相长。教师专业发展是在教师解决学校教学实际问题中实现的。教育教学的现场是教师专业生活的主要场所，是教师专业发展的重要平台。离开学校、离开教室和课堂、离开教育活动就不可能有在职教师的专业发展，离开对学生的研究、对教材的研究、对课堂的研究，离开对教育政策的正确理解，教师实现专业发展便离开了健康的轨道。学校要培养浓厚的学习氛围，开辟学习阵地，作为专业要素之一的教师的研究始终是教师专业发展的积极推动力。而终身学习则是教师研究的必要条件。通过创建学习型学校、学习型教研组、学习型班集体，让终身学习成为学校每一位成员的价值追求，是教师专业发展理念所提示的重要内容。

案例分析

美国印第安纳州立大学的教师专业发展学校 ①

印第安纳州立大学教师专业发展学校（Indiana State University Professional Development Schools, ISUPDS），是印第安纳州立大学与拟建的伙伴关系学校经过长达一年的商讨于 1992 年建立的。截止到 2009 年，它已涵盖 5 个学区中的 19 所学校（其中有 11 所小学、2 所初中和 6 所高中）。任何一所想参与并成为其成员的中小学须同意分配一部分发展资源来配合伙伴关系目标的达成。

---

① 王荞 . 美国教师专业发展学校的经验与启示 [D]. 南昌：南昌大学，2013.

一、发展目标

ISUPDS 是一个典型的大学与中小学合作的教育与发展共同体。ISUPDS 有四个基本目标：

（1）通过创造不断改善的学习环境（有效的课程、教学设计和组织实践），确保所有学生尽可能发挥自身潜能。

（2）为实习教师提供最佳的学习环境。实习生通过在共同体内观摩高标准、严要求的课堂教学展示来学习教学技能，以满足他们的可持续专业发展需求。

（3）在大学教师和中小学教师的共同需求与合作的基础上，为他们提供富有意义的教师专业发展平台。

（4）支持学术研究和教学理论的发展，尤其是通过合作设计的伙伴关系项目来达成。

二、基本理念

伙伴关系的建立和发展是系统的，它通过创设一个从幼儿园到研究生院的无缝系统来改善成员作为合作者的新角色与伙伴关系这种新关系的发展，使得所有成员都能关注学习这一共同目标。

教师专业发展学校的伙伴关系是共生的，建立在组织间、成员间信任与平等的基础上。伙伴关系要对每位成员的贡献进行评价，这有助于其成员产生自我价值感与集体归属感。

伙伴关系成员通过严格的研究引导 ISUPDS 运行。当出现问题与挑战时，通过深入研究为问题解决提供决策依据和精确数据。

三、组织结构

ISUPDS 有较为完善的组织结构，并以此来保证其正常运行（见图 17-1）。

（1）管理委员会

管理委员会主导 ISUPDS 的政策制定和运作。管理委员会由 5 个学区的主管和伙伴关系主管组成。管理委员会为伙伴关系制定各项政策规定，并在大学管理委员会和 5 个学区的学校委员会核准通过后实施。

（2）指导委员会

伙伴关系的运作由指导委员会负责协调，该委员会包括各所中小学的教师代表和教师教育项目中的大学教师代表。为了完善这一沟通环节，学区代表也受邀列席指导委员会。联络员与校长被要求参与每一次的指导委员会会议，指导委员会每年至少召开一次全体会议。指导委员会也是一种开放讨论学校重构和改革过程中所遇到的问题的研讨会，在其中还可以探讨田野研究中所遇到的问题、教师教育项目中被意识到的缺陷等。

指导委员会下设两个附属委员会，附属委员会一主要致力于解决教师职前准备中所遇到的方方面面问题，成员包括指导老师、中小学心理专家以及承担领导角色的中小学校长。附属委员会二负责现场监管及大学教师、中小学教师专业技能的提升。指导委员会要对每所学校的年度发展计划和资金申请进行审批。在各类计划上的对话也是对工作的一种反思，有助于促进学习并形成改革和不断完善所必需的支持。指导委员会负有推进合作探究的职能，制定相应的指导方针并在必要时进行修改。它像一个"经纪人"一样帮助中小学和大学教师找到关乎共同利益的主题。例如在以中小学为主的专业发展学校计划案中，委员会就通过合理分配资金来支持合作探究。

（3）规划委员会

每所学校都组建了自己的规划委员会，由中小学教师、家长、学生、社区成员和大学教师组成，作为一个学习共同体，他们要确保教师专业发展的目标能够支持学校的整体改进目标，来自伙伴关系的资源能够集中用于学生学习。

ISUPDS 的协议对目标实施的责任划分有详细的阐释。协议中明确了中小学、大学甚至是每一名实习教师的权利与责任。协议的一部分涉及参与人员的配置和专业发展标准。

（4）改革研究小组

中小学改革研究小组由联络员与中小学校长和代表共同设计并成立。联络员把活动、政策以及操作程序告知教师，并将大学的信息传达给中小学。在秋季学期，联络员与中小学校长和代表共同确定本学年中小学的优先事务，支持该学年中小学改革目标的实现。

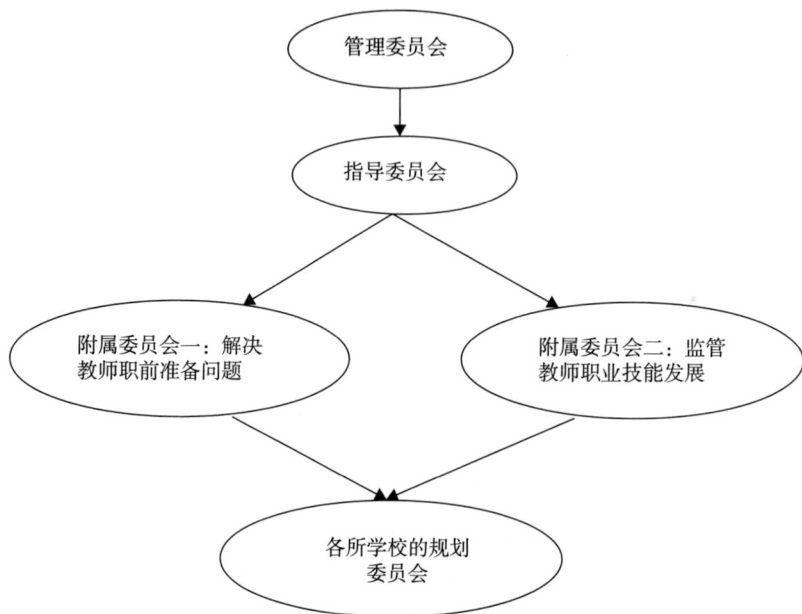

图17-1 ISUPDS组织结构

四、人员结构

ISUPDS 的每一所学校基本上都是由中小学和大学的学生、教职员工所组成的。大学教师和中小学教师在这里都被赋予了新的角色。

（1）联络员是由大学教师担任的，用于强化参与者们的常规性沟通。联络员的具体职能包括：服务于学校的改革小组，帮助小组策划专业发展活动；参与资金的筹措与提案的准备；协助中小学重构改革方案的发展与实施。联络员之间也要定期会面，就共同关心的问题进行沟通磋商。联络员通过在学校改革小组中的工作来促进伙伴成员间的合作，协助策划并实施有效的教师专业发展项目，组织以中小学教师们感兴趣的主题为主的研讨会，协调实习教师的初期田野研究，并将信息反馈给其他大学教师。

（2）大学教师现场助理由基础教育教师担任。他们把实习教师当作自己课堂上的搭档来看待，同时还配备有一名大学教师来监管实习教师的工作。此时，中小学教师作为正式的"大学教师现场助理"，可以和一名或更多名大学教师一起去监管实习教师的工作，出席大学教师会议并参与到大学教育学院的日常工作生活中。他们还可以协助学区规划一次或更多次教师专业发展活动或中小学所组织的社区活动。

五、资源

大学、学区和中小学把各自的资源通过各种方式投入到伙伴关系中去：

（1）每所学校每年都可获得1800美元的资金，以支持围绕学校发展目标而进行的教师专业发展、项目发展，学校发展目标必须与学校改革计划保持一致。

（2）每年每所中小学都会获得13个学时的免费研究生课程，以支持教职员工的专业发展。

（3）每年每个ISUPDS合作探究基金都有6000美元资助额度，通过指导委员会核准的探究项目都将获得资助。这些项目必须由教师与教师所组成的合作小组来主导，师范生也可参加。

（4）教师教育合作与创新中心在新教师进入教学专业和教师继续专业发展的过程中给予重点支持。该机构与数学教育中心、教育学院教育拓展办公室、项目赞助办公室协同合作为运作寻求延续资金。指导委员会为此提供顾问服务。

六、简评

以上从目标、理念、结构、资源等方面介绍了美国印第安纳州立大学教师专业发展学校的概况。从中我们可以认识到：建设教师专业发展学校是一种跨界合作，建立的是基础教育学校与大学的伙伴关系。合作基于共同的理念与愿景，推进实践取向的教师专业发展、促进普通学校教学质量的提高是其目标。合作、实践、研究、对话、分享成为教师专业发展的核心话语。

美国印第安纳州立大学的教师发展学校是一个典型的大学与中小学合作的教师专业发展共同体。其独特之处在于大学与中小学的合作不仅在追求理念上的共识和推动教师专业发展，而且直接进入课程与教学，进入教室和课外活动，进入学生的世界之中。该教师专业发展学校为此制定了具体可行并且有效的组织制度，并有稳定的经费保障。这种做法使教师专业发展与学生培养密切结合，大学与中小学的合作落到实处且根植于教学教育实践，并通过合作研究推动了教师专业发展活动的深入开展，非常值得我们学习和思考。

下　篇

第十八章　发展性教学理论

一、发展性教学理论的缘起和发展

第二次世界大战以后，世界各国都把发展的重心转移到了科技和经济的竞争上。从 20 世纪 50 年代末开始，原子能技术、电子技术、激光技术等科学技术得到了迅猛发展，从而引发了又一次现代科学技术革命。人类社会开始进入"知识爆炸"时代，知识更新速度大大加快，知识物化的周期大大缩短。科学信息的成倍增长，使得普通教育的教学内容不断增多而且越来越复杂。在这样的背景下，学校不可避免地要回答如下问题：学校教学如何才能最大限度地发展儿童的认知可能性，如何为儿童自觉而牢固地掌握教学大纲规定的整套知识创造条件。因此，从 20 世纪 50 年代初开始，教学与学生的发展问题开始为全世界教育学界所关注。

在苏联，自 20 世纪 30 年代末期以后，以凯洛夫教育学为代表的传统教育体系一直在教育领域中占据统治地位。该体系的一个最大缺陷就是忽视了对儿童心理特征的研究，在教育教学中把学生置于被动的客体地位，偏重于知识的传授而轻视学生能力的发展。在科学技术迅猛发展，学生的发展备受关注的条件下，以凯洛夫教育学为代表的传统教育体系显然已经无法适应社会发展的要求和满足生活的需要。

　　作为传统教学理论建设者之一的赞科夫，对于传统教育体系严重地落后于社会和生活需要有着清醒的认识。赞科夫认为，传统学校教育很少关注学生的创造性、首创精神和独立性，要培养学生的这些品质，就必须提高学生的一般发展水平，就要在教学理论上打破传统的观念。他认为，一般发展对于学生高质量地掌握任何一门学科知识和技能都有重要作用。如果能在提高学生的一般发展上取得重大的成效，那就会给学生真正地掌握知识开辟一条广阔的道路。他指出："在我们这个时代，学生的发展对他们将来的生活有着非常重大的意义！不管教学大纲编写得多么好，男女青年在中学毕业后不可避免地要碰到他们不懂的新发明和新技术。他们必须独立地、迅速地弄懂不熟悉的东西，并且掌握它。只有具备一定品质、有较高发展水平的人，才能更好地应付这种情况。"①

　　赞科夫深刻地认识到了传统教学体系的弊端和重视儿童一般发展的重要性。他认为简单的修补而不抛弃传统的教学理论和方法的基础已经不行了，必须对其进行根本的改革，探索新的教学途径。1957—1977 年的 20 年时间里，赞科夫领导苏联教育科学院普通教育研究所的"教学与发展"实验室进行了长期的、大规模的实验研究，并不断进行总结，逐步形成了较为完整的小学教学新体系，也即实验教学新体系。由于其思想的核心是着眼于儿童的一般发展来进行教学，以最好的教学效果来促进儿童的一般发展，因而赞科夫的教育理论被称为发展性教学理论。

　　赞科夫在长期的实验研究过程中，写作了大量的论文和专著。《教学与发展》一书是其实验研究的全面总结，也是发展性教学理论的最重要的代表作。

二、发展性教学理论的主要内容

　　赞科夫是维果茨基的学生，他在"最近发展区"理论的指导下，创造性

---

　　①　赞科夫．和教师的谈话 [M]. 杜殿坤，译．北京：教育科学出版社，1980：257.

地把智力发展扩大为一般发展，提出"一般发展"的心理学思想，创建了教学与发展的教学论理论体系——发展性教学理论体系。赞科夫认为，"一般发展"是教学的目的，只有当教学任务落在"一般发展"的"最近发展区"，才能促进学生的一般发展。如何才能使教学任务落在"一般发展"的"最近发展区"，并促进学生的一般发展呢？赞科夫在长期实验研究的基础上，总结经验，形成了实验教学新体系，从教学原则、教学方法等方面系统地回答了这一问题，这也就是赞科夫发展性教学体系的主要内容。

（一）发展性教学理论的指导思想

赞科夫发展性教学理论的根本指导思想是"以最好的效果，促进学生的一般发展"，即"系统地、有目的地在学生的发展上下功夫"。赞科夫所谓的"一般发展"有其特定的含义，这是理解发展性教学体系的关键。

关于"一般发展"的含义和内容，赞科夫本人先后多次从不同的角度进行过论述。

赞科夫在 1963 年出版的《论小学教学》中指出："我们所理解的一般发展，是指儿童个性的发展，他的所有方面的发展。因此，一般发展也和全面发展一样，是和单方面的、片面的发展相对立的。"[①] 他又解释说，"一般发展"与"全面发展"虽然密切联系，但又有所区别。"一般发展"是指问题的心理方面，而"全面发展"是指问题的社会方面。

1964 年，赞科夫在《小学教学新体系的实验》中说："一般发展不同于特殊发展，它指的是学生个性所有方面（包括道德感、观察力、思维、记忆、言语、意志）的进步。"[②] 后来在《和教师的谈话》中，他进一步明确解释："一般发展，不仅是指智力发展，而且还指发展学生智力、情感、意志品质、性格和集体主义思想。"[③]

1975 年，在《教学与发展》中，赞科夫再次谈到，"一般发展"本应包括身体发展和心理发展，但是，"我们所研究的教学与发展问题是有一定局

① 赞科夫.论小学教学 [M].俞翔辉，译.北京：教育科学出版社，2001:16.

② 赞科夫.小学教学新体系的实验 [J].邓鲁萍，译.外国教育资料，1978（6）:15-25.

③ 赞科夫.和教师的谈话 [M].杜殿坤，译.北京：教育科学出版社，1980: 255.

限的：我们研究的是教学与儿童心理一般发展的关系"①。这表明，赞科夫认为"一般发展"还应该包括身体发展。

由此可见，赞科夫实验性教学体系中的所谓"一般发展"既不同于智力发展，也有别于特殊发展，又不同于全面发展。"一般发展"指的是从心理学角度出发的完整的人的深刻全面发展，是既包括智力因素，也包括非智力因素的整个身心的全面和谐发展。

赞科夫认为，不是任何一种教学都能促进学生的一般发展的。他批评传统教学只是单纯追求掌握知识和技能技巧，未能揭示出掌握知识过程中儿童心理发展的规律，因而不可能解决学生的一般发展问题。发展性教学的核心思想就是要建立能促进儿童一般发展的教学。因此，赞科夫的发展性教学体系就成为向当时苏联传统教学挑战的旗帜，也成为当时改革包括小学教育在内的普通教育的指导思想。在这个意义上，赞科夫领导的"教学与发展"实验室对教学与发展的关系问题进行的长达 20 年的实验，被美国人称为"静悄悄的革命"。

（二）发展性教学理论的教学原则

赞科夫认为，要促进学生的一般发展，必须遵循与传统教育学不同的教学原则。赞科夫从维果茨基的"最近发展区"理论出发，结合自己多年的实验教学经验，概括出了五条教学原则：以高难度进行教学的原则；以高速度进行教学的原则；理论知识起主导作用的原则；使学生理解教学过程的原则；使全体学生（包括差生）都得到发展的原则。赞科夫认为，实验教学原则来源于它的指导思想，即教学应在学生的一般发展上取得尽可能大的效果，而一般教学原则所要求的"是在掌握知识方面取得成功的结果"，赞科夫因此断言：我们的教学原则既不能取代它们，也不与它们相提并论。

1. 以高难度进行教学的原则

依据维果茨基的"最近发展区"理论，赞科夫认为教学不应停留在现有的发展水平上，而应该使教学任务落在学生的最近发展区上，走在学生发

---

① 赞科夫 . 教学与发展 [M]. 杜殿坤，等译 . 北京：文化教育出版社，1980: 23.

展的前头，推动和促进儿童发展。这就要求教学目标应该具有一定的难度。"难度"这个概念，按赞科夫的说法，在不同的场合有不同的含义。其含义之一是指克服障碍，另一个含义是指学生的努力。克服障碍"首先在于展开儿童的精神力量"，在教师指导下，使这种力量"有活动的余地"，如果教材与教学方法不能向学生提出需要克服的障碍，儿童的发展就失去了动力。学生的努力，是指教学过程"要能引起学生在掌握教材时产生一些特殊的心理活动过程，使学生不仅仅简单地掌握知识，而且在以后的认识过程中能引起对知识的再思考。这就要求学生做智力上的某种努力"。

赞科夫的以高难度进行教学的原则，形象地说，就是孩子由成年人扶一把，跳一跳，把原来够不着的桃子摘下来。当然在运用这一原则时，要注意把握好难度的分寸：给学生提供的教材一定要是学生所能理解的，否则只能适得其反。

2. 以高速度进行教学的原则

针对传统教学中复习的滥用以及严重的形式主义和烦琐哲学，赞科夫提出了以高速度进行教学的原则。高速度的意思是教师讲的东西，只要学生懂了，就可以往下讲，不要原地踏步。这一原则就是要求教学要不断地向前推进，不断地以各个方面的内容丰富学生的智慧，为学生越来越深入地理解所学的知识创造有利条件，因为这些知识被纳入了一个广泛展开的体系。他主张以知识的广度来实现知识的巩固。

赞科夫特别强调学生对教材的第一印象，强调要引导学生在学习中探索规律，有所发现，明确事物之间的相互联系，把知识系统化，从而保证教学的高速度。

赞科夫所讲的"高速度"，绝不是赶进度、开快车。他认为在课堂上匆匆忙忙，赶快把尽量多的知识教给学生，是与实验教学体系格格不入的。他主张教师和学生都稳稳当当地工作，教师要不吝惜时间耐心地听学生把话说完，也不要吝惜时间，跟儿童进行推心置腹的谈话。这样的教学将会得到加倍的回报。

3．理论知识起主导作用的原则

理论知识起主导作用的原则强调理论知识在学生认识过程中的主导作用。所谓"理论"，是区别于"实践"而言的。从这个意义上说，理论知识是指那些直接反映在技巧中的知识。例如，一个学生可能知道怎样进行几位数的进位加法，知道加法应该怎样做，但是并不知道这种运算的规律，如加法的交换律和其他几个规律。如果学生掌握了后一类知识，那就是掌握了理论知识。赞科夫强调要通过教学尽量使儿童掌握理论知识，从而促进学生的发展。因为理论知识是掌握各种技能的基础，是形成技巧的重要条件。他在观察中得出结论：一年级的学生就能掌握许多抽象的概念，理解事物之间的某些内在联系。他认为，只有抽象思维才能更深刻，更接近对事物本质的掌握；只有从抽象过渡到具体，才能更完整地认识那个具体事物，认识它与周围事物之间的具体联系。理论知识起主导作用的原则，是对传统教学中量力性原则要求教学要由近及远、由简单到复杂、由具体到抽象的质的修正。

4．使学生理解教学过程的原则

赞科夫要求教师必须把学生的注意力集中到教学过程本身，使学生理解教学活动的内部结构和进程。按照这一原则，教师不仅应该让学生知道学什么，还应该让学生明白要怎样学，理解学习活动结构和组织安排的合理性。赞科夫以乘法教学为例进行了说明。在教乘法表时，教师不应简单地拿乘法表让学生背，而应使学生明白这节课教材编排顺序的根据，理解熟记教材某部分的必要性，明白在该部分知识上发生错误的主要原因。

使学生理解教学过程的原则要求教师在教学过程中随时告诉学生：哪些教材应该熟记，哪些教材不必记，知识之间是怎样联系的，错误是怎样发生的，应该如何防止。它强调的是教会学生探讨和总结适合自己的学习方法，培养自学能力。

5．使全体学生（包括差生）都得到发展的原则

这一原则是针对传统教学中对差生采用无限制地增加操作性练习的做法提出来的。赞科夫认为，对于差生更加需要花大力气在他们的发展上。下了这样的功夫，就能使差生在一般发展上得以进步。大量的操作性练习，只能

加重差生的心理负担，阻碍其获得一般的发展，使他们更加落后。真正的社会主义人道主义的崇高理想，要求无论在教养或发展方面，都能使所有人，而不是挑选出来的一部分人得到最大限度的发展。

为了在教学过程中使差生获得快速发展，赞科夫提出：

第一，减轻学生的精神压力和思想负担，不急于提高学生的分数或让其达到及格水平。

第二，注意肯定差生的进步，帮助他们逐步树立起学习信心。不要提他们可能回答不上的问题，以免他们形成自卑感。

第三，利用一切机会，引导他们观察事物，积累关于事物现象的认知，丰富他们描述事物的语言，激发他们的求知欲和学习兴趣。

第四，改革对他们的辅导形式，补课与习题不在多而在准，对症下药。要注意启发他们的思维，发展他们的多种能力。

第五，吸引他们参加课外活动小组，要求全体同学亲近和帮助他们，克服他们的"自我中心主义"。

差生学习落后的原因是多方面的，教师不应对差生采取挖苦惩罚的办法，而应该热情地对待学生，着眼于差生的一般发展，以一般发展来促进他们学习上的进步，调动他们内在的学习诱因和精神力量，使差生得到转变。

赞科夫的上述五条教学原则是一个相互联系的整体，其实质是要完成教育思想中教学目的观的转变：从单纯传授知识和形成一定技能，转向既传授知识，又使学生获得一般发展。

（三）发展性教学的方法

实验教学法是赞科夫实验教学论体系的一个重要方面。在赞科夫看来，实验体系的指导思想及其教学论原则，就是靠教学法才得以在教师的日常活动和学生的学习中得到贯彻的，其目的是在学生的一般发展上达到尽可能好的效果。

在教学与发展的前两个阶段，赞科夫对教学法的研究是沿几条线索展开的。实验进入第三阶段，赞科夫便从系统和结构方面对实验教学法的特征及其在课堂教学中的实施与效果做了深刻的概括，主要可以归纳为以下几个方面：

第一，教学过程中采用的方法应使学生过一种积极而丰富的精神生活。赞科夫认为，教学法一旦触及学生的精神需要，教学就能发挥其作用。所以，一个首要的观点就是学生生活的观点。学校在组织学生的学习活动时，要把学生心理活动的各个方面都吸引到这一活动中来，使学生的精神生活生气勃勃，培养他们积极向上的智力情绪、道德情绪和审美情绪。为此，教师首先要有高涨的情绪，创造与学生推心置腹的气氛，要使课堂与沸腾的生活息息相关，激起学生在情感、情绪、思想方面的交流，使学生在课堂上、家庭中乃至学校生活中过一种真正丰富多彩的生活。

第二，教学过程中采用的方法应有助于培养学生的精神需要，形成学生的内部诱因。赞科夫认为，外部刺激与内部诱因相比较，前者的获得没有经过紧张的脑力劳动，没有和兴趣相结合，作用是暂时的。而后者则相反，形成内部诱因根本的是培养学生对学习的精神需要。学生产生了对学习的需要，他对知识的渴望就会越来越强烈，愿意完成难度大的作业，能够体会紧张的脑力劳动后的满足。这时，学习的内部诱因就取代了外部刺激而在学习中占主导地位了。

第三，教学过程中采用的方法应使学生深入地从各方面理解和体会课文。赞科夫特别重视让儿童在自己独立感知的基础上，越来越深入地从各个方面理解和体会文艺性的课文。他主张根据不同课文的性质和学生当时所处的发展阶段来安排课文的具体教法。把各种教学方式结合使用，使学生身临其境地体会文章的情景和作者的思想情感。同时，他也提出在教学中要注意避免两种极端的做法：一是一定要让学生说出来课文的意思；二是由教师一个人解说课文的内容。

第四，教学过程中应有效地使用间接法。赞科夫认为，间接法就是学生在自己的头脑里进行知识"加工"，利用"积极的精神生活，并不是只靠记忆工作，而是要思考、推理、独立地探求问题的答案"，把知识变成自己思想的产物。当然赞科夫并不完全排斥直接法，他认为直接法不仅有必要，而且有时很难把它与间接法截然分开。

第五，教学过程中采用的方法应有助于积极地发展学生的言语。赞科夫主张，要把发展学生的言语与平日的丰富多彩的现实生活相结合，让学生通过对现实生活的描述，通过与人的交往来发展言语，也就是说要在使用言语中发展言语。在发展言语中，要把口头言语的自然性、生活性与教师对学生言语的指导结合起来。教师可以创设一定的情景，如组织学生参观或旅行，指导学生看，引导学生说。

第六，教学过程中应讲清基本概念，精心安排练习。讲清基本概念、精心安排练习是教师在教学中应抓好的两件事。讲清概念，就是要让学生学会把概念中本质的东西和非本质的东西区别开来，学会把各个概念联系起来。这样就可以使学生更透彻地掌握知识，理解知识之间的相互关系。编排练习同样应该有助于学生深刻地理解知识之间的关系和变化规律。练习的安排要在学生一般发展的基础上进行，要避免让儿童感到单调乏味。

赞科夫还在其实验教学过程中，对传统的写作教学和劳动课的教学方法加以改进，以更好地促进儿童的一般发展。

三、对发展性教学理论的简要评价

赞科夫的发展性教学理论，是他领导下的"教学与发展"实验室全体工作人员及苏联广大教师共同劳动的成果，是集体智慧的结晶。赞科夫通过多年的实验研究明确提出了实验教学的指导思想、教学原则，制订了实验教学计划、教学大纲和教科书，形成了实验教学新体系。

赞科夫继承和发展了传统的教学论思想。他不仅将"发展"引进了教学领域，而且在更高的高度上探讨了教学与发展之间的辩证关系，以此促进学生各种心理品质的发展。这既是时代的要求，也是培养有创造精神的社会主义新人所必需的。赞科夫的教学论体系中重视人的心理品质的全面发展、重视学生认识的主体作用等观点，都是对传统教学理论的突破和超越。

赞科夫在整个实验研究过程中，运用了实验心理学的个案分析、心理实验等一套比较科学的方法进行教学的实验设计，组织具体实施，考查实验效果，总结经验教训，反复进行实验，使教学问题的解决建立在科学事实的基础上，逐步形成了有特色的实验教学新体系，解决了苏联教育中的许多问题。同时，赞科夫在整个实验研究过程中，既慎重实验又大胆革新。他进行实验的范围是逐步扩展的，首先在一个班实验，然后不断扩大。实验中坚持教师自愿参加的原则，尊重教师个人的意见，坚持长期反复的实验。他的治学态度是严谨的，但他又敢于大胆创新。而且一旦有了充分的论据，证明了新体系的优越性，他就写文章，发表演讲，著书立说，广造舆论。这样做不仅有力地推动了实验工作的顺利开展，也促进了学制的改革。赞科夫这一套科研和工作的方法值得我们学习。

但是，在学习赞科夫实验成果的过程中，有些问题有待进一步研究。如以三条线索（观察活动、思维活动和实际操作）研究人的一般发展，用同一内容、同一方法反复在同一些学生身上进行实验，新原则与传统原则之间的关系和联系，等等，这些都值得进一步研究。以高难度原则代替、否定了量力性原则，以高速度原则代替、否定了巩固性原则，在理论上是片面的，在实践方面也是脱离实际的、有害的。

赞科夫作为伟大的教育家，他对教育教学理论和实践的贡献都是毋庸置疑的。但是，一分为二地看问题应该是我们的正确态度。客观、全面地对赞科夫做出评价，才能真正有利于我们的借鉴和学习。

案例分析

用问题教学法评讲作文 [①]

本案例评讲记叙文《我的小伙伴》。要解决学生作文中暴露的三大问题：记叙不具体、详略不得当和不能紧扣主要人物用笔，重点是第三个问题。

一、教师创设问题情景，学生进入学习过程

（1）教师说明本节课的任务和目的。

（2）教师回顾本次作文要求，评述整体情况：写人记事要交代清楚要

---

① 席星荃.用问题教学法评讲作文 [J]. 语文教学与研究，2001（3）：30–31.

素，事情的起因、经过、结果应着重写、写具体、写充实。本次作文的优点是六要素具备，缺点是主要内容写不具体，不能围绕主要人物写。

（3）具体说明本节课要解决的三个问题和学习方式、要求等。

通过上述说明，学生了解了本节课的主题、学习目的及要求，有了思想准备，进入了学习状态。

二、教师提出问题设计，并安排认识性作业，引导进入活动情景，展开知识探索并培养学生的相应能力

（1）学生朱丽娟朗读自己的作文全文（附后）。

（2）提问一：朱丽娟的作文里有"到现在我还很感谢她当时对我的支持"一句，好像是模仿哪篇课文里的句子，请找出来。（学生很快从刚学过的《我的老师》里找出三处类似的话来。）

提问二：这句话里的"支持"一词好像有点不恰当，请讨论一下这是为什么，并找一个恰当的词替换。（朱丽娟重读"支持"所在的第4段。学生讨论中出现了替换词"帮助""劝慰""同情"等，最后选择了"劝慰"。）（教师小结：模仿课文应根据作文实际选词造句，不能照搬硬套。）

提问三：《我的老师》里的这类句子总是用在一件事记叙完毕之后，而作文里的这句话听起来总觉得别扭，请大家再听一遍，然后说说应该放在哪里。（重读第三、第四段。学生讨论。学生一致认为这句话应放在第四段之后，作为这一部分内容的总结语。于是教师说明作文要"文从字顺"，注意语序。）（以上是关于如何模仿课文及文字表达方面的讨论。模仿是积累的重要途径，虽不是本节课的主要教学目标，但也是必须解决的问题。）

（3）教师布置认识性作业：作文里有一句话是"我真高兴"，我觉得很抽象，怎样才能把这句话形象地表达出来？请试着写一段话。（重读那段话。学生改写这句话。三分钟后，几个同学念作业，都比较具体生动。朱丽娟本人的改写是："我高兴地跳了起来，大声地叫着：'我有一个布娃娃啰！我有一个布娃娃啰！……'"教师对同学们的作业略加评论，小结说明记叙文的特点是以形象动人，板书"形象大于空话"。）

（4）提问四：朱丽娟的作文写了两件事，第一件写"我"测验失败后很苦恼，得到了牛全红的劝慰；第二件是关于布娃娃的事。想想，哪件事与主要人物牛全红联系更紧些？为什么？（学生讨论后认为第二件事与人物联系更紧，因为材料独特一些，与人物牛全红关系大一些。教师分析、点拨，使学生认识到第一件事更多地是写"我"心情如何沉闷，对主要人物只写了两句话。教师说明要围绕主要人物选材的道理。）

（5）提问五：文章写的人物是牛全红，想想，作文里是写牛全红多还是写"我"多？应该多写谁？（学生发言说到写"我"多于写牛全红。教师略加点拨后，学生认识到应该多写牛全红。教师对照"提问四"说明，记人的作文不仅要围绕主要人物选材，而且在运用材料的过程中应该围绕主要人物着笔，多展开正面描写，而不应该把其他人物写得过多，忽略了主要人物，还要运用平时学到的各种描写手法。）

（6）布置认识性作业：帮助朱丽娟同学设计一个合理的修改方案。（大家或思考，或动手列提纲。教师巡回察看。要求课外完成该修改提纲。下课。）

三、简评

这堂课的效果非常好，学生学得很活跃，积极性被调动起来了，作文兴趣普遍有所提高，对作文中存在的问题认识得较透彻，也知道写记人文章的基本要求和思路了。从课外完成的修改提纲看，效果是好的。从与学生的交谈看，他们是喜欢这样上作文课的。

这次教学的成功之处在于：课堂教学中，教师紧紧联系学生的心理特点和实际发展水平，通过创设问题情境，激起学生在情感、情绪、思想方面的交流，充分激发了每个学生的主体性和创造性；通过精心安排作业，让学生人人参与到教学过程中，积极思考，亲自实践，从而使学生每人都得到写作能力的发展和提高。

可以说，该教学较好地运用了发展性教学的原理和方法，达到了"用最大的教学效果促进学生的一般发展"的目标。

附：我的小伙伴

（朱丽娟提供）

童年是那样的美好，充满欢笑，人们都说小时候朋友之间的友谊是最珍贵的，也是最纯洁的。

小时候，我有一个好朋友——牛全红，我们从学前班就是同学，我们俩形影不离。

有一天，一次数学测验中，我拿起考卷看题目，挺简单，拿起就做，做完了没有检查，把计算题的数看错了，结果一道大题的分数全部扣完，当时，我心里有一种说不出的滋味，沉闷极了，老师也批评了我，当时我实在忍不住，大声地哭了起来，牛全红过来安慰我说："别难过了，记住这次教训，以后别马虎，细心点儿就是了。"我听了，觉得心里好了一点。到现在我还很感谢她当时对我的支持。

每当我受到挫折的时候，她总是劝慰我，支持我，增强了我战胜困难的勇气和信心。

有一次，牛全红拿着一个漂亮的布娃娃，说："你看，这个娃娃漂亮吗？"我点了点头，心里想把这个娃娃借来玩，牛全红好像看出了我的心思，她嘿嘿地笑着说："如果你想玩就拿去玩吧！我这几天也没时间，我要去帮奶奶做事。"我望着这个布娃娃，它抿着小嘴，望着我笑，当时我真高兴。我每天抱着这个布娃娃，就连吃饭的时候都不愿把它放下。有一次，我在厨房帮妈妈烧火做饭，一不小心，灶里没烧完的柴掉在布娃娃上，布娃娃的裙子上立刻出现了一个大的口子，我想牛全红肯定会生气，眼泪顺着脸颊流下来。第二天，牛全红来我家玩，说要把布娃娃拿回去。我低着头，结结巴巴地说："布……布娃娃破了一个洞。"她呆呆地望着我，看了看布娃娃，过了一会儿说："没关系，破了就破了，补补不是还能玩吗？"我说："都怪我，你妈妈一定会打你的。"她说："补一补我妈妈不会看出来的。不就是一个布娃娃吗？"说完她笑了，我也笑了，笑得那样灿烂，笑得那样开心。

一位名人说，一个人要是缺少同学之间的友谊，就会像生活在荒寂的孤岛上和沙漠中一样，感到孤独和凄凉，那么，我想我是生活在一个充满欢笑的班集体中。

第十九章　掌握学习理论

一、掌握学习理论的缘起和发展

第二次世界大战以后，随着科技和经济的大发展，世界各国的教育事业也获得了大规模的发展。但是各种各样的问题也随之而来，"差生"问题便是困扰各国教育的问题之一。这一问题在20世纪60年代的美国表现得尤为突出。美国1958年颁布了《国防教育法》，开始了大规模的教育改革，其目的在于促进学生的智力发展和培养具有高水平科研能力、掌握尖端科学技术的精英人才，以应对来自苏联"人造卫星"的挑战，保持美国的霸主地位。20世纪60年代以布鲁纳学科结构基本理论为指导思想的中小学课程改革，由于片面强调课程的深度和难度，致使教材深奥难懂，不能为广大学生所接受；教学内容过于抽象，脱离生活实际，学生缺乏学习兴趣，厌学的情绪普遍存在。这些改革措施带来的直接后果，就是导致了学校大批"差生"的出现。而这一后果却是与社会和经济发展的要求相背离的。

在新技术革命时期，美国和其他发达国家的经济依靠新的科技成果获得了迅猛的发展和变化。这种发展和变化对劳动力提出了更高的要求，劳动力需要具有比过去更为复杂的技能，这就需要扩大教育范围。只让少数人完成中等或中等以上的教育，解决不了这一迫切需要。因而，发达国家必须使更多的人接受，而且成功地接受中等和高等教育，为之寻找到一条合理的途径。问题已不再是找到能够成功的少数人。根本问题在于确定怎样才能使年龄组中最大部分的人有效地学会那些技能与学科内容——它们被认为是在复杂的社会中发展自身所必须具备的。正是基于这样一种认识，为了在新的条件下维持美国经济的发展和在全球的实力地位，著名教育家、心理学家，芝加哥大学教育学教授布卢姆（Benjamin Samuel Bloom）提出了面向绝大多数学生的掌握学习理论。

另一方面，传统教育中每个教师在新学期或新课程开始时，总怀有这样的预想：大约有三分之一的学生将完全学会所教的许多事物；三分之一的学生将不及格或刚好通过；另外三分之一的学生将学会所教的许多事物，但还算不上是"好学生"。这一系列预想（得到学校分等的方针与实践的支持）通过分等程序、教学方法与教材传递给学生。这种传递造成了一种自我实现的预言：通过分等程序，学生的最后分等与最初的预想相差无几。布卢姆对这种"预想"提出尖锐的批评，指出现代美国教育的实践牺牲了大批学生。这种传统的教育"预想"是美国教育体制中最浪费、最有破坏性的一面。它压制了教师和学生的创造力，降低了学生的学习热情，也破坏了相当数量的学生的自我形象和自我概念。

布卢姆指出："目前的教育制度从结构上来看要崩溃了，就像一座快要倒塌而要伤及房客的旧房子，应该彻底重建。"[①]那么，应该如何重建美国教育？布卢姆认为："不论是更多的教育机会还是日益增加的教育方面的经济资助，对于改善对每个学生的教育并无多大效果。附加经费、新的时髦做法，或者教育体制结构方面的重大而彻底的变革都不能解决问题，依我看，解决办法在于我们对学生与学习的看法的改变。"[②]由此，布卢姆提出了他的掌握学习理论，并因此而被称为"摧毁美国教育的人"。他的关于学校教育

---

① Bloom B S, Statler C R. Changes in the states on the tests of general educational development from 1943 to 1955[J]. The School Review, 1957, 65（2）: 204–221.

② 同①.

教学的思想体现在《教育目标分类学》(*Taxonomy of Educational Objectives*)、《学生学习的启蒙形成和总结评价手册》(*Handbook on Formative and Summative Evaluation of Student Learning*)、《人类特性和学校学习》(*Human Characteristics and School Learning*)等一系列著作中。

二、掌握学习理论的主要内容

(一)教育目标的分类

在布卢姆的整个教学理论中,教育目标是组织教学、课程编制和教育评价的基础。教育目标分类是掌握学习理论的重要内容,精心设计的教育目标是掌握学习理论实施的基础。在《教育目标分类学》一书中,布卢姆把教育中应该达到的全部教育目标分为三个不同的领域:认知领域、情感领域和动作技能领域。安德森(Lorin Williams Anderson)等人对其进行了修订,以下呈现其最新修订版的教育目标分类,以认知领域为例来看看布卢姆是如何对教育目标进行具体分类的。

认知领域的目标分为知识维度和认知历程维度,前者协助教师区分教什么,后者旨在促进学生保留和迁移习得的知识。知识维度包含四个类别:事实性知识、概念性知识、程序性知识和反省认知,如表 19-1 所示。

表 19-1 知识维度的主要类别与亚类

主要类别	亚类	例子
事实性知识——学生应了解的术语或是可以进行问题解决的基本要素	A.术语的知识	机械的词汇、音乐符号
	B.具体细节和要素的知识	主要自然资源、可靠的信息来源
概念性知识——能使各成分共同作用的较大结构中的基本成分之间的关系	A.分类或类目的知识	地质学年代周期、商业所有权形式
	B.原理和概念的知识	毕达哥拉斯定理、供应与需求定律
	C.理论、模型和结构的知识	进化论、国会结构

续表

主要类别	亚类	例子
程序性知识——如何做什么，研究方法和运用技能、算法、技术和方法的标准	A.具体学科的技能和算法的知识	用水彩作画的技能、整数除法
	B.具体学科的技术和方法的知识	面谈技术、科学方法
	C.决定何时运用适当程序的标准的知识	用于确定何时运用涉及牛顿第一定律的程序的标准
反省认知——一般认知知识和有关自己的认知的意识和知识	A.策略性知识	把写提纲作为掌握教科书中教材单元的结构的手段的知识
	B.包括情境性和条件性知识在内的关于认知任务的知识	不同任务有不同认知需要的知识
	C.自我知识	对自我知识水平的认识

资料来源：安德森.学习、教学和评估的分类学[M].皮连生，主译.上海：华东师范大学出版社，2008.

认知历程由低到高分为六个类别，每个类别又被分为两个或两个以上的认知过程亚类，共十九个亚类，都是用动词描述，如表 19-2 所示。

表 19-2　认知领域分类表

知识维度	认知历程维度					
	记忆	理解	运用	分析	评价	创造
事实性知识						
概念性知识						
程序性知识						
反省认知						

第一，记忆。又称"识记"，主要指从长时记忆中提取有关信息，包括再认和回忆，如：再认和回忆中国历史上重大事件发生的日期等。

第二，理解。理解是对知识的掌握，指能了解所学过的知识或概念的意义，具体表现为能抓住事物的实质，把握材料的中心思想。用来表示理解能力的行为动词有：说明、举例、估计、预测、摘要、归纳等。

第三，运用。运用是指在给定情境中实行或使用某种程序。用来表示运用能力的行为动词有：证明、修改、解决、设计、示范、表现、发现等。如执行多位整数除以多位整数、将牛顿第二定律用于适合的情境等。

第四，分析。分析是指将学到的知识进行分解，找出组成的要素，并分析其相互关系及其组成原理。用来表示此能力的行为动词有：区分、组织和归属等。如划分文章段落，分析演说内容的主要主题和次要主题等。

第五，评价。评价是指依据标准或规格做出判断，包括核查和评判，如：核查调查结果的数据是否来自观察的数据，判断哪种方法对解决某一特定问题更为恰当等。

第六，创造。创造是指将要素加以整合，以形成一致或功能性的整体，将要素组成新的模式或结构，包括创新、计划和建构，如：对观察到的现象提出新的假设、计划完成一篇特定主题的新的论文、建构整个论文的结构等。

（二）"为掌握而教"和"为掌握而学"

1. 为掌握而教

"大多数学生（也许是 90% 以上）能够掌握我们所教授的事物，教学的任务就是要找到使学生掌握所学学科的手段。"① 这是布卢姆为掌握而教的核心思想。

布卢姆认为：大多数教师设想他们的学生只有三分之一胜任学习，另外三分之一将不及格或刚刚通过，余下的三分之一则处于中间状况。他认为这种想法是教育系统中最浪费资源、最具有破坏性的一面。它压抑了师生的抱负水平，也削弱了学生的学习动机。布卢姆坚持认为，90% 以上的学生都能掌握课程中的材料。为此，布卢姆与他的助手们进行了长期的研究。通过实验、观察、追踪，他们得出结论：除了百分之一二的超常儿童（即所谓天才儿童）和百分之二三的低常儿童（包括智力、情感、体格等方面有缺陷的儿童）之外，百分之九十五以上的学生在学习能力、学习速率、学习动机等方

---

① 布卢姆.教育目标分类学 [M].罗黎辉，等译.上海：华东师范大学出版社，1986.

面，并无大的差异。只要有适合学生特点的学习条件，几乎所有的人都能学会。布卢姆认为，造成半数以上学生不及格的原因，一方面是课程设计和方法的不完善，另一方面在于他们的教师并没有期待他们掌握。布卢姆认为要想使学生掌握学习的内容，必须使教师对所有学生都有所期待，而不只是对一部分学生有所期待。教师应当向学生解释掌握学习与一般学习有何不同，并向学生表明自己的信心，相信绝大多数学生应当而且能够达到掌握水平。

为掌握而教的思想要求教师面向全体学生，相信所有学生都能够得到发展，这就意味着，在掌握教学中，教师必须树立正确的学生观。传统教学往往根据正态分布曲线来给学生进行成绩的等级评定，据此把学生划分为若干等级。布卢姆认为，正态分布只能说明学生在总体中的次序和位置，而不能说明他们掌握知识的水平。而且这种做法往往容易使教师形成这样一种观念：他们会把学生的学习能力看成是一种持久和稳定的东西，也就是说，在学生学习生涯中最初发现的学习差异，不仅会在他们的整个学习生涯中表现出来，而且会贯串于他们的一生。布卢姆驳斥了这种观念：差生只能学习最简单的和最具体的概念，而优生则能学习某一学科中复杂的、抽象的概念。他认为：学生的学习能力不是天生的、固定不变的，而是后天形成的、可以改变的；学生学习能力的差异是人为的、偶然的，而不是个体天生的、固有的，因而是可以改变的；学生学习能力的差异并不像人们想象的那么大，是可以通过有效的措施得到弥补的。布卢姆认为，学生之间存在个别差异，主要原因在于学生先前的学习水平和他所受教育质量的差异，只要在这两方面进行改善，就可以大大缩小学生之间的差异，提高学习水平和学习效率。他认为，只要给学生足够的学习时间，并且找到帮助每个学生的方法，那么，至少在理论上说，所有学生都能掌握。只有相信这些，教师才可能摒弃原来的错误观念和做法，真正做到面向全体学生，期待所有学生掌握所教的内容，最终使大多数学生达到他们能够到达的发展水平。因而，为掌握而教也是教师的学生观的重大转变。

为掌握而教的教学把教材分成以1—2周为周期的单元，在教学过程中，教师要在每两个形成性学习单元之间进行评价，通过这种评价发现并弥补群体教学引起的学习误差，了解每个学生尚未学会的东西，以改进教学过程。在具体方法上，"给学生第二次机会"，即在每个单元完成之后进行诊断测验，发现学习中存在的问题，由另一位教师有计划地做与第一次不同的讲解，一直到他们掌握有关教学内容为止。

2．为掌握而学

布卢姆认为，每一个人都在寻求对自己价值的肯定和承认，他也会认为自己在成功受到信任的领域是足以胜任的。掌握学习就是要使学生确认自己的学习能力，把自己看成是胜任学习的。

布卢姆认为，学生经常不及格和学习不胜任，会使学生怀疑自己的应对能力并导致他们在校外体验中寻求信任和胜任。布卢姆强调，如果学校不能在课堂中给予学生更多的成功经验，他们就会不仅在校内，而且在校外都完全地拒绝学习。中学生和大学生所表现出来的大量神经过敏行为，都是在学校学习方面受到惨痛挫折的后果。

掌握学习能给学校带来生机，给学生带来信心，并帮助学生在各类学习中发展一种毕生的兴趣。布卢姆认为，如果教师和学生两方面都了解所期望于他们的是什么，如果教材合适，教法设计得当，在教学态度、教学时间上为学生提供平等的条件，并将其与对学生的进步给予反馈的经常评价测验相结合，那么，90%以上的学生都能为掌握而学习，并达到掌握的水平。

当然，在为掌握而学的过程中，学生对自己能力的确认和信心的树立要经过一个过程。例如，在单元群体教学中，当学生学习某一材料时遇到了困难，他便需要运用矫正手段寻找学习尚未掌握的材料的另外一种方法，挑选最适于他学习的手段，并在这个问题对以后学习产生可能的影响之前就将其解决。矫正工作在课下进行。教师通过矫正工作，让学生看到他们完全能达到目标，这样才能促使学生付出更多的努力。而这更多的努力又促使学生顺利地完成矫正，补上学习的漏洞，排除障碍，达到掌握水平，同时也促进了自信这一重要的心理品质的形成。

（三）掌握学习的策略

"掌握学习有许多切实可行的策略，每种策略必须与处理学习者个别差异的某种方式相结合，即把教学与学习者的需要与特征联系起来。"①根据这一原则，布卢姆制定了掌握学习的各种策略。

1．关于教师的问题

布卢姆认为，实现掌握学习要"为每个学生提供一位好导师"。这位"好导师"应该不受缚于传统教学，不按正态分布曲线规定分数等级来评定学生，并且能够为学生的掌握学习提供适合他们个别差异的方法。

2．关于教学材料使用的问题

布卢姆认为，学生使用一种教科书不能掌握原来所用的概念时，便可采用其他教科书。如果教科书中的概念仍不能掌握的话，那么可采用"练习册和程序化的教学单元"。

3．关于教学组织形式的问题

除群体教学外，布卢姆主张采用能力分组的小组研究和个别指导的研究方式。他认为每个学生需要不同的教学类型、质量，才能够达到掌握水平。这就是说，经过各种不同类型的教学，不同的学生可以学会同样的教学内容，达到同样的教学目标。

4．关于教学时间的问题

布卢姆认为，花在学习上的绝对时间量（校内或校外）并不决定学习水平。应当允许每个学生得到他学习一门学科所需的时间。如果学生在学习上花了所需的时间，那么大多数学生（不是所有学生）就都能够达到掌握水平。他认为，掌握学习的任务便是找到改变每个学生所需的学习时间的方法，找到为每个学生提供所需的时间的方法。

5．关于教学方式方法的问题

教学方式方法多种多样，选用什么样的方式方法应根据具体情况而定。如果采用一种方式学生不能学会所教教材，教师则可选择其他方式。其选择和运用以有利于促进学生高水平地学习该学科为原则。

---

① Block J H, Airasian P W, Bloom B S. Mastery learning : theory and practice [J]. At & T Technical Journal, 1971, 65（2）: 4-8.

6．关于师生的系统反馈和矫正的问题

布卢姆认为，掌握学习策略的实质是：群体学习并辅之以每个学生所需的频繁的反馈和个别化的矫正性帮助。教师应通过形成性测试揭示学生在学习中存在的问题，协助学生矫正错误，促使他们达到教学目标。正因为教学目标是可测试的，一个学生能否掌握教学目标，通过形成性测试，可以得出结果。因此可以说，教育目标分类学和教育评价乃是掌握学习理论的理论依据，也是实现掌握学习的有效手段。

（四）掌握学习理论的操作

布卢姆在阐述了其掌握学习理论的基本思想后，制定了在教学中运用掌握学习理论的具体方法和步骤：

（1）确定每个形成性学习单元的内容与目标，制定规格明细表，详细分析表内所包含的要素，以及各种要素的层次结构关系，确定各要素的重要性程度。

（2）编制形成性测试的试卷两份，两份试卷都必须包括本单元所有要素，并在原则上要求等值。

（3）在单元学习后进行形成性测试（一般需要 25—30 分钟）。

（4）给学生第二次机会，并在随后两三天举行平行测试。测试答案（一次或两次之和）的准确程度达到 85%，就表示学生对该单元达到了掌握水平。

（5）教师对测验结果进行分析、矫正，以确定学生对该单元教材掌握的情况，或者复习那些学生感到特别困难的概念。矫正手段被设计用来重新教授单元形成性测验中的某些项目所考核的内容，但方法不同于该单元最初的群体教学。矫正的方法有多种，一般在课下进行。矫正工作应该安排好，使教师用的时间压缩到最低限度，而学生又不感到它是额外负担。

以形成性评价作为重要手段的掌握学习的教学，其突出的优越性表现在：（1）它能帮助学生发现和矫正他们答错的问题和需要补充学习的概念、技能。布卢姆通过实践发现最有效的纠正程序是让学生小组（每组 2—3 人）利用半小时左右的时间检查各自的测试结果，互相纠正。掌握学习的教学成果取决于改正过程的有效性。（2）强化已达到掌握水平的学生的学习动机。对这些学生，良好的测试成绩可以起到激励作用，使他们在以后的学习中表现出更浓的兴趣、更强的决心，形成良性循环。（3）形成学生学习的准备性。这种教学为学生安排了每一单元的学习时间表，这就使学生了解应在规定时间内学习掌握教材内容，并为测验做好准备。形成学生学习的这种准备性有利于督促、激励他们抓紧时间，努力学习。

三、对掌握学习理论的简要评价

布卢姆的掌握学习理论的提出，具有重大的理论和实践意义。

掌握学习理论问世以后，美国有许多学校都开展了"掌握学习"的实验，效果比较好。芝加哥大学两位教育学博士进行的实验（个别教学、掌握学习、传统的群体教学条件下学生学习情况的不同）表明：大约90%的个别教学组，70%的掌握学习组的学生达到了终结性成绩水平，而群体教学组只有20%达到。有教师对《纽约时报》记者说："学校完全变了样，停学率戏剧性地下降了。……我们发现不断根据学生的水平来要求学生，他们就不断获得成功。"

掌握学习理论在实践中的具体效果主要有以下几点：

第一，学生学习的有效性增强，学习效率提高。实验班学生学习的东西多，差生学习成绩提高快。

第二，学生学习的自信心增强，学习的热情高，学生的心理健康也得到改善。大部分学生在学习上获得了成功，因而改变了他们对学习的自我观念。运用掌握学习理论的班级的学生对学习更多地是抱着热爱的态度。他们的自信心、对学习内容的兴趣都比较高，乐意合作学习。

第三，教师对学生学习能力的信心增强。在掌握学习的教学实践中，教师们发现绝大多数学生学习变得十分成功。这种发现促使教师进一步转变了传统的学生观，不再认为只有一部分学生能学习成功，所以，教师不再需要用行政手段来督促学生学习了。

第四，最为明显的一个效果就是大多数学生达到了掌握水平。

实践结果表明，布卢姆的掌握学习理论对于中小学教育如何大面积提高教学质量、如何使差生得到应有的发展等教育难题，具有重要的实践意义。

同时，作为当代的一种教育理论，"掌握学习"的积极意义同样是明显的：它的"人人都能学习"的信念扭转了传统教育中的学生观；它树立了既重视系统科学知识，又十分重视能力形成的教育目标系统；它在教学过程中应用评价与反馈，强调学习有难易区别和连续性，使大多数学生在下一步教学之前，都达到掌握水平，为学习不断成功开辟了道路。

掌握学习不论从实践角度还是从理论角度看，都有许多的优点，但是也有局限，这就是："一般来说，实验班的学生所需的时间比控制班学生大约多 10%—15%。"在实践中运用掌握学习理论时，要避免用超额的学习时间来使学生达到掌握水平的极端做法。应充分考虑儿童的身心发展规律，不搞时间本位，从而加重学生负担，影响学生的健康发展。

案例分析

20 以内的加法 ①

20 以内加法的教学目标如表 19-3 所示。

表 19-3　按照布卢姆教学目标分类对 20 以内加法教学目标的分析

知识维度	认知历程维度					
	记忆	理解	运用	分析	评价	创造
事实性知识	回忆加法运算的事实性知识					
概念性知识		理解等式结构的概念性知识				

---

① 本案例改编自安德森.学习、教学和评估的分类学[M].皮连生，主译.上海：华东师范大学出版社，2008.

续表

知识维度	认知历程维度					
	记忆	理解	运用	分析	评价	创造
程序性知识		理解"凑10"的工作原理	运用"凑10"策略解决问题			
反省认知		理解"凑10"策略，增进记忆效率				

教学活动：

（1）学习前的两周，课前开展"疯狂数学一分钟"活动，要求学生在一分钟之内完成30道20以内的加法。其中，习题每天变换，第一天的习题中加数为1，第二天变为2，第三天变为3，依此类推，9天为一个周期。

（2）用 3cm×7cm 的卡纸，在表格的左边和上边填上0—9十个数字，让学生寻找加法事实表中事实性知识之间的模式和关系，如任意数字加0都不变。以类似的方法考察行和列上数字加1的情形。通过这种方法，理解数字含义的概念性知识。

（3）介绍"加法事实家庭"。如 5+8=13，8+5=13，那么 13-8=5，13-5=8，这称为一个事实家庭。学会了一个加法中的事实家庭，那么就能够了解其他加法和减法的事实。教师继续引导学生探索等式之间的关系，加强理解概念性的知识。

（4）学习"凑10法"。让学生运用10的框架快速解题，如在 9+7=（ ）中，可以先计算出10的框架，即 9+1=10，再用10的框架加6，即 10+6=16。这一步中指导学生运用"凑10"法解决问题、讨论"凑10"的工作原理，并引导学生认知到最快的解题方法是记住答案。

（5）把学生分成小组，以接力赛的形式，鼓励学生在游戏中将记忆性知识转化为实践知识。为此，教师事先准备写有20以内加法的纸条，将这些纸条随机放入四个篮子中。活动开始后，将全班同学分为四个小组，每组学生面对一个篮子排成一列。每个学生从篮子中选择一个纸条，并在黑板上写下答案，回到队列中后，第二个学生依次选择另一张纸条……。活动进行一段时间后，教师宣布"活动结束"。

（6）为了评估学生的进步，教师应注意观察学生每一次"疯狂数学一分钟"的变化，每周进行一次评分；在整个教学过程中，不断地向学生提问是如何想到答案的，锻炼他们的思维能力和表达能力；每周进行一次小测验，记录学生的完成状况，对完成较差的学生及时给予额外指导。

简评

本案例中，教学活动（1）通过"疯狂数学一分钟"，在严格的时间限制内，促使学生回忆事实性知识；教学活动（2）和（3）促使学生寻找数字间的模式和关系，有助于理解概念性知识；教学活动（4）的"凑10"法是认知内容十分丰富的活动，要求学生应用程序性知识（执行"凑10"程序）、理解程序性知识（了解"凑10"策略的原理）以及理解元认知知识（描述"凑10"策略如何提高记忆效率）；教学活动（5）和（6）强化了20以内加法的学习，用正式和非正式测评两种方式，收集学生关于运用记忆20以内加法事实的各种程序性的信息。在这一过程中，教师不仅重视程序性知识的学习，还关注学生的掌握知识的差异，达到了较好的教学效果。

第二十章　范例教学

一、范例教学理论的缘起和发展

范例教学理论兴盛于 20 世纪 50—60 年代的联邦德国，被理论界视为第二次世界大战之后与苏联赞科夫的"教学与发展实验"教学理论和美国布鲁纳的"结构主义"教学理论并列的三大教学论流派之一，在世界上颇有影响力。在德国，普通中小学的教育改革就是以范例教学的理论与实践研究为中心展开的。范例教学是德国教育改革在教学内容和教学方法现代化方面的一种尝试。深入探讨范例教学，对现阶段我国的教学理论研究和实践也有非常重要的意义。

回顾历史，范例教学的基本思想由来已久。按范例教学理论的重要代表人物克拉夫基（Wolfgang Klafki）的说法，它已深深地铭刻在欧洲的教育思想史上了。在古代社会，范例性原则已经是古希腊、古罗马选择教育内容的准则。在近代哲学和教育学范围内，夸美纽斯（Johann Amos Comenius）、康德（Immanuel Kant）和胡塞尔（Edmund Husserl）等都曾提出过在认识、道德和审美能力形成中范例的作用。特别是瑞士教育家裴斯泰洛齐（Johann Heinrich Pestalozzi）对这个问题做了理论和实践上的系统探讨，并用"要素教育"这个概念来表示。20 世纪 20 年代末、30 年代初,德国哥廷根教学论学派代表人物斯普林(Joel Spring)、韦尼格(Erich Weniger)、李特(Theoder Litt)等,在要素教育的基础上,直接提出了范例教学的初步设想,主张用范例教学代替按完整体系向学生传授知识的做法。

范例教学理论的问世有其深刻的社会背景。20 世纪 50 年代初,随着科技的迅猛发展,在世界范围内出现了前所未有的"知识爆炸"的局面。面对此种挑战,各国纷纷在教育上采取了"加法"的措施,不断增添教学内容,搞百科全书式的课程。随着联邦德国的重建,为了跟上科学技术的发展步伐,为了更好地适应社会的发展变化,教育部门提出了提高教学质量的要求。然而,这种要求当时被误解了。学校部门企图通过不断增加教材内容和课时来完成学校面临的新任务。结果,各级学校的课程变得十分庞杂,学生负担加重,智力活动受到窒息,学习主动性受到束缚,教学质量反而下降。面对这种情况,1951 年 9 月末,德国大学、高等师范院校与完全中学的代表在蒂宾根召开了大学与中小学会议。会议代表坚信,教育"处于由于教材充塞而窒息智力活动的危险之中","中小学开始疏远正在不断进步的科学"。会议通过了著名的《蒂宾根决议》。《蒂宾根决议》提出,教育改革首先是改革教学与考试制度。《蒂宾根决议》指出:"教学没有彻底性,就不可能有成绩,而没有对教材的自觉限制,就不可能达到教学的彻底性。工作能力比泛泛的知识更重要。精神世界的本源现象是可以通过个别由学生真正理解的事实的例子加以说明的,但这些事实由于单纯的教材的堆砌而掩盖了真相。而学生本来对这些教材就不甚了解,因此不久就会遗忘掉。"《蒂宾根决议》还提出:"透彻地讲解教材的实质,这一点绝对应当领先于任何教材范围的扩充。考试的数量应当加以限制,考试方法应该更多地针对理解力而不是记忆力。"

会议提出教学改革的基本思路:打破按完整的体系向学生传授知识的原则,即教学大纲应该从庞杂臃肿的教材中精选那些进一步了解事物本质的、具有实例性的、启发性的部分,使学生借助于这些典型的范例的研究,理解普遍性的东西。

在会议上，历史学家海姆佩尔（Hermann Heimpel）提出了"范例教学"的设想，受到了与会代表的普遍重视。会后，瓦根舍因（Martin Wagenshein）、德博拉（Jael Deborah）、克拉夫基等许多教育家发表了有关论著，使得范例教学在 20 世纪 50—60 年代深入到历史、物理、地理、数学、生物等各个学科领域，并逐步形成一个教学理论体系。

二、范例教学理论的主要内容

（一）范例教学的基本思想

"范例教学"又称为"示范方式教学""范例性教学"等。克拉夫基指出："范例"这个词来源于拉丁语，意思是"例子"，更确切地说是"好的例子""典型的例子""特别清楚的（言简意赅的）例子"。"范例教学"就是根据好的、特别清楚的、典型的事例进行的教学与学习。范例教学使学生能够依靠特殊（例子）来掌握一般规律，并借助这种一般规律独立地进行学习。通过范例教学，学生能掌握科学知识和科学方法论。克拉夫基认为，范例教学的原则适用于从幼儿园到高等学校的所有教育层次和所有学科。

范例教学理论认为：没有一个有计划的教学过程可以穷尽整个精神世界，没有人能够毫无缺漏地掌握整个学科的全部知识。然而，在以往的教学实践中，往往可以发现：一门学科越古老、越坚固，其结构就越严密（如数学等）。于是，人们就会自觉地尝试系统地、点滴不漏地从头到尾去教它，认为这些学科逻辑性强，教学中不能漏掉一点一滴，仿佛漏掉一点，就会导致整个学科体系的瓦解。可是，教师自己也不明白：这门学科的每一个个别知识究竟有什么用？它们对青少年的发展有什么意义？而这种追求点滴不漏的系统教学，由于课时的限制，往往匆匆忙忙，达不到彻底性。

范例教学理论提出：这种传统的追求，把系统性思想同教材的系统性混淆起来了。教学本应给学生以系统性思想，使他们对一门学科有一个整体观念。但传统的做法是让学生去掌握一大堆所谓系统的材料。结果，学生不但不能把握学科的全局，而且，头脑中只有一大堆不扎实的、肤浅的学科知识。同时，由于教材中内容的充塞，学生负担加重，往往就产生厌学情绪，学习的积极性受到打击，因此常常处于消极状态。

范例教学主张解决上述弊病的根本办法是：在有限教学时间内，组织学生进行"教养性学习"。所谓"教养性学习"是指提升学习者的独立性，让学习者从选择出来的有限的例子中主动地获得一般的、本质的、结构性的、原创性的、典型的以及规律性的跨学科的东西。为此，首先应当对教材进行裁剪，以彻底性代替肤浅的全面。教学追求的是深而不是广，也就是可以使某些枝节一带而过。教学采用的范例应当是学科中的重点，而各种范例之间又是相互关联的，他们是反映整体的镜子。范例教学理论还指出：深入的教学范例，可以造成"共鸣"现象，这就是说，一种教学内容使那些在课上不教的同类内容也能为学生所认识，或者引起学生自发去学习它们的兴趣。这样，讲究少而精的教学恰恰丰富了教学过程，使学生的学习不再局限在课堂上。

与此同时，范例这面"镜子"将不仅仅反映学科整体，而且反映学习者整体，既授予他们知识，又开发他们的智力，培养他们对客观世界的正确态度，等等。在范例教学理论看来，教学不能按部就班，要做到反映两个整体，就必须灵活机动，有时候需要从实际出发，找到突破口深入下去。例如，物理中的光学单元，不必从发光体、影子、直线传播等等一步步进行下去，而可以直接从提出"屋顶裂缝下、树荫下的太阳光圈从哪里来"这类问题入手，或者从当前学生熟悉的话题着手。这样，教学就能吸引学生的注意力，激发他们的兴趣。

（二）范例教学的目标和要求

范例教学的目标和要求可以概括为"四个统一"，即教学和训育的统一、问题解决学习与系统学习的统一、掌握知识和培养能力的统一以及主体与客体的统一。

第一，教学和训育的统一。"训育"是指思想道德素质教育，也就是要坚持教学的教育性。教学的教育性是德国的教育传统。在教学中，一方面要传授知识、技能，另一方面要进行思想教育、政治教育、道德教育，教学就是要将这两方面结合起来，统一起来。

第二，问题解决学习与系统学习的统一。要打破传统教学中学科体系的次序，用课题形式代替传统的系统形式，从课题出发进行教学。这种教学，一方面要求针对学生存在的或提出的问题组织教学，从一个个课题出发进行教学；另一方面，每个课题应该既是发现的突破口，同时又对学生有吸引力，能把学生从一个发现引导到另一个发现上。这样的课题不是随意选择的，课题应是有系统的，是学科系统中的一个有机组成部分，通过课题最后习得系统的知识结构。因此，课题应是反映该学科整体相互关系，反映事物整体的课题。每个课题都是一个局部的整体，各课题之间保持着有机的联系，这样才能保证让学生掌握学科整体的系统。这种教学虽然从片段出发，但学生学习的知识却不是零碎、孤立的。

第三，掌握知识和培养能力的统一。范例教学在知识与能力的关系问题上，要求既要以知识技能武装学生，又要培养学生的各种能力，把传授知识与教给学生学习方法、思想方法，发展智力，培养能力结合起来，统一在一个教学过程中，使学生不仅获得知识，还获得支配知识的力量。

第四，主体与客体的统一。范例教学认为教学主体是受教育者，即学生；客体是教学对象，也就是教学材料。教学就是教师引导学生掌握教材。怎样才能做到这种统一呢？它们的统一就是要求教师既要了解和熟悉教材，又要了解和熟悉学生的智力水平和个性。在教学中要把两个主要的教学因素结合起来考虑，这样教师才能将学生的积极性调动起来，使他们兴趣盎然地投入到学习活动中去。对教学中这两个重要因素的任何一方把握不住，都不可能有成功的教育教学活动。

范例教学理论的另一个重要内容是把培养独立性和问题意识作为教学目标和手段。范例教学论者认为，教学的成功在于学生在教学后能独立地依靠自己的力量迈开自己的步伐。为此，要培养学生的批判认识能力、判断能力、行动能力和继续学习能力，而范例教学正是使学生具有这些能力的有效途径。培养学生的问题意识，逐步地使学生能够提出触及实质的问题，这是形成学生独立能力的一个重要方面。

范例教学理论认为，独立性的培养只有在两种情况下才有可能。第一，教学必须以学生为方向，从学生实际出发，牢牢地把学生的兴趣与关心的问题紧扣在一起。第二，教学的一切应当不是封闭式的、定性的结构，不是带有框框的定式，而应当是帮助学生自己去发现、去追求。这两点是范例教学形式的基本特征。而培养学生具有问题意识或态度也是培养学生独立能力的一条重要途径。学生有了提问的能力，就可能不再依赖别人的问题或意见，就有可能独立地去寻找解决问题的途径与答案。

（三）范例教学的课程内容选择

范例教学在课程内容选择上遵循三个原则，即基本性、基础性和范例性。

基本性是就学科内容而言的，强调教学应教给学生基本的知识，也就是基本概念、基本科学规律或知识结构。例如，在中学物理教学中，物理概念和规律是基础知识中最重要的内容。教师应重视概念和规律的教学，使学生掌握物理现象和过程的本质，这样才能使学生发展知识，发展能力。

基础性是就受教育者接受教学内容来说的，强调教学内容应适应学生的基本经验和生活实际，适应学生的智力发展水平，同时又要通过教学促进学生智力的发展。所以在教学内容上反对高不可攀，也反对过分简单，力求符合学生实际。例如，在学科教学中，一方面要求教师认真分析教材，从知识结构体系、教材编写意图上整体把握教材；另一方面要求教师认真分析学生身心发展的特点，把握学生身心发展的顺序性、阶段性及个体差异，找到教材和学生发展的适应点，循序渐进地开展教学。长期过高的要求，只会使学生丧失学习兴趣，甚至产生心理障碍。

范例性是指从已选定的学科内容中，再精选范例性的或典型性的材料作为教学内容，通过同范例的接触，训练学生独立思考与判断的能力，使学生透过范例掌握科学知识和科学方法论。例如，在物理教学中，使学生形成概念、掌握规律，就是要使学生掌握物理现象和过程的本质联系。因而就要引导学生从形形色色的联系中，排除各种非本质的联系，把事物的本质暴露出来，透过表面现象，掌握它的本质。许多物理概念和规律都是从大量具体事例中抽象出来的。在每一个概念和规律所包含的大量事例中，有的本质联系不如非本质联系明显。教学中，教师必须从有关概念和规律所包含的大量事例中，精选那些包括主要类型的，本质联系明显的，能引起学习兴趣、激发学习动机的，能使学生认识知识内在逻辑结构、发展能力的，与学生智力水平和知识经验水平相适应的典型事例来进行教学，才能收到预期的效果。

瓦根舍因和克拉夫基指出：基本性、基础性和范例性这三个原则之间并不矛盾。这三个原则不是一个一个并列起来的，而是指同一事实的不同方面。基本性和基础性是较相近地联系在一起的，它们说明整个问题当中的各个层次或阶段。基本性指出以某一内容为基础的规律性，这一规律或结构就是通过对这一内容的理解而理解其他内容的一种规律或结构。基础性是指标志着某一智力方面的范畴与基本途径。范例性的概念则说明有必要对庞杂充塞的内容做举例性的、言简意赅的选择。范例性的教学内容可以使人举一反三地理解许多基本性和基础性的东西，它为人们揭示了思想之间与事物之间的更高程度的联系。由此可见，范例性是在基本性、基础性之上所做的更高程度的抽象。

依照这三个原则进行课程内容的选择与教学，将使教学具有以下五个特征：

（1）教学可以使学习者从特殊中获得一般。这是因为教材内容是经过精选的范例，这些范例不是孤立的、偶然的现象，而是"整体的一面镜子"。

（2）教学将具有更大的迁移效应，能开辟认识一系列类似现象的途径。因为这种教学强调基本认识，而基本认识往往是对活动的认识和知识，非常容易引起学生的联想、类比。

（3）教学注意儿童的实际水平，面向学生，把学习者业已达到的心理、认知、审美、社会交往方式、兴趣爱好、观察方式等水平作为教学出发点，从他们的"最近发展区"着手，能有效促进学生基本经验的形成与智力发展。

（4）按照基本性、基础性和范例性选择的教材，是相对于一般的特殊。这个特殊不仅是儿童感兴趣的特殊，也是带有典型性的特殊，它并不是实际事物的某一成分，而是实际事物的整体。这种教学强调反映学科整体的范例，反对支离破碎与没头没脑的零星的知识，意在使学生真正形成系统性的思想，通过范例对学科整体有深入的了解。

（5）教学具有动态性。范例教学理论认为，基本性、基础性和范例性本身也在变化中，必须不断地从学生所处的智力历史发展实际出发，从每一教育阶段所达到的水平出发来确定。所以范例教学反对封闭，主张开放，给学生留有很大的自己探索的余地，强调依靠学生的主动性进行教学。

（四）范例教学的备课过程

克拉夫基认为，一个教师要上好课，首先就得备好课，而备课的关键是要进行教学论的分析，并由此提出了"教学论分析作为备课核心"的思想，对教师在备课过程中如何分析教学内容、准备教学方法提出了具有可操作性的建议。此思想几乎成为当时联邦德国每位教师的座右铭。被称为"新赫尔巴特主义"。克拉夫基认为，教学论分析的首要任务应当是对教学内容的分析。教师应当领会教学内容，吃透教材，既要作为一个编写教材者，明确所编教材的目的、要求、本质、结构、各部分关系，又要作为一个学习教材的学生，去发现其中对于一个学生来说可能存在的难点与问题。克拉夫基所称的"教学论分析"，首先是指教师在备课中对教学内容应进行五个方面的分析，每个方面又划分为许多细目：

（1）基本原理的分析。分析本课题中哪些是带有普遍意义的内容，这些内容对今后教学起什么作用，选择哪些范例，通过探讨范例使学生掌握哪些原理、规律、方法和态度。通过这样的分析，教师就能明确让学生掌握哪些重要的基本概念、基本原理和基本方法。

（2）现实意义的分析。分析这个课题内容对学生智力活动应起什么作用。这些内容学生是否接触过，是否觉得这个课题重要。通过这样的分析，教师就能在教学中突出重点，强化学生的智力活动。

（3）未来意义的分析。分析这个课题对学生今后生活的意义，与今后的前途有什么关系，以便教师在教学中吸引学生的注意力，调动起他们学习的积极性。

（4）内容结构的分析。分析这个课题内容的结构，组成整个内容的有哪些要素，这些要素之间有怎样的关系，是否有层次，难点在什么地方，学生通过教学应获得哪些起码的知识。通过这样的分析，教师可以进一步弄清楚教材内容，明确应使学生获得的系统知识，掌握的知识结构。

（5）内容特点的分析。分析这个课题有哪些内容能引起学生的兴趣，通过哪些直观手段能引发学生提出问题，布置什么作业能使学生有效地应用知识。通过这样的分析，教师使死的教材因采用活的教学手段而达到活的教学效果。

对教学内容做出教学论分析后，就进入备课的第二步，即教学方法的分析和准备。克拉夫基认为，一定的教学方法从属于一定的教学内容。不对教学内容进行透彻了解，教学方法就无从谈起。就如何激发学生积极思考产生问题，如何进行主观教学等而言，这不单纯是方法问题，还有内容问题。如果选择的教学内容根本不考虑学生的"最近发展区"，那么就可能脱离学生实际，使学生觉得太难而无法理解。这时教学方法再形象、再直观，学生也会感到一窍不通，既不会产生兴趣，更不会引发钻研问题的劲头；反之，如果教学内容太容易，学生非常熟悉，就不会提出什么问题，同样起不到激发学生智力活动的作用，当然也就谈不上方法问题。克拉夫基指出，教学方法的分析和准备就是解决如何组织教学的问题。主要有四个方面：

（1）对教学过程分步骤和分层次；

（2）选择教学形式、练习形式和复习形式等；

（3）采用教学辅助手段（教学工具或其他设备）；

（4）保证教学的组织前提（教学组织形式）。

（五）范例教学的步骤

联邦德国教育家施腾策尔（Arnold Stenzel）提出了教学过程四阶段的设想，这个设想基本上概括了范例教学理论其他代表人物提出的各种设想。我们可以通过施腾策尔关于教学过程四阶段的设想，了解范例教学理论关于教学过程组织的基本观点。

第一阶段：范例性地阐明"个"的阶段，即要求以某一个别事物或对象来说明事物的特征，从具体直观的"个"的范例中抓住事物的本质。这个阶段的教学目的是让学生掌握事物的本质特征。

第二阶段：范例性地阐明"类型"和"类"的阶段，即从第一阶段里掌握的"个"的范例中，抓住事物的本质特征，将其置于类型概念的逻辑范畴之中进行归类。对于在本质特征上相一致的许多个别现象做出总结。这个阶段的教学目的在于使学生掌握事物发展的规律。

第三阶段：范例性地理解规律性的阶段。将"个别"抽象为"类型"之后，找出隐藏在"类型"背后的某种规律性的内容。

第四阶段：范例性地掌握关于世界的经验和生活的经验的阶段。这个阶段的教学目的在于使学生不仅认识世界，也认识自己。教育不仅向受教育者阐明客观存在的物质实在和精神实在，同时也使受教育者本身得到启发，使他们在获得关于世界的知识的同时，也能把这种知识转化为自己的认识，转化为他们可以用来指导自己行为的知识。而这正是教育所要达到的真正目的。

施腾策尔认为这四个阶段是从个别到一般，再到抽象的不断深入的过程，其中第四阶段最为主要。这个阶段把教学的重点从掌握客观内容转向开拓学生的精神世界，使他们把各种知识变成自己的经验，变成可以指导他们行动的经验，这个阶段的教学目代表了范例教学理论的真正教学目的。

（六）范例教学的特点

第一，范例教学的核心必须是学习者积极和主动地学习。范例教学只是对学生积极主动学习的帮助。范例教学中，教师决不能把教学看成是知识和能力的传递，而应当看成是对学生自己去理解、发现、学习的帮助。学生在范例教学中所获得的知识和能力，应该是"生产性的知识""活动的知识""继续发挥作用的能力"。因此，教师在范例教学中不能赶时间，他必须有让学生彻底学习的勇气和耐心。学生在范例学习中需要很多时间，从而自己去发现从特殊的或少数的范例举一反三的途径，因而不可一味地赶时间。如果学校的教学计划和教科书内容过多，就不能进行范例教学。

第二，范例教学重视学生学习的动机。克拉夫基主张在教学过程中必须调动学生的积极性。他指出："教师必须联系学生的兴趣、思想方法和学生同实际情况与问题打交道的方式来教学。"因此，教师选定的例子必须是对学生有意义的，与他的经验有关，使学生觉得重要和有趣，否则就不可能激发起学习的动机。

第三，范例教学所涉及的"对象"中包含着一定的内部逻辑，因此，范例教学要帮助学生一步一步地建立起所要掌握的知识的内部逻辑。因为只有学生认清并搞懂了他们所要掌握的知识的内部逻辑，他们才能根据获得的知识继续学习。克拉夫基说："范例教学不能像一道准备好的菜那样向学生呈现准备好的知识，而必须'发展地'进行教学。"他认为，"范例教学就是发展的教与学"，实现发展的教与学有两种途径：一种是教师帮助学，一步一步地建立起所要掌握的知识的内部逻辑；另一种是从一种所谓的准备出发，从知识出发，然后回过头来找出内部逻辑。

克拉夫基在总结范例教学理论基本思想时指出："对于范例教学的基本思想，虽然有种种不同的解释，但可以作为总的思想提出如下表述：组织教养性学习，提升学习的独立性，即把学生引向连续起作用的知识、能力、态度。"这也是范例教学的目的所在。

三、对范例教学理论的简要评价

第二次世界大战以后，联邦德国形成与发展起来许多教学论流派，但是几乎只有范例教学无可争议地为各流派所接受，也只有范例教学产生了较大的国际影响。范例教学的研究，主要是以历史、地理等学科为中心进行的。它是针对传统教学内容烦琐、庞杂、脱离时代发展需要和学生身心发展实际而提出的，其主导思想是试图改变传统教学中学生处于被动状态的弊端，提出要把传授知识和培养能力结合在一起。范例教学在联邦德国的实践讨论，在20世纪50—70年代达到高潮，是联邦德国教育现代化的标志之一。60年代以后，联邦德国新编的教科书明显地打上了范例教学的思想烙印，各级各类学校突出地把发展学生的独立能力放在重要地位，改变了过去强调教授定型知识，强调死记硬背的做法。范例教学在我国的传播，始于20世纪80年代，对今天我们的教育教学改革仍不乏借鉴意义。

范例教学之所以产生这么大的影响，是与它本身所强调的内容分不开的：范例教学反对形式上的系统性，主张用精选的带有基本性、基础性的范例教材来教学生，通过特殊的教学使学生获得对一般的认识，并使这种认识再迁移到其他知识上，这在一定程度上可以缓解日益扩大和膨胀的教学内容与培养下一代的矛盾问题。此外，范例教学强调"教养性学习"，主张通过这种学习，使学生处在一种不断接受教育与培养的状态之中。范例教学把教学看成一种不断学习的推动力，是帮助学生主动学习的手段，而不是一种让学生模仿与复制现成知识与技能的活动，或是传授规定的知识和固定的技巧的过程。这对于培养学生的学习能力，培养学生独立判断、批判与行动的能力以及社会生存能力有十分重要的意义。而且，范例教学把培养学生的独立性既看作教学目标，又看作教学手段。尤其是后者特别值得注意，因为只有当教师把培养学生具有独立能力看成是教学手段时，教师才会自觉地执行这一要求，且非贯彻它不可，否则教师就会觉得无法教学。总之，范例教学能更典型、更具体、更实际地培养学生分析问题和解决问题的能力，能更具体、深刻地使学生了解知识的科学意义、社会意义，特别富于教育性。

但范例教学论也存在着一些不足和偏颇之处，例如，精选教材一定能够提高教学质量吗？在科技时代，一切都在变革发展，能否通过改善教学过程、革新教学手段、提高教学效率寻找提高教学质量的途径？也有人指出，范例教学比较适于数学、物理、地理等学科，由于各门课程的教学目的、内容、结构的不同，要付诸实施，有许多问题尚待研究。例如，怎样才能建构可称之为具有学科的本质因素、基础因素的"范例"？如何保证儿童形成对于自然、社会、劳动、历史等的规律性的认识？如何在具体的实践中贯彻教育性教学的原则？等等。

案例分析

汉语综合课中的汉字教学 [①]

一、教案设计

课型：初级汉语（下）综合课。

使用教材：《发展汉语·初级汉语（下）》。

教学对象：土耳其、哈萨克斯坦、法国、蒙古、印度尼西亚学生。

课题：形声字形旁表义规律（利用第十一课《爱的教育》中的生词）。

教具：矿泉水瓶一个。

课时：15分钟。

教学目的与要求：掌握"口""心""扌"三种形声字形旁的意义，并能利用所学的形旁记忆理解目标汉字"吻""响""咬""念""捧""指""技"。

教学过程：

（1）组织教学。

（2）在黑板上写出"吃"字，并提问学生这个字的读音、意义。

（3）提问学生这个汉字可以分为几部分。

（4）让学生回想曾经学过哪些有"口"的汉字，并在黑板上写出这些汉字，对学生回想不起来的字，教师可以予以提示。

（5）带领学生分别分析"唱""喝""味""呼""吸"几个汉字的结构、所组词语的意义及汉字本身的意义，并让其观察这些汉字的意义有没有关联，教师可以适当提示。

（6）在学生发现字义之间的联系以后，教师总结"口"部的形旁意义。得出"口"部的形旁意义以后，让学生思考其余学过的带"口"部的汉字在

---

① 本案例改编自李欣."范例教学"对汉字形声字教学的有效性初探[D].北京：北京语言大学，2009.

意义上与形旁"口"的意义有无关联。

（7）在黑板上写出一组本课的生字，其中包含目标字"吻""响""咬"和其他形旁的汉字，教师给出"咬"的英文意义"to bite"，让学生猜测哪些字可能有这个意思。

（8）在学生找出"吻""响""咬"几个字以后，教师给出这个意义在汉语中的读音，可以稍稍利用声旁表音规律作为提示，帮助学生找出目标汉字"咬"。对于"响"可用同种方法。对于"吻"则可告诉学生读音及意义。

（9）领读这三个字，并组词。

（10）做巩固练习。

根据词义，找出表示这个词义的汉字。

swallow：汗、眠、梳、咽。

chaw：腔、嚼、舔、橡。

（11）给出带有第二个形旁"心"的汉字"想"，向学生提问这个字的读音、意义及结构，并带领学生回忆已学过的带有"心"部的汉字。

（12）让学生观察这些汉字所组成的词的意义之间有没有关联，启发学生归纳"心"部的意义。

（13）引出目标字"念"所在词"纪念品"，分析这个汉字的意义。

（14）给出汉字"打"，找学生按照前两个形旁的归纳步骤归纳第三个形旁的意义，并让其他同学参与，讨论其归纳得正确与否。

（15）在黑板上写出一组本课的生字，其中有目标字"捧""指""技"，教师给出"捧"的英文意思"to hold in both hands"，让学生猜测哪些字可能有这个意思。在学生找出"捧""指""技"几个字以后，教师分别讲解这三个汉字的音、义并领读，强化记忆。

（16）做练习巩固。

教师做动作，让学生找出可能表示这个动作的汉字。如果时间允许，可以猜测其余几个汉字的字义。

拧瓶盖：怒、眸、拧、江。

扔东西：扔、论、饱、裸。

（17）引导学生总结形旁表义的规律。

二、简评

本教案是在范例教学理论的基础上结合汉字的特点分析总结，进而设计而成的。

本课的教学目的是：让学生掌握"口""心""扌"三种形声字形旁的意义，并能利用所学的形旁记忆理解目标汉字"吻""响""咬""念""捧""指""技"；启发学生理解形声字形旁表义规律；调动学生学习汉字的兴趣。其中"掌握三种形声字形旁的意义，理解形声字表义规律"体现的是范例教学目的中知识方面的要求。形旁的意义和形旁表义规律是关于汉字的一般知识，每种形旁都不是零碎、孤立、片面的，它们是处于汉字形旁系统之中的，属于一个整体。"利用所学的形旁记忆理解目标汉字"则体现了范例教学目的中能力方面的目的，学习形旁表义规律的最终目的是使学生获得联想记忆的能力，使他们能够独立猜测字义或者更快地记忆汉字。"调动学生学习汉字的兴趣"则体现了范例教学目的中态度方面的要求。

从内容上来看，汉字形声字形旁表义规律在汉字学习中不仅具有重要地位，而且具有代表性，能够促使学生通过智力活动猜测汉字的意义。这种规律可以引发学生在新学习的与已知的汉字之间产生联想，并利用联想记忆汉字。这种利用联想记忆汉字的方法能帮助学生解决汉字学习中的问题，对他们当前与未来都具有意义。之所以选择初级汉语下册中的汉字作为说明汉字形声字形旁表义规律的教学内容，则是考虑到克拉夫基教学内容要求中的"教给学生的知识难度应当在受教育者智力发展接近达到，但还需要再努力一把才能达到的水平上"。此阶段的学生已经掌握了一定数量的形声字，但是还没有形成系统的形旁概念，是形旁教学的最佳时期。而在例字的选择上，本教案也体现了基本性、基础性和范例性三个原则。

从教学程序来看，此教案讲授三种形旁，教学过程共分为17步，其中（2）—（10）步是"口"部的教学过程，其余两种形旁的教学过程相同。因此我们以"口"部教学为例进行分析。（2）、（3）两步是启发学生了解例字特点的阶段，即范例教学中范例性地阐明"个"的阶段。选择"吃"作为例字是因为"吃"十分常用，学生在生活、学习中接触较多，记忆也较为深刻。（4）、（5）两步是指导学生理解反映某种汉字规律的"类字"阶段，即范例教学的范例性地阐明"类"的阶段。教师选择了学生学习过的、常用的、表义度高、组词能力强的汉字作为说明"类"的例字。（5）、（6）两步为引导学生发现"类"中所隐含的汉字规律的阶段，即范例性地掌握规律和范畴的阶段。这个过程中，教师只是起到了指导的作用，在学生思考结果的基础上总结出这种形旁的意义。（7）—（10）步为指导学生应用"范例规律"理解、记忆新字的阶段，即范例性地获得有关世界经验和生活经验的阶段。这一阶段，教师引导学生在已有认识的基础上，获得有关世界的经验和生活的经验，即能够利用已认识的形旁表义规律记忆所学的目标字，或者在看到目标字的时候能够在具有相同形旁的已学字和新学字之间形成联系，总结得到形旁的意义。在第二个和第三个形旁的教学过程中，教师的作用更小了，主要是学生自主学习总结，教师只起到一个评判的作用。

总之，这一课的教学和以后一系列的教学组成了一个系统，通过对系统的学习，教师提示或者引导学生在学习汉语的过程中有意识地总结并利用规律。

第二十一章 认知学习

一、认知学习的缘起和发展

认知学习理论是 20 世纪西方三大学习理论之一，其他两大流派分别是行为主义学习理论和人本主义学习理论。作为学习理论的一大流派，认知学习理论被认为是行为主义学习理论的对立面，是在对行为主义学习理论进行不断批判的基础上发展起来的。行为主义学习理论把学习理解为刺激与反应之间的联结，学习过程就是有机体在一定条件下在刺激与反应之间建立或形成新联结的过程。例如巴甫洛夫（Ivan Pavlov）与华生（John B.Waston）认为，学习是有机体借助无关刺激与无条件刺激在时空条件下的结合，这种结合使无关刺激也能引发由无条件刺激所引发的反应，这样，无关刺激与反应就建立了一种新的联结。例如，狗在看到食物时会自动分泌唾液，这是狗的一种无条件反应或本能反应，但是，如果在给狗展示食物的同时反复给狗一种无关刺激，即不会引发狗分泌唾液的刺激，如铃声等，那么一段时间后，就会发现狗在无食物呈现的情况下，听到铃声也会分泌唾液，这就说明了狗在铃声与分泌唾液之间建立了一种新联结，狗"学会"了在只有铃声无食物的情境下分泌唾液。在行为主义者看来，学习就是刺激与反应之间的联结，学习等同于行为的结果。行为主义学习理论反对内省，反对研究不可观测的意识，主张把可测量、可观察的行为作为研究的对象。很显然，行为主义忽视了人的认知结构、思维过程、意识等在学习中的作用，并且过于简化了学习过程，这就引起了越来越多的心理学家的不满。他们开始放弃行为主义的研究立场，转向研究人的内部心理过程，从而导致了认知主义学习理论的发展。

认知学习理论最初是在沿着两条途径或范式批判行为主义学习理论的基础上发展起来的[①]：一条是现象主义的研究范式，一条是实验心理学的研究范式。

现象主义的研究范式主张从研究学习现象开始，根据研究结果得出与行为主义理论相对立的学习理论。格式塔学派走的就是这个途径。格式塔学派诞生于德国，被称为认知学习理论的鼻祖。在德语中，格式塔是"完形"的意思。格式塔学派通过对猿猴解决问题过程的细致观察，提出了学习的"顿悟说"或"组织－完形"说，该理论认为学习就是知觉的重新组织，这种变化过程不是渐进的尝试错误过程，而是突然的顿悟。之所以产生顿悟，一方面是由于有机体分析了当前问题情境的整体结构，另一方面是由于大脑利用过去经验的痕迹，建立了与新情境相应的"完形"。所谓"完形"即情境各方面、各部分的联系与关系。后来的布鲁纳、奥苏伯尔等学者则大致按照格式塔的研究范式形成了自己的学习理论。

实验心理学的研究范式则主张通过设计严格的实验对行为主义的主要结论进行检验，根据实验结果批判或否定行为主义的主要观点，进而形成认知学习理论。托尔曼（Edward Chase Tolman）就是这个范式的代表人物，他针对经典性条件反射理论与操作性条件反射理论所提出的学习必须通过强化才能形成的观点，设计了著名的白鼠学习方位的迷宫实验。根据实验研究结果，托尔曼认为，学习是有目的的行为，而非盲目的；有机体的学习并非形成简单的、机械的联结的过程，而是形成"认知地图"的过程，所谓认知地

---

① 莫雷.西方两大派别学习理论发展过程的系统分析[J].华南师范大学学报（社会科学版），2003（4）：103–110.

图，指目标、对象、手段三者联系在一起的认知结构；在外部刺激和行为反应之间还存在一个中介变量。到 20 世纪 60 年代，认知主义学习理论开始逐步取代行为主义学习理论的地位，成为学习理论领域的统治者。

从认知学习理论兴起的社会背景来看，它是现代社会发展需要的产物。第二次世界大战之前，几乎所有心理学的研究都局限于实验室，行为主义的研究范式占据了学习研究领域。当时对于学习的研究仅仅涉及动物和人的外部行为，很少涉及人的内部心理历程。然而，第二次世界大战中涌现的大量实际问题对之提出了挑战，战争对人的认知与决策提出了越来越高的要求。第二次世界大战之后，信息时代以及今天的知识经济时代的来临，更加强调对于人们的信息选择、接受，以及信息编码、存储、提取与使用过程的研究。这些社会需要直接刺激了认知学习理论的产生与兴起。

从认知学习理论的科学技术背景来看，它也是心理学与邻近学科交叉渗透的产物。控制论、信息论以及计算机科学与语言学的发展直接影响到了认知学习理论的产生与取向。很多认知学习理论的重要观点，都与这些学科有不解之缘。如，加涅的累积学习的一般理论模式就直接借鉴了控制论与计算机科学的某些重要思想。又如，语言学家乔姆斯基（Avram Noam Chomsky）1957 年对新行为主义代表人物斯金纳（Burrhus Frederic Skinner）的《言语学习》（*Verbal Learning*）提出了尖锐的批评，强调要研究人的认知过程以及人的语言的先天性与生成性，他的观点直接促使很多学习研究者开始从行为主义转向认知主义。

二、认知学习的主要内容

（一）认知学习理论的整体教育观

1. 认知学习理论的基本观点

首先，认知学习理论要研究的是个体处理其环境刺激时的内部过程，而不是外显的刺激与反应。在认知主义学习理论看来，是学习个体本身在作用于环境，而不是环境引起人的行为。环境只不过提供了潜在的刺激，至于这些刺激是否受到注意或者接受进一步的加工，则取决于学习者的内部心理结构。并不是所有的刺激都会经过感觉登记进而进入长时记忆系统的，在学习者对于外部信息进行加工的时候，会经历一个选择阶段。个体根据自己以往的认知结构对外部刺激进行选择；与此同时，在这个与外界信息进行交换的过程中，个体也会不断地根据反馈来调整自己的认知。

其次，学习的基础是学习者内部心理结构的形成与改组，而不是外显的刺激－反应联结的形成或者行为习惯的加强或改变。所谓的心理结构，就是指学习者觉察和概括自然社会和人类社会的方式。认知结构则是以符号表征的形式存在的。在认知学习理论看来，学习的基础并非通过训练促使刺激与反应之间的联结形成与巩固，而更应该注意探讨学习者内部的心理结构的性质以及它的变化过程。当新的经验改变了学习者现有的心理结构时，学习就发生了。

最后，无论是以格式塔心理学为代表的早期认知学习理论还是以加涅等人为代表的认知理论，几乎都认可两条基本原则：第一，不平衡原则，即在进行学习时，如果个体现有的认知结构试图加工所选择的刺激不成功，就会导致结构的失衡。个体在力图重新得到平衡的时候，认知结构的变化也就随之发生了。第二，迁移原则。几乎每一位认知学习论者都相当重视学习的迁移。他们一直强调，新的认知结构始终会受到以往的认知结构的影响。具体到课堂教学中，认知学习理论强调要根据学生已有的发展水平，构造合适的问题情境，在学习过程中注意掌握一般原理。用布鲁纳的话来说，就是我们的学生要学会学习，而教师要教会学生这一点，就要注意培养学生的认知策略以及元认知能力。

2. 教学设计的原则

根据以上认知学习理论关于学习的基本观点，教学实践中指导教学设计的原则主要包括：

（1）用直观的形式向学习者显示学科内容结构，应该让学习者了解教学内容中涉及的各类知识之间的相互关系。

（2）学习材料的呈现应适合学习者的认知发展水平，按照由简到繁的原则来组织教学内容，这里的由简到繁是指由简化的整体到复杂的整体。

（3）学习以求理解，才能有助于知识的持久和可迁移。

（4）向学生提供认知反馈，可以确认他们的正确知识和纠正他们的错误学习。虽然行为主义教学理论也强调反馈的重要性，但认知主义教学理论一般将反馈看作一种假设检验。

（5）学习者自定目标是学习的重要促动因素。

（6）学习材料既要以归纳序列提供，又要以演绎序列提供。

（7）学习材料应体现辩证冲突，适当的矛盾有助于引发学习者的高水平思维。

（二）认知学习理论的代表观点

1. 早期认知学习理论

一般而言，早期的认知学习研究多以动物作为研究对象，研究结论往往来自研究者对外界事物的观察；后期的认知学习理论则直接研究人类的教学过程，多采用比较严谨的实验设计。

（1）格式塔学派的顿悟说

格式塔学派的观点直接影响到今天认知学习理论的形成与发展。格式塔学派的代表人物是考夫卡（Kurt Koffka）、韦特海默（Max Wertheimer）、科勒（Wolfgang Kohler）等。该学派认为，学习的实质是构造与组织一种完形，而不是形成刺激与反应的联结。根据格式塔心理学的基本观点，科勒以黑猩猩的解决问题实验为基础，提出了解释学习过程和学习迁移现象的"顿悟说"，对以后的认知学习理论产生了深刻影响。科勒设计了一个著名的实验来证明自己的观点。根据这个实验，科勒认为：黑猩猩在解决难题之前，对面前的情境的知觉是模糊的、混乱的。当它看出几根短棒接起来与高处的香蕉的关系时，它便产生了顿悟，解决了这个问题。因此，学习是由顿悟而实现的。顿悟即完形的组织构造过程。学习就是知觉的重新组织。这种知觉经验变化的过程不是渐进的尝试与修正错误的过程，而是突然领悟的。

（2）托尔曼的认知－期待说

托尔曼吸收了完形说的思想，认为行为是一个整体，不仅包括可观察到的行为，而且应包括有机体在进行活动时的所有东西——外部的、内部的、身体的、脑内的，主张研究有机体的整体行为。由此，他提出"中介变量"

的概念，认为刺激与反应之间的关系不是简单的 S-R 的二项式，而是 S-O-R 的三项式。O 是中介变量，即中介过程或心理过程，它是介于实验变量与行为变量之间并把二者联结起来的因素，为实验变量所决定，又直接决定行为变量。托尔曼设计的著名的"潜伏学习"实验即证明了这一点。以往的行为主义中形形色色的刺激－反应学习理论的基本观点都认为，在行为和反应之间没有什么中间变量，动物或者人类在一定的内部和外部的刺激或者强化物的驱使之下进行学习，当遇到适当的环境刺激时，动物或者人类所习得的动作就会被激发。然而托尔曼根据自己的研究认为，动物或者人类在学习过程中所学会的不是连贯的动作反应，而是关于他周围的环境、学习目标的位置以及如何实现目标的方法的知识。这些知识促使动物或者人类形成了所谓的"认知期待"，这种认知期待将直接影响到学习者下一次活动的方向与强度。也就是说，通过学习过程，学习者学会的不是简单的动作或者反应，而是对目标和达到目标的途径和手段的认知，即学会的不是动作而是意义。这一过程正是通过上述这个中介变量而完成的。

2．现代认知学习理论

（1）布鲁纳的认知发现说

布鲁纳的学习理论与他的儿童认知发展理论密切相关，而他的著名的结构主义教学论思想则是以前两者为基础的。之所以将布鲁纳的理论称为认知发现说，原因在于：其一，布鲁纳指出学习过程是一种积极的认知过程。他认为学习的实质在于主动地形成认知结构。学习任何一门学科，都有一连串的新知识，任何知识的学习都要经过获得、转化和评价这三个认知学习过程。布鲁纳曾经指出："学习一门学科，看来包含着三个差不多同时发生的过程（获得、转化和评价）。"[1]同时他又强调说："不论我们选教什么学科，务必使学生理解该学科的基本结构。"[2]其二，他非常重视人的主动性和已有经验的作用，重视强化学习的内在动机与发展学生的思维，提倡知识的发现

---

[1] Bruner J S. Toward a Theory of Instruction [M]. Cambridge, Mass: Belknap Press of Harvard University，1966：155, 26, 61.

[2] 同①.

学习。他说："发现不限于那种寻求人类尚未知晓的事物之行为，正确地说，发现包括着用自己的头脑亲自获得知识的一切形式或方法。"[1] 他认为发现学习具有以下一些优点：第一，有利于激发学生的潜力；第二，有利于加强学生的内在学习动机；第三，有助于学生学会学习；第四，有利于知识的保持与提取。

（2）奥苏伯尔的认知同化说

奥苏伯尔是美国著名的认知派教育心理学家，他在《教育心理学：一种认知观》（Educational Psychology: A Cognitive View）中提出了独具特色的"有意义学习"理论，即认知同化说（又称认知 - 接受说）。

认知同化说的基本观点是，新知识的学习必须以已有的认知结构为基础。学习新知识的过程就是学习者积极主动地从自己已有的认知结构中提取与新知识最有联系的旧知识，并且加以"固定"或者"归属"的一种动态的过程。这个过程的结果是原有的认知结构不断地分化和整合，从而使得学习者能够获得新知识或者清晰稳定的意识经验，原有的知识也在这个同化过程中发生了意义的变化。

根据将要学习的新内容与学习者已经知道的相关内容之间的关系，奥苏伯尔把学习分为下位学习、上位学习和并列结合学习三类。

①如果将要学习的新内容在包摄和概括水平上低于学习者原有认知结构中已有的相关内容，这时的学习就是下位学习或类属学习。如，若学生在学习正方形、长方形、三角形时已形成了轴对称图形的概念（已有知识），那么在学习圆时，"圆也是轴对称图形"这一命题（新知识）的学习，就是下位学习。

②如果将要学习的新内容在包摄和概括水平上高于学习者原有认知结构中已有的相关内容，这时的学习就是上位学习或总括学习。如，学生原有认知结构中已经有了正方形、长方形、三角形的概念，在学习新概念"轴对称

---

① Bruner J S. Toward a Theory of Instruction [M]. Cambridge, Mass: Belknap Press of Harvard University，1966 :155, 26, 61.

图形"时，发生的就是上位学习。

③如果将要学习的新内容仅仅是由原有认知结构中已有的相关内容的合理组合构成的，因而仅仅能与认知结构中相关内容的一般背景相联系，而不能与认知结构中某些特定的内容构成下位关系（从属关系）或上位关系（总括关系），那么这时的学习就是并列结合学习。学生在数学、自然科学、社会科学和人文学科中所学习的大部分概念都是并列结合学习的例证。在并列结合学习中，由于只能利用原有认知结构中一般的非特定的相关内容来起到固定的作用，因此对于新内容的学习和记忆都比较困难。

从学习的分类原则出发，奥苏伯尔提出了教材编写应该遵循不断分化、综合贯通的原则："一个特定学科的教材内容在人的心中的组织，是由一个层次结构组成的。包容范围最广的那些观念位于这个结构的顶点，它们容纳概括性更低和更高度分化的命题、概念和事实材料。"①

与此同时，奥苏伯尔根据学生进行学习的方式，把学生的学习分为接受学习和发现学习。接受学习，即学习者把以现成的定论形式呈现给自己的学习材料，与其已形成的认知结构联系起来，以实现对这种学习材料的掌握的学习方式。发现学习，是在教师不加讲述的情况下，学生依靠自己的力量去获得新知识，寻求解决问题方法的一种学习方式。发现学习依靠学习者的独立发现。与布鲁纳强调发现学习相反，奥苏伯尔更强调接受学习。

根据学习过程的性质，奥苏伯尔把学习分为机械学习与有意义学习。机械学习，即不加理解、反复背诵的学习，即对学习材料只进行机械识记。有意义学习指的则是语言文字或者符号所表述的新知识能够与学习者认知结构中已有的旧知识建立一种实质的、非人为的联系的学习。有意义学习需要具备两个条件：学生要具备有意义学习的心向，即把新知识与认知结构中原有的适当观念关联起来的意向；学习材料对学习具有潜在意义，即学习材料具有逻辑意义，并可以和学生认知结构中的有关观念联系。这两个条件缺一不

---

① Ausubel D P. In defense of advance organizers: a reply to the critics [J]. Review of Educational Research, 1978, 48（2）: 251–257.

可，否则会导致机械学习。

（3）加涅的累积学习说

加涅被公认为将行为主义学习论与认知主义学习论相结合的代表。他从两大理论中汲取合理的成分，并且在20世纪70年代之后，引进现代信息论的观点和方法，从而成为认知学习理论流派中强调信息加工模型的代表人物。

加涅认为学习过程是信息的接受和使用的过程，学习是主体和环境相互作用的结果，个体的先前学习导致个体智慧日益发展。因此，他主张在教学上给学生最充分的指导，使学生能够沿着仔细规定的学习程序，循序渐进地进行学习。正是在这种意义上，加涅的认知学习观又可以被称为认知指导学习理论。

根据上述关于学习的一般观点，加涅在《教学方法的学习基础》（*Essentials of Learning for Instruction*）一文中认为知识学习可以看作一条链锁：动机阶段（预期）—了解阶段（选择性注意和知觉）—获得阶段（编码储存通道）—保持阶段（记忆储备）—回忆阶段（检索）—概括阶段（迁移）—作业阶段（反应）—反馈阶段（强化）。

加涅认为，外部事件可以使用激化、维持、促进或者增强学习的内在过程的种种方式加以计划和执行。这个过程就是教学过程。加涅将与上述学习过程有关的教学过程也划分为八个阶段。一是动机阶段：一定的学习情境成为学习行为的诱因，激发个体的学习活动，在这个阶段要引发学生对达到学习目标的心理预期。二是了解阶段：在这个阶段中，教学的措施要包含提供刺激，引导注意，使刺激情境的具体特点能被学生有选择地知觉到。三是获得阶段：这个阶段起着编码的作用，即对选择的信息进行加工，将短时记忆转化为长时记忆。四是保持阶段：获得的信息经过复述、强化之后，以一定的形式（表象或概念）在长时记忆中永久地保存下去。五是回忆阶段：这一阶段为检索过程，也就是寻找储存的知识，使其再现的过程。六是概括阶段：把已经获得的知识和技能应用于新的情境之中，这一阶段涉及学习的迁移问题。七是作业阶段：在此阶段，教学主要是提供应用知识的时机，使学生显示出学习的效果，并且同时为下一阶段的反馈做好准备。八是反馈阶段：学习者因完成了新的作业并意识到自己已达到了预期目标，从而使学习动机得到强化。加涅认为，值得注意的是强化主宰着人类的学习，因为学习动机阶段所建立的预期，此刻在反馈阶段得到了证实。

加涅的累积学习说的另一个重要思想是他关于学习的分类。加涅在 1965 年出版了《学习的条件》（*The Conditions of Learning*），该书历经三次修订，已经成为一本关于学习的分类的经典著作。在这一本书中，加涅根据产生学习的情境，把学习分成八类，按层次由低到高顺次排列：

第一类，信号学习：经典条件反射，包括不随意反应。

第二类，刺激反应学习：操作性条件反射。

第三类，连锁学习：一系列刺激反应动作的联合。

第四类，语言的联合：与第三类学习一样，只不过它是语言单位的连接。

第五类，多重辨别学习：区分多种刺激的不同之处。

第六类，概念学习：在对刺激进行分类时，对事物抽象特征的反应。

第七类，原理学习：概念的联合。

第八类，解决问题：在各种条件下应用原理达到最终目的。

1977 年，加涅在对自己的著作进行修订的时候，指出这八类学习的划分仍然对于学校学习不适合，于是他根据学生的学习结果，提出五种学习结果的划分：（1）言语信息，指的是能够陈述用语言文字表达的知识；（2）智慧技能，指的是运用符号办事的能力；（3）认知策略，指的是对内的控制以及调节自己的认知活动的特殊认知技能；（4）动作技能，指的是习得的协调自身肌肉活动的能力；（5）态度，指的是习得的决定个人行为选择的内部状态。

三、对认知学习理论的简要评价

综上所述，我们可以看出：

第一，认知学习理论高度重视学生的主体能动性。认知学习理论是在研究儿童认知发展的基础上产生的新的学习理论，是行为主义学习理论的进一步发展。在行为主义学习观下，操练和练习是教学的要旨。教师给学生提出引起反应的问题，如果学生回答正确，那么教师就说"正确"，给以强化；如果学生回答错误，教师就让学生继续操练。在这种教学过程中，学生是被动的接受者。认知学习理论把学习视为知识的建构过程，主张学习是通过信息加工活动建构对客体的解释，是学习者内部心理结构改造的过程。学习者也因此由被动的接受者成为知识的主动建构者，教学应创造情境来引起学习者的反应，并为各个反应提供适当的强化。

第二，认知学习理论的操作性较强，突出了理论与实践的紧密结合。学校教学目标也就是预期的学生学习结果，因此加涅关于学习的分类对于教师确定教学目标具有直接的指导意义。他划分的学习的八个阶段、课堂教学的八个阶段的构思和假设，对实际的教学都具有积极的意义和一定的参考价值。再如，布鲁纳根据其有关发现学习及教学的观点编写或改编了中小学数学、物理、化学、生物各科教材，直接指导了美国教育改革。

不过，必须指出的是，认知学习理论同样面临着严峻的挑战：

一是认知学习理论缺少统一的理论体系。尽管认知学习已经成为当代学习心理研究的主流，但从研究情况来看，其理论范式十分松散。从本章中，我们可看出加涅的观点与布鲁纳的观点截然不同，前者代表了信息加工模型取向，后者则更侧重于纯认知研究。而且，认知学习理论家们的研究角度也各不相同，像布鲁纳提倡发现学习，奥苏伯尔则提倡接受学习等。再如，加涅有一套关于学习的分类，奥苏伯尔又有另一套分类。

二是认知学习理论较少地考虑到情绪、意志等因素对于教学过程的具体作用。加涅把能力归结为大量有组织的知识，在能力的构成因素上，只看到知识的作用，而忽视了思维和智力技能的作用，这有一定的片面性。本书所述的情绪智力、多元智能等在认知学习理论家们的研究体系中究竟处于何种地位？近期关于认知学习的研究已经开始考虑这些问题。

案例分析

准备题与例题之间的过渡题 [①]

九年义务教育教材十分重视教材结构，增加了"准备题"的内容，以沟通新旧知识。但要在具体的教学中实现"沟通"，并非一件很容易的事情。举例来说，在新教材第一册要讲"9+？"这一课。"9+？"的计算方法是"凑10法"，其分析基础是10以内数的组成与分解，计算基础为得数是10的加法及"10+？"的计算。

教材中的三类准备题：

（1）数字填空题。

（2）9+（　）=10；9+1=（　）。

（3）10+5=（　）；10+7=（　）。

设计准备题的目的是让学生复习，为进行"凑10法"计算做准备。有的教师以为让学生做了以上的练习之后，就可以教新课了，即转入新课例题：教师出示皮球盒，内有10个空格，装9个皮球，教师又另外拿出2个皮球，问学生：一共有多少个皮球？怎样列式？

为了引入"凑10法"，教师又问：从盒子外拿几个皮球放入盒内算得比较快？这时问题就来了。有的学生说不要再拿皮球放进盒里，只要口算就知道是11个。有的学生虽然说出放进盒里1个皮球，但当追问他为什么时，他竟反问：盒子里不是只剩下1个空格子了吗？

授课教师开始结合认知学习理论加以反思。教师认为，在教学中要重视在旧知识与新知识之间设置"原型"，并将其作为中介物，从而优化学生的认知结构。

在这次教学活动中，原型与中介是在准备题与例题之间设计的过渡题。

---

① 根据福建省的两位青年教师沈庆灿和陈强仁的课例改编。

通过过渡题这个原型的启发作用，引导学生开展主动的认识活动，把新旧知识沟通起来。于是在练完准备题后，增加两道"圈10"练习作为过渡题。

第一道过渡题是教师在黑板左边贴9只小鸟，右边贴4只小鸟，教师先与学生一起一只一只地数，数清共13只小鸟。然后指出这样数虽然也可以，但比较麻烦，下面老师教同学们一种算得快的方法。

接着教师提问：左边有几只小鸟？（9只）。

从右边移动几只小鸟到左边，左边的小鸟就可以凑成10只？（1只）。

教师移动1只后，马上把左边的10只小鸟用毛线圈上，再问：右边还剩下几只？（3只）。

现在左边有10只，右边有3只，一共是多少只？（13只）。

这样算快不快？（快）。

这时学生情绪很高，教师紧接着出示第二道过渡题：左边有9只小猴，右边有7只小猴，你们也能像刚才移动小鸟那样，移一移小猴，使大家算得快吗？

学生个个跃跃欲试，完成后，教师以问答形式及时小结：刚才的9只小鸟添上几只凑成10只？9只小猴添上几只凑成10只？那也就是9添上几凑成10？9加1凑成10后，再用"10+？"的计算方法算得快吗？然后教师指出，遇到算"9+？"时，我们先把9添上1凑成10再计算比较快。

简评

这两道过渡题既上承了三类准备题的旧知识，又为学生理解例题做了坚实的铺垫。教师通过设计实施"圈10"这两道过渡题的练习，启发了学生的思维。学生对"凑10法"的过程与原理有了初步感性的认识，使教师顺利地完成了例题的教学任务，对后面三道"凑10法"例题的教学起了原型启发的作用。最后，通过课后"做一做"中的比较题9+1+3和9+4的练习，教师再度启发：9加1再加3，一共加了几？那么9+4怎么计算？从而把新旧知识从理性上连成一体，扩展了学生的认知结构。

第二十二章　探究式教学

探究式教学，又称探究教学，是 20 世纪 50 年代以来，以认知和发展心理学为基础的新的教学模式。探究式教学理论的主要代表有萨奇曼（J. R. Suchman）、施瓦布（J. J. Schwab）和卡普拉斯（R. Karplus）等人。探究式教学以学习者为中心，重视学习过程的研究性和探索性，重视学生的创造性和批判性思维训练。在我国启动的第八次课程改革中，探究式教学与合作学习一起成为中小学课堂教学改革的亮点。

本章从探究式教学理念产生与发展的历史入手，对探究式教学的意义和核心观点，以及探究式教学中教师的角色问题进行了梳理，期望有助于增进教师对探究式教学的理解，形成对探究式教学的正确认识。

一、探究式教学的背景和内容

（一）探究式教学的背景

美国教育学家杜威首次提出了较为系统的探究式教学理论，引起人们对学生主体性的极大关注以及对师生在教育过程中的地位和作用的深刻反思。[①]

---

① 杨承印，马艳芝. 我国 "探究教学" 研究十年 [J]. 教育学报，2007（2）：46–49，61.

杜威提出以儿童为中心、从做中学的主张，认为科学教育是一种过程和方法，主张教学应遵循探究五步法，即设置充满问题的情境、寻找问题的所在、提出问题解决的假设或方案、实施方案验证假设，上述步骤反复实施直至问题得到令人满意的解决。"仔细分析这种教学模式便可以发现，它与我们今天所说的科学探究有着密切联系。这种蕴涵探究思想的教学模式不仅对美国科学教育产生了深远影响，也为探究教学的提出奠定了基础。"①

　明确把探究式学习作为一种理科教学的方法始于 20 世纪五六十年代。首倡者是生物学家、芝加哥大学教授施瓦布。1961 年，施瓦布在哈佛大学的一次演讲中提出"理科教学即探究"的概念。施瓦布认为，自然科学知识不是一个静态的、固定不变的系统，而是开放的、不断被修正和发展的过程。科学知识的结构处在不断变化之中，没有什么永恒不变的真理。在施瓦布看来，传统的理科课程对科学进行了静态的、结论式的描述，掩盖了科学知识是实验性的、不断被修正的事实。于是，施瓦布拒绝把科学知识当作绝对的真理"传递"给学生，而是让学生学会科学的方法，亦即实验的、探究的方法，运用实验和探究的方法，体验科学知识生产的过程。在这一过程中，学生如同科学家那样对世界进行探究，在学习科学的概念和原理之前，先进行探究活动，再根据自己的探究提出科学的解释。

　施瓦布的探究式教学思想一经提出就引起了教育界的震动。由于受到苏联卫星上天的影响，美国举国上下对快速有效地提高自然科学教育质量充满兴趣。在这种社会背景下，探究式教学的理念受到的重视便是不言而喻的了。探究式教学的各种具体策略和模式如雨后春笋般蓬勃发展起来。在美国先后出现了几种影响广泛的教学模式。它们是萨奇曼的探究训练模式、施瓦布的生物科学探究模式、卡普拉斯的学习环模式等。这些模式的推出，对中小学科学教育工作者来说是一个福音。它以可操作的形式，方便对教育思想和理论比较陌生的教师们迅速掌握探究式教学的要领。

　探究式教学主要应用于自然科学教育，后来被推广到人文社会科学领域

---

① 柴西琴. 对探究教学的认识与思考 [J]. 课程・教材・教法，2001（8）：16–19.

的教育之中。1996 年美国颁布的《国家科学教育标准》对探究式教学的要点进行了提炼，这一表述也成为对探究式教学的共识。我国从 20 世纪 70 年代开始引入探究式教学理念并逐步推行，到 20 世纪 90 年代进行大面积实施。新一轮国家基础教育课程改革的一个重要目标就是改变普遍存在的学生被动接受知识的学习方式，倡导学生主动参与的探究式学习。

（二）探究式教学的内容

1. 探究式教学的内涵

探究式教学是一种模拟性的、促进学生高级认知能力发展的教学活动，是指教师在教学过程中以提出问题、科学验证、解释与抽象、评价交流和运用等科学研究的形式来组织教学活动，让学生通过解决问题获得新知识和新技能、发展科学思维、认识科学的本质和价值、提高科学素养和培养科学精神的过程。

有学者对探究提出多种不同看法，但大体上可以分为两类：一是把探究描述为科学家所做的工作，即科学探究；二是把它看作教或学的过程。许云凤认为，所谓探究式教学，即从学科领域或现实社会中选择和确定研究主题，在教学中创设一种类似于学术或科学研究的情境，学生通过自主、独立地发现问题，调查、收集与处理信息，开展交流与合作等探究活动，获得知识与技能、情感与态度的发展，特别是探索精神和创新能力的发展。[①] 柴西琴从教学过程的角度提出，探究式教学实质上将科学领域的探究引入课堂，使学生通过类似科学家的探究过程理解科学概念和科学探究的本质，并培养科学探究能力的一种特殊的教学方法。从探究式教学的展开过程看，它包括六个步骤：第一，提出科学的问题；第二，根据已有的知识和经验，提出假说或猜想；第三，收集证据；第四，解释；第五，评估；第六，交流和推广。[②]

2. 探究式教学的特点

美国《国家科学教育标准》认为，规范的探究式教学应该具备以下五个

---

① 许云凤.探究式教学与传授式教学辨析 [J].教育探索，2006（7）：22–24.

② 柴西琴.对探究教学的认识与思考 [J].课程·教材·教法，2001（8）：16–19.

要点：第一，学生参与围绕科学问题、事件或现象展开的探究活动，探究要与学生已有的认识相联系，教师要设法制造他们的思想冲突，并且鼓励他们学到更多知识；第二，学生通过动手做实验探究问题，形成假设并验证假设，解决问题，并对观察结果提供解释；第三，学生分析、解释数据，将他们的观点进行综合，构造模型，利用教师和其他来源所提供的科学知识阐述概念并进行解释；第四，学生拓宽新的理解、发展新的能力，并应用所学知识于新的环境；第五，学生和教师共同回顾并评价所学内容和学习方法。①

3.探究式教学的模式

（1）萨奇曼探究模式

萨奇曼认为，可以向学生传授科学家们所使用的智力策略。萨奇曼探究模式的步骤是：第一，选择问题，激发探究。设计一个令人困惑的情境，使学生产生探究的需要。例如，某教师对学生说道："1692年，被处死的女巫的数量剧增，标志着美国历史上对女巫的最严重迫害的爆发。令人奇怪的是，上一次对女巫的大规模迫害发生在47年之前，没有人能够解释1692年这次为什么会发生在马萨诸塞州的埃塞克斯县、康涅狄格州的费尔费斯县，而不是其他县。然而，有几种理论与此现象有关，而且有一种似乎很合理。"② 这就是一个很好的问题，引起了学生的探究兴趣。第二，介绍过程，展示问题。向学生解释与说明探究需要遵守的规则，以书面形式向学生告知存在困惑的情境，并告诉他们怎样记录信息。第三，收集信息。回答学生提出的问题并以此来收集信息。指导学生以更清楚、更完整的方式提问，但是不要更改他们的问题。第四，形成理论假设并验证假设。当学生得出结论时，停止提问并把结论写在黑板上，由学生决定接受还是拒绝。尽可能把每一种能够解释问题的理论都罗列出来，并逐一验证。第五，解释理论并阐述相关的规则。一旦学生证实了理论假设，让他们对此进行解释并说明如何将该理论应用于实践。第六，分析过程。与全班同学讨论探究过程，检查得到

---

① 王晶莹.美国探究教学模式述评[J].上海教育科研，2010（4）：61-63.

② 冈特，埃斯蒂斯，斯瓦布.教学模式[M].尹艳秋，等译.南京：江苏教育出版社，2006：105-108.

结论的过程，并讨论如何改进该过程。第七，评价。检查学生是否理解了所得到的结论，并判断他们是否能找到其他的例子以证实该理论。①

（2）学习环模式

学习环模式被广泛地用于探究式教学始于20世纪60年代，代表人物是美国加利福尼亚大学伯克利分校的卡普拉斯。学习环模式认为科学学习或教学过程是概念探索、概念引入和概念运用三个前后相连的阶段的循环，通过这三个前后相连的阶段，可以提高学生的探究水平，促进学生智力发展。学习环模式的基本程序如下：首先是概念探索阶段，让学生从事各种探索活动，以便从经验中产生新观念；接着是概念引入阶段，让学生给前面发现的观点或经历的想法命名；最后是概念应用阶段，让学生有机会把新观点运用到不同的背景中去。在概念探索阶段，教师要根据课程目标、所学概念以及学生背景知识经验创设问题情境，围绕这一问题情境精心组织材料、事件、观念以及关系，然后以最简洁的指导语将它们介绍给学生，让学生在一定的时间内，对这些材料、事件、观念以及关系进行考察，提出疑问、假设，建立可能的联系，猜测可能的概念或理论。在概念引入阶段，教师要引导学生恰当地说明自己所发现的事物之间的联系，然后以学生的探讨为基础，将课本上的术语或概念通过说明、演示、文字、图表或动画等形式介绍给学生。在概念应用阶段，教师要求学生将前两个阶段所获得的概念知识或技能应用到其他情境之中。学生为核心概念寻找其他例子，从杂志、报纸、网络、电视、课外书、个人经验以及第一手观察资料等中寻找例子，与全班同学分享，并利用核心概念分析、解释新问题。②

（3）5E学习环模式

5E学习环模式由卡普拉斯及其同事所创，最初包括三个阶段，即探索、发明、发现，后经多次改革而成为五个阶段。这一教学模式在生物课程中应用广泛。

① 冈特，埃斯蒂斯，斯瓦布.教学模式[M].尹艳秋，等译.南京：江苏教育出版社，2006：104.
② 刘儒德.探究学习与课堂教学[M].北京：人民教育出版社，2005：76-81.

所谓5E指的是：①投入（engagement）。这一阶段的教学目标是引起学生的好奇心，通过活动使学生将个人的学习经验调动起来，了解学生想法，关注学生在活动中得出学习成果的思考过程。②探索（exploration）。在这个阶段，教师要鼓励学生去操作，不直接说出答案，必要时引导学生思考更深入的问题。③解释（explanation）。在这个阶段，教师鼓励学生用自己的话说出对实验的想法，要求学生根据事实澄清概念。教师应该以学生的先验经验为基础来解释概念，并对概念进行定义和解释。④精制化（elaboration）。教师要了解学生得出的概念，并予以挑战和延伸，给学生提供验证预期问题的实验或思考机会，鼓励学生将概念应用到新的情境中。⑤评价（evaluation）。教师应观察学生如何应用新概念去解决生活中的问题，提出开放性的问题来评价学生，并鼓励学生进行自我评价。①

（4）项目学习模式

项目学习（project-based learning），也被称为基于项目的学习，起源于美国。教育家克伯屈（William Kilpatrick）最早提出项目的概念以及基于项目设计的教学法。它指的是帮助学生围绕复杂的、来自真实情境的、具有一定挑战性的项目主题，在精心设计的任务与活动的基础上，进行较长时间的开放性探究，最终建构起知识的意义和提高自身能力的教学模式。

有学者把项目学习的基本特点总结如下：一是学习情境真实、具体，取材于生活，面对的是真实而具体的问题；二是学习内容综合而开放，包含多方面的知识和技能；三是学习途径多样而协同；四是学习手段数字化、网络化；五是学习的收获多面而有个性。②

项目学习目前在一些中小学教学中被广泛采用。如某小学二年级的项目学习主题是"金猴闹春"。学生通过了解猴的种类、习性、分布、成语、故事，制作猴面具、剪纸、绘本、书法，认识有关猴的生活用品，做"猴操"，演"猴戏"和"猴剧"。四年级的主题是"让我们与车一起奔跑吧"。学生参

---

① 王晶莹.科学探究论[M].上海：华东师范大学出版社，2011：62-63.

② 刘云生.项目学习：信息时代重要的学习方式[J].中国教育学刊，2002（1）：36-38.

加调查，了解、收集资料，参与实践活动，运用比较、分析、综合的方法，制作系统的调查报告，为家庭和他人买车或换车提出意见和建议，针对洗车与环保、安全等主题向有关部门提出合理的建议或向市民发出倡议书。①

二、对探究式教学的简要评价

人们普遍认为探究式教学是有利于儿童科学思维和创造意识的培养的。不过，探究式教学容易失败，特别是在教师教学实施能力水平较低时。从历史的经验看，在 20 世纪 60 年代探究式教学方兴未艾的美国，中小学教师在实施探究式教学过程中存在着普遍性的失败，此时教师还普遍缺乏探究式教学的理论和实践素养与经验。后来很多学者通过实证研究证实了教师是影响探究式教学质量的关键因素的假说。

具体而言，教师通过以下几个方面对探究式教学的成败、优劣发挥作用。首先是教师的看法。教师的看法包括：一是教师对自己实施探究式教学能力的看法以及对学生进行探究式学习的能力的看法，二是教师对科学本质的认识，三是教师对学生学习的看法。对教师看法的研究表明，教师是课程的积极创造者，所有的教学都有赖于其看法和认识。②具体而言，教师的看法影响到教师获取与解释知识、明确和选择当前的任务、解释科学内容和对评估进行选择。

其次是教师的知识储备。教师要顺利开展探究式教学必须具备四个方面的知识：学科知识、有关科学本质的知识、教育文化背景知识、教学策略知识。

最后是教师的探究实践，包括：从学生的真实问题出发确定探究主题（学生提出的问题要经过教师和学生共同讨论、筛选，最后确定是否值得探究或是否具有可行性），把科学探究与阅读文献相结合，生成合作探究的学习共同体。

探究式教学的实践证明，以下几点是有效开展探究式课堂教学所应遵循

---

① 黄瑞，孙曙. 项目学习：以培养"核心素养"为方向的课程建设行动[J]. 今日教育，2016（5）：28-31.

② 刘改琴. 国外探究教学教师因素的研究概述 [J]. 外国教育研究，2004（2）：14-16.

的基本策略。首先，要创设新颖的问题情境，激发学生质疑、探究的欲望，鼓励学生独立思考，引导学生寻求新的发现，获得新的认识；其次，要营造融洽的课堂探究氛围，充分尊重学生的人格和自尊心，重视学生的不同见解，鼓励学生大胆发言、创新求异；再次，要充分相信学生的学习能力，放手让他们开展自我思考、自由探究的活动，使学生通过自身的主体体验来逐渐形成勇于探究的个性品质和能力；最后，要帮助学生掌握基本的探究式学习的策略和方法，如质疑问难的方法、争辩讨论的技巧、合作学习的策略等，使学生知道怎样进行探究式学习，善于开展探究式学习，从而学得主动，成为主人。①

案例分析

"兴奋在神经纤维上的传导"：一节基于 5E 学习环模式的课堂教学设计 ②

一、教学目标

知识目标：说出神经冲动的概念，阐明神经冲动产生的离子基础，概述兴奋在神经纤维上的传导过程。

能力目标：尝试利用物理模型模拟神经冲动产生的过程，总结并体会动物可兴奋细胞电信号产生与传导的统一机制。

情感、态度与价值观目标：认同并实践物理模型在生物学研究中的重要作用，体会动物进化中神经系统参与生命活动调节的统一性。

二、教学安排

授课对象：高二年级理科学生。

课时安排：1课时。

教学策略：以探究活动驱动学生进行主动学习，和以学生为主体的 5E

---

① 曾楚清 . 探究式课堂教学的几个误区及其纠正策略 [J]. 学科教育，2004（2）：24–27.

② 付鑫，杨文源."兴奋在神经纤维上的传导" 一节 5E 教学模式设计 [J]. 生物学通报，2015（2）：35–38.

教学模式。

三、教学设计与过程

（一）投入阶段

教师活动（活动1）：安排学生利用打火机压电陶瓷感受微量电刺激，引发学生对反射弧概念的回忆，并要求每个学生写出反射弧的完整结构。记录学生在活动过程中暴露出的错误概念。问题串设计：你感受到电刺激并做出反应经过了哪些结构？这些结构统称为什么？刺激信号是如何在这些结构中传导的？

学生活动（活动1）：利用打火机压电陶瓷感受电刺激，通过合作活动方式，记录志愿者从感受到电刺激到做出反应的所有生理结构。

教学目的（活动1）：从自我体验出发，直观感受反射弧作为神经调节的基本结构；由体验电刺激引发对身体内电信号产生与传导的求知欲。

（二）探索阶段

教师活动（活动2）：教师分发探究活动指南，引导学生阅读"科学事实小提示"（见表22-1），让学生利用黑白棋的物理模型形象地理解通过膜内外不同离子的跨膜运输过程导致的膜电位变化。学生在活动中彼此交流。记录学生的错误概念和重要科学理解成果。

表 22-1　科学事实小提示

Na+、K+离子泵不停地勤劳工作。 漏K+通道没有门卫，一直开放着。 离子通过通道不仅仅依靠化学浓度，更受到"同性相斥"的影响。 Na+门控通道和K+门控通道受到刺激以后才能发挥功能。 K+门控通道先天慢半拍，要等Na+门控通道干完活才开始有反应。 Na+门控通道在没有物质通过时就会关闭。 K+门控通道也会适时关闭，却还是慢半拍。 Na+、K+离子泵还在不停地勤劳工作着。

学生活动（活动2）：每组学生利用黑白棋模拟细胞膜上各种不同通道的开闭情况，同时模拟钠离子（Na+）和钾离子（K+）在不同时期的运动

过程，描绘出动作电位的膜电位变化图。要求每个小组有一名学生记录活动过程。

教学目的（活动2）：引导学生通过探究活动对核心教学内容进行主动学习，驱动学生产生自主学习动机。通过小组合作探究学习，促使学生在交流中互相启发，完成科学概念的构建。

（三）解释阶段

教师活动（活动3）：设计问题串：Na^+、K^+ 离子泵为细胞膜内外离子的排布提供了什么样的先决条件？漏 K^+ 通道的存在让未受刺激的神经细胞膜内外呈现怎样的电荷排布？离子的协助扩散除了受到化学浓度梯度的驱动，还存在哪些限制因素？受到刺激后，神经纤维膜上的 Na^+、K^+ 电压门控通道为离子重新排布做了什么贡献？兴奋后的膜电位如何恢复到兴奋前的一般状态？在各离子发生重新排布后，何种机制可以保证膜内外离子"重新洗牌"，保证下一个周期的电位变化？兴奋处的电信号如何向其他部位传导？然后，组织学生在探究活动后以小组为单位回答问题，从中提取重要概念，讨论过程中记录学生仍然遗留的错误概念，和在科学概念构建过程中出现的问题。

学生活动（活动3）：根据教师展示的问题串，以小组为单位进行讨论学习，同时记录小组学生达成的共识，标记有疑问的部分。

教学目的（活动3）：检验探究活动中学生对本节课核心概念的理解情况，将探究互动的结论转化为重要概念，形成科学知识。

（四）精制化阶段

教师活动（活动4）：以小资料的形式给出电突触结构，作为知识的拓展深化内容，通过设计问题串引发学生对电突触结构上神经元间兴奋传递的讨论。问题串设计：电突触发生的电信号来源于哪里？电突触处的电变化如何发生？电突触处的兴奋如何传导？电突触有何生理意义？

学生活动（活动4）：阅读小资料，以小组为单位讨论解决教师所提出的问题串，了解电信号在神经元上和神经元间的传递过程。小组成员记录讨论结果。

教学目的（活动4）：深化对神经冲动产生与传导分子机理的理解与应用，用已学习的概念解决新问题，培养学生获取信息的能力和探究能力。

（五）评价阶段

教师活动（活动5）：邀请一个小组对其探究活动成果和活动3问题串的讨论结果进行汇报，用磁铁演示探究活动的过程，其他小组对其汇报进行评审。教师在过程中进行引导和记录。

学生活动（活动5）：小组代表在全班进行汇报，其他学生记录并提出质疑，通过探讨、辩论获得科学结论。

教学目的（活动5）：通过学生分享与交流的方式检验课堂学习成果。

四、简评

付鑫和杨文源老师依据5E学习环模式所设计的一节生物课充分体现了探究式教学的特点。教师通过组织学生一起做研究，把学生邀请到科学探究的全部过程中。在教学过程中，教师是一位成熟的指导者，为学生正确开展研究活动提供必要的帮助（例如，提供图表），以推动学生自主探究活动的顺利进行。应该说，探究式教学并没有轻视教师的作用，而是更加突显出教师的重要性。在进行探究式教学之前，教师不仅要熟悉教学内容，更要了解组织学生进行探究时学生可能遇到的问题，并对这些问题有所准备，以便预防问题的发生或在出现问题时及时解决，从而实现教学目标。

第二十三章　国际课程

谈到国际课程，我们通常会联想起"IB""AP""A-level"这些名词。近年来，随着我国教育国际化，特别是基础教育国际化的快速发展，越来越多的国际课程涌入了中国市场。然而，"国际课程"为什么兴起？国际课程都有哪些类型？不同类型的课程在内容、价值定位等方面是否有差异？这一系列问题都有待研究。

一、国际课程的缘起与主要类型

国际课程是国际化的产物。以较早创立的国际文凭（International Baccalaureate，IB）课程为例，早在 1968 年，国际文凭组织（International Baccalaureate Organization，IBO）就根据国际化发展的趋势，针对那些因父母工作需要在国外生活的高中生，主持开发了一套课程，以便于他们顺利地考入大学。随着经济、贸易的全球化，这样的国际流动家庭越来越多，其子女的教育需求引起了国际社会的重视。各国的教育都有各自的特色与价值观，IBO 在发展中有意识地抛开偏见与倾向，在有各国特色的教育中寻求一种国际性的教育价值观，具体表现为那些国际性的公认的高校选拔学生的标准。现在 IBO 已经开发了一套针对 3—19 岁学生的连贯性教育课程体系，从学前教育阶段一直延伸到高中教育阶段（大学预科阶段）。就 IB 的认可度而言，截至 2013 年，全球近 2000 所有影响的大学承认 IB，覆盖美国、英国、澳大利亚、加拿大等 100 多个国家，并按规定允许学生将 IB 课程成绩转换为大学学分。IB 因而被视为通向世界名牌大学的通行证。

近年来随着我国出国留学潮流的兴起，除了 IB 课程外，越来越多的国际课程涌入中国市场，这种现象其实是学生国际流动不断增加、教育国际化不断突显的表现。《国家中长期教育改革和发展规划纲要（2010—2020 年）》明确提出，要"培养大批具有国际视野、通晓国际规则、能够参与国际事务和国际竞争的国际化人才"。目前，我国（不含港澳台地区）学校采用的国际课程种类包括 IB 课程、A-level/IGCSE 课程、AP 课程、BC 课程、VCE/WACE 课程、PGA 课程和 IMYC/IPC（课程基本情况可参见表 23-1）。

二、主流国际课程的主要内容

（一）IB 课程

IB 课程由三个课程项目构成：PYP（小学项目）、MYP（初中项目）和 IBDP（文凭项目）。其中，IBDP 实施的历史最长，在世界各国的推广度也最高，该项目创立于 1968 年，是针对 17—19 岁国际流动学生设立的一个共同课程体系，以方便他们从一个国家转学到另一个国家，并获得世界各国大学的认可。MYP 创立于 1994 年，是为了满足 11—16 岁学生的教育需要而设计的学习课程。该课程强调知识的综合化和国际交流，是 IBDP 的最佳衔接，被称为"IB 教育的脊梁"。PYP 则开始于 1997 年，与 MYP 相互衔接，是 IB 课程的延伸，为 3—12 岁儿童提供国际化的教育。

表23-1 中国学校采用的主要国际课程基本情况一览

课程名称	创立时间	创立机构/考试机构	适用范围	入境时间	适用学段	课程特色
IB课程	1968年	国际文凭组织	全球	2009年	PYP：3—12岁学生；MYP：11—16岁学生；IBDP：16—19岁学生	IB课程的价值观强调培养人才的国际意识，强调主题探索和核心课程
A-level/IGCSE课程	不详	剑桥大学国际考试委员会（CIE）等六家考试局*	原仅适用于英联邦国家，后逐步拓展到全球	2002年	A-level课程：16—19岁的学生；IGCSE课程：14—16岁的学生	培养能够顺利进入和适应英国高等教育，甚至全球各国高等教育的人才
AP课程	1951年	美国大学理事会	美国	2007年	11—12年级的学生	重视个性与兴趣，充分发展学生潜能，"追求卓越"，从而为学生进入美国大学后的专业选择提供更加准确的决策支持
BC课程	不详	加拿大不列颠哥伦比亚省政府	原适用于加拿大，后拓展到英美等国	2003年	高中阶段16—18学生	"完全加拿大环境"的教育，注册合格者将获得不列颠哥伦比亚省学籍，成绩合格者将获得不列颠哥伦比亚省教育部颁发的高中毕业证书（dogwood diploma），帮助其顺利进入加拿大、美国、美国等国的高等教育体系

续表

课程名称	创立时间	创立机构/考试机构	适用范围	入境时间	适用学段	课程特色
VCE/WACE课程	不详	VCE课程：澳大利亚多利亚州高等课程评估局（VCAA）；WACE课程：西澳大利亚州课程委员会	以澳大利亚为主的全球市场	不详	高中阶段16—18岁学生	中澳双方联合提供课程，中方课程主要是为使学生达到高中生基本水平而设置，而澳方课程则是为学生升入澳大利亚等国家大学而设置，学生完成课程后由澳大利亚颁发相关毕业证书，能够顺利进入澳大利亚等高等教育体系
PGA课程	2005年	中国教育国际交流协会下设的中教国际教育交流中心和美国大学考试委员会（ACT）	以美国为主的全球市场	2005年	高中阶段 16—18岁学生	PGA课程得到ACT认证，由中方课程和外方课程两部分组成，帮助学生获取ACT的考试资格
IPC/IMYC	2000年/2011年	英国田野教育公司	全球	不详	IPC：小学阶段课程，5—11岁学生；IMYC：初中阶段课程，11—14岁学生	采用主题单元课程，旨在改进学习质量，开发适合青少年大脑需求的课程方案，培养具有全球意识的21世纪领导者

★ 负责 A-level 考试的机构共有六家，包括 CIE、爱德思（Edexcel）、英国教育质量评估委员会（AQA）、课程考试与评估委员会（CCEA）、牛津剑桥和 RSA 考试局（OCR）以及威尔士教育联合委员会（WJEC），显然不同考试局授权的教材和大纲有所不同，但它们受到英国资格和考试规范办公室（Office of Qualifications and Examinations Regulation, Ofqual）的接权和监督，其成绩认可度是一样的。目前，中国市场仅有 CIE 和 Edexcel 这两家国家机构，其中 CIE 占据主要市场份额，2015 年 AQA 也加入中国市场，但尚处于研发发期。负责 IGCSE 的机构仅有 CIE 和 Edexcel。

1. PYP 课程框架

PYP 模式的核心体现教育的五大要素：知识（理解）、概念、技能、态度以及行动。每项要素都体现在学习者培养目标当中，并成为学校制定课程框架的参考依据。PYP 模式的外围是六大跨学科主题，分别是：我们是谁、我们身处什么时空、我们如何表达自己、世界如何运转、我们如何组织自己、共享地球。核心与外围之间是语言、社会学、数学、艺术、科学和个人 / 社交 / 体育六个学科领域，它们本身具有自己的价值，同时又为学生提供了探索上述六个跨学科主题的素材。

主题一："我们是谁"是对自我本质的探究，包括信仰与价值观，个人、身体、心智、社交和精神等方面的健康，各种人际关系（包括家庭关系、朋友关系、社区和文化），权利与责任，作为人的意义何在。

主题二："我们身处什么时空"探究我们在时空中的方位，个人的历史，家庭和旅程，人类的各种发现、探索，个人与文明之间的联系。

主题三："我们如何表达自己"探究我们发现和表达观点、情感、本性、文化、信仰与价值观的方式，以及我们反思、扩展、享受我们创造力的方式。

主题四："世界如何运转"探究自然界以及自然规律，自然界与人类社会的互动，人类如何利用他们对科学原理的理解，科技进步对社会与环境的影响。

主题五："我们如何组织自己"探究人类创造的制度与社区之间的相互联系，各种组织的结构与功能，经济活动及其对人类与环境的影响。

主题六："共享地球"探究人们努力与他人及其他生物分享有限资源时的权利与责任，群体社区以及他们内部及之间的关系，机会均等，和平与冲突解决。

PYP 对跨学科探究的单元数量有要求。学生需要探究的单元数量多达 54 个，完成每一个主题探究单元需 3—6 个星期。其中 3—5 岁儿童的教师们必须计划并教授至少 4 个探究单元。而对于 5 岁及以上的儿童来说，需要在一个学年当中开展对所有 6 个跨学科主题的探究。PYP 提倡在主题探究单元中融合各学科知识点进行跨学科教学，最大限度地确保了学生获得系统而完整的知识体系。技能目标方面，除了掌握基本技能之外，PYP 的学生还需要掌握一整套技能，包括与学科相关的技能、超越学科的技能，学生需要用这些技能充分支持自己应对复杂的生活。

2. MYP 课程框架

MYP 作为 PYP 的自然延续、IBDP 的前期准备，由 5 个跨学科领域和 8 个学科领域组成。其中，学习方法、社区与服务、人类发明创造、环境、健康与社会教育这 5 个跨学科领域并没有明显的分界，融为一体，为学生提供了体验课程学习的环境。跨学科领域超越传统的学科界限并聚焦于人类共同关注的问题，是 MYP 独具特色的核心成分。这些领域体现在整个 MYP 之中，使学生逐渐理解学科内容与现实世界之间的联系，而不会把各学科看成是互不关联、与世界没有联系的孤立领域。在 MYP 的 5 年里（11—16 岁），所有学生都要学习语言 A、语言 B、人文、技术、数学、艺术、科学、体育 8 个学科领域课程。为了确保每个学科领域课程的有效学习，并支持项目平衡的理念，IBO 规定 MYP 每年分配给每一个学科领域的最低教学时间为 50 课时（每课时为 60 分钟，共 3000 分钟）。

3. IBDP 课程框架

IBDP 是大学准备课程，因其关注来自不同国家与地区的学生学习的相容性与国际认可度，在兼顾全面发展基础与大学准备方面考虑得更为周全。自 2013 年起，IBO 启用了新的 IBDP 课程。以多层次分布的同心圆结构取代了原先棱角分明的正六边形结构。新的课程模型中依然保留六大学科群以及 IBDP 核心课程［创新、活动和服务（CAS），知识论（TOK）以及拓展论文（EE）］，但对原有的课程和学科群划分进行了调整并引入了新课程。

在 2013 年以前 IBDP 旧大纲范畴下，如图 23-1 所示，要得到 IBDP 文凭的学生必须学习或参与三个核心课程，并满足以下具体要求：必须要修习第一学科群的语言、第二学科群的第二语言、第三学科群的个体与社会、第四学科群的实验科学、第五学科群的数学和计算机科学、第六学科群的艺术（或从第一至第五学科群中选修一门），其中至少有 3—4 个学科群为高级水平课程，其他为普通水平课程。高级水平课程最少教学时间为 240 课时，必须开设 2 年；普通水平课程最少教学时间为 150 课时。知识论：在 2 年内至少学习 100 课时，并必须满足知识论评估要求，包括在所规定的 10 个考试作文题目中选写文章。拓展论文：必须撰写并提交一篇专题论文，这是一篇多达 4000 个单词的独立研究的作品。拓展论文的撰写工作需要约 40 个小时。创新、活动和服务：2 年期间至少要参加 150 小时。学校要确保每星期有 3—4 个小时的教学时间是学生可以用来参加创新服务实践的。

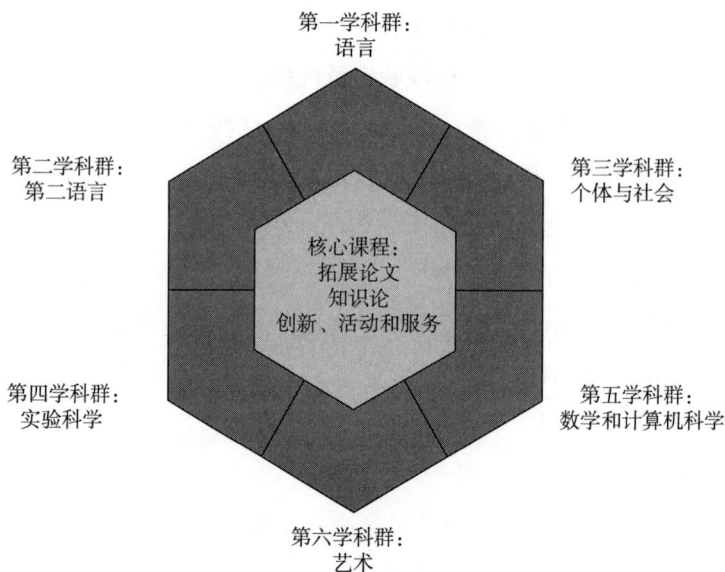

第一学科群：
语言

第二学科群：
第二语言

第三学科群：
个体与社会

核心课程：
拓展论文
知识论
创新、活动和服务

第四学科群：
实验科学

第五学科群：
数学和计算机科学

第六学科群：
艺术

图23-1　IBDP旧版六边形课程结构模型

IBDP 新课程结构模型对学科群做了较大调整，如图 23-2 所示。以计算机科学为例，新的课程结构模型将其从原先的第五学科群划分入第四学科群，与物理、化学、生物等学科组成新的科学学科群。这个调整意味着 IB课程认为计算思维与其他科学学科思维一样重要，同样可以指导、影响学生的问题解决能力的发展。同时，学科群的调整使得 IBDP 学生对学科组合的选择也发生了变化。数学从原来的可选科目变成必选科目，突显了这一基础学科的重要性。在 IBDP 课程之前，学生已经学过 PYP 课程、MYP 课程或者其他教育课程，具备了基本的科学素养，因此，IBDP 新课程大纲允许学生在第四学科群里，在物理、化学、生物这些基础性的传统实验性学科之外，选择诸如计算机科学、设计技术、环境系统等更为偏重实际应用的综合性科目。这为学生进入高等教育之后的专业选择提供了更多选项，也有益于学生的生涯发展。

除了调整已有学科群，IBDP还引入了新课程。舞蹈课程从2011年起加入第六学科群中，成为艺术学科的课程之一（2011年之前，舞蹈课程作为试点学科仅在获得IBO许可的学校开设），为对艺术有兴趣的学生提供了更多样化的课程组合。值得强调的是，IB舞蹈课程的目标并非只是教授专业舞蹈技能，而是以舞蹈为媒介，鼓励学生对多种艺术形式的风格、语言进行多方面的探析。

图23-2　2013年启用的IBDP新课程结构模型

此外，IBO在2011年还新增了IB职业相关课程（IB Career-related Program，IBCP），与PYP、MYP和IBDP课程一起构成全新的IB教育体系。IBCP和IBDP课程一样，都是为16—19岁的高中生设计的课程。与IBDP提供大学预科课程不同的是，IBCP为希望能进行职业相关学习的高中生提供了一个新的课程选项。IBCP 尝试在高中阶段将学生感兴趣的职业相关课程和必需的学科学习结合起来，从而激发学生的学习动力，帮助他们为将来的工作做好准备。

（二）A-level/IGCSE 课程

英国政府规定对 5—16 岁的儿童实行义务教育，其中小学 6 年，中学 5 年。义务教育结束后，学生根据自己的意愿升入第六学级进行学习。第六学级提供学生报考院校系所及报考专业所要求的相应课程，学生必须参加 A-level 考试以进入高等院校。A-level 课程是英国的普通中等教育证书考试高级水平课程，是英国的国民教育课程，也是英国学生进入大学前的主要测试课程，通常被称为英国的金牌教育方式。由于其普遍性和权威性，A-level 课程现如今已经发展成为全球范围有影响力的国际课程。

A-level 课程和 IB 课程一样，学制 2 年，同时也不强制要求学生参加很多课外活动等。相对于 IB 课程，A-level 课程总体难度低一些，但是单科难度并不低。中国学生大多会选择理科科目，因为这是中国学生比较擅长的科目。鉴于此，A-level 课程被称作"应试洋高考"。课程第一年称为 AS 水准，学生通常选择自己最擅长、有兴趣的 3—4 门课，通过考试后获得 AS 证书；第二年称为 A2 水准，学生可选择 AS 水准中优秀的 3 门课继续学习，通过考试后获得 A-level 证书。A-level 考试由不同的考试局负责，每一个考试局的成绩都被认可。学习 A-level 课程的学生 2 年要参加 2 次考试，不同科目有不同的试卷。作为目前最为国际化的一种课程体系，A-level 成绩被全球认可。A-level 课程共有 21 大门类，具体包括 40 门分科课程，如表 23-2 所示。

表 23-2　A-level 课程门类

门类	具体分科课程
数学	—
英语文学	—
英语语言	—
自然科学	物理、生物、化学、心理

门类	具体分科课程
语言	法语、德语、西班牙语、意大利语、日语、阿拉伯语、希腊语、旁遮普语、希伯来语、葡萄牙语
艺术	时尚、纺织材料、美术、摄影、艺术与设计、艺术史
历史	考古学、现代史、古代史
地理	—
戏剧	—
传媒	—
社会学	—
健康与社会护理	—
家庭经济学	—
地质学	—
人类学	—
政治学	—
哲学	—
运动学	—
音乐	—
经济学	—
统计学	—

资料来源：A-level courses [EB/OL]. [2017-01-17]. http://www.a-levels.co.uk/a-levelcourses. html#.WQx7iYVOImY.

IGCSE 是国际普通中等教育证书（International General Certificate of Secondary Education）的简称，其实也是英国本土普通中等教育证书 GCSE[①] 的海外版。IGCSE 课程是专门针对初中阶段学生开发的国际课程，与高中阶段的 IB 课程或 A-level 课程有很好的衔接。IGCSE 课程倡导以学生为中心以及采取探究式的学习方式。它培养学生创造性地思考、提出问题和解决问题的能力，为学生下一阶段的学习打下良好的基础。学校可以打造由 IGCSE 科目组成的核心课程或扩展课程以适应学生的兴趣和能力。

① GCSE 是英国学生完成第一阶段中等教育所参加的主要会考。

课程是学生完成任务并成就未来的关键要素，学校是帮助学生做出选择的最重要的场所。IGCSE 课程可以帮助学生在课程设计、规划和实施方面做出正确的选择。IGCSE 课程鼓励 14—16 岁的学生尝试不同的课程，这也是该课程成功的基础。此外，跨学科视角是学习中非常有意义的一部分。跨学科学习使科目、技能和其他方面的创造技能相互连接以增加学习者的学习动机，受到了学生和老师的一致好评。全球视角补充了现有的以学科为基础的课程纲要，鼓励创造性和批判性思维，并促进了一种团结向上的世界观。

（三）AP 课程

AP（Advanced Placement）课程亦称美国大学预修课程、进阶先修课程，是在高中阶段开设的达到大学学术标准与学业水平的课程，供高中生选修。如果在 AP 课程结束后参加全美统一命题的相应 AP 考试，并考核合格（即获得 3—5 分），则可折抵大学认可的学分，或获准直接进入高级课程学习。AP 课程与 AP 考试构成了 AP 项目的核心。AP 项目于 1951 年由福特基金会启动，1955 年由美国大学理事会接手管理。AP 课程的目的是满足希望接受大学教育的高中 3—4 年级（11—12 年级）学生的需要，向学有余力的高中生提供大学水平的课程，使其提前接触大学课程，避免高中和大学初级阶段课程的重复。AP 课程的开设反映了美国教育重视个性与兴趣、充分发挥学生潜能的鲜明特征，突显了美国教育"追求卓越"的基本精神和加快优秀人才培养的努力方向。

因此，拥有 AP 成绩的学生受到各国大学的青睐，AP 成绩被广泛用于美国大学的新生录取，同时，拥有 AP 成绩的学生也可以得到美国众多大学的学分认可和高额奖学金。

2009 年起，AP 考试在中国境内的指定考点举行。符合条件的学生都能报名参加 AP 考试，包括自学考生。截至 2015 年，美国大学理事会共开设 7 大类型的课程，包括：总括 / 核心课程、艺术课程、英语课程、历史 / 社会科学课程、数学 / 计算机科学课程、科学课程、世界语言文化课程，共涵盖 37 门科目，其中在中国开设考点的科目共 22 门，具体参见表 23-3。

表 23-3 AP 课程种类与在中国设立考点的科目

课程种类	课程名称（共37门）	在中国设立考点
总括/核心课程	研究课	
	讨论课	
艺术课程	艺术史	√
	音乐理论	
	平面艺术设计	
	立体艺术设计	
	绘画	
英语课程	英国语言与写作	√
	英国文学与写作	√
历史/社会科学课程	比较政府与政治	
	欧洲历史	√
	人文地理学	√
	宏观经济学	√
	微观经济学	√
	心理学	√
	美国政府与政治	
	美国历史	√
	世界历史（现代史）	√
数学/计算机科学课程	微积分AB	√
	微积分BC	√
	计算机科学A	√
	统计学	√

续表

课程种类	课程名称（共37门）	在中国设立考点
科学课程	生物学	√
	化学	√
	环境科学	√
	物理C：电与磁	√
	物理C：力学	√
	物理1：代数	√
	物理2：代数	√
世界语言文化课程	中国语言文化	√
	法国语言文化	
	德国语言文化	
	意大利语言文化	
	日本语言文化	
	拉丁语	
	西班牙语言文化	
	西班牙文学与文化	

资料来源：翁燕文.全球化背景下的国际高中课程述评：以IB课程、AP课程为例[J].宁波教育学院学报，2008，10（4）：30-33.

（四）IPC/IMYC

IPC，即国际小学课程（International Primary Curriculum），是当下发展速度最快的一套课程体系。早期，IPC主要适用于4岁和5岁的儿童，3岁的儿童也适用。今天，IPC可以适用于3—11岁的所有儿童，但其中的主题单元课程主要针对5—12岁的儿童进行编制。世界上已有近百个国家，1000多所学校采用IPC进行授课。它主要采用主题单元的课程设计形式，利用创造性的、引人入胜的教学方法，使用多元的评价体系。IPC的创始人之一斯克里通（Martin Skelton）表示，IPC的目的是帮助今天的孩子成为世界优秀公民和21世纪的领导者。

IPC 不需要学生所在的学校完成一系列复杂的资格预审过程，学校只要购买便可以收到 IPC 学习目标、教师教学框架、超过 130 个主题的学习单元、IPC 自我审查和认证协议、IPC 评估学习计划等材料。并且，IPC 不限制学校对课程体系的使用方式，具有极大的灵活性。使用 IPC 自我审查和认证协议可以使 IPC 课程体系的效果得到最大程度的发挥，使用效果较好的学校甚至可以要求获得 IPC 课程体系的正式认可。

IMYC，即国际初中课程（International Middle Years Curriculum）。它首先是一种基于全球背景的课程。IMYC 注重学生国际情怀的培养，尊重每个国家和民族的文化与传统，倡导在充分了解本民族文化传统的基础上，对多元文化理解、尊重、包容。其次，IMYC 是一种培养成功学生的课程。IMYC 关注个体的全面发展，每个接受 IMYC 教学的学生均以 IMYC 倡导的品质作为成长目标：探究、道德、尊重、思考、适应、坚韧不拔、合作、交流。IMYC 还是一种成就学习主人的课程。围绕上述成长目标，IMYC 使常规学科课程以与学生成长密切相关的 30 个综合探究主题为共同切入点，分别从不同的学科角度在知识、技能、理解等方面围绕学生的真实生活开展教学活动，这样的课程基于学生的现有和未来需求，易于学生理解自身应具备哪些知识和技能才能适应当下的环境（包括自然环境、与人相处等），从而使学生真正成为学习的主人。

其中，以单元主题为核心的八步周期探究课程（unit of work）的探究主题是每个单元的核心。具体步骤如下。

第一步：明确中心思想。

中心思想是每个主题单元的开端并贯串整个单元。它对一个主题单元的主题做出了扼要且全面的阐述。除此之外，它还向学生展示了学科之间的独立性和相关性。

第二步：导入。

IMYC 主题单元的教学从导入开始。学生在一个真实的情境里，对主题和中心思想进行思考。在这个活动里，IMYC 并未硬性要求学生必须达到哪些学习目标。教师可以根据实际情况和主题将导入的活动地点设定在教室内、校园内，甚至校园外。

第三步：进行知识储备。

这是主题单元开始的第一节正式课，目的在于给学生提供一次交流和分享的机会，使教师得知每一位学生对本主题的理解程度，包括已有知识、技能、理解。在一个主题单元里，所涉及的每一学科的教师都必须在学科课堂上进行至少一次知识储备的教学活动。

第四步：明确学习目标。

该步骤在每个主题单元里对每个学科提出了清晰的学习目标和标准，包括知识目标、技能目标、理解目标、个人品质目标、国际情怀目标。学生应在单元开始时就对上述学习目标有充分的了解。

第五步：探究和记录。

在这一步骤中，学生根据学习目标提出的知识、技能要求，对主题展开探究和调查。在探究过程中，学生不断获得新的信息。每次探究活动后，学生对所获得的信息进行过滤、排序，目的在于不断深化对主题的理解和使得自己已经掌握的技能更加熟练。

第六步：撰写反思日志。

在每个主题单元里，学生都要对学习过程进行每天或每周的日志记录。这样要求的目的在于，让学生对主题和中心思想不断进行反思。

第七步：学习评估。

评估是一个十分重要的环节。通过对学生进行评估，教师可得知每一位学生对本单元的知识、技能是否掌握及掌握程度如何。《教师档案册》对评估标准进行了细化和说明。

第八步：总结。

在主题单元来到最后一周，即第六周时，学生必须对本主题进行一次正式的全面反思，并选择一种形式进行展示。可选的形式包括：视频、音频、演讲、网页、图片、音乐。学生在进行创作时，将他们的整个学习过程表现出来，并独立和协作地进行系统的反思。

三、国际课程的认知维度与特征分析

国际课程类型多样，各有特色，要选择适合自己学校或学生的国际课程，主要可以从四个维度进行思考：地域维度、目标定位、课程组织以及发展动力。

（一）地域维度：全球性与区域性

由于在我们的日常生活语言中，一切外来的课程体系都被称为"国际课程"，因此"国际课程"变成了一个相对笼统的概念。但事实上，当我们说"国际"这一概念时，它包含两层不同的含义，一是指他国，二是指全球。而"国际课程"的地域维度又涉及两个方面，一是内容体系的发源地，二是课程的地域认可范围。

首先，从内容体系的发源地来看，AP 课程、A-level/IGCSE 课程、BC 课程、VCE/WACE 课程均源于美国、英国、加拿大、澳大利亚等国家的国民教育体系，因此从本质上来说，这些国际课程的内容体系是一国国民教育系统在海外市场的移植或延伸。PGA 课程虽然由中国教育国际交流协会下设的中教国际教育交流中心和美国 ACT 共同开发，课程内容也包括中美双方的课程体系，但就其涉及的地域范围而言，依然是区域性的。而全球性的课程则以 IB 课程、IPC/IMYC 为代表，它们虽然分别源于为瑞士外交官子女提供便于流动且得到国际认可的教育，及英国 20 世纪 80 年代一场"田野教育"的教学实验，但这些课程的创始者或为国际组织，或为非政府组织，均没有明显的国别。更重要的是，这些课程从诞生之日就定位于培养学生的全球意识，为学生未来的国际流动做准备。

其次，从课程的地域认可范围而言，IB 课程和 IPC/IMYC 由于其课程自身的特点，得到了全球大多数国家的认可。A-level/IGCSE 课程、AP 课程虽然原本仅适用于英联邦国家或北美地区，但随着教育国际化发展趋势的增强，这些课程现在也得到了世界越来越多国家的认可。就 AP 课程成绩的接受度而言，哈佛大学、耶鲁大学、牛津大学、剑桥大学、帝国理工大学等世界名牌大学都承认 AP 学分为其入学参考标准[①]。A-level/IGCSE 课程的推行和

---

① 乔辉. A-level 考试改革及其对我国教育考试的启示 [J]. 考试研究，2015（1）：92–96.

认可范围包括英国、澳大利亚、爱尔兰、新西兰、南非、中国香港的所有大学，及加拿大和欧洲的部分大学。① 与 AP 课程相似，PGA 课程主打的也是北美市场，截至 2014 年，PGA 课程学习成绩被以美国大学为主的 110 多所大学认可。② 相比之下，BC 课程和 VCE/WACE 课程的认可范围相对有限，主要集中在加拿大和澳大利亚。

（二）目标定位：国际意识与知识习得

不同国际课程的目标定位也有所不同，具体可分为国际意识培养和知识习得两大类型。IB 课程强调培养人才的国际意识，而国际意识的核心要素包括多语言沟通力、跨文化理解力以及全球参与力。这三者之间是相辅相成、相互推动的，广泛的全球参与力推动了跨文化的理解；同时多语言的沟通能力也促进了高效的跨文化理解③。与这三大核心要素彼此相映，IB 课程强调，有国际意识的学习者是有竞争力的交流者、思想开放的人、知识渊博的人。④ 具体的国际意识核心要素及与之相对应的 IB 课程学习者特征请参见表 23-4。

IMYC 同样是一种基于全球背景的课程，它注重学生国际情怀的培养，尊重每个国家和民族的文化与传统，倡导在充分了解本民族文化传统的基础上，对多元文化的理解、尊重、包容。同时，IMYC 关注个体的全面发展，每个学生均以 IMYC 倡导的品质作为成长目标：探究、道德、尊重、思考、适应、坚韧不拔、合作、交流。

而相比之下，其他课程体系更强调学生知识的习得和能力的养成，以 A-level 课程为例，其课程目标包括：深入理解学科内容；独立思考；在熟悉的或者新的环境中应用和理解知识；整合和评价不同类型的信息资源；有逻辑地进行思考，并展现有序的、连贯的观点；有效地进行判断，提出建议

---

① 乔辉. A-level 考试改革及其对我国教育考试的启示 [J]. 考试研究，2015（1）：92-96.

② 中教国际教育交流中心 .PGA 高中国际课程 [EB/OL].（2014-06-20）[2017-01-17]. http://www.cciee.cn/a/xiangmujieshao/2014/0620/28.html.

③ Singh M, Qi J. 21st Century International Mindedness：An Exploratory Study of Its Conceptualization and Assessment[M]. South Penrith DC：Center for Educational Research School of Education University of Western Sydney，2013：12-25.

④ 同③.

并做出决定；呈现合理的解释，理解深层含义并清晰地、有逻辑地进行交流；能流利地运用英语进行表达和工作。[①]

表 23-4　国际意识核心要素与 IB 课程学习者特征

国际意识核心要素	IB课程学习者特征	支撑特征
多语言沟通能力 ·学习用多种语言交流，学习多样化的表达和交流方式	有竞争力的交流者 ·跨语言、跨模式交流 ·有效地合作	认知竞争力： ·质疑探究者 ·思考者
跨文化理解力 ·客观认识自己和他人的观点 ·增强跨文化理解，并学会客观及批判性地欣赏异己文化的理念、信仰、经验与认知 ·理解世界上丰富的文化，并主动发现人类文明的共性、多元化及相关性	思想开放的人 ·欣赏自己的文化与历史 ·包容异己文化、历史和观点 ·开放地看待不同的观点和表达	认知竞争力： ·质疑探究者 ·思考者
全球参与力 ·批判性地从人类的力量和特权方面思考人类面临的巨大挑战，意识到人类拥有整个地球和它的资源，并为他们的后代考虑 ·探索全球和局部地区的问题，包括发展中的环境问题、发展问题、冲突问题、权利问题、合作与治理问题 ·发展在全球参与过程中需要的国际意识、立场与信念 ·致力于成为积极的学习者，并致力于为社会服务	知识渊博的人 ·发现地区和全球范围的概念、观点和问题 ·掌握和理解跨学科的知识和理论	反思特质： ·有原则的人 ·富有同情心的人 ·敢于冒险的人 ·全面发展的人

资料来源：College Board. AP in China [EB/OL]. （2017-04-17）[2017-04-17]. https：//international.collegeboard.org/prepare-to-study-in-the-us/ap-in-china.

（三）课程组织：学科课程与主题课程

国际课程就其组织方式而言可分为学科课程和主题课程两种类型，其中他国国民教育体系中的国际课程，如 AP 课程、A-level 课程 /IGCSE 课

---

① College Board. AP in China [EB/OL]. （2017-04-17）[2017-04-17]. https：//international.collegeboard.org/prepare-to-study-in-the-us/ap-in-china.

程、BC课程、VCE课程等往往是以学科为基础的。AP课程的设置涵盖了艺术、语言、自然科学和社会科学等学科领域，学科种类齐全，符合现代大学培养学生科学技术和人文艺术等综合素质的要求。课程内容在深度和广度上充分体现了基础性的特点，学生在完成多门不同AP课程的学习后，可以发现自己真正感兴趣和擅长的学科，从而在进入大学后的专业选择方面获得更加准确的决策支持。同时，学习AP课程所获得的不同领域的知识和素养，也会为个人今后的学业发展提供更宽泛和坚实的基础。

相比之下，IB课程、IPC/IMYC虽然在课程内容结构上也包括语言、数学、艺术、科学、社会等学科课程的内容，但在组织形式上更强调主题式的学习和拓展。例如，IB课程中的PYP采用跨学科主题学习，具体主题包括：我们是谁、我们身处什么时空、我们如何表达自己、世界如何运转、我们如何组织自己、共享地球。IPC/IMYC同样采用的是主题单元的课程设计形式，基于学生的现有和未来需求，帮助学生理解自身应具备哪些知识和技能才能适应当下的环境（包括自然环境、与人相处等），从而使学生真正成为学习的主人。

（四）发展动力：全球胜任力与市场驱动力

近年来，由于市场竞争激烈，国际课程自身也在不断发展变化。正如前文所言，国际课程进入中国市场初期的发展动力在很大程度上与21世纪以来中国市场的"留学热"有关。一方面中国高考竞争激烈，另一方面在全球化的背景下不少中国家长认为本科期间就让孩子拥有海外留学的经历是一个不错的选择。因此，AP课程、A-level课程、BC课程、VCE课程、PGA课程都成为中国学生打开国外学府大门的金钥匙，在中国也一度被称为"洋高考"。特别是，AP课程还可转化为美国大学认可的学分，节省相当可观的一笔学费，同时让学生更好地适应美国高校的学习方式，实现教育"软着陆"。即便是IB课程这种全学段课程体系，在进入中国市场时也是按学段自上而下发展的，先引入IBDP，而后向下延伸至PYP和MYP。可以说，国际课程在中国市场发展的初期动力主要来源于外部市场的驱动力。

然而近年来，国际课程在中国市场的发展却出现了一些新的特征。国际课程在开拓中国市场时，不再仅仅局限于"打开国外学府大门的金钥匙"这样的宣传口号，而是开始呈现内涵式发展的特征。越来越多的国际课程开始主打国际能力培养的口号，这较之于"敲门砖"式的短期收益而言，表现出了更强劲的可持续发展力。IB 课程的全学段课程体系和 IPC/IMYC 体系显然具有这样的天然优势，它们的地域定位、价值定位和学习方式都更加符合 21 世纪全球化人才核心素养的培养要求。IBDP 曾明确提出要培养探究者、思考者、交流者、敢于冒风险的人、知识渊博的人、有原则的人、胸襟开阔的人、富有同情心的人、全面发展的人和反思者。[①]

作为英国为拓展海外市场而开发的国际课程，IGCSE 课程也体现了这样的"全球胜任力"内涵式发展特征。剑桥大学国际考试委员会努力将课程真正地国际化，适应多种文化背景的学生学习，同时打通不同的上升渠道。该课程既可通向 A-level 考试，又可通向 IBDP 考试，为学生和教师在不同国家的学校之间流动提供方便。当然，全球胜任力的培养驱动与市场力量的驱动往往是交织在一起的，难以区分。但可以明确的一点是，随着国际流动和国际融合进展的加速，仅仅靠外部市场驱动力，是难以维系国际课程的可持续发展的。如何在内涵式发展与市场驱动力之间取得平衡，是未来不同国际课程都必须面临的一个课题。

案例分析

北京市第三十五中学 [②]

北京市第三十五中学（以下简称"三十五中"）于 2012 年获得"中美双文凭国际合作课程项目"资质，经过北京市教育委员会的批准，成立了公办制国际合作课程项目，设立三十五中国际部，开设 AP 课程。经过课程的比

---

① Canadian International School of Beijing. The IB Learner Profile [EB/OL]. (2017–01–17) [2017–04–25]. http://www.cisb.com.cn/page/academic_program/detail_academic2.php?id=201.

② 以下资料均来自三十五中国际部官方网站：http://www.bj35.com/page/522.

较研究，三十五中国际部并没有直接引入海外课程，而是对中美高中课程进行融合与学分互认，以广受国际高校认可的中国基础课程为主，吸收美国课程中的特色内容，基于21世纪人才素养的培养要求和每个学生的生涯规划，兼融中西方教育与课程优势，全方位接轨世界先进教育理念，培养学生坚实的学术基础和高水平的学术能力，为学生全方面发展和终身发展奠定基础。

三十五中国际部的课程涵盖了人文科学、社会科学等多个领域，具体分为五大课程类型，融合了国内外优秀的课程及资源。

一是中国高中基础课程。在中国高中会考课程中尝试开设文科综合课程和理科综合课程，跨越学科边界，拓展知识的宽度，培养学生的思辨能力和解决实际问题的能力。例如理科课程，突出中国教学严谨扎实的优势，辅以专业双语词汇以及实验探索类课题教学，帮助学生更好更快地适应海外大学的课程和教学模式。而语文课程则采用学校自编教材，在高中必修篇目的基础上加入中外经典篇目和典故教学，在教学方式上更加注重赏析教学和人文情怀的培养。

二是美国高中学分课程。三十五中根据实际情况选取了语言文化类课程和经济学类课程，包括数学英语、商科英语、国际文化英语、理科英语等衔接国外大学专业课程的学术英语课程，以及统计学、基础经济学、市场营销、微观经济学、工程设计、美国研究等特色课程和大学准备课程等，有效补充了国内高中课程的不足。

三是英、美、澳大学桥梁课程。三十五中国际部与美国北美大学联盟（CNAU）以及英国北方大学联合会（NCUK）合作，在高三年级阶段，引进英、美、澳大学的本科预科课程以及美国大学本科一年级学分课程，学生可以在国内提前完成英、美、澳大学本科第一年的高等教育课程，如若各项成绩合格，便可获得免雅思、免托福、免SAT直接进入境外本科第二学年学习的权利。

四是美国精英班课程。三十五中国际部选拔在英语学习、学科学习、个人表现方面突出并希望未来赴美留学的优秀学生成立美国精英班，该班的教学内容包括托福、SAT、AP课程，同时也包括学科教育和素质教育课程，以培养综合素质较高、在某一个或几个方面能力突出的优秀人才，帮助其在未来进入美国排名前50位的大学深造，为其提供个性化大学申请指导。

五是生涯教育与职业准备课程。该课程主要包括社会实践课程、艺术课程、科技课程、体育课程、国学文化课程，旨在提升学生的自我认知和社会认知，培养学生创造性地认识世界和解决问题的能力，培养其高效沟通的社会交际与合作能力，以及逻辑推理和批判思维等能力，更通过诗词鉴赏、茶艺、国画、民族舞等国学文化课程，帮助学生丰富自身的中华民族文化底蕴，培养其强烈的民族文化认同感和自豪感。

简评

三十五中在引进和落实国际课程时，不是简单地将外国的课程照搬照抄，或者为了方便将部分语言课程外包给社会机构，而是始终坚持学生发展的立场，从中国学生未来在国际舞台上可持续竞争力的角度出发，立足中国国情，努力融合中西课程的优质资源，将中国高中的基础课程、生涯教育与职业准备课程、美国高中的学分课程等多种优质课程资源，特别是那些包含现代元素的课程内容，如统计学、基础经济学、市场营销、工程设计等融入其中，试图构建自己的国际课程体系。不难发现，三十五中在实施国际课程时，出发点和落脚点都是一个人全面、可持续的发展，而非简单地考虑留学市场的要求，因此它的课程不仅涉及基本的语言技能、学科知识，更培养学生的国际理解力和竞争力，以及对全球多元文化包容的价值观和思维方式。其中特别值得肯定的是，三十五中高度重视学生民族文化身份认同的培养，这恰恰是国际课程在中国落地的前提和基础，是一个学生未来走向世界的前提和基础，也是一个学生在国际社会终身可持续发展的不竭动力。正如三十五中的培养目标所言，在中国落地的国际课程应该培养"具有中国情怀的世界人，具有世界胸怀的中国人"。

第二十四章　合作学习

合作学习的概念是个舶来品，是我国教育学者对国外相关术语的意译。在英文中，对应的短语有很多，如 group based learning、cooperative learning、collaborative learning、team learning 等。合作学习属于学习和教学的组织形式或策略范畴。

自古以来，学习和教学就是学校教育工作的中心，对学习和教学形式或策略的研究与实践改进一直是教育者代代相承的重要传统。如何才能高效地、有质量地学习和教学，这个问题不仅涉及具体的学习和教学方法与原则（如直观教学法、循序渐进与系统性原则等），更重要的是，还涉及合理地组织或者建构学习和教学过程，处理好学习和教学过程中的各种关系，包括人与物（如学生与教材）、物与物（如学习内容或材料之间），特别是人与人（如生生、师生）的关系，从而使影响学习与教学进程的各种关系处于合理的设计之下，保证学习和教学活动顺利、高效地进行。

合作学习，是我们这个时代一些杰出的教育学者和优秀的一线教师在综合社会学和心理学等多学科最新发现的基础上，结合学习和教学活动的实际，进行合作探究的代表性成果之一。这一成果经过在不同国家、不同类型和层次的学校中的持续实验和不断改进，已成为我们这个时代最具影响力的学习组织策略。21世纪以来我国的第八次基础教育课程改革，以国家政策文本的形式，明确强调和提倡在中小学的课堂教学中广泛实行合作学习的组织策略。

由于合作学习从理念到实践均具有一定的复杂性，其实行的具体效果特别依赖学习者和教师对理念和操作方案的准确理解和灵活实施，因此，合作学习在实施过程中存在多种多样的问题。如过于追求形式而轻视学习效果，过多采用单一的合作学习方法而轻视合作学习方法中的要素构成，过多地强调小组合作学习而轻视其他的合作学习形式等。[1] 有研究者在中小学听课时发现，进入合作学习这一环节时，往往三五个学生围成一桌，讨论甚为激烈，气氛相当活跃，教师教得高兴，学生学得有趣，课堂上出现了师生互动、生生互动的可喜局面，整个课堂都活了起来。但是，这些所谓的合作学习往往只是把学生分成小组而已，追求的是形式上的、表面上的热闹，摆花架子、走过场，甚至成为某些教师用来表演的道具，不是新课程所提倡的真正有效的合作学习。[2]

实践中存在的问题说明我们中有一部分学习者、教师和教学管理者对究竟什么是合作学习、合作学习的意义和价值、合作学习的具体策略、合作学习中教师的角色等关键问题还没有彻底搞清楚、弄明白。在本章中，我们将从合作学习理念产生、发展的历史入手，综合国内外权威学者的观点，尝试对上述问题进行扼要的回答。

一、合作学习的背景和内容

（一）合作学习的背景

1. 合作学习理念的产生（20世纪60—70年代）

班级授课制在19世纪中后期的发展，越来越显示出它的局限性，那就是教学忽视了学生的个性，而且班级内的竞争大于合作，培养出来的学生千

---

[1] 王鉴.合作学习的形式、实质与问题反思：关于合作学习的课堂志研究[J].课程·教材·教法，2004（8）：30-36.

[2] 刘吉林，王坦.合作学习的基本理念（一）[J].人民教育，2004（1）：27-28.

人一面，缺乏个性和创造性，而且过度竞争容易使学生出现心理问题，不利于学生身心健康。在这种形势下，新教育运动首先在欧洲兴起了，新教育家试图改革传统的教学组织制度，既保留集体教学的优点，又充分利用历史上的个别教学重视学生个性和兴趣的优势，探索新的教学组织策略。小组合作学习的思想由此萌芽。欧洲小组合作学习的观念在 19 世纪末传入美国，得到了美国进步教育家帕克（F. W. Parker）和杜威的推崇。杜威在芝加哥大学附属小学的实验中，以实用主义哲学和功能主义心理学的理论为指导，对合作学习的思想和当时的一些做法进行深入探索和实验，形成了以小组探索和调查为特点的具有科学性和系统性的合作学习制度。

20 世纪 60 年代中期，约翰逊（D. W. Johnson）等人在明尼苏达大学创立共同学习中心，培训教师采用合作学习进行教学，并对合作学习的理论进行探究，把理论细化为具体教学策略和程序。这一做法迅速得到了教育学界的普遍关心。到 20 世纪 70 年代初，美国的现代合作学习理论流行开来。20 世纪 70 年代晚期，斯莱文（R. E. Slavin）在约翰·霍普金斯大学提出学生小组成就区分法；加利福尼亚大学的阿伦森（Elliot Aronson）提出拼图法合作学习策略。

2. 合作学习研究的进展（20 世纪 80 年代至今）

合作学习的早期奠基人约翰逊兄弟（D. W. Johnson & R. W. Johnson），对 20 世纪 70—80 年代有关合作学习的研究成果进行了整理，发现有超过 900 项研究结果表明合作学习比竞争的和个人主义的学习效果好得多。[①] 另一位合作学习理论的重要代表斯莱文教授也在文章中肯定地说："合作学习法的研究证明，合作学习的策略对增进诸如各年级水平和许多学科的学业成绩，改善组间关系和一体化学生与常规学生之间的关系，提高学生的自尊等均是有效的。"[②] 合作学习取得的效果和合作学习研究者的推动，使合作学习的研究和实践在 20 世纪 80 年代中期取得实质性进展，合作学习的科学性和

---

① 丁桂凤.合作学习研究的基本走势[J].南京师大学报（社会科学版），2005（4）：110–114.

② 斯莱文.合作学习[M]//胡森，波斯尔斯韦特.教育大百科全书·第8卷.张斌贤，等译.重庆：西南大学出版社，2006：272.

实用性得到进一步的提升。合作学习的理念随之产生了世界影响，以色列、英国、澳大利亚、日本等国学者和学校改革者纷纷讨论和实验合作学习的方法，合作学习成为世界教学改革运动的重要内容。

20世纪90年代以来合作学习研究取得了新进展。首先，研究者对适合运用合作学习方法的学习任务特征进行了研究，认为合作学习的学习任务应具备以下特征：开放式，任务的完成需要复杂的问题解决技巧；内容多元化，能够培养学生的创造性智能；任务的完成需要小组成员之间的积极合作和个体明确的责任分工；有清晰的小组成绩评估标准。其次，研究者对小组的结构进行了区分。有研究者认为，异质小组（由不同性别、家庭背景、能力水平的学生构成的小组）比同质小组更有利于学生学习效果的提升。再次，研究者对合作学习的认知过程的认识更为深入了。研究者发现，合作性知识建构要经历两个阶段：一是个体知识建构阶段，二是合作性联合建构阶段。前者是后者的基础和前提。最后，研究者更加注重合作学习中团队理念的融入。

目前，这一策略已被广泛地应用于美国、德国、荷兰、英国、澳大利亚、以色列、加拿大、日本和尼日利亚等国的中小学课堂，对改善课堂内的社会心理气氛和提高教学质量起到了良好的作用。[①]

3. 合作学习在中国

合作学习的理念和实验在20世纪80年代被介绍到我国，20世纪90年代中后期开始被一些学校应用，不过，合作学习在我国引起广泛重视是在2001年国家启动新一轮基础教育课程改革之后。《国务院关于基础教育改革与发展的决定》中指出，要鼓励合作学习，促进学生之间的相互交流。《基础教育课程改革纲要（试行）》也指出，应倡导学生主动参与、乐于探究、合作学习。中央政府对合作学习的提倡，是合作学习的研究和实践在我国普遍繁荣的最重要的推动力。

合作学习在我国的兴起，有其深刻的社会基础和观念基础。随着全球化

---

① 王坦. 合作学习：一种值得借鉴的教学理论 [J]. 普教研究，1994（1）：62-64.

进程的推进，我国市场经济日益繁荣，传统的以计划和整齐划一为价值取向的社会政策机制被逐渐解构，社会进入一个个性解放、追求自由民主的新时代。每个人都在追求一种洋溢着创造性和个性色彩的生活。个性与社会性、个人与社会、竞争与合作的矛盾进一步加剧，过分的竞争和对个性的褊狭认识，造成了不必要的人际关系紧张，不利于紧密的合作和社会团结。在这样的形势下，通过学校教育，将个性与社会性、竞争与合作、个人与社会平衡起来，培养学生既具有个性，又同时具有共同生活和工作的意识和能力，成为教育教学改革所追求的重要目标。合作学习所具有的社会化功能与这种追求相一致，它所受到的欢迎便不言而喻了。

在合作学习在我国学校中普遍流行的同时，我们也需要冷思考。实际上，我国学者和一线教师对合作学习的认识也许还存在进一步拓展的空间。这主要表现在以下三个方面：一是对国外合作学习的理论缺少批判性反思，对合作学习的理论基础研究不深，对合作学习的诸流派之间的差异和冲突及其真伪的认识还很不够；二是偏重于"拿来主义"，重视在课堂教学中直接应用国外学者的研究成果，并将基于不同理论预设、不同实验过程的不同流派的观点混合利用，缺少必要的甄别；三是把合作学习泛化和浪漫化，将合作学习与其他学习或教学策略对立起来，以合作学习取代班级授课，或将其他学习模式纳入合作学习的概念之中，把合作学习当作解决所有教学问题的万灵药方。

（二）合作学习的内容

以色列特拉维夫大学教育心理学教授沙仑（S. Sharan）认为，合作学习是组织和促进课堂教学的一系列方法的总称。①学生之间在学习过程中的合作则是所有这些方法的基本特征。在课堂上，同伴之间的合作是通过学生在小组中学习实现的，小组通常由3—6人组成。小组充当着社会组织单位，学生们在这里通过同伴之间的相互作用和交流展开学习，同样也通过个人研究进行学习。我国学者王坦对合作学习的定义与沙仑基本一致，认为合作学

---

① 沙仑.合作学习论[J].王坦，高艳，译.山东教育科研，1996（5）：59-62.

习是指一系列能促进学生在异质小组中彼此互助，共同完成学习任务，并以小组总体表现为奖励依据的教学策略。[①]

合作学习的实施策略多种多样，不过，根据合作学习策略中的核心要素的差别，合作学习策略可以分为四个基本类型，即指导型、过程型、结构型和探究型。

1. 指导型合作学习策略

指导型合作学习策略强调在运用合作学习过程中教师的指导作用和中心地位，这种策略的典型代表是学生小组成就分工法，由斯莱文创建。学生被分为4人小组，小组成员在成绩水平、性别、种族等方面具有异质性。教学程序是，先由教师授课，然后学生们在各自小组中共同学习，使所有小组成员掌握所教内容，最后所有学生就所学内容参加个人测验，此时，不允许他们互相帮助。学生的测验得分用来与自己以往的测验平均分相比，根据学生们达到或超过自己先前成绩的程度来计分。在此基础上，将小组成员的个人分数相加构成小组分数，达到一定标准的小组可以获得认可或得到其他形式的奖励。

2. 过程型合作学习策略

过程型合作学习策略强调小组学习的过程和学生技能的发展，其代表是共学法，由约翰逊兄弟创建。共学法涉及以下教学程序：首先，教师将教学目标具体化，确定小组规模并安排学生进入学习小组，教师设计具有互赖性的教学材料，分配角色。其次，教师就学习任务进行解释，特别强调小组的目标，采取适当方式来确保个体责任的落实，使预想的小组行为具体化。再次，学生在各自的小组中共同努力以达成小组的目标；他们互帮互助，彼此分享信息，并就小组任务进行合作活动。又次，教师监控小组的活动和个体行为，当学生需要时及时提供帮助并教授合作技能。最后，无论是教师，还是学生，都要对学习成绩及小组活动过程进行评价。

约翰逊兄弟认为，合作学习的五个要素有：积极互赖——学生们知道

---

① 王坦. 合作学习：一种值得借鉴的教学理论 [J]. 普教研究，1994（1）：62–64.

他们不仅要为自己的学习负责，而且要为其所在小组的其他同学的学习负责；个体责任——每个学生都必须显示出对分配作业的掌握；面对面的积极互动——学生们有机会互相解释所学的知识，有机会相互帮助去理解和完成作业；社交技能——期望所有的学生都能进行有效的沟通，对小组活动提供指导，建立并维护小组成员之间的相互信任，有效地解决组内的冲突；小组加工——各小组必须定期地评价共同活动情况是否良好，应怎样提高其有效性。①

3. 结构型合作学习策略

结构型合作学习策略最初是由卡甘（S. Kagan）设计的。卡甘设计了一套供小组使用的基本结构，这些基本结构可以衍生出具体的策略供小组学习使用。卡甘将合作学习的结构分为七种：第一，课堂构建结构。这类结构包括一些小组活动，这些小组活动的目的是形成有凝聚力的课堂气氛。第二，小组构建结构。这类结构旨在加强小组关系。第三，交流构建结构。这类结构有助于提高学生交流的技能。第四，掌握结构。这类结构运用团队协作来帮助学生掌握一些基本技能和学科内容，复习学习内容，互教互学。第五，概念形成结构。这类结构利用诸如会见、上网等活动来帮助学生形成相关的概念。第六，劳动分工结构。这类结构包括切块拼接法等，它要求每个小组成员都接触不同的信息，或者承担一部分具体的小组任务。第七，合作项目结构。这类结构强调小组成员就一些合作项目进行合作。②

4. 探究型合作学习策略

探究型合作学习策略强调的是对复杂问题的小组调查。由以色列特拉维夫大学沙仑教授提出，其所创立的合作学习方法是小组调查法。小组调查法可以追溯到杜威。

小组调查可以分为六个阶段。这六个阶段的展开全程可能要延续一两周，甚至几个月。第一阶段是选题并分组。第二阶段是小组调查设计。第

---

① 王坦. 合作学习：一种值得借鉴的教学理论 [J]. 普教研究，1994（1）：62-64.
② 王坦. 合作学习：原理与策略 [M]. 北京：学苑出版社，2001：74-75.

三阶段是进行小组调查。第四阶段是准备总结报告。第五阶段是呈现总结报告。第六阶段是评价。

（三）合作学习中教师的角色

尽管合作学习是以学生组成的学习小组为中心的，但是小组划分、任务确定、任务执行和任务完成评价都需要教师的参与和指导，因此，合作学习中教师的角色对于合作学习的效果具有重要的影响，从某种角度来看，正是教师的专业修养和组织活动的能力决定了合作学习的效果。

以色列教育学家赫兹-拉扎诺威茨（Rachel Hertz-Lazarowitz）认为，从教师对合作学习的认识和操作的角度看，合作学习可以分为四个层次。第一个层次是方法技术层次。在这一层次，教师主要把合作学习视为一套教学方法。第二个层次中，教师以合作学习所要求的感觉和态度去教学，不似第一层次的机械性。第三个层次中，教师把合作学习的行为贯穿于课堂内外。第四个层次是合作学习的价值层面的再造，即明确以批判教育学的立场去运用合作学习以实现对学习者社会化意识的自觉与反思，它是合作学习的最高层次，意味着教师可以通过创设具有批判精神的合作学习过程，发挥教学对社会进行改造的影响。[①]

更多的学者是从价值无涉的角度去看待学校合作学习中教师的作用的。有学者强调合作学习过程中教师的问题意识。如李俏主张，教师运用合作学习策略应注意以下问题：在实施合作学习的教学策略以前，首先要考虑教学的任务是什么，该任务是否适合用合作学习的策略来实施；在上课前应使学生清楚，通过小组合作活动，学生应当取得什么样的学习成果；在上课前应向学生解释活动的步骤，说明教师将给予的帮助和辅导，检查和评估学生的活动及学习成果；可根据教学任务列出学习指导纲领和活动的要求；应用准确适当的和公平的评估方法来检查学生的学习成果，测验手段和评分标准应能反映小组合作的成就，同时体现出小组各成员的贡献；应考虑建立各小组

---

① Gillies R M, Ashman A, Terwel J. The Teacher's Role in Implementing Cooperative Learning in the Classroom[M]. New York：Springer，2008：4.

合作成果的记录档案，以便今后考查和改进。① 高艳提醒教师，小组合作的常见问题有：小组活动不协调；过度的小组噪声；个别学生旷课；不均等的参与机会；教师的统治性管理；忽视小组活动状况的评价。因此高艳主张，在合作学习的过程中，教师认真的监控与适时的介入是十分重要的。在实施合作学习的最初阶段上，这种监控与介入显得尤为必要。在进行合作学习的监控时，教师应将注意力集中于以下问题：是否所有的学生都参与了合作学习？小组活动是否聚焦于学习任务？是否所有的小组成员都能相互支持、相互给予反馈并处理一些有益的争论？②

郭华根据教师在合作学习中的地位，把合作学习操作模式分为三种。第一种是由上至下模式，比较适合难度较大的理论性内容，具体做法包括班级教学、小组合作学习、个人独立操作、组内互评－组间互评、教师示范评价和总结五个步骤。第二种是由下至上模式，适合于具体的操作化内容，主要做法是小组合作学习、教师总结、学生独立作业、组内互评－组间互评。第三种是横向模式，利用原有知识进行操作化行动，以小组成员独立自学、小组合作、互助为主，组内互评和组间互评是保证作业质量的手段。③

二、对合作学习的简要评价

综合国内外学者对合作学习的研究成果，合作学习的意义主要体现在三个方面：第一，合作学习有利于提高学生的学习成绩；第二，合作学习有利于促进学生的社会化；第三，合作学习有利于学生健康心理的养成。

（一）有利于提高学习成绩

从教学生态的角度看，单纯班级授课制的课堂教学中，人与人之间的互动是简单的"我对你"的关系而非"我和你"的关系，且主要是师生互动（以问答性互动为主），生生之间在课堂上的互动、对话、交流与合作往往被禁止，除非这种对话是由教师发起的，而通常教师出于教学管理和保持教学

① 李俏. 合作学习的研究及其在英语教学中的应用 [J]. 课程·教材·教法，2003（6）：38–42.
② 高艳. 合作学习的分类、研究与课堂应用初探 [J]. 教育评论，2001（2）：14–17.
③ 郭华. 小组合作学习的理论假设与实践操作模式 [J]. 中国教育学刊，1998（5）：48–50.

进度的需要，较少会主动发起生生之间的对话。

合作学习正是在对班级授课制局限性的反思与批判基础上，针对学习者在学习活动中的支持性条件缺乏的难题，提出的一项新教学策略。研究者发现，若将学习者划分为 4—5 人规模的"组"，对学习者有效学习行为的影响要比规模更大的"班"更大。而且，如果组内各成员在能力、兴趣、性别、种族等方面存在差异性或异质性，将更有利于每个成员的有效学习行为的发生。此外，学习者以组为单位（一个班可以分为若干组），由组自愿选择学习任务或由教师布置学习任务，随后在组内明确分工和落实个人责任，共同完成任务，这一过程更有助于激发学习者的学习兴趣，帮助其建立自信，并最终促进每位学习者的进步。海斯等人的研究也发现，以小组为单位的学习策略对促进学生的适当行为和学业成绩的提升非常有效。[①] 斯莱文在总结合作学习的研究时指出：在符合实验条件的 68 项研究中，有 49 项（占 72%）发现合作学习对学业成绩具有显著的正向影响，只有 8 项（占 12%）研究的结果有利于控制组；在 40 项正规的实验研究中，有 35 项证明采用合作学习策略的班级的学业成绩明显优于控制班，其余 5 项研究没有发现统计差异。[②]

（二）有利于促进个体的社会化

学校教育的一项重要功能是促进个体的社会化。所谓个体的社会化，指的是通过教育教学活动，使学生认识和理解周遭环境，特别是社会环境（包括政治、经济、文化、地理、艺术、科技等等），从而为将来参与社会生活做准备。个体社会化的过程是一个与他人不断交往、对话、共同生活和学习的过程。在这一过程中，个体获得沟通、分享、理解、宽容、自制的意识和技能，学会有关国家、社会、家庭、社区组织、制度、秩序与游戏规则的知识，从一个自然人成长为社会人。

英国赫尔大学杰里夫（Wendy Jolliffe）博士认为，分组合作学习包含两

---

① 斯莱文.合作学习与学生成绩：六种理论观点[J]. 王红宇，译.外国教育资料，1993（1）：63–67.

② 王坦 . 合作学习：一种值得借鉴的教学理论 [J]. 普教研究，1994（1）：62–64.

个关键要素：一是积极的相互依赖，即要求小组内的每位学生都要对小组学习有所贡献。学生被要求以某种方式工作以使每个小组成员都需要其他人来一起完成这个任务。这是一种"一个人为了所有人和所有人为了一个人"（one for all and all for one）的感觉。二是个体问责，即每个小组成员都有责任完成他所承担的那部分工作。无人"搭便车"对于合作学习来说是非常重要的。它要求小组内每个学生去发扬个人责任感，去学习和去帮助小组其他人也这样学习。①

由合作学习的两个要素可以看到，合作学习本质上是一个小组的成员共同社会化的过程。积极的相互依赖，要求每个成员克服自我中心意识，认识和理解人与人之间的差异，并将这种差异视为一种价值而不是缺陷，意识到只有将具有差异的个体聚合在一起，才会发挥每个个体所不具有的力量，去形成一个集体或者社会，在这个过程中，自我并不失去，而是在奉献中实现个人的价值，同时也在他人的奉献中获得成长。个人问责强调个人对于小组任务的责任意识和角色观念，是社会化过程中非常重要的方面。社会人总是承担各种责任、扮演各种角色，不同的角色意味着责任的差异，每个人都要学会从角色扮演中理解自己的社会责任，并且从相互冲突的角色中，依据责任的重大程度做出理性的抉择。在不同的任务目标中，小组成员的角色和责任可能是有差异的，这是个人扮演不同角色、体验不同角色的责任的绝佳途径，通过这种途径，个人在社会化的集体中学习，在真正社会化的过程中完成个人的社会化使命。正是合作学习赋予了民主社会条件下学校教育教学的新意义。

---

① Jolliffe W. Cooperative Learning in the Classroom[M]. London：Sage Publicalions，2007：3.

📚 **案例分析**

太原市小店区第三中学的小组合作学习模式 ①

由于诸多因素的影响，地处城乡接合部的太原市小店区第三中学，生源质量一直差强人意。2012 年，为了响应小店区教委的号召，学校开始了以"德育管理精细化，教学组织合作化，学生活动个性化"为核心的特色化建设。六年来，各学科教师发挥才智，创造性地应用合作学习的教学策略，收到了显著成效。

一、小导师制

英语教师赵卫平在班内开展了小导师制实验。他根据班内分组情况，适当地先对学习能力较强的学生进行重点培训，培训内容不仅仅是课业内容，更多的是组内管理的方法与技巧。然后，这些经过培训的小导师带着学习内容和辅导方法回到各自的组内，开始组织小组学习，带动更多的同学成为小导师。先学会的带动后学会的，学习像核裂变的链式反应一样在学生之间发生：同一知识的多次传递，加深了记忆；不同方法的相互碰撞，拓展了思路；在正确与错误的辨析间，知识点联结被加固；在同学间的反馈与评价中，学习主动性被提高。最终的效果是大家不仅都学会了，而且变得会学了。

王培荣是学力稍有不足的孩子，特别是对英语这类语言性学科，更是缺乏兴趣。"以前在小学，老师一讲英语我就犯困。上了初中后，赵老师让班里的小导师给我讲课，不仅听得清楚，还可以随时发问。我学会了之后，再讲给其他没学会的同学，英语成绩提高很快。"相较于原来的所谓"结对子""一帮一"的学生合作形式，小组合作学习为学生提供了更为自由的平台，让学习过程变得平易近人，而且从中获益的不仅是后进生。郝宇欣在担任小导师的这一年里，最大的感受就是收获大于付出。"在给同学做辅导答

---

① 史文魁，李鹏．玩转小组合作学习 [N]．中国教师报，2018-10-24（4）．

疑时，自己往往灵感突发，发现许多以前没有领悟到的方法，这让我也有了很大的进步。"

二、分层制

数学科目的重要任务是落实知识点，公理、定理、推论最终要体现在解题上，每一个数字、每一个符号都马虎不得。所以数学课最苦，数学教师最累。韩计英是学校最资深的数学教师，年逾五十的她精力已经大不如前，但教学热情却比以前更高涨。究其原因，是因为她找到了契合实际的方法，即小组合作学习。

"科学分组是小组合作学习的基础，而组间同质、组内异质的分组基本原则，给我的教学带来了新的启发。"韩计英表示，"我结合学情，开始尝试分层给学生安排教学内容，布置分层作业、分层考核。"具体做法是，根据组内的分层，韩计英给不同层次的学生布置难度不同的练习，相应地在评价与考核中也采用相适的题目，让学优生"吃得饱"，同时也让后进生"吃得了"，让各层级的学生都能"跳一跳"摸到自己的"最近发展区"。

马鸣是分层教学的受益者。他说："针对不同层级的学生，韩老师布置了难易程度不同的题型，这样我既不用在特别难或特别简单的题目上浪费时间，快速高效地完成学习任务，又树立了对数学的信心，成绩不断提高。"

也许有人会提出异议，认为分层教学与小组合作本身是冲突的，其实不然。小组合作学习与分层教学是珠联璧合的，小组紧密的联系让不同层次的学生有了更多诸如相互检查、相互批阅这样的交流机会。因此层内解决不了的问题，可能在小组就得到了解决；学生在小组学习时没发现的知识盲点和漏洞很可能在层内被发现。可以说，分层是横向的组，小组是纵向的层，两者相辅相成。

三、走组制

作为一名语文特级教师，王海霞对语文课教学目标有着清晰的认识："语文不像数理化那样能体现出显著的个体差异，中学语文追求的是其背后的文化浸染和熏陶。"既然语文课重在个人的理解与感悟，那是不是小组合作这一形式对于语文课来说并不那么有价值？在一次教研活动中，面对新教师的疑问，王海霞给出的答案是："语文学习更依赖小组合作，但形式可以是多样的。"

王海霞举了一个例子：《最后一课》是初中语文课本中的传统名篇，文中结尾，韩麦尔先生"呆在那儿，头靠着墙壁，话也不说，只向我们做了一个手势：'放学了——你们走吧。'"每每讲到这个地方，许多学生不能理解韩麦尔先生这个平淡动作的背后情感。一次课上，班里的学生对此的解读出现了许多分歧，小组内部经过讨论也不能得出一致的结论，有些学生甚至争执起来。于是，王海霞灵机一动，临时打破小组界限，安排持有相同意见的学生组成辩论小组，各小组派代表展开辩论。最后虽然结论仍不统一，但学生们都理解了一点，那就是韩麦尔先生只是一个普通人，他的这个举动表现了一个普通人对于丧失祖国的伤感与无奈，越无奈越能表现出他的爱国情怀。这节课让王海霞对于语文课的小组合作学习有了全新的认识："小组合作学习是破解教学困境的利器，要坚定不移地使用，更要依照学科特点和班级学情等实际情况用好。"

在此基础上，王海霞在一些需要拔高的教学内容中，还大胆使用了"走组制"。所谓"走组"，就是临时打破小组建制，根据教学实际重组小组，使学生在对某一具体问题的讨论中产生更深层次的思维碰撞，让同质学生之间的碰撞和异质学生之间的碰撞有层次地同时发生。这种碰撞让学生对语文课堂充满了新鲜感，闫文颖同学说："走组的快乐在于还我们学习的自由。每次走组我都很兴奋，可以与自己观点一致的同学深入交流，也可以与观点不同的同学展开辩论，只要敢于亮出自己的观点，表现自己的风采，无论输赢都会得到同学和老师的赞许，这样的语文课我很喜欢。"

如今在小店区第三中学，小组合作学习的例子还有许多。副校长张凤云说："小组合作学习的思想已深入人心，在具体运用中，老师们从实际出发，开创性使用小组合作学习方式，努力使课堂效益最大化。"

四、简评

太原市小店区第三中学的教师结合本校实际情况，把国外的合作学习理论创造性地加以应用，产生了生动、有效的教学效果。无论是英语老师的小导师制、数学老师的分层制，还是语文老师的走组制，本质上都属于小组合作学习的教学策略。然而，它们显然不是对斯莱文的学生小组成就分工法、约翰逊兄弟的共学法和卡甘的结构型合作学习策略的机械照搬，而是综合运用了上述经典模式的核心要素，形成了一套行之有效的新方法。

正如赫尔大学合作学习专家杰里夫所指出的，小组合作学习包含两个关键要素：一是积极的相互依赖，二是个体问责。这两个要素乃是上述经典合作学习模式所共有的，可以说是小组合作学习的灵魂。通过同组异质、异组同质的小组创设，让不同个性、处于不同学习水平的学生结成团队，共同学习，分工合作，既给了每个学生展示自我的舞台，也为每个学生为集体做贡献提供了适合的渠道。在这个过程中，个人必须有责任感，这对于小组探究的成败有着重要意义，这个意义感是小组成员能够亲身体验到的。同时，个人之间的积极互赖关系，使个人克服了个人主义和集体主义的两个极端，在为集体中每个成员的成长做出贡献的同时，个人也随之不断成熟。我们可以从王培荣、马鸣、闫文颖的发言中清晰地看到他们通过合作学习所获得的在心智和道德上的进步。

我们应注意在小组合作学习中，太原市小店区第三中学的教师是如何发挥作用的。归纳起来看，在合作学习中，教师的角色有三个。第一个角色是设计师。教师对学习目标和任务，以及学生的个性、兴趣和能力有比较充分的认识，从而能够设计出有效的学习方案。第二个角色是参与者。教师要在学生完成任务中提供咨询和指导服务，并且监督小组执行任务的过程，对"搭便车"等行为及时发现并指导改正。第三个角色是评价者。对于学习目标是否实现、小组学习过程中各成员表现如何、小组整体表现如何，教师是评价者中的首席。只有教师正确扮演其角色，小组合作学习才能取得预期的效果。太原市小店区第三中学教师的做法值得我们深入学习、借鉴。

第二十五章　深层学习

一、深层学习理念的缘起和发展

深层学习又被称为深度学习，是美国学者费尔伦斯·马顿（Ference Marton）和罗杰·塞尔乔（Roger Saljo）[①]1976 年在对瑞典哥德堡大学学生阅读学术文章的研究中发现的。针对过去学习心理学以学生在测验中的答题正确率为衡量学习结果的依据这一现象，他们认为对学习内容的理解程度也应该作为衡量学习结果的重要标准。他们在研究中发现，学生在处理学习资料上的差异可以导致不同的学习结果。他们选取 20 名学生作为实验对象，将其分成两组，阅读某一本书中第 H 节的内容。第一组学生围绕着预期的问题学习，聚焦于那些有可能被提问到的事实和细节，这类学生的学习为表层学习。第二组学生的问题侧重于对文章的通篇理解，需要通过理解文本的事实和细节才能进一步回答，这一类学生的学习方法为深层学习。该实验结果表明，学生会根据不同的任务要求而采用不同的学习方式。"表层学习"组被

---

① Marton F, Saljo R. On qualitative differences in learning: I. Outcome and process [J]. British Journal of Educational Psychology, 1976, 46（1）: 4–11.

研究者灌输一种"学习即将所学内容在字面上复述出来且越多越好"的思想而产生表层学习，"深层学习"组则习惯于理解文本深层次的思想和文本背后的意义而产生深层学习。不同的信息加工过程对应着对文本信息的不同理解，对文本信息的不同理解结果也对应着不同的信息加工过程，学生对文本的信息加工过程包括浅层次的信息加工和深层次的信息加工，与之相对应，对文本信息的不同理解包括浅层学习和深层学习。这个研究不再以量化分数作为评价的唯一标准，越来越多的人开始关注深层学习。

2004 年美国教育传播与技术协会（Association for Educational Communications and Technology, AECT）重新界定了对教育技术的定义，突出强调了深层学习的思想理念，并将促进学生的深层学习作为教育技术的发展方向。随着 AECT 2004 定义在国内教育技术领域的广泛传播，深层学习得到国外教育技术研究者的关注。2010 年美国威廉和弗洛拉·休利特基金会（William and Flora Hewlett Foundation）宣布倡导深层学习研究者在理论上对深层学习的概念、内涵进行界定和解读；实践上，该基金会在美国的不同地区分别建立了深层学习实验学校，参与深层学习实验的学校已达 500 余所，形成了深层学习共同体网络。

我国古代有很多体现了深层学习思想的论述，比如"学而不思则罔，思而不学则殆""人之学也，或失则多，或失则寡，或失则易，或失则止"等。我国新一轮基础教育课程改革也体现了深层学习的思想，如提倡自主学习、关注过程性评价、注重鼓励学生主动参与、乐于学习等。但有关深层学习的概念及系统理论的研究较少。

国内有关深层学习的研究始于上海师范大学的黎加厚教授。2004 年黎加厚阐释了信息时代的深层学习，他认为社会形态的变迁引起了教育观念的变化，表现为教育不再是简单的知识传递，而要更重视学生高级思维能力的培养，重视学生获取知识的能力和将信息转化为知识的能力。2005 年黎加厚教授发表了 5 篇有关深层学习的文章，深入探讨了深层学习的问题。之后深层学习研究持续开展。2008 年，李克东教授在中国教育技术协会年会上针对网络时代的教师专业发展提出三个问题，被称为"李克东难题"，引发学术界对网络环境下的深度互动和深层学习空前关注和广泛讨论。2011 年，深层学习开始走进更多研究者的视野，这一时期，段金菊、张浩、吴秀娟等学者的一系列研究成果不断推动国内深层学习研究的发展。

二、深层学习理念的主要内容

（一）深层学习的基本内涵

深层学习是学习者在理解学习的基础上，能够批判性地学习新的思想和事实，并将它们融入原有的认知结构中，能够在众多思想间进行联系，并将已有的知识迁移到新的情境中，做出决策和解决问题的学习。[①] 深层学习在不同的发展阶段有不同的内涵，目前，针对深层学习大致出现了三种理解方式：学习方式说、学习过程说和学习结果说。

1. 学习方式说

在早期的研究中，大多数学者认为深层学习是相对于浅层学习的一种学习方式。浅层学习指学习者可以一次性地学会知识、反应，是简单的事实学习，如了解一个词的读音、写法和含义，某一历史事件发生的年代，中国的版图，每天上学的路线，三角形内角和等于 180 度，等等。由于学习者通过浅层学习获得的是表面的知识，缺乏思维的复杂性，因此它很少满足学生学习的内驱力，过多浅层学习会导致厌倦。复杂的、深层的学习是指学习者必须经过一步以上的学习或多水平的加工才能获得知识或技能的学习过程，比如，学习一个词产生的经济、社会、政治背景；某一历史事件为什么会在这个年代发生；中国历朝历代的版图发生了哪些变化；每天上学有几条路线，哪条路线最短，哪条路线风景最好；三角形内角和为什么都等于 180 度；等等。深层学习需要掌握一定的背景知识，付出注意力和意志力，有助于激活学生学习的内在动机。深层学习和浅层学习的比较见表 25-1。

---

① 何玲，黎加厚. 促进学生深度学习 [J]. 现代教学，2005（5）：29-30.

表 25-1　深层学习和浅层学习的比较

深层学习	浅层学习
弄清楚信息的内在含义	依赖于死记硬背
掌握普遍的方式和内在的原理	记忆知识和例行的解题过程
列出证据归纳结论	对理解新的思想感到困难
在学习过程中逐步加深理解	在学习中很少反思自己的学习目的和策略
对学习的内容充满兴趣和积极性	对学习感到有压力和烦恼
有逻辑地解释、慎重地讨论、批判性地思考	在活动和任务中收获较少
能区分论据与论证，即能区分事实与推理	不能从示例中辨别原理
能把所学到的知识应用到实际生活中	不能灵活地应用所学到的知识
能把事物的各个部分联系起来，作为一个整体来看	孤立地看待事物的各个部分
能把所学到的新知识与曾经学过的知识联系起来，重新构建自己的知识体系	不能对自己的知识体系进行很好的管理
主动地参与到学习中来，能积极地与同学及教师产生互动和交流	被动地接受学习，学习是因为外在的压力，学习是为了考得高分

资料来源：何玲, 黎加厚. 促进学生深度学习 [J]. 现代教学, 2005（5）: 29-30.

　　需要注意的是，深层学习是建立在浅层学习基础之上的。浅层学习也是十分有必要的。学生需要记住一些基本事实和基础内容，为深层学习建立基础。只有掌握了基础知识，才能更多地了解事实，建立更多有关基础知识的联结。例如，如果教师希望学生了解化工厂排污对整个环境的影响，那么他就需要确保学生了解化工厂产生的垃圾的成分、这些成分与环境中成分的反应等基础化学的基本知识。为了深层学习的发生，必须先进行浅层学习以加强背景知识的构建。

2. 学习过程说

　　随着深层学习研究的发展，人们对深层学习方式的关注逐渐过渡到深层学习发生的过程上。布兰斯福德（John Bransford）和芭芭拉（Brown Barbara）等人认为：学习是通过让学生真正理解学习内容并长期保持，从而使学生能够提取所学知识解决不同情境中的新问题，回应不断变动着的竞争性环境的过程。莱尔德（Thomas Nelson Laird）、舒普（Rich Shoup）和库（George D. Kuh）通过研究 2000—2004 年由美国学生参与的一项调查发现，传统教学的方式没有充分开发学生的学习潜能，他们认为应将传统被动的、教师主导的教学转变为主动的、以学习者为中心的教学，也就是让学生在与他人合作中，将他们所学应用于自己的生活，充分理解并生成意义。莱尔德等人将深层学习定义为：深层学习代表着通过各种策略去理解材料的努力，如广泛地阅读、将各种资源相联系、和他人讨论观点、将片段化的信息归入更大的结构和类型中、在实际情境中应用知识等，以一种方式综合前一阶段的学习，让它成为一个人思考和理解新情境的基础。[①] 美国国家研究理事会（United States National Research Council, USNRC）将深层学习理解为一种迁移运用的过程，即学习者通过对关键要素的判断和把握，深入理解学习情境，在相似情境中"举一反三"，在新情境中分析、判断差异并将习得的原则运用于新的情境。如不能将知识运用到新情境中来解决问题，那么学习者的学习就只是简单地复制、机械地记忆、肤浅地理解，仍停留在浅层学习的水平上。所以说，将深层学习理解为一种学习过程与将其理解为与浅层学习相对的学习方式是一脉相承的。

3. 学习结果说

学习结果说强调深层学习的目的是培养学生适应社会发展的核心能力，深层学习意味着通过学习达到较高的认知水平。布卢姆将教学目标在认知领域维度上分为六种不同的水平：记忆、理解、运用、分析、评价和综合。深层学习试图达成后四种水平的学习。正如我国学者段金菊、余胜泉所认为的：深层学习强调较高的认知目标层次，强调高阶思维能力的培养，强调学习过程中的反思与元认知，并且注重学习行为方面的高情感投入和高行为投入。[②]

---

① Laird T N, Shoup R, Kuh G D. Deep learning and college outcomes: Do fields of study differ?[C]. San Diego, CA: The Annual Meeting of the Association for Institutional Research, 2005: 5–6.

② 段金菊, 余胜泉. 学习科学视域下的 e-learning 深度学习研究 [J]. 远程教育杂志, 2013（4）: 43–51.

张浩和吴秀娟认为，深层学习要求学习者掌握非结构化的深层知识并进行批判性的高阶思维、主动的知识建构、有效的迁移应用及真实问题的解决，进而实现问题解决能力、批判性思维能力、创造性思维能力、元认知能力等高阶能力的发展。[①]美国卓越教育联盟（Alliance for Excellent Education）认为深层学习以创新的方式向学生传递丰富的核心学习内容，引导他们有效学习并将其所学付诸应用，强调深层学习将标准化测试与沟通、协作、自主学习等能力相连接。由美国研究院（American Institutes for Research）组织实施的"深层学习研究：机遇与结果"，在广泛征集专家意见的基础上，从学习结果的角度对深层学习做了如下界定：深层学习是学生胜任21世纪工作和公民生活必须具备的能力，这些能力可以让学生灵活地掌握和理解学科知识以及应用这些知识去解决课堂和未来工作中的问题，主要包括掌握核心学科知识、批判性思维和复杂问题解决、团队协作、有效沟通、学会学习、学习毅力六个维度的基本能力。

（二）深层学习的基本特征

1. 学习动机的内在化

教育的最终目的是让学生学会学习，以适应日新月异的知识经济时代。随着科学技术革命的发展，知识爆炸式增长，传统的灌输式、机械、强制的学习方式已经无法适应当前社会。满足自身发展和社会需求的学习不仅要求学生学习知识和技能以解决问题，还要求其对自己学习的过程、方法、效果及问题解决能力进行评价，以促进下一次更好地学习。浅层学习较为简单，学习的是表层知识，缺乏思维的复杂性，往往由外部激励"强加"给学生。而深层学习较为复杂，需要学生运用多水平的分析和加工，创造性地实现目标、解决问题，单纯的外部激励无法调动学生的学习兴趣，只有将学习动机内在化，才能促进高水平思维的发展，通过改变思想或行为的方式应用知识和技能。

---

① 张浩，吴秀娟. 深度学习的内涵及认知理论基础探析 [J]. 中国电化教育, 2012（10）: 7–11, 21.

2. 积极的情感体验

让每个学生都热爱学习，帮助他们成为终身学习者并积极应用自己所学贡献于整个社会，是每个教师对学生最深切的希望。浅层学习除了机械记忆、不断重复和大量积累之外，不需要付出更多复杂的努力。但正因为它本身简单、朴素，不需要太多背景知识的储备，也不需要更高思维方式的运用，因而过多的浅层学习会导致学生对学习的厌倦，更无法使其获得积极的情感体验。深层学习则由于激发学生的内在学习动机，使学生在越来越多地了解基本事实、构建知识联结的过程中，体验到纯粹的积极情感。

3. 反思性的思维方式

有研究者对成百上千个学生进行调查，发现了七种常见的思维方式，由低到高呈现阶梯状向着更加复杂精密和有利于问题解决的方向发展。在阶梯的最底层，知识被认为是绝对的存在，只需要学习并且记忆。第二个阶段中，知识都是可以被了解的，只需要向权威进行追问或通过其他方式获取知识。第三个阶段中，知识仍然被认为可以通过各种途径获得，但学生已经开始认识到知识的局限性。前三个阶段的思维被称为"预反思性思维"（pre-reflective thinking），在这几个阶段中，人们相信来自权威的知识。第四个阶段中，学生认为知识不再是确定的，通过提供证据，每个人都可以对事情进行不同的解释，这种思维方式被称作"弱批判性思维"（critical thinking in the weak sense）。第五个阶段与第四个阶段有一些相似之处，学生认识到我们依据一种解释对事物有一种理解，依据另一种解释又会有另一种理解，基于不同的证据和不同的思维方式，对问题可以有多种解释。这两个阶段的思维被称为"类反思性思维"（quasi-reflective thinking）。第六个阶段和第七个阶段的思维即"反思性思维"（reflective thinking），也就是深层学习具有的思维方式。在第六个阶段，学生通过对事实进行调查，权衡各种证据，得出结论。在第七个阶段，学生从现有证据中得出最合理的结论，当出现新的证据时，对结论进行重新评估和解释。深层学习处于第六个阶段和第七个阶段，学生运用反思性的思维方式在解决问题的过程中不断地处理非系统性的问题，通过自我意识引导自己的兴趣，并能了解自身和自己对已有证据的偏见，并在已有证据和充分推理的基础上得到更为理性的结论。深层学习不从经验中直接进行，而是在反思性批判的过程中进行。

（三）深层学习过程的模型

1. 比格斯的 3P 模型

澳大利亚深层学习研究者比格斯（J. Biggs）于 1978 年提出了预测—过程—结果（presage-process-product）的 3P 模型，该模型是一个较为系统化的深层学习过程模型。[①] 比格斯认为学习的三个要素——预测、过程和结果是独立建构的，但是三者之间也相互联系、相互作用，共同建构了深层学习发生的机制。在进入学习情境之前，预测因素会直接或间接地影响学生对情境的感受和体验，以及对知识的关注、对方法的选择等，从而影响最终的学习结果。反之，学习过程中学生采用的学习策略及上一轮学习获得的学习结果又会成为下一次学习的预测因素，在不断的循环中促使学生进入深层学习。下面对 3P 模型的三个具体因素进行阐述，具体见图 25-1。[②]

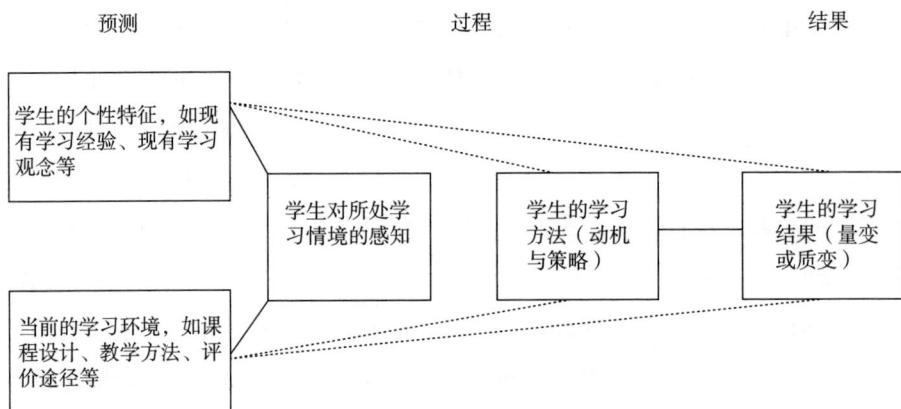

图25-1　深层学习的3P模型

---

① 普洛瑟，特里格维尔. 理解教与学：高校教学策略[M]. 潘红，陈锵明，译. 北京：北京大学出版社，2007:14.

② Freeth D, Reeves S. Learning to work together: Using the presage, process, product（3P）model to highlight decisions and possibilities[J]. Journal of Interprofessional Care, 2004, 18（1）：43-56.

（1）预测因素

预测因素是深层学习活动开展的背景因素，它影响着教学目标的设定、教学过程的开展及教学目标的达成。预测因素包括三个主要的类别：教学环境和氛围、课程开发者或教师的特征和学生的特征。每个类别又分为几个小的类别，充分把握这三个要素，能为深层学习的开展准备好条件。

（2）过程因素

制订教育计划、进行教育性干预的各种活动交织在深层学习的过程中，过程因素强调学习过程中"链"的重要性。教育实践中各种教育因素如何联结起来在教育过程中发挥重要作用，是决定深层学习效果的关键。这里主要包括以下几个教育因素：教育方法、教育时机、教学参与的程度、教学的时间、远程教学等相关技术、选修课程和必修课程的安排、获得帮助的便利性。

（3）结果因素

结果因素是更大的教育系统中的一部分，从某次学习的角度来看，包括有关自我认知的知识、情感态度和价值观、行为结果以及对他人产生的一些影响等。从更大范围上来看，结果因素还包括自主学习的能力、与他人合作的能力、对信息进行深层整合的能力等的改变。

2. 延森和尼克尔森的 DELC 模型 [①]

延森（Eric Jensen）和尼克尔森（LeAnn Nickelsen）在《深度学习的7种有力策略》一书中提出了深层学习的教学模式——深层学习路径（Deeper Learning Cycle，DELC）模型（见图 25-2）。该模型引导学生在课堂中连续地进入深层学习，激发学习的内在动力，从而热爱学习，并在深层学习中体验积极情感，促进进一步深层学习，形成一个良性循环。其中深度加工知识是最为关键的一个环节，教师激励并引导学生将原始资料加工成条理分明、完整和有意义的知识，这是深度学习的顶点。

---

① Jensen E, Nickelsen L A. 深度学习的7种有力策略[M]. 温暖, 译. 上海: 华东师范大学出版社, 2009: 10.

```
设计          营造积  预备与          深度加  评价
标准与  预评估  极的学  激活先  获取    工知识  学生的
课程          习文化  前知识  新知识          学习
```

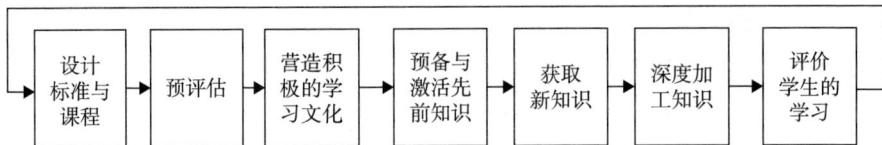

图25-2　DELC模型

（1）设计标准与课程

通过设计教学目标，让精力集中在更为重要的知识点和能力获得上。在课堂中，教师始终要怀着使学生达到什么目标的意图，并建立每个课时、每个单元及每个学期标准之间联系的构想。

（2）预评估

预评估学生已经了解的背景知识。教师要以多种途径收集重要的信息，用它来决定应当构建怎样的学习文化、如何激活学生的背景知识。尤其背景知识水平较低的学生，他们头脑中的知识是分散的、无条理的，更需要教师指导以建立因果联结。

（3）营造积极的学习文化（安全的、支持的、归属的）

有活力、轻松又灵敏是理想的学习状态，学生需要在适当压力的情境下集中思想，为未来进一步学习奠定积极的情绪基础。

（4）预备与激活先前知识

学习是将新知识联结到已有知识网络中的过程，每个学生在进行新知识学习之前，都已经具有不同数量和联结方式的背景知识网络，教师需要采用多种方法来预备和激活学生的先前知识，帮助学生建立新旧知识之间的联结。

（5）获取新知识

在教师的帮助下，学生激活已有知识的神经元网状结构后，教师需要采用多种策略促进学生获取新知识，将新知识转化为学生易于接受的形式，如隐喻、图表、故事等，并保障转化后的知识具有主旨一致性。

（6）深度加工知识

深度加工意味着学生需要花时间详尽阐述、钻研新知识，以多种方式对知识进行加工，以便达到目标水平。而每个人对不同知识达到掌握程度所需的时间是不同的。深度加工知识是深层学习的顶点，是最重要的一个环节。

（7）评价学生的学习

反馈和评价是优质课堂必不可少的环节，学生根据反馈和评价及时修正正在进行的学习。教师在此过程中应该注意活动的类型及学生需求的反馈类型，防止在反馈和评价环节伤害学生的积极性和自信心。

3．杜建霞等提出的深层学习模型

杜建霞等人依据奥利弗（R. Oliver）和麦克洛克林（C. McLoughlin）对亨利（F. Henri）的学习过程分析模型的修改，阐述了在远程教育中进行深层学习的框架——整合方法、信息和认知三要素的深层学习模型。该模型不仅有助于提高在线学习的效率，还可用于远程学习之外的诸多学习环境中。[①]奥利弗和麦克洛克林对亨利的分析模型进行修改后，识别出了五种类型的交互作用：社会性的、程序性的、说明性的、解释性的和认知性的。杜建霞等人将其归类为方法、信息和认知三个要素，从而建立起远程深层学习的框架（见图25-3）。他们认为整合这些学习过程的第一阶段是表层知识的获得。第二阶段是经由训练和练习实现技能发展。前两个阶段中，学生只能在浅层次上把握知识和技能，并未达到深层学习的程度。第三阶段学生开始形成概念化以及运用所学知识来解决问题的认知能力，更深入地理解学科内容，从而实现深层学习。他们认为如果缺少深层学习，学生将仅仅模仿教师，而不是运用所学知识来解决新问题。在线讨论是在线深层学习中最重要的部分，运用这一框架进行动态讨论包括三种类型（见表25-2）。

（1）灵活的同伴之间的讨论

学生在线讨论的要点分为主题性技术问题讨论、练习问题讨论以及同伴讨论。每周给学生呈现两个主题性技术问题，要求学生回答并评论。每周布置难度逐渐增加的练习题，并要求同伴间相互解答练习中遇到的问题。同伴讨论由学生自由在公告板上进行。

---

① 杜建霞,杜林汤,奥林佐克，等.动态在线讨论:交互式学习环境中的深层学习[J]. 开放教育研究,2006（8）:75–79.

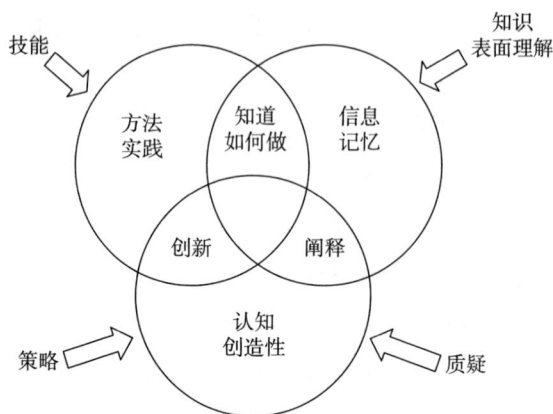

图25-3　方法、信息和认知的学习整合

表 25-2　在线深层学习

通用过程	内容分类	分类设计
信息	技术	灵活的同伴之间的讨论
方法	理论	结构化的主题讨论
认知	全面	合作任务讨论

（2）结构化的主题讨论

期中前三周，教师在公告板上围绕本门课的主要内容贴出三个问题，并提供课外补充阅读材料。学生对每个问题的回答都必须引用阅读材料来支撑，并最终以合作工作的形式完成期末的综合项目，加深学生对教学设计原理等理论知识的了解。

（3）合作任务讨论

期末综合项目将本学期在线讨论的技术特征和理论问题结合起来，要求小组必须把教学设计原理运用到一个真实的基于网络的教育产品的开发当中。通过对教育产品开发的同步或异步讨论，这种学习是适应性的，而在这种讨论中不存在正确答案，学生将从表层学习转入深层学习。

三、对深层学习理念的简要评价

科学技术尤其是信息技术的发展，为教学提供了丰富的技术支持。随着人们获取知识日趋便利化，学习表层化的问题也产生了。但知识社会要求人们能够深度加工知识信息、深度理解复杂概念、深度掌握知识的内在含义，进而建构个人化、情境化的知识体系，用以灵活解决现实复杂的问题。[①] 随着教学主要目标由传统的掌握知识转向能充分利用信息技术从海量信息中获取最有利信息，并将其组织建构成为个性化的体系，用以解决现实中存在的问题，深层学习已成为这一时代背景下一种重要而有效的学习方式和学习理念。

深层学习能够激发学生内在的学习动力，让学生热爱学习本身，即使没有人教，他们也会自己采取深层学习策略。学生会自己去寻找基本结论，判断什么是最重要的信息，反复思考新的信息如何支撑或是改变自己已有的观点，不断追问自己对材料的理解的透彻程度。

案例分析

南 北 战 争[②]

一、教学目标

1. 学生能够创作详细的事件时序图来确定南北战争中关键事件的发展顺序。

2. 通过创作包含如下栏目的表格来澄清著名人物在南北战争中的角色。

· 人物名称；

---

① 张浩, 吴秀娟. 深度学习的内涵及认知理论基础探析[J]. 中国电化教育, 2012（10）:7-11, 21.

② Jensen E, Nickelsen L A. 深度学习的7种有力策略[M]. 温暖, 译. 上海:华东师范大学出版社, 2009: 10.

·北方或南方；

·关于这一人物的独特事件；

·这一人物在战争中的主要角色；

·其他。

二、教学过程

1. 教师根据本课的教学目标，将其转化为问题并在黑板一侧板书：为什么会发生南北战争？南北战争期间生活在南方和北方有什么不同？哪些人物的特殊事件影响了战争的结果？并告知学生：到本节课末，你们将能回答这些问题。

2. 指导学生通过阅读文本，创作"关键事件时序图"来梳理南北战争中关键事件的发展顺序，并讨论在每个关键事件中南北双方各自的感受是怎样的。最终形成关键事件列表。

3. 指导学生通过"H 图解"（见图 25-4）来比较南方战士和北方战士的生活。

4. 在阅读关于奴隶制的文本后，采用"WRITE"（W= 作者角色；R= 读者；I= 写作呈现的类型；T= 主题或者时间；E= 情绪）策略，指导学生从一个独特的视角出发，进行有创意的写作。在本课中，请学生以南方奴隶的角色给北方的某人写信，描绘他们在南方被当作奴隶的生活场景和感受。

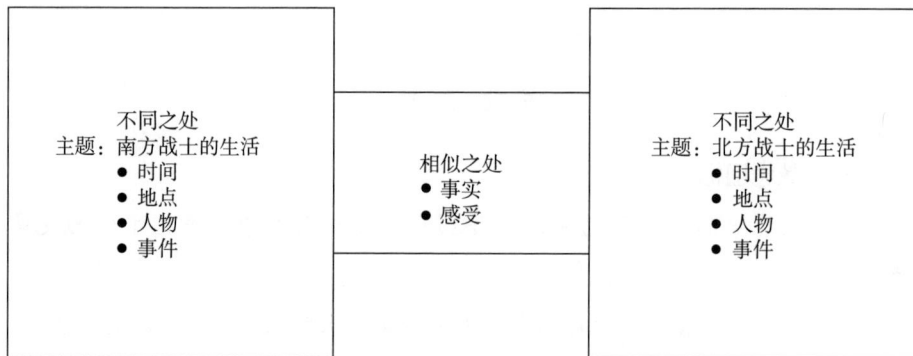

```
┌──────────────────┐          ┌──────────────────┐
│                  │          │                  │
│      不同之处     ├──────────┤      不同之处     │
│ 主题：南方战士的生活 │  相似之处  │ 主题：北方战士的生活 │
│   ● 时间         │  ● 事实   │   ● 时间         │
│   ● 地点         │  ● 感受   │   ● 地点         │
│   ● 人物         ├──────────┤   ● 人物         │
│   ● 事件         │          │   ● 事件         │
│                  │          │                  │
└──────────────────┘          └──────────────────┘
```

图25-4　比较南方战士和北方战士生活的H图解

5. 布置课后作业：将全班分为若干个小组，每个小组选取战争中的一个关键点。各小组确定研究主题后，小组成员合作创作作品并以一种方式与全班同学分享学习所得。在下节课中由教师和学生进行评价。

三、简评

本案例中，教师首先将本课的教学目标分解为几个问题，并写在黑板上。这既有助于学生围绕着关键问题开展学习活动，也有助于缓解学生面对新课的压力，营造积极和轻松的教学氛围。接着，教师在教授新课的过程中，指导学生将文本知识转化为"关键事件时序图"，以形象、直观的方式呈现重要知识点。同时，教师通过设计"讨论在每个关键事件中南北双方各自的感受是怎样的"这一问题，激活学生的背景知识，激发学生对新的知识点的兴趣。第三步中，教师以"H图解"的形式连接新旧知识，引导学生将原始的文本材料加工成条理清晰、完整和有意义的新知识。第四步中，教师通过设计"WRITE"活动，引导学生以写信的形式深度加工知识，再次强化知识。最后，教师的课后作业以合作学习的方式鼓励学生通过合作并选择适当呈现方式来锻炼认知能力和社交能力。总之，本案例中教师从教学目标入手，通过管理和开展一系列的活动使学习变得更深入、更牢固、更具关联性，帮助学生实现了深层学习的目标。

第二十六章　慕课与微课

　　慕课与微课教学是近几年国际教育领域当中两个十分热门的理念。慕课，即大规模开放在线课程（Massive Open Online Course，MOOC）。该教学理念在 2008 年首次被提出后，在此后几年时间里获得迅速发展，吸引了许多教育革新者参与探讨并创建在线教育项目。有研究者指出，慕课将会带来一场"教育风暴"①。与此同时，与慕课在理念和形式上存在诸多关联的微课（micro-lecture）也在国内外教育界成为大家广泛关注的教育创新模式。作为一种新的教育理念与实践，慕课与微课是如何兴起的？慕课与微课的内涵是什么？慕课与微课未来将会有什么样的发展前景？本章将对这些问题进行探讨。

一、慕课与微课的兴起和发展

（一）慕课的兴起和发展

　　作为一种新的教学模式，慕课最先在北美出现。2007 年，美国犹他州立大学的大卫·威利（David Wiley）教授发起了一门开放课程——开放教育导

---

① 王左利 . MOOC：一场教育的风暴要来了吗？ [J]. 中国教育网络，2013（4）：11–15.

论，介绍开放教育。世界各地的互联网用户都可以分享这门课的课程资源，参与课程创新。2008 年 1 月，加拿大里贾纳大学的阿力克·克劳斯（Alec Couros）教授也开设了一门网络课程：媒体和开放教育。他邀请了全球众多专家远程参与教学。这两个课程为慕课的诞生奠定了思想基础和技术准备。①

2008 年，加拿大曼尼托巴大学的乔治·西蒙斯（George Siemens）和斯蒂芬·道恩斯（Stephen Downes）联合开设了一门课程：连通主义与连通性知识（Connectivism and Connective Knowledge）。这门课程综合运用了多种在线渠道吸引学生参与到课程之中。除了 25 名曼尼托巴大学在校生之外，还有 2200 多人在线学习这门课程。针对西蒙斯和道恩斯联合开设的这门课程，加拿大爱德华王子岛大学的戴夫·科米尔（Dave Cormier）和国家自由教育技术研究院（National Institute for Technology in Liberal Education）的布莱恩·亚历山大（Bryan Alexander）首创了"MOOC"这一术语。② 这标志着慕课作为一种教育革新理念的正式诞生。此后，各大学陆续开设这种强调网络连通、在线开放和协作学习的课程，进一步推动了慕课在实践领域的迅速繁荣。

2011 年秋，斯坦福大学的塞巴斯蒂安·图伦（Sebastian Thrun）和彼得·诺维格（Peter Norvig）开设了人工智能导论课程，该课程吸引了来自 190 多个国家和地区的 16 万人参与学习。③ 之后，慕课呈现出迅速发展之势。

---

① 李青，王涛 . MOOC：一种基于连通主义的巨型开放课程模式 [J]. 中国远程教育，2012（3）：30–36.

② 陈肖庚，王顶明 . MOOC 的发展历程与主要特征分析 [J]. 现代教育技术，2013，23（11）：5–10.

③ 陈玉琨，田爱丽 . 慕课与翻转课堂导论 [M]. 上海：华东师范大学出版社，2014：9.

2012 年，三大主要慕课平台——优达学城（Udacity）①、Coursera ②、edX ③ 相继成立。鉴于慕课在 2012 年所取得的突破性成就，有媒体将 2012 年评为"慕课元年"。由美国几所顶尖大学建立的这三大慕课平台在全世界掀起慕课潮流，各国纷纷效仿建立各种在线学习新平台，例如德国、法国、英国、澳大利亚、西班牙、日本等。④

随着慕课的国际影响力不断扩大，我国的一些高校也开始加入一些国际慕课平台或者自行开发在线课程平台。2013 年 5 月 21 日，清华大学、北京大学、香港大学和香港科技大学正式加盟 edX。同年 7 月 8 日，上海交通大学、复旦大学与 Coursera 建立合作伙伴关系。2014 年 11 月 21 日，上海交通大学与英国的未来学习项目（Future Learn）正式签署战略合作协议。同时，国内开始组织各类慕课专题论坛。2013 年 6 月 3 日，清华大学发起和组织大规模在线教育论坛。这是国内第一次以慕课为主题的论坛，拉开了中国慕课发展和研究的序幕。⑤ 其后，各类以慕课为主题的论坛先后召开。此外，慕课在我国的中小学也开始蓬勃发展。2013 年 8 月，华东师范大学成立国际慕课研究中心。之后，国际慕课研究中心先后与国内 20 余所知名高中、初中、小学建立了 C20 慕课联盟。其中，C 即 China（中国），20 指加盟的学校数量。C20 慕课联盟专注于开发基础教育阶段各学科的教学微视频，推动全国各地慕课的建设，积极探索在大数据时代背景下开展个别化、自主性与互动式的创新型人才培养，提高人才培养质量，推动我国基础教育的改革发展。

---

① Udacity 由斯坦福大学计算机科学教授塞巴斯蒂安·图伦在 2012 年创立。在其发展初期，Udacity 主要提供有关科技方面的慕课课程，目前转型为面向职业人士提供在线培训课程。Udacity 在中国也开展业务，其中文名为"优达学城"。

② Coursera 是由斯坦福大学的两位教授吴恩达（Andrew Ng）和达芙妮·科勒（Daphne Koller）在 2012 年 4 月创立的。Coursera 是目前世界上最大的慕课网站之一，提供包括科学、工程、人文与社会科学等多个学科的在线课程以及学位认证服务。

③ edX 是哈佛大学与麻省理工学院联合在 2012 年 5 月创建的慕课网站。此后有超过 70 所大学也加入 edX，在该平台提供慕课服务。

④ 王庭槐.MOOC：席卷全球教育的大规模开放在线课程[M].北京：人民卫生出版社，2014：6，4.

⑤ 李曼丽，张羽，叶赋桂，等. 解码 MOOC：大规模在线开放课程的教育学考察[M].北京：清华大学出版社，2013：13.

（二）微课的兴起和发展

微课的雏形最早见于美国北艾奥瓦大学的勒鲁瓦·A.麦克格鲁（LeRoy A. McGrew）教授在 1993 年提出的 "60 秒有机化学课程"。为向大众普及有机化学知识，麦克格鲁教授提出并设计 60 秒课程，以使民众在一些非正式场合，如等公交、搭乘电梯时观看学习。他将 60 秒课程分为三个部分：概念介绍、解释与说明、生活实例。[①]

1995 年，英国纳皮尔大学的特伦斯·基（Terence Kee）教授提议，让学生对特定主题进行一分钟演讲。他认为，学生在特定的领域中应具有掌握核心概念的能力，以应对快速发展的学科知识及学科的交叉融合。[②]

2008 年，美国新墨西哥州圣胡安学院的高级教学设计师、学院在线服务经理戴维·彭罗斯（David Penrose）率先提出 "微课程" 这一概念。他认为，微型的知识脉冲（knowledge burst）在相应的作业与讨论的支持下，能够与传统的长时间授课取得相同的效果。彭罗斯提出建设微课程的五个步骤：罗列课堂教学中试图传递的核心概念，这些核心概念将构成微课程的核心；写出 15—30 秒的介绍和总结，为核心概念提供上下文背景；用麦克风或联网摄像头录制以上内容，最终课程长度为 1—3 分钟；设计能够指导学生阅读或探索的课后任务，帮助学生学习课程材料的内容；将教学视频与课程任务上传到课程管理系统。[③] 至此，微课作为一种教育理念正式出现，并在此后获得迅速发展。这主要体现为微课资源网站的不断涌现。

其中，最具代表性的微课资源网站就是可汗学院（Khan Academy）和 TED 教育频道。可汗学院是萨尔曼·可汗（Salman Khan）于 2006 年创建的非营利性教育组织，通过将录制的微课教学视频发布到优兔（YouTube）平台上为所有人提供免费的教育。TED 教育频道是 TED 大会于 2011 年在其官

---

① McGrew L A. A 60-second course in organic chemistry [J]. Journal of Chemistry Education，1993，70（7）：543–544.

② 张一川，钱扬义.国内外 "微课" 资源建设与应用进展[J].远程教育杂志，2013（6）:26–33.

③ 梁乐明，曹俏俏，张宝辉.微课程设计模式研究：基于国内外微课程的对比分析[J].开放教育研究，2013，19（1）：65–73.

方网站上开辟的专门针对教育者的频道，它关注如何将 TED 演讲应用到中小学的教学中。

二、慕课与微课兴起的背景和内涵

（一）慕课、微课兴起的背景

1. 教育理念的更新

在近几十年的国际教育界，终身教育、学习化社会、教育民主化等教育理念的更新为慕课和微课的出现奠定了思想基础。

首先，终身教育与学习化社会成为世界主流的教育思潮。教育不再只是针对青少年的事务，而应当贯串人一生。学习不仅发生在学校的教室中，还存在于人从事社会活动的各个场所。要想实现终身教育与学习化社会的目标，就需要一种具有创新形式的教育模式将其落实。

其次，教育民主化逐渐成为世界各国教育改革的重要内容。20 世纪 80 年代后，借由教育民主化实现教育公平进而推进社会公平，解决贫富差距悬殊、暴力犯罪、环境污染等问题成为各国的共识。随着全民教育概念的提出，教育民主化更是成为一股国际性的教育思潮。但是，在教育资源（尤其是优质教育资源）分布不均的情况下，如何满足所有人的基本学习需要，进而让所有人平等享受优质教育，这仍是当前全球范围内一个亟待解决的重要教育问题。

2. 信息技术的进步

信息技术的进步，尤其是互联网的快速普及和广泛应用，加之大数据、云计算、人工智能等技术的革新，将教育从工业时代带入数字化时代，也使得慕课和微课的实现在技术手段上成为可能。

具体而言，慕课将在线学习、社交服务、大数据分析、移动互联网等理念融为一体，实现大规模、多面向的实时信息交流和互动，其技术突破首先得益于计算机硬件和互联网技术的发展。硬盘的存储容量、存储密度、传输速度，网络传输的流量和速度等技术都取得了巨大的进步，这使得大规模的信息数据得以被采集、存储和传递。此外，软件和计算技术的发展，尤其是云存储和云计算，使得大容量的数据传输和高效的系统运行得以实现。而就微课来说，由于微课的主要载体是微视频，视频的录制是微课设计中不可或缺的最后一个环节，所以微课的常态化应用受益于移动技术、视频压缩与传输技术的发展，此外还有各种在线视频分享网站的广泛建立和流行。

3. 开放教育资源运动的发展

开放教育资源运动推动了开放教育理念在全世界的广泛传播，从而为慕课、微课的出现奠定了社会基础。开放教育资源运动始于21世纪初。2001年，美国麻省理工学院开始实施开放课件计划（Open Course Ware，OCW），将学校开设的所有课程的课件资料（包括教学讲义、实验报告、课后作业、参考书目、考试题目等）上传到互联网，免费提供给全世界的学习者。这一理念和实践获得了广泛的认同与响应，影响并带动了世界范围内的开放课件热潮，由此揭开了开放教育资源运动的序幕。2002年7月，联合国教科文组织正式提出了开放教育资源（open educational resource，OER）这一概念，代替开放课件一词。所谓的开放教育资源，即指通过信息与通信技术向教育者、学习者提供的，基于非商业用途，可被自由免费查阅、参考或应用的各类教育资源。2005年，开放课件联盟（Open Course Ware Consortium，OCWC）成立。此后，各国各地区的开放课件联盟也相继成立。随着开放教育资源和开放教育运动的不断发展，诸如"知识公益，免费共享""世界是开放的""让每个人都享受高质量的教育资源"等开放教育理念逐步得到广泛认同。

（二）慕课、微课的含义与特点

1. 慕课的含义与特点

所谓"慕课"，是对英文MOOC的中文音译，而MOOC则是英文"massive open online course"的首字母缩写，意思是"大规模开放在线课程"。MOOC中第一个字母M代表massive，意为大规模，体现为教师、学生、课程资源、资金投入等方面的规模化。第二个字母O代表open，意为开放，一是指对学习对象的开放，二是指课程资源的开放。第三个字母O代表online，意为在线，指所有的教学环节（包括教师讲授，学生学习，师生 /

生生之间的讨论，作业的完成、提交、批改与反馈）均通过互联网实现。第四个字母 C 代表 course，意为课程，是广义上的课程，包括了从浏览教学提纲、观看教学视频、交流讨论到完成并提交作业、批改作业且反馈交流意见这一完整的教学过程。

作为一种新型的教育模式，相比于传统教育，慕课呈现出如下几点明显的特征。

（1）大规模。大规模首先体现在学生数量上。传统课程的学生容量一般为几十人，最多也不过上百人，而一门慕课动辄有上万人参加。截至 2015 年 12 月，Coursera 的注册人数超过 1600 万。其次，大规模还体现在其可供选择的丰富的课程资源上。截至 2015 年 12 月，作为全球最大的慕课平台，Coursera 共享了来自约 140 所大学的 1500 门左右的课程，覆盖人文、教育、健康与社会、生命科学、商业及管理、信息技术、经济与金融、自然科学等各个领域。不仅课程种类繁多、覆盖的知识领域广泛，授课语言也呈现多元化特征。目前，Coursera 平台除提供英语课程之外，还有西班牙语、汉语、法语、阿拉伯语、德语和意大利语等课程。再次，大规模还意味着大量的教师以团队方式参与课程教学。一门课程往往由多位教师及助教合作开设。以"电路与电子学"这门课为例，这是电机工程与计算机科学系本科生的入门课程之一，该课程的教师名单中共有 21 位团队成员。其中，主讲教授 4 人，分别负责讲座、家庭作业、实验和辅导，助教 5 人，开发人员 9 人，实验室助理 3 人。[①] 最后，大规模还代表着大量的资金投入。慕课平台的运营资金主要来自社会捐助和风投，以 Coursera 为例，2013 年，Coursera 先后获得来自全球安全认证机构（GSV）、国际金融公司（IFC）、世界银行等机构的投资，融资总金额达到了 6500 万美元。

（2）开放性。开放性首先体现在对学习对象的全面开放上。凡是对于慕课所讨论的话题感兴趣的人，有学习愿望的人，不分地域、国籍、种族、年

---

① 陈肖庚，王顶明. MOOC 的发展历程与主要特征分析[J]. 现代教育技术，2013，23（11）：5–10.

龄、性别、语言等，都可以很容易地通过注册账号参与到课程学习中来。此外，开放性还意味着课程资源、教学过程的开放共享。无论是教学材料，还是课程参与者的学习成果，都可以被该课程中所有参与者共享。

（3）自主性。不同于传统的学校教育，慕课充分体现了学习的自主性、灵活性，满足学习者多样的个性化需求。自主性首先体现在学习者可以自由地选择课程上。学习者可依其兴趣和需要选择各种不同主题的课程，通过注册自愿地参与到课程的学习中。其次，学习者可自定学习目标和学习方式。在课程学习中投入多少精力、取得何种学习成果、怎样安排学习进程、在什么时间、什么地点进行学习等都是学习者自己决定的。

（4）互动性。这是慕课不同于传统网络课程的根本特征。传统网络课程由制作者公布在网络上，可由学习者免费下载、自行观看。在传统网络课程的学习过程中，学习是单向的，即单纯地观看视频，基本上没有师生或生生之间的互动，更没有高度互动性学习社区的建构。与此不同的是，慕课强调在线学习的交互性：学习者通过注册参与到课程中来，不仅需要观看课程的视频，还需要完成课程的作业；学习者可以与老师或其他学习者进行交流，收到作业反馈及课程证书；学习者还可以在一些作业评改过程中通过同伴互评的方式来完成主观题的评判。在慕课的学习中，课程是互动的，而且是完整的。此外，一些慕课平台鼓励学习者除了在线互动学习以外，在线下通过组建本地学习小组来开展更为直接的互动交流，以促进学习效果的提升和学习目标的达成。

2. 微课的含义与特点

微课，又名微课程，是相对于常规课而言的一种微小的课程，以音频或视频为载体，用以讲授单一的知识点或解决某个教学问题。一方面，作为在线教学、混合教学、当面教学的辅助材料，微课散布于各种教学活动中，被用于强调课程重点。另一方面，微课也可作为学生的自主学习材料，对课程的核心概念或教学难点进行说明解释，帮助学生进行预习和复习。①

---

① Things you should know about microlectures[Z]. EDUCAUSE，2012.

目前，国内学者对于微课的界定尚未取得一致意见，主要分为三种：第一种将微课界定为一种新型的课程资源；第二种将微课定义为短小的"教学活动"；第三种定义认为，微课是包含了课程计划（微教案）、课程目标、课程内容（学科知识点）、课程资源（微课、微练习、微课件）的简短的课程。①尽管在定义的表述上存在差异，但学者们对微课特点的分析达成了共识。微课主要具有如下特征：以视频为载体，借助视频拍摄工具或录屏软件录制教学微视频；时间简短，以5—7分钟为主，最长的一般也不超过15分钟；主题单一，内容短小，由于时间简短，微课一般只围绕一个知识点，目标明确，内容精练。

3. 慕课与微课的联系与区别

慕课与微课存在诸多相同之处。两者均是借助先进的信息技术和网络平台实现的。开放（以免费为主）、在线（无时空限制）、大规模（包括课程、学生数量）、灵活自主等是它们的共有特征。不过，慕课和微课在应用方向上各有侧重，慕课更多应用于高等教育，微课则在基础教育中被大家广泛使用。

三、对慕课与微课的简要评价

总的来说，慕课和微课的发展将极大地推动学习型社会的发展，在学习的内容和方式上促进教育的公平和民主化。

首先，慕课和微课的发展重新整合了优质教育资源，通过互联网免费共享给所有人。正如可汗学院首页所写的口号所宣称的一样："一切皆可学。"在慕课与微课的推动下，优质教育资源将不再是发达地区精英学校学生的专利，转而可能成为人人均可享受的公共资源。

其次，慕课和微课将学习的权利交给学习者，使其享受充分的学习自主权。课程的学习完全取决于学习者的学习意愿和学习目标。一方面，学习者

---

① 苏小兵，管珏琪，钱冬明，等.微课概念辨析及其教学应用研究[J].中国电化教育，2014（7）：94—99.

可以根据自身需求自由地选择课程，通过注册参与课程学习。另一方面，学习者还可以自定学习目标和学习进度。

另外，以互联网为依托的慕课和微课打破了传统学校教育的时空限制。在线的学习方式使任何人都可以在任何时间和任何地点通过慕课、微课进行灵活的学习。学习不再局限于固定的场所（如学校、培训机构、图书馆等）、规定的时间（固定的课程表）。在慕课和微课的教学模式下，只要有移动终端设备和互联网，学习者就可以根据自己的兴趣和需要开始学习。学习的过程可以发生在日常生活中，学习者可以利用零碎的时间完成学习。这有效地实现了教育的便利化，从而使终身学习的理想与个体的生活融合起来，有望使传统的终身学习模式发展为"终身随时随地优质学习"。

案例分析

Coursera

Coursera 是由斯坦福大学教授吴恩达和达芙妮·科勒联合创建的大规模在线开放课程平台，也是目前互联网上课程最多、学科类别最齐全的慕课学习网站。2011 年 10 月，两位教授将斯坦福大学两门课程——"机器学习"和"数据库导论"免费发布到网上，10 万多名来自世界各地的学生注册学习了这门课程。受此触动，二人开始着手搭建 Coursera 平台，旨在同世界顶尖大学合作，在线提供更多优质的免费开放课程。2012 年 3 月，Coursera 正式上线。

自创立之日起，Coursera 便以惊人的速度迅速发展。一方面，Coursera 积极与世界名校和科研组织等建立合作关系。另一方面，Coursera 不断推出各类项目来丰富课程种类，保证课程质量。具体来说，Coursera 的迅速扩张主要体现在以下几个方面：首先，在合作伙伴方面，平台创建之初，合作院校仅有四所，而截至 2015 年 12 月，与 Coursera 合作的大学和机构已多达 140 所，合作伙伴类型多样，除了耶鲁大学、斯坦福大学、哥伦比亚大学等顶尖高校，还有国家地理协会、世界银行和美国自然历史博物馆等组织或机构。其次，在课程体系上，课程数量不断增加，课程种类日益繁多，课程语言日渐多样。截至2015年12月，Couresra平台上共有1500门左右的课程，覆盖各种学科领域，提供20多种语言的课程。再次，在课程质量上，2013年1月，Coursera推出"签名追踪"（Signature Track）认证证书项目，来确保证书的可信度。最后，Coursera与美国纽约、田纳西等州的公立大学签约，开发各州立大学系统的慕课课程，实现了州内学生的跨校选课。慕课也由此融入美国公立高等教育体系之中。

Coursera平台提供两类课程：一般课程和专项课程。专项课程是相对于一般课程而言的，要求学生进行课程的深入学习，掌握专项技能，并通过完整的课程学习获得专项课程认证证书。

Coursera平台面向所有学习者免费开放，学习者注册后可以自由选择课程进行学习。Coursera平台的课程框架结构基本一致，主要包括课程通知、课程视频、课程论坛、课程测验等内容。以Coursera平台上的"性格教育与创建积极课堂"课程为例，这是一门教师教育类的课程。在Coursera上选择注册这门课程后，学生可以在规定的开课时间内任意选择时间进入课程开展学习。在简洁的课程网络界面中间是课程公告和通知，界面左边是课程框架结构，包括课程信息、课程资料、课程测试、课程讨论等平台。首先，学习者进入课程资料平台参与课程的学习。这门课程的学习分为三个部分：观看教学视频、参与回答课程问题、阅读相关研究文献。这些课程信息与课程资源会由教师进行实时更新，以便学习者自主学习。除了课程内容学习外，学习者可以进入课程讨论平台，就课程内容与教师或其他学习者进行实时交流与讨论。最后。学习者需要在课程测试平台上完成期中测试，并提交最终作业。学习者可以自主决定学习进度、学习目标，在课程结束前完成课程任务的学习者可以获得荣誉证书。学习者也可以选择加入"签名追踪"认证证书项目，实名参与课程，并获得课程证书。不过，如果学习者想要获得课程证书，需要支付一定费用，如"性格教育与创建积极课堂"这门课程的认证费用为39美元。

简评

作为最早创立的慕课网站之一，Coursera 不仅在参与院校、课程、学生等方面取得了相当显著的扩展，而且其开放的理念和具体的运作模式都成为世界范围内其他慕课网站纷纷效仿的对象。可以说，Coursera 顺应了近几十年以来开放教育理念与信息技术相融合的趋势，客观上促进了教育机会民主化和终身学习，一定程度上也挑战了传统的学校教育制度，让更多的人有机会通过网络免费地学习到一些优质的课程与知识。

不过，从其产生以来，Coursera 和其他慕课网站一样，也面临多方面的挑战和问题。首先，慕课以免费的网络视频为基本的课程载体和形式来为学习者提供课程资源，这种方式固然有利于在同一时间吸引大量的学习者注册课程，但是，长期以来课程的完成率相对较低一直是困扰慕课网站的一个大问题。很多学习者因为各种主观或客观的原因难以坚持到课程结束，很容易就从网络课程这种相对松散和自由的学习方式中放弃学习。其次，与传统的学校教育相比，部分慕课虽然提供线上指导服务，由一些助教为学习者提供课程指导，但是由于选课人数众多，不少学习者仍感觉不能像一些小规模线下课程那样受到来自教师较多的关注和指导。再者，在线课程的形式在一定程度上也限制了课程的教学方式，造成了慕课较多采用讲座形式。以阅读－研讨为主要形式的人文社会科学类课程并不容易通过慕课形式达到突出的教学效果，另外一些需要采用专门实验器材的科学或工程类课程在和慕课结合的时候也遇到了困难。

针对上述问题，近年来在线教育领域又出现了一些新的变革，以改善学习者的体验，提高教学效果。例如，近年来一些教育者、大学和教育机构开始尝试进行"私播课"（Small Private Online Course，SPOK），即"小规模限制性在线课程"。加利福尼亚大学伯克利分校的阿尔蒙多·福克斯（Armando Fox）在 2013 年最先提出了这个概念，并且在他的课程中使用。私播课一般用于大学校园中的一些实际的课程，相对于慕课的开放性和广泛传播特征，私播课致力于为本校的学生提供更小规模、更具有指导性、学生学习体验更佳的在线课程。哈佛大学与麻省理工学院共同主持的在线课程平台

edX 已经为学习者提供了一些私播课，取得了比较突出的教学效果。

中国大学 MOOC

在国际慕课热潮的引领下，近几年在中国也出现了多种慕课平台，包括中国大学 MOOC、学堂在线、爱课程网、慕课网等等。这些平台基本上都是以国外一些知名的慕课网站，比如 Coursera 和 edX 为参考来搭建的，在课程资源、运作模式等方面与国外大学慕课平台有很多相似之处。下面以中国大学 MOOC 为例进行介绍。

中国大学 MOOC 于 2014 年 5 月开通，最初由爱课程网（即国家精品开放课程共享系统）和网易公司联合建设，是国家精品在线开放课程项目的组成部分。目前，中国大学 MOOC 的合作方为高等教育出版社与网易公司，致力于向大众提供中国知名高校的慕课课程。学习者可以在平台上根据自己的学习兴趣选择课程，免费获得优质的高等教育课程资源。中国大学 MOOC 与国内多家知名高校开展合作，包括北京大学、中国人民大学、复旦大学、南开大学等高校的多门课程已上线。截至 2016 年年初，中国大学 MOOC 平台一共有 1100 余门在线课程，涉及文学艺术、哲学、历史、经管、法学、基础科学、工程技术、农林医药等多个课程领域。

中国大学 MOOC 的课程由各校教务处统一管理运作。教师新制作一门慕课需要经过课程选题、知识点设计、课程拍摄、录制剪辑等 9 个环节，课程发布后教师会参与论坛答疑解惑、作业批改等在线辅导，直到课程结束颁发证书。每门课程都会按照授课教师设置的考核标准对学生的学习效果进行评估。学生的最终成绩达到教师的考核标准，即可免费获取由学校发出、主讲教师签署的合格／优秀证书（电子版），也可付费申请纸质版认证证书。

简评

作为近些年在中国涌现出来的多家慕课之一，中国大学 MOOC 在课程资源、社会资源和技术实力等方面都有较为突出的优势，这为中国大学 MOOC 的课程数量和质量提供了一定程度的保障。尤其值得注意的是，该平台承接教育部国家精品开放课程任务，整合了目前我国诸多名校开设的一批精品课程资源，为公众提供了一个较为优质的在线教育平台。

　　不过，就整体而言，中国大学MOOC目前提供的慕课资源和服务与国外领先的几家慕课网站在构建理念、课程设计、学习者互动性和学习体验等多个方面还存在比较大的差距。例如，一些课程未能完全考虑互联网在线课程以学习者为中心的特点，仍大量依靠授课教师的口头讲授。这就造成了课程的授课形式比较单一、难以调动学生学习的积极性、课程效果不佳等问题。

第二十七章　翻转课堂

孩子们不再有家庭作业，回家所要做的只是用平板电脑或其他的便携式电子设备观看世界各地优秀老师录制的短小视频；课堂上，所有的孩子也不用整齐排列、正襟危坐，整堂课只听老师做知识讲授或演示，而可以各自面对着电脑进行课堂作业，按照自己的进度进行学习、讨论，向教室里四处走动的老师寻求一对一的指导——在这种模式的教育中，家庭作业变成了课堂作业，课堂传授变成了一对一指导。这种新型的教学形式已经开始在全球流行起来，它就是在这个互联网时代引领教育革命的"翻转课堂"（flipped classroom）。

一、翻转课堂的缘起和发展

2011 年，翻转课堂这个概念进入人们的视野，并迅速引起了一场全球性的讨论。这一年 3 月份，可汗学院的创始人萨尔曼·可汗受比尔·盖茨邀请在 TED 大会上做题为"让我们用视频重新创造教育"的演讲，其中提及美国的一些学校正在进行"翻转课堂"教育实验。比尔·盖茨在演讲最后赞叹："我认为你预见了教育的未来！"同年 9 月，在"聚焦教育变革——2011 中国教育信息化峰会"上，英特尔公司全球教育总监布莱恩·冈萨雷斯（Brian Gonzalez）发表了题为"教育变革：全球趋势和经验"的主题演讲，认为翻转课堂是未来教育的趋势。2011年年末，《环球邮报》和《纽约时报》等世界知名媒体都登载了关于翻转课堂的文章，一致认为翻转课堂是对传统课堂教学模式的重大变革。

作为一种创新的教育模式，翻转课堂发源于美国。早在1991年，哈佛大学教授埃里克·马祖尔（Eric Mazur）就意识到了计算机辅助教学的潜力，创立同伴指导（peer instruction，PI）教学法。这种模式的教学借助计算机系统，变单一的课堂讲授为师生互动的合作探究，使教师的角色从传统的传授者变为辅导者。2000年，在美国迈阿密大学的经济学入门课上，莫林·拉格（Maureen Lage）、格伦·普拉特（Glenn Platt）和迈克·特瑞格利亚（Michael Treglia）三位老师采用了一种新型教学形式，他们将其命名为"反向课堂"（inverted classroom）。具体来说，就是将传统课堂中课上课下所要完成的任务进行时空上的调换，教师通过在教学中综合运用课本、讲座视频、带旁白的幻灯片、打印出来的幻灯片等多种教学材料来满足不同学习风格学生们的需要，学生可以根据自己的实际情况选择适合自己的学习方式。可以说，"反向课堂"奠定了"翻转课堂"的基本教学形式。在这之后，越来越多的大学投入到这种新型教学形式的尝试当中。例如，从2000年秋季起，威斯康星大学麦迪逊分校在计算机技术的课程中采用了一款名为eTeach的软件为学生提供视频与幻灯片等学习材料，来取代单一的教师课堂讲授，转而将更多的时间用于问题讨论。

但由于技术水平的限制，在翻转课堂发展的萌芽时期，学生的学习过程并不能通过先进的信息技术进行及时的记录、反馈、跟踪，视频资源的使用也仅仅局限于这个课堂，并不能做大范围的推广。2004年，萨尔曼·可汗为了远程辅导各位上门求教的亲戚，索性将辅导资料制作成视频，放到YouTube网站上，方便更多人分享，结果教学视频受到世界各地许多人的喜爱，一时间好评如潮。于是在两年后，可汗学院应运而生。这些教育革新项目为翻转课堂的迅速发展奠定了基础。

2005年，美国科罗拉多州的阿拉帕霍高中数学教师卡尔·费舍（Karl Fisch）开始翻转课堂的实验。2006年，林地公园高中的化学教师乔纳森·伯尔曼（Jon Bergmann）和亚伦·萨姆斯（Aaron Sams）也开始尝试用录屏软件录制演示文稿的播放和讲解材料，然后上传到网络，以供缺课的学生课后学习。经过几年的实施，伯尔曼和萨姆斯共同编写了专著《翻转课堂与慕课教学：一场正在到来的教育变革》（*Flip Your Classroom: Reach Every Student in Every Class Every Day*），系统地总结了开发翻转课堂过程中的经验和成效，两人由此被称为翻转课堂的先驱者。由于这种颠倒传统的教学模式，即课前让学生在家观看教师提前录制的视频，课堂时间用来完成作业的"翻转课堂"模式教学效果超出了人们的预想，现在翻转课堂已经在许多地方得到大力推广。林地公园高中也被很多人称为翻转课堂的起源地。

二、翻转课堂的背景和内容

在翻转课堂的教学模式中，学生在课前通过阅读或观看授课视频接触了学习材料，然后在上课过程中通过讨论、辩论、小组合作、解决问题等方式来消化吸收知识。翻转课堂意味着学生首先要在课外进行自主性的初步的知识与技能学习活动。由于在学校具备可以随时请教同学或教师的条件，学生可以在课堂上专注于更高层次的认知活动，包括应用、分析、融通、评价等。有学者指出："传统教学过程通常包括知识传授和知识内化两个阶段。知识传授是通过教师在课堂中的讲授来完成的，知识内化则（是）需要学生在课后通过作业、操作或者实践来完成的。在翻转课堂上，这种形式受到了颠覆，知识传授通过信息技术的辅助在课后完成，知识内化则（是）在课堂中经老师的帮助与同学的协助而完成的，从而形成了翻转课堂。"[①]

（一）翻转课堂的特征

1. 先学后教的教学模式

学生在课前通过在家自主规划观看教学视频或网上各种渠道的公开课资料，进而对学习内容有了初步了解。而且每个学生都可以根据自己的情况快进或重复观看视频，有针对性地进行个性化学习。学习也因为视频载体的便

---

① 张金磊，王颖，张宝辉. 翻转课堂教学模式研究[J]. 远程教育杂志，2012，30（4）:46-51.

携性（如智能手机、平板电脑等）可以随时随地发生。这种课前充分的学习为课上进一步拓展、应用知识提供了必要的基础。

2. 专注于高水平认知活动的课堂安排

由于学生在课外已经完成了对学习材料中知识的基本掌握，课堂的学习安排重点也就从教师传授知识变成了学生内化知识。与传统课堂学习模式不同的是，学生在课堂上不必花大量时间来接触新鲜的知识概念，而可以直接将课前学习的知识用于深化理解。在翻转课堂上，学生可以在老师的指导下，通过辩论、资料分析、小组讨论等活动综合运用所学知识，加深自己对于知识的理解和把握，增加自己知识应用的技能。

3. 更多师生间一对一的交流时间

在传统课堂中，由于一个教师需要面对整个班级的学生，教学内容需要在规定时间内进行传授，因此讲授法往往就成了教师的首选。然而，这种教师主讲、学生主听的教学交往方式往往要求学生具备统一的学习节奏和安静整齐的课堂秩序。于是在传统课堂中，水平不一的学生被要求整齐排列坐好，课堂上不能发散性地提与教学无关的问题来干扰教师的思路。教师只根据自己的教学进度来设计课程，在课上并不知道每个学生的学习进度，却要求每个学生专心、安静地接收并学会应用同样的知识。

与传统课堂教学模式不同的是，在翻转课堂中，有了网络、视频技术等现代科技的支持，学生在课前学习的过程中需要完成相应的通关式进阶作业，教师可以及时查看这个过程当中学生反馈的记录，了解学生对各个知识点的掌握情况，进而在课堂中对各个学生进行有针对性的指导。课堂不再需要所有学生安静地听老师讲，而是各个角落充满了各式各样的小团体：进度快的学生做实验来验证、运用知识；对学习内容不甚理解的学生三五成群地讨论问题，教师一对一地帮助有学习困难的学生。因此，课堂也能够更高效地运转，每一个学生真正成了学习的中心。

（二）翻转课堂的本质：从翻转课堂到翻转学习

近几年来，随着以慕课为代表的创新网络课程的流行，翻转课堂也逐渐走进了我国的中小学，开始进行教学实践。例如，重庆市聚奎中学校、深圳市南山实验教育集团分别在 2011 年、2012 年较早地开始了翻转课堂教学实践的探索。此外，国内各种翻转课堂的观摩研讨课、学术论坛等也在近几年密集开展。

然而，我们也要看到，在这种高涨的翻转课堂热下，与国外已经积累大量数据与实践案例不同的是，国内研究仍集中在翻转课堂概念介绍、模式推广的起步阶段上。翻转课堂的成效究竟如何？能否对学生学习起到很好的帮助作用？除了一些来自学生的反馈，与是否能带来学生成绩和技能掌握的提升相关的实证研究还是少之又少。

相比之下，国外对于翻转课堂的研究已经从翻转课堂本身转向了翻转学习。2012 年年初，翻转课堂的先驱林地公园高中的伯尔曼和萨姆斯老师为了给教师们提供更好的知识、技术和资源创办了非营利组织翻转学习网络（flipped learning network，FLN），由此提出一个新的概念——翻转学习。2014 年 3 月，翻转学习网络理事会及其主要领导人为了澄清常见的误解，发表声明，对所倡导的"翻转学习"一词做出正式的定义，提出"F-L-I-P"四大要素，并进一步指出翻转学习并不等同于翻转课堂。教师可以在翻转学习网站（www.flippedlearning.org）上获得相关理念的最新解读，而在翻转课堂网站（www.flippedclassroom.org）上可以与来自世界各地的教师、研究者们一起讨论和进行翻转课堂的实践。

翻转学习网络、培生集团（Pearson）、乔治梅森大学（George Mason University）联合发布的《翻转学习回顾》（A Review of Flipped Learning）一文指出，将课堂翻转过来并不等同于使学生完成了翻转学习。翻转学习也并不是简单地指在课上做原本在家里做的事，在家做原本在课上做的事。翻转课堂只不过是达成翻转学习的实践途径而已。只有当教师将学习从以教师为中心的指导变为以学生为中心的学习时，我们才能说实现了翻转学习。从这个角度来说，翻转学习的核心在于实现教育过程中的以学生为中心，翻转课堂是翻转学习的实践形式，翻转学习则是翻转课堂的实践目标。

翻转学习指一种从教师直接集体指导变为学生个体学习的教学方式。这种教学方式将传统课堂的集体环境变为活跃、互动的学习环境。在这种氛围中，教师引导学生在相关学科里运用所学概念，创造性地参与教学。进行翻转学习并没有固定的章法，翻转学习关注的是能否满足每个个体的学习需要，因而在教学过程当中并不存在规定好的清晰明确的方法准则。教师的课堂教学需要具备以下四个方面的要素，才可以说是真正意义上的翻转课堂。

要素一：灵活多变的学习环境。

翻转课堂允许不同学习方式的存在。教师往往重新安排学习空间（适应小组讨论、自主学习、研究、展示、评估等多种教学方式）来进行课程的传授。通过提供灵活多变的学习环境来给学生创造选择何时何地学习的机会。在这样的课堂中，"翻转教育者"可以接受课堂并不像传统课堂那样整齐划一、表现良好，反而还会嘈杂无秩序起来。教育者还会对学生的学习节奏和学习的评价方式采取一种灵活的态度。教育者能够建立合理的评价体系以客观地测量学生的理解程度，并确保测量数据对师生来说是有意义的。

要素二：良好的学习氛围。

在传统的课堂中，教师是讲台上的圣人，是知识的垄断者。而在翻转学习模式中，学生反客为主，成为课堂的中心。课堂时间可以深入地探索学习主题并创造学习的机会。学生从教学产品摇身一变，成为学习的中心，从而能够积极参与到学习过程中。由于学生不再在集体中按照统一的节奏接受知识，有了理论上能掌控自己学习节奏的机会，因而教师也能最大化利用面对面的课堂交流时间来检验、确保每个学生对学习材料的理解和认知。

要素三：有目的性的教学内容。

由于讲授法也是使学生获得特定知识的一种有效手段，"翻转"教育者会对"要教什么""学生自己在课前应该先自学什么"做出区分，不断思考如何利用翻转学习模式来让学生获得概念的理解并实现各个知识点的贯通，通过采用不同的指导方式（例如主动学习策略、同伴教学法、基于问题的学习、产婆术），根据不同的学科和年级来使课堂时间利用效率最大化。

要素四：专业的教育者。

一些对于翻转学习模式的批评集中在视频可能最终取代教育者。而这实际上是一种误读。专业的教育者永远是重要的，与传统课堂相比，其被需要的程度有过之而无不及。他们需要决定由集体学习转变为个人学习的时间和方式，思考如何使师生面对面的交流时间最大化。在课上，教育者不停地观察学生，及时提供相关的反馈并进行评价。专业的教育者应当反思他们的教育实践，互相交流提升，接受建设性的意见，包容教室的嘈杂。但我们要看到的是，虽然专业的教育者依旧重要，但他们在翻转课堂中的主导地位却应当是减弱的。

三、对翻转课堂的简要评价

（一）翻转课堂的价值

2014年2月翻转学习网络发布的对2358名美国中小学教师的网络调查结果显示：2012—2014年，教师对于翻转课堂的了解程度从73%升至96%，实践翻转课堂的教师从48%飞跃至78%。96%尝试过翻转课堂的教师表示会向其他教师推荐这种教学方法。值得注意的是，46%的实践翻转课堂的教师有着16年及以上的教龄，可见翻转课堂并不是年轻教师的专利。[①]

2012年翻转学习网络的调查显示，80%的教师注意到学生在课堂上的参与度有了积极的变化，这一数字到了2014年跃升至88%。除了课堂参与程度，学生在学业成绩上也有了显著进步：71%的教师声称学生的成绩有了进步，对比2012年增加了4个百分点（其中超过半数采用了形成性评价进行监测）。教师表示，翻转课堂的教学形式对于有特殊需求的学生、英语学习生（部分学生的母语不是英语，需要在学校进行英语补习）、低收入家庭的孩子和优等生的效果尤其显著。

同时，调查中45%的一线教师的教育实践表明，将课堂进行翻转并不需要成为一项日常的教学活动。其中24%的教师翻转的频率少于一周一次，20%的教师翻转的频率为一周3—4次，5.4%的教师进行每天翻转的实践。

在课程内容的选择上，77%的教师录制自己的视频供学生学习，52%的

---

① Growth in flipped learning[EB/OL].[2015-12-08]. http://www.sophia.org/flipped-classroom-survey?utm_source=twitter&utm_medium=organic&utm_campaign=flippedinfographic.

教师分享其他教师录制的视频，30% 的教师表示愿意使用相关企业制作的产品。

值得注意的是，93% 的受调查教师是自发开始这项尝试的，调查报告分析，"这暗示着翻转课堂的兴起是民间任课教师发起的一项草根运动"，在这群开拓者中，有 73% 得到了学校行政部门的支持。

现有研究表明，翻转学习模式带来了以下的好处。

对学生而言，翻转学习模式增强了学生的学习动机，使学生能按照自己的实际情况进行学习——选择适合自己的学习时间、地点、节奏、教学视频，学习变得更加自主，从而使学生的行为表现明显好转，课堂时间得到了更高效地利用，学生学业质量得以提升。

对教师而言，由于课上完成作业，教师能及时了解并更为细致地指导学生，这不仅使师生关系更为密切，同时也能使教师更好地调整教学计划，与其他教师相互交流以提升专业化水平和工作满意度。

对家庭来说，家长可以和孩子一起学习视频并进行讨论，不用担心自己由于知识的遗忘无法辅导孩子，在更加了解孩子整体学习情况的同时，使得亲子间和家校间关系更为密切。

（二）翻转课堂的未来

对于有意采用翻转课堂的教师而言，首先需要考虑的问题就是与学生最佳的沟通方式是什么。如果翻转课堂的方式确实有助于提高教学的效果，那么不妨尝试这种创新的教学方式。不过，现阶段关于翻转课堂的质性、量化研究都比较有限，难以全面地评价正在世界各地广泛开展的这一教学模式的效果。实际上，翻转课堂如果想要取得成功，必须有一系列必要的条件，比如有创造力的教育者、充满好奇心和学习热情的学生，此外学校管理部门和技术部门的支持也是很关键的。换言之，翻转课堂并不是能随意套用的最新、最好的学习模式。

因此，在面对这样一种流行、新鲜的教学模式时，我们要看到的是，正如翻转学习网络发布的白皮书所传达的一样：这一教学模式的关键要素在于，在信息化的时代背景下，如何运用各种教学策略使学生主动学习，转变教师在课堂中的角色，把主动权交还给学生，让学习成为学生自己的事情。这是自主学习理论、同伴互助教学法、重视预习的作用三者的共同作用。然而，是否每天都需要进行翻转、每个学科都需要翻转、每个老师都需要翻转……，这都不是有明确答案的问题。有效的翻转课堂应当是灵活多变的，它取决于不同的教师和不同的学生，需要尽可能借助最前沿的科技资源来武装每一个课堂，最终以是否实现学生高度参与的翻转学习为唯一的判断标准。①

现有班级授课制以一对多、以同代异这一特点先天地带有机器工业时代按照统一标准大批量加工制造产品的特征。翻转课堂的出现给信息化背景下的教育进步带来了转机：在翻转学习理念的指导下，翻转课堂的本质决定了其能弱化传统课堂中班级授课、集体讲授带来的统一学习节奏的弊端。同时，随着全球化的发展，各国之间文化、学术交流日益频繁；科技产品价格成本的下降、云技术的进步使移动互联网终端有望普及到每一个家庭、每一个学生手中，让课堂在更多教育场所里翻转起来已经具备了基本的技术支持条件。

案例分析

可 汗 学 院

可汗学院是由孟加拉裔美国人、麻省理工学院及哈佛商学院毕业生萨尔曼·可汗在 2006 年创办的一所非营利性教育机构，其终极目标在于"让地球上的任何人都能随时随地享受世界一流的免费教育"。②

萨尔曼·可汗原本是一名金融分析师，创建可汗学院源于一次偶然的教学经历。2004 年，可汗通过雅虎的聊天软件、互动写字板和电话远程辅导12

---

① FLN. A White paper based on the literature review titled A Review of Flipped Learning[EB/OL].[2015-12-08].http：//www.flippedlearning.org/cms/lib07/VA01923112/Centricity/Domain/41/WhitePaper_FlippedLearning.pdf.

② 可汗.翻转课堂的可汗学院：互联网时代的教育革命[M].刘婧，译.杭州：浙江人民出版社，2014：166.

岁的表妹纳迪娅的数学，辅导卓有成效，吸引了其他亲戚前来求教。最后，可汗索性将课程录制下来，发布到 YouTube 上，免费分享给更多的人。视频观看次数急速增长，广受好评。受到鼓舞的可汗于 2009 年辞去金融分析师的工作，全职从事教学视频的录制。

可汗学院创建初期，可汗一人身兼数职：教师、程序设计员、后台支持员、数据分析员等。在创建初期，可汗学院所提供的视频绝大部分都是有关数学的教学视频。在可汗学院的扩张过程中，很多著名的基金会或组织都曾向其捐赠大笔资金，用以支持其发展。例如，2010 年，谷歌提供了 200 万美元支持可汗学院开发更多课程，招募更多工作人员，以及将课程内容翻译成世界上最常用的 10 种语言。2011 年 11 月，奥苏利文基金会（O'Sullivan Foundation）也曾向可汗学院投资 500 万美元用以支持其发展。总之，可汗学院目前已经拥有了一支专业的运营团队，制作了涉及不同主题的教学视频，视频主题涵盖了历史、金融、数学、化学、物理、生物、天文、人文艺术、计算机科学等多个知识领域。

作为最具影响力的微课资源网站，可汗学院主要包括以下三个部分的内容：微视频库、学习追踪软件、即时反馈的练习系统。教学微视频是可汗学院的主体部分，在这些微视频中，教师并不露面，只呈现知识内容和讲解的声音。可汗解释说，这是为了拉近与学生之间的距离，并且不分散学生的注意力。学习追踪软件和即时反馈的练习系统则是可汗学院的关键部分。一方面，通过学习追踪软件的应用，教师得以真实、方便、有效地追踪学生的学习情况，如学生什么时间做的练习，答对或答错了多少题、什么题，解题用了多长时间等。另一方面，在即时反馈的练习系统中，可汗学院通过将所有的知识点根据难易程度加以组合而建立起一幅"知识地图"，使学习软件可以自动向学生布置任务，告诉学生下一步该学什么，比如，在掌握了分数的加减法后，他们可以学习简单的线性方程。此外，可汗学院还通过颁发奖励学生进步的虚拟徽章、开展游戏化学习等方式激发学生学习的兴趣，建立学生学习的自信。

2010 年，可汗学院与位于加利福尼亚州的洛斯阿尔托斯（Los Altos）学区合作，在整个学区内选取两个五年级的班级和两个七年级的班级进行翻转课堂的试验。参与可汗学院教学试点项目的学生中，五年级的学生还没有分班，班里的学生来自不同阶层，父母大多说英语、接受过高等教育且收入可观。而七年级的学生已经进行了分班，班里的学生大多存在学习困难。试验的方案是在选取的试点班级内采用可汗学院的教学视频及学习追踪软件，学生在课前观看教学视频，而在课堂上与老师一起解决问题。经过一年的试验学习，参加试验的七年级学习困难学生在全州考试中进步明显，达到"精通"或"高级"水平的学生比例从23%跃升至41%。[1]除了学习成绩，在学生的学习兴趣、学习自信心、学习的自主性等方面，也可以看见试验带来的可喜的变化。接下来，可汗学院还在其他学校进行了教学试点，都相继取得了激动人心的成果。

可汗学院在美国学校中的影响力还在进一步扩大，据可汗学院估计，全美几乎有2000所学校在非正式地使用可汗学院的课程，而这实际上使可汗学院成为全美最大的混合教学实验点。[2]截至2014年7月，可汗学院的网站已被翻译成23种语言，可汗学院的教学视频被翻译为35种语言，其中包括被翻译成中文的大量教学视频。正是借助多种语言的翻译，可汗学院正在以更快的速度走向全世界。

简评

自其创立以来，可汗学院不仅在教育领域引起了非常多的关注和讨论，而且获得了包括比尔·盖茨在内的知名科技和投资界人士的青睐，获得许多基金会和投资公司的大笔投资。经过数年的发展，可汗学院已经成为世界上最具影响力的在线教育平台。近些年来，可汗学院还致力于将一些课程内容翻译为包括中文在内的其他语言，使得该平台在全世界范围内被更多的人使用。

就其优点来说，可汗学院首先以其大量免费的优质视频为学习者提供了

---

① 官芹芳.可汗学院翻转课堂[J].上海教育，2012（17）：27-31.

② 陈玉琨，田爱丽.慕课与翻转课堂导论[M].上海：华东师范大学出版社，2014：16.

一种全新的在线学习方式。其次，可汗学院提供了涉及众多知识领域的视频，这为具有不同学习兴趣的学习者提供了便利。此外，可汗学院一直倡导由学习者自己决定学习的进度，这在客观上推动了更加个性化和高质量的在线教育服务。再者，通过与一些学校和教师的合作，可汗学院将在线课程与现实的课堂结合起来，通过翻转课堂等形式，让二者更好地彼此融合，提升了教育的效果和质量。

　　作为一种创新型的在线教育形式，可汗学院自其创立以来也受到了一些人的批评。例如，有人指出可汗学院的教学形式相对单一，即主要采用一位教师主讲的形式单向地传授知识，学习者缺乏与教师面对面进行沟通的机会。此外，也有人指出可汗学院所提供的课程缺乏互动性和合作性，学习者与学习者之间的合作机会很少。

结 语

从科学主义到人文主义：
国际教育未来发展的新价值定位

2015 年 11 月 4 日，UNESCO 发布了其成立 70 周年以来最为重要的三份教育报告之一《反思教育：向"全球共同利益"的理念转变？》（*Rethinking Education: Towards a Global Common Good*？）（下面简称"报告"），前两份报告分别是 1972 年发布的《学会生存——教育世界的今天和明天》（也称"富尔报告"）和 1996 年发布的《教育——财富蕴藏其中》（也称"德洛尔报告"）。报告总的精神是：教育是全球共同利益，教育应该以人文主义为基础，要超越狭隘的功利主义和经济主义，将人类生存的多个方面融合起来，采取开放的、灵活的、全方位的学习方法，为所有人提供发挥自身潜能的机会，以实现可持续的未来，过上有尊严的生活。[①] 虽然报告一再声称继承富尔报告和德洛尔报告的精神，但三份报告分别是三个时代的产物，反映了对教育本质从科学主义到人文主义的新认识。

---

① UNESCO. Rethinking Education: Towards a Global Common Good? [R]. Paris: UNESCO, 2015: 14.

一、教育要以人文主义为基础，尊重生命和人类尊严

《反思教育》面对世界新的挑战，提出了教育应负的责任和教育的变革。报告分析了技术、经济和社会变革引发的多种矛盾：全球与地方之间的矛盾、普遍与特殊之间的矛盾、传统与现代之间的矛盾、精神与物质之间的矛盾、长远考虑与短视之间的矛盾、竞争的需要与机会平等的理想之间的矛盾，以及知识膨胀与人类吸收能力之间的矛盾。这些矛盾表现出经济发展的脆弱性、不平等、生态压力、不宽容和暴力现象的不断加剧等。

报告提出未来教育要以人文主义为基础，这是报告的总的指导思想。报告强调经济发展必须遵从环境管理的指导，必须服从人们对于和平、包容与社会正义的关注。[①] 报告认为，人文主义方法可以让教育辩论超越经济发展中的功利主义，应对全球学习格局的变化。[②]

为此，要重新定义知识、学习和教育。教育和学习要超越功利主义和经济主义，将人类生存的多个方面融合起来。要将通常受到歧视的那些人包容进来，包括妇女和女童、土著人、残疾人、移民、老年人以及受冲突影响国家的民众。这将要求采用开放和灵活的全方位的终身学习方法。[③] 由此，报告提出教育是全球共同利益的理念。

二、教育是全球共同利益

关于对教育是全球共同利益的理解，报告在最后一章做了详细的解释，包括以下几层意思：

一是教育的人文主义精神。报告强调教育是人的生存和发展的权利，教育要尊重生命、尊重公正、尊重平等，使人们过上有尊严和幸福的生活。报告提出，要"根据当前形势重新审视教育权"，指出"国际发展讨论常常会将教育作为一项人权和一项公益事业。教育是一项基本人权，并且有助于实

---

① UNESCO. Rethinking Education: Towards a Global Common Good？[R]. Paris: UNESCO, 2015: 10.
② 同 ① 37.
③ 同 ① 10.

现其他各项人权"。这意味着国家要确保尊重、落实和保护受教育权，除了提供教育之外，还必须成为受教育权的担保人。① 报告批判了功利主义和经济主义，认为要重新审视教育的目的："教育的经济功能无疑是重要的，但我们必须超越单纯的功利主义观点以及众多国际发展讨论体现出的人力资本理念。教育不仅关系到学习技能，还涉及尊重生命和人格尊严的价值观，而这是在多样化世界中实现社会和谐的必要条件。"② 必须摒弃异化个人和将个人作为商品的学习体系，"维护和增强个人在其他人和自然面前的尊严、能力和福祉，应是 21 世纪教育的根本宗旨"③。

二是强调教育是集体利益。报告认为，"共同利益"可以定义为"人类在本质上共享并且互相交流的各种善意，例如价值观、公民美德和正义感"。共同利益是"通过集体努力紧密团结的社会成员关系中的固有因素"，人类正是通过这种关系而实现自身幸福的。④ 报告认为，共同利益的概念超越了个人主义的社会经济理论。共同利益不是个人受益，而是一项社会集体努力的事业。在界定什么是共同利益时，报告强调参与过程，指出知识必然成为人类共同遗产的一部分，"要在相互依存日益加深的世界实现可持续发展，就应将教育和知识视为全球共同利益"。⑤ 这意味着知识的创造、控制、获取、习得和运用向所有人开放，是一项社会集体努力。⑥ 报告批评了教育私有化，并为知识的私有化趋势担忧，认为教育私有化对于某些社会群体会产生某些积极影响，但也会产生消极影响，特别是边缘化群体无法享受到教育私有化的积极影响，从而给社会融合和团结带来潜在的风险。⑦ 报告说："教育是社会平等链条上的第一环，不应将教育出让给市场。"⑧ 教育作为一项公

① UNESCO. Rethinking Education: Towards a Global Common Good? [R]. Paris: UNESCO, 2015: 75.
② 同 ① 37.
③ 同 ① 38.
④ 同 ① 77.
⑤ 同 ① 11.
⑥ 同 ① 80.
⑦ 同 ① 73.
⑧ 同 ① 81.

益事业，国家要确保教育权的落实。

三是强调多样性、多元化。报告认为，共同利益的含义必须根据环境的多样性以及关于幸福和共同生活的多种概念来界定。共同利益有多种文化的解读。因此，在尊重基本权利的同时要承认并培养关于环境、世界观和知识体系的多样性。教育作为共同利益应该具有包容性。[①] 报告认为，"社会具有多样性。文化多样性是激发人类创造力和实现财富的最大源泉"[②]。因此，必须探索主流知识模式之外的其他各种知识体系，承认并妥善处理其他知识体系，而不是将其放在劣势地位。这里指的是各种社会、民族，特别是弱势族群的文化知识体系。"世界各地的社会可以相互借鉴，相互学习。"[③]

这是对教育本质的深刻认识。过去人们总是用工具理论来解释教育。教育要不是作为阶级斗争、政治斗争的工具，要不就是作为经济增长的工具，缺乏关于教育作为人的生存和发展的权利、缺乏关于教育对人的本体发展的重要性的认识。教育的确离不开政治和经济，并要为它们服务。但教育更是人的权利，只有作为个体的人得到发展，他才能为政治经济服务。一个文盲是不能参与民主政治和经济发展的。《反思教育》这一报告还提出，教育不只是个人发展的条件，而是人类集体发展的事业；知识是人类集体的财富，知识应该由人类共享；个人的发展也不是孤立的，是在人类社会共同发展的进程中进行的。教育是人类共同利益的概念必然会促进教育的国际交流与合作，促进文化多元化的交融与发展，为人类的可持续的未来、为世界和平做出贡献。

三、全方位的终身学习方式

报告认为，面临当前的社会挑战，学习方式需要改变，要重新定义学习的概念。学习可以被理解为获得信息、认识、技能、价值观和态度。学习既是过程，也是这个过程的结果；学习既是手段，也是目的；学习既是个人行

---

① UNESCO. Rethinking Education: Towards a Global Common Good? [R]. Paris: UNESCO, 2015: 79.

② 同 ① 29.

③ 同 ① 30.

为，也是集体努力。学习是由环境决定的多方面的现实存在。① 报告批评当前国际教育讨论张口闭口谈学习，但"主要关注的是教育过程的结果，而往往忽视了学习的过程。关注结果，主要是指学习成绩"，而忽视了"对于个人和社会发展具有重要意义的知识、技能、价值观和态度"。② 面对当前社会和经济的变革，教育要帮助人们改变思维方式和世界观。同时，报告认为，教育作为全球共同利益，需要采用开放和灵活的全方位的终身学习方式。

过去，人们把教育理解为有计划、有意识、有目的和有组织的学习。正规教育和非正规教育都是制度化的。但是人的许多学习是非正式的。"我们在生活中学习到的许多知识并非有意为之。这种非正式学习是所有社会化经验的必然体验。"③ 所以要重视非正式学习。神经科学研究表明，人脑具有"可塑性"，终其一生，人脑能够根据环境需求进行自我调整。这项发现支持终身学习理念和不分年龄地为所有人提供适当学习机会的做法。④ 报告提出要"反思课程编排"，强调人文主义课程和多元化课程，反对一切文化"霸权"、定型观念和偏见，提倡把课程建立在跨文化的基础上。

当今世界进入了互联网时代。互联网改变了人们获取消息和知识的途径以及交流方式。报告认为，数字技术为表达自由创造了更多机会，但同时也引发了人们关心的重大问题：个人信息隐私和安全等重要问题。需要用法律和其他保障措施来防止数字技术的误用。"在这个新的网络世界里，教育工作者需要帮助新一代'数字国民'做好更加充分的准备，应对现有数字技术乃至今后更新技术的伦理和社会问题。"⑤

四、学校教育和教师不会消亡

在数字化、互联网时代，学校和教师起什么作用？会不会消亡？报告的

---

① UNESCO. Rethinking Education: Towards a Global Common Good? [R]. Paris: UNESCO, 2015: 16.
② 同 ① 80.
③ 同 ① 17.
④ 同 ① 27.
⑤ 同 ① 26.

回答是否定的。报告提到，现在有些人认为，由于电子学习、移动学习和其他数字技术提供了大量学习机会，学校教育没有前途。但是报告认为，正如富尔报告和德洛尔报告中说的，虽然知识的来源改变了，人们与知识之间的交流互动方式也改变了，但正规教育系统变化缓慢。因此，报告认为："学校教育的重要性并没被削弱。学校教育是制度化学习和在家庭之外实现社会化的第一步，是社会学习（学会做人和学会生存）的重要组成部分。学习不应只是个人的事情，作为一种社会经验，需要与他人共同学习，以及通过与同伴和老师进行讨论及辩论的方式来学习。"① 这一段话既说明学校教育的不可替代性，又说明当代学习方式的变化。学习不是个人埋头读书，需要与同伴和老师共同学习。

当然，数字技术、互联网大大拓宽了学习空间，给以课堂为中心的学习带来挑战。报告介绍了慕课（MOOC）和移动学习的方式和特点，目前的发展趋势是从传统教育转向混合、多样化和复杂的学习格局，实现正规学习、非正规学习和非正式学习，让学校教育和其他非正规教育经验开展更加密切的互动，而且这种互动要从幼儿阶段开始，延续终生。②

报告指出，某些人起初预测教师职业会消亡，数字技术将逐步取代教师。但报告认为，"这种预测已不再令人信服"，教师应当成为"向导，引导学习者（从幼儿时期开始，贯串整个学习轨迹）通过不断扩大知识库来实现发展与进步"，因此"所有国家必须仍将有效的教学职业视为本国教育政策的优先事项"。③

报告提出，我们必须反思师范教育和培训的内容和目标。我们应该为教师提供更具吸引力、更能激发他们的积极性以及更加稳定的生活和工作条件，包括薪资和职业前景。"教师需要接受培训，学会促进学习、理解多样性、做到包容、培养与他人共存的能力以及保护和改善环境的能力。教师必须促进营造尊重他人和安全的课堂环境、鼓励自尊和自主，并且运用多种多

① UNESCO. Rethinking Education: Towards a Global Common Good? [R]. Paris: UNESCO, 2015: 48.
② 同①.
③ 同① 54.

样的教学和辅导策略。教师必须与家长和社区进行有效的沟通。教师应与其他教师开展团队合作，维护学校的整体利益。"① 总之，教师要不断提高专业化水平。

五、三个时代，三份报告

《反思教育：向"全球共同利益"的理念转变？》这份报告是继 1972 年的富尔报告、1996 年的德洛尔报告以后，联合国教科文组织成立 70 年来的第三份重要报告。三份报告反映了三个时代，是时代的产物，均具有里程碑意义。

富尔报告发表在 1972 年，是在 20 世纪五六十年代科学技术迅猛发展的背景下提出来的，充满了科学主义和经济主义的精神。该报告认为，20世纪科学技术的发展改变了世界，"到目前为止，还没有什么东西足以和我们现在所说的科学技术革命所产生的后果相比拟"②。科学技术革命把人类带入了学习化社会。人们只有不断学习才能适应科学技术革命所带来的生产和社会的变革。而"教育是随着经济的进展而进展的，从而也是随着生产技术的演进而演进的"③。因而科学技术革命使得知识与训练，也就是教育有了全新的意义。富尔报告从而提出了"终身教育"的概念，特别强调"学习化社会"和"终身教育"两个基本观念。这两个观念影响了世界教育的发展。

德洛尔报告发表在 1996 年，这是世界经济经过七八十年高速发展的黄金时代逐步走向衰退的时候，也是世纪之交的时候。人们期望 21 世纪经济能有更好的发展，社会矛盾能有所缓解，环境能得到有效的改善。德洛尔报告充满了乐观主义和理想主义的色彩，并对教育充满了希望。这份报告开篇就说："面对未来的种种挑战，教育看来是使人类朝着和平、自由和社会

———

① UNESCO. Rethinking Education: Towards a Global Common Good? [R]. Paris: UNESCO, 2015: 55.
② 联合国教科文组织国际教育发展委员会. 学会生存：教育世界的今天和明天 [M]. 北京：教育科学出版社，1996：5.
③ 同②4.

正义迈进的一张必不可少的王牌。……教育在人和社会的持续发展中起着重要的作用。……它的确是一种促进更和谐、更可靠的人类发展的一种主要手段，人类可借其减少贫困、排斥、不理解、压迫、战争等现象。"① 多么乐观、多么理想！德洛尔报告提出了教育的"四大支柱"，即学会认知、学会做事、学会合作、学会生存。

但是，21 世纪初的社会发展并没有像德洛尔报告那么乐观。2001 年的"9·11"恐怖袭击事件打破了世界的平静，2008 年的经济危机使得世界经济至今尚未完全恢复，暴力冲击、青年失业、男女不平等、环境污染等种种矛盾，以及教育与就业之间日益扩大的鸿沟，使青年的挫败感加深。《反思教育》认为要重新定义知识、学习和教育，提出以人文主义为基础，教育要尊重生命和人类尊严、权利平等、社会正义、文化多样、国际团结和为创造可持续的未来承担责任。它提出"教育是全球共同利益"的新概念。

《反思教育》反映了当今时代的要求，充满了人文主义精神。教育不仅要重视知识和技能的培养，更要重视价值观和态度的培养。教育要立足于世界，培养无论是在道德品质上，还是在知识技能上，能够担当可持续发展的未来的人。这种新的教育理念必将影响世界各国教育的改革和发展。当然，教育不可能解决世界的种种危机，但教育总应该有一个崇高理想，即把培养人的事业与人类可持续的未来联系起来。否则，人类自身将走向毁灭。结合今天功利主义、技术至上主义盛行的局面，报告无疑给了我们一个清醒剂。

---

①　联合国教科文组织.教育：财富蕴藏其中［M］.北京：教育科学出版社，1996：1.

出 版 人　李　东
责任编辑　翁绮睿　赵琼英
版式设计　杨玲玲
责任校对　贾静芳
责任印制　叶小峰

图书在版编目（CIP）数据

国际教育新理念/顾明远等著. —修订本. —北
京：教育科学出版社，2020.4（2023.9重印）
　　ISBN 978-7-5191-2062-7

　　Ⅰ.①国… Ⅱ.①顾… Ⅲ.①教育理论 Ⅳ.①G40

中国版本图书馆CIP数据核字（2019）第246920号

国际教育新理念（修订版）
GUOJI JIAOYU XIN LINIAN（XIUDING BAN）

出 版 发 行	教育科学出版社				
社　　　址	北京·朝阳区安慧北里安园甲 9 号		**邮　　　编**	100101	
总编室电话	010-64981290		**编辑部电话**	010-64981167	
出版部电话	010-64989487		**市场部电话**	010-64989009	
传　　　真	010-64891796		**网　　　址**	http://www.esph.com.cn	
经　　　销	各地新华书店				
制　　　作	点石坊工作室				
印　　　刷	保定市中画美凯印刷有限公司				
开　　　本	720毫米×1020毫米　1/16		**版　　　次**	2020年4月第1版	
印　　　张	25.25		**印　　　次**	2023年9月第6次印刷	
字　　　数	365千		**定　　　价**	79.00元	

图书出现印装质量问题，本社负责调换。